口语交际理论与训练教程

主编:龙彩虹
编写:李政荣 苏建军 司娅英
主审:効天庆

东南大学出版社
·南京·

内容提要

本书以原国家教委颁布的《师范院校"教师口语"课程标准》(1993)以及教育部《普通话水平测试实施纲要》(2004)为依据,围绕口语交际,介绍了口语交际的相关理论和训练方法。

本书内容主要包括五个部分:口语交际理论、大学生口语交际能力的现状调查与培养策略、普通话训练、一般口语交际能力的训练、基于普通话水平测试(简称 PSC)的口语交际能力训练。本书结合编者多年有关口语交际教学的实践与经验总结,提炼和概括出高效而简洁的系统的训练方法,结合地方方言的语音特点,力求贴近实际,满足多学科交叉背景学生的教学需要,尤其适用于师范教育专业学生普通话水平测试的需要,着重口语交际能力培养的基本理论和基本方法的阐述,突出重点,分散难点,并配有丰富的例子和富有针对性的大量练习材料,可作为师范院校学生和社会人员普通话水平测试用书,也可作为高等学校各专业的高职高专学生和本科生的口语训练教材。

图书在版编目(CIP)数据

口语交际理论与训练教程/龙彩虹主编. —南京:东南大学出版社,2014.7
ISBN 978-7-5641-5077-8

Ⅰ. ①口… Ⅱ. ①龙… Ⅲ. ①汉语—口语—教材 Ⅳ. ①H193.2

中国版本图书馆 CIP 数据核字(2014)第 164611 号

口语交际理论与训练教程

主　　编	龙彩虹
责任编辑	宋华莉
编辑邮箱	52145104@qq.com
出版发行	东南大学出版社
出 版 人	江建中
社　　址	南京市四牌楼2号(邮编:210096)
网　　址	http://www.seupress.com
电子邮箱	press@seupress.com
印　　刷	南京雄州印刷有限公司
开　　本	787 mm×1 092 mm　1/16
印　　张	23
字　　数	546 千字
版　　次	2014年7月第1版第1次印刷
书　　号	ISBN 978-7-5641-5077-8
定　　价	48.00元
经　　销	全国各地新华书店
发行热线	025-83790519　83791830

(本社图书若有印装质量问题,请直接与营销部联系,电话:025-83791830)

序

　　定西师专中文系副教授龙彩虹女士主持编写的《口语交际理论与训练教程》(以下简称《教程》)即将面世，嘱我为之作序。由于共同的爱好，我欣然接受了这一请求。

　　这本教材以龙老师十年前所撰写的硕士毕业论文为蓝本，结合其他几位教师的研究成果编撰而成。如果把时间拉回到20世纪末以前去衡量其学术价值，无疑是站在了时代的前沿。十多年以来，在口语交际理论和口语交际教学理论方面，发表和出版的论文论著数以百计，或者偏重于普通话语音训练，或者偏重于教学实践经验的总结。但是，探讨阐释口语交际理论的论文论著尚不多见，该《教程》能够放眼全球，既有对口语交际理论的阐释和建构，也有对口语交际教学理论的表述，并且通过科学、系统的训练材料，将两者有机结合起来，具有很强的实践性和可操作性。

　　口语交际教学在西方世界是相当受重视的一门课程，德国甚至在中世纪时期就已经开设这门课程。如今在美国，把口语交际能力连同美元和电脑看做是三大战略武器，而且是第一位的战略武器。而在我国，改革开放以来，尤其是近十年来，这门课程才引起教育同仁的重视，但还缺乏普遍认同的理想的教材，此《教程》无疑具有开疆拓土的作用。

　　在今天信息时代背景下，随着现代社会人际交往的日益频繁，从学生生存与发展的角度出发，我国高等院校的口语教学不仅要训练学生运用标准的普通话进行口语表达的能力，而且更要培养学生的"交际交往"的素质，所以，将普通话的学习与口语交际的训练结合起来的口语课程，是训练学生应用普通话口语达到交际目的的能力培养课程，口语是手段，交际是目的。本《教程》除了系统介绍了口语交际训练的方法与途径，在理论上进行了详尽的论述，充分重视口语交际的理论与训练方法外，还介绍了普通话的训练与测试技巧，具有切实的指导性与可操作性。同时，能够结合编者们的教学实践经验和总结，注重教材内容的针对性、实用性、创新性，突出方法和技巧的指导，在编排思想、体例上都有一定的创新，便于学生自学。

　　另外，《教程》中对甘肃方言语音、词汇、语法与普通话对比研究具有较高的学术价值，对甘肃方言区的学生练习普通话口语、提高交际能力具有很强的帮助意义。

莫　超

二〇一四年端阳于兰州城市学院

前　言

　　随着 20 世纪末我国普通话水平测试工作的开展,大多数高等院校的汉语口语教学也随之转向了以普通话的学习与水平测试为主要教学内容和最终的教学目标。实际上,普通话水平测试是以在全社会推广普通话为目的,主要致力于普通话语音训练,略有涉及语汇、语法的一项语言文字工作。它侧重考查、测试应试人的普通话语音的规范程度。

　　从近年来的口语教学来看,以普通话的学习、测试为教学的核心目标,在一定程度上背离了口语教学的本质。口语教学不仅要训练学生运用标准的普通话进行口语表达的能力,同时更要培养学生的"交际交往"的素质,因为口语教学是训练学生应用普通话口语达到交际目的的能力培养课程,口语是手段,交际是目的。而我们知道,语言的本质属性是交际性和工具性。如果我们在汉语口语教学中仅以普通话水平测试为最终教学目标,势必会使口语教学走向片面化和教学的狭隘视野。

　　现行的以普通话水平测试与培训为主要内容的各类教材,内容侧重普通话语音的学习,一味注重反复的机械式的字词读音的操练,忽视了语言的工具性和交际性特质,缺乏相关口语交际理论的依托,在口语"交际"理论与训练方法上缺乏系统性、科学性和趣味性,使得口语"交际"的训练常常陷入一种随意而盲目的状态,这直接导致教师备课无所凭借,无从着手,教学显得随意、盲目,学生不能获得系统性知识,学得枯燥乏味。现行教材的教学目标是学生通过普通话水平测试。尽管普通话水平测试中除了字词的考查外,还有"朗读"和"说话"测试项目,但实际情况是,"朗读"测试只停留在考查字音的准确与否、流畅与否,"说话"测试也只是对应试人普通话规范程度的一个初步考查和评定,这两者都不完全是对应试人口语交际水平的测评。

　　另外,"说话"测试由于教材中没有科学而系统的说话教学的训练内容,教学无相应理论依托,训练无据可依,虽有一些教师注重日常的"说话"训练,但却是有形式而无具体内容的训练,其盲目性、随意性很突出,"说话"训练无系统性、科学性可言,教学易流于形式,学生没有实质性的收获。所以,对于提高学生的说话能力而言,也就是劳而无功,练而无效。

　　大学生是即将踏入社会的成人,其"成人化"特点决定了要具备融入社会必备的一些技能,如过硬的专业知识、良好的思维品质和心理素质、人际交往能力等,而人际交往能力最主要体现为良好的口语交际与沟通的能力,即与他人进行良好而有效的言语沟通交往能力。而这项能力的培养又与其语言能力、良好的思维品质和心理素质等有着密不可分的关系。大学生只有具备良好的口语交际能力,才能更好地立足于社会。因此,口语交际能力训练对大学生的重要性是不言而喻的。而大学生口语交际水平低下的现状又是我们教育者不容忽视的。

　　大学生口语交际水平低下的现状是有其深刻原因的。人们常把它归为"重文轻语"的历史传统和"应试教育"的影响,主要归根于人们的不够重视。"口语交际"的提法真正进入语文教学是在2000年后,随着我国"新课改"的推进,"口语交际"的提法在中小学语文课程标准和教材中明确出现了。从"听说教学"到"口语交际教学"的流变过程表明了我国语文教育界对该问题理解的深化和认识的提升,它突破了简单听说技能训练的狭隘视野,认识到了口语交际的核心在于"交际"。这一改变使得语文教育界意识到:口语交际能力是学生全面发展中极其重要的一项能力,它与阅读、写作并驾齐驱,完全可以相提并论;在今天信息时代的背景下,现代社会中的人际交往日益频繁,从学生生存与发展的角度来看,培养口语交际能力比培养阅读和写作能力更具有现实的意义,显得尤为重要。

基于多年执教口语教学和从事普通话水平测试工作的经验,我们越来越认识到:汉语口语教学只局限于普通话的学习是不够的。口语教学必须是而且只能是:普通话的学习是基础教学,是口语交际能力获得的前提条件,口语交际能力的获得是口语教学的根本目的。只有这样,口语教学才能从根本上扭转以普通话水平测试为导向的教学现实。因此,我们迫切需要这样一本教材问世。根据今天人们对"口语交际"的新认识和近年来学界对"口语交际"的研究成果,依据我们多年的口语教学经验和知识积累,结合时下的普通话水平测试,考虑目前大学生就业与发展的现实需要,我们编写了这部教材。让教师在教学中有据可依,有章可循,有法可鉴,突出操作性,"易教";让学生在系统性、趣味性的引领下进行言语操练,"金口易开",学会交际,突出简洁性,"易学"。

本教材的特色如下:

第一,内容全面新颖,突出系统性。

在原有听说理论的基础上,吸收和借鉴了近年来关于口语交际研究的新思路、新理论、新方法等最新研究成果,突出了口语训练的"交际"因素,强化了语言运用中的语用效果。

本书共有五编内容,每编内容之间具有基础—提升—专业测试的层层递进、由易到难的规律性,而每编的内容本身都具有理论依托与实践训练相结合的特点,遵循语言训练规律和学生认知规律,具有很强的系统性。

第二,结合编者在教学实践中的经验总结,积极探索了口语交际训练的方法、途径和内在规律。将编者多年教学实践中的经验总结运用到教材中,为学生提供切实的帮助。如,第五编的"朗读测试技巧指导"注音部分醒目地凸显重难点,每篇作品后附有"朗读提示",进行针对性提示和指导,既便于教师教学,又方便学生自学。

第三,在教材内容编排上力求合理、科学,既增加了编者在教学实践中的理论研究成果和方法的经验总结,又根据教学需要对原有教材内容进行了增减,使之趋于系统、科学、有效。

针对以往教材偏重普通话水平测试的单一性特点,增加了较为系统的口语交际能力的综合训练内容,同时对现行教材的"普通话"与"普通话水平测试"内容有所创新。针对学生的方言实际,突出普通话学习的重难点指导;针对普通话水平测试中的障碍,突出方法性和技巧性的指导内容。本教材以普通话训练为基础,着重突出"一般口语交际能力训练"的内容,贯穿本教材始终的是"应用普通话进行交际"这条主线,极力体现教材内容的科学性、系统性、综合性、实用性等特点。总之,在教材内容上,既有去除,又有保留;既有横向铺开,又有纵向深入，每一个知识点尽力做到点面结合。

第四，在教材编排思想上，极力体现现代教育理论、教育思想、教育观念的内容。本教材理论部分，吸收和借鉴了有关"口语交际"的最新研究成果；在训练内容上选取反映现代社会和时代发展特点的热点材料和具有典型训练意义的教育教学案例，体现时代特点，符合大学生的认知水平和心理需求。

总之，针对大学生口语交际能力普遍较低的现状和我国方言复杂的客观现实，遵循统一性与多样性相结合的原则，形成了这本具有普遍指导性并兼具地方特色的普通话口语教材。

本教材在编写过程中参考了一些专家学者的论述与资料，由于体例有限未能一一注明，在此，我们向这些前哲和先贤表示诚挚的感谢。

由于编者水平有限，错误与不足在所难免，欢迎大家批评指正。您的宝贵意见和建议将是我们不断完善本教材的不竭动力。

编　者
2014 年 6 月

目 录
CONTENTS

第一编　口语交际理论 ………………………………………………………… 1
- **第一章　口语交际能力训练的重要作用和现实意义** …………………… 2
  - 第一节　口语交际能力训练的重要作用 ……………………………… 2
  - 第二节　大学生口语交际能力训练的现实意义 ……………………… 6
- **第二章　口语交际能力训练的理论依托** ………………………………… 9
  - 第一节　口语交际的语言学理论 ……………………………………… 9
  - 第二节　口语交际的思维科学理论 …………………………………… 11
  - 第三节　口语交际的心理学理论 ……………………………………… 12
  - 第四节　口语交际的教育学理论 ……………………………………… 13
  - 第五节　口语交际的美学理论 ………………………………………… 14
- **第三章　口语交际与口语交际教学理论** ………………………………… 17
  - 第一节　口语交际相关概念 …………………………………………… 17
  - 第二节　口语交际教学理论 …………………………………………… 26

第二编　大学生口语交际能力的现状调查与培养策略 …………………… 35
- **第一章　大学生口语交际能力的现状调查与分析** ……………………… 36
  - 第一节　大学生口语交际能力的现状调查 …………………………… 36
  - 第二节　大学生口语交际能力的现状分析 …………………………… 42
- **第二章　培养大学生口语交际能力的策略** ……………………………… 45
  - 第一节　语言与口语交际训练 ………………………………………… 45
  - 第二节　口语交际训练的特点与训练原则 …………………………… 46
  - 第三节　培养口语交际能力的策略 …………………………………… 50

第三编　普通话训练 ………………………………………………………… 61
- **第一章　语音训练** ………………………………………………………… 62
  - 第一节　语音的性质 …………………………………………………… 62
  - 第二节　普通话语音系统 ……………………………………………… 65
  - 第三节　声母 …………………………………………………………… 66
  - 第四节　韵母 …………………………………………………………… 77
  - 第五节　声调 …………………………………………………………… 88

  第六节 语流音变 ·· 92
  第七节 音节 ·· 100
  第八节 方言区人学习普通话应注意的问题 ······················ 106
 第二章 普通话词汇和语法训练 ··· 125
  第一节 普通话词汇特点 ··· 125
  第二节 方言词语辨正 ·· 132
  第三节 普通话语法的特点 ······································· 139
  第四节 方言语法辨正 ·· 141

第四编 一般口语交际能力的训练 ··· 153
 第一章 一般口语交际能力的初级训练 ···································· 154
  第一节 凭借文字材料的口语交际能力训练 ····················· 154
  第二节 凭借文字材料的口语交际能力训练的主要方式 ······· 157
 第二章 一般口语交际能力的高级训练 ···································· 199
  第一节 不凭借文字材料的口语交际训练 ························ 199
  第二节 不凭借文字材料的口语交际训练的主要方式 ·········· 199
 第三章 一般口语交际能力的相关技能训练 ······························ 234
  第一节 体态语训练 ··· 234
  第二节 心理素质训练 ·· 243
  第三节 思维能力训练 ·· 247
 第四章 口语交际能力测试 ··· 253
  第一节 衡量大学生口语交际水平的基本标准 ················· 253
  第二节 口语交际能力测试相关事项 ···························· 258
  第三节 口语交际水平测试样题及交际话题分析 ·············· 261

第五编 基于普通话水平测试（PSC）的口语交际能力训练 ················ 271
 第一章 普通话水平测试的内容与失误分析 ······························ 272
  第一节 普通话水平测试的内容及试卷构成 ·················· 272
  第二节 普通话水平测试中出现的失误分析与指导 ··········· 273
 第二章 PSC 新大纲朗读专项指导 ·· 282
  第一节 朗读测试技巧指导 ·· 282
  第二节 PSC 60 篇朗读篇目重难点指导 ······················· 286
 第三章 PSC 新大纲说话专项指导 ······································· 344
  第一节 说话测试技巧指导 ··· 344
  第二节 PSC 30 个说话题目指导 ······························· 347

参考文献 ·· 356

编后记 ··· 358

第一编
口语交际理论

第一章　口语交际能力训练的重要作用和现实意义

纵观历史,从中国春秋战国时期出现"百家争鸣"的局面,到古希腊演讲始祖们掀起的以传授演说术为核心内容的"智者运动";从第二国际政治舞台上列宁激情澎湃的演讲,到二战时期丘吉尔饱含诗意的激励鼓舞人民斗志的演讲,语言都起到了不可估量的作用,有时语言的力量甚至比武器更强大。

反观当代,不管是交际中的人情往来还是学习中的讲授诵读,不管是生意场上的洽商谈判还是各种场合的辩驳演讲,哪样都离不开语言。当今时代,是个知识大爆炸的时代,更是经济大发展的时代。在这个无处不充满竞争的时代里,人们越来越认识到:口语交际水平的高低,已成为一个人生活及事业优劣成败的关键因素。

加强学生的口语表达能力的训练,使学生具备良好的语言修养,越来越得到世界教育家的重视,成为许多国家国语教学的培养目标。美国早在二战时就把原子弹、演说和美元当做三大战略武器,而当今则把舌头、美元和电脑当做三大战略武器,口语表达由原来的第二位提高到第一的重要地位。中西方对听说能力的培养的重视程度差异,明显地体现在中西方学生的交际行为表现和言谈举止中。日本也是一个十分重视语言运用效果的国家,话语的措辞用字、语调语气,须按说话者的性别、年龄、身份及说话目的确定。提高学生的口语表达能力,不仅是语文教学的基本要求,也是对人才培养的基本要求。在我国和西方资本主义发达国家,当前无不把说话水平作为衡量优秀人才的重要尺度之一,每个公司、企业招聘各类人才,都要进行口试,这反映了一个事实:口语交际与事业的关系至为密切,它是胜任本职工作最重要的条件之一。知识就是财富,口才就是资本,早已成为人们的共识。

第一节　口语交际能力训练的重要作用

大学生口语交际能力的培养,不仅是21世纪时代发展的要求,而且是现代社会发展的需要,也是学生生存与发展的需要,它将有力促进大学生的全面发展,促进其语文素养的全面提高,将会提升大学生的审美情趣,而对未来从事教师职业的大学生则有着更特殊的重要意义。

一、口语交际能力的培养是信息时代的要求

随着现代电讯科技的迅速发展，记录有声语言的工具大量普及，信息传递手段有了崭新的突破，口头语言的传递、储存、检索、转换都已进入实用领域，因而就语言的应用范围和频率而言，口语远远超过书面语。许多在过去依靠书面文字传达的信息，在今天已被口语取代；另外，现代传声技术的发展，使口语突破了时间和空间的限制，人机对话已经成为一种信息传递和交流的方式。为了适应现代信息技术的发展，如传声技术、影音跨海越洋转播技术等要求，说话效率的提高，是当务之急。每一个社会成员都要具备良好的口语交际能力。听的素养不好，注意力不集中，效率低下；说得不规范，不清楚，就难以适应信息时代的发展。由于不受时间和场地等条件制约，很多口语交际是在群体活动中进行的，具有多向性、随机性、及时性、临场性等特点，这样更有助于锻炼青少年的胆识与魄力，培养勇敢自信的具有分析力、应变力的创新型人才。所以，为了迎接新时代高速发展的挑战，只有文明礼貌、善于倾听，而又谈吐机敏、应付自如的人，才是跨世纪的骄子。

二、培养学生的口语交际能力是现代社会发展的需要，也是学生生存与发展的需要

首先，提升口语交际能力是现代社会发展的需要，也是培养现代社会建设人才的需要。现代社会的进步、经济的发展和世界范围新的技术革命高潮的到来，使得人们彼此间的交往越来越频繁，口语在交际中的地位和作用也越来越重要。21世纪是科技和人才的社会，对人才也提出了更高的要求，不仅要具有广博的知识储备，更要拥有良好的口语交际能力。一个人的口语交际水平是其综合素养的集中体现，也是评价其综合素养的重要指标之一，更是其走向成功不可缺少的条件之一。美国著名成人教育家戴尔·卡耐基说："一个人的成功，15％取决于他的专业知识，85％取决于他的口才和人际交往能力。"作为我国21世纪的建设人才，不仅要有符合社会发展潮流的思想和见解，而且要有能够在别人面前明白、准确地表达思想的能力，还要有能满腔热情地去说服、感染别人的口才，这就要求人们必须努力提高自己的口语交际能力。因此，对大学生口语交际能力的培养，已成为社会发展和培养现代社会建设人才的迫切需要。

其次，人类的一切活动都离不开口语交际。口语交际能力强，才能在信息交流复杂纷纭的现代社会生存和发展。一个正常的人，固然会听会说，但要达到听得精确，说得准确、得体、流畅、简洁，就不是件容易的事，必须接受系统的训练才能达到。再者，任何人也不可能离群索居，只要生活在社会上，口语交际就是须臾不可离的基本能力。做买卖、学技术、谋职业、得信息……都离不开耳听口说。所以，口语交际能力是现代社会每一个成员必备的基本能力。

大学生正处于向"成人化"过渡的阶段，其心理和生理都处于敏感时期，在口语的交际体验中，学生可以发觉语言的魅力，体会情感的流动，加深对社会、对人生的理解。有助于学生摒弃自卑心理，走出内心狭隘，拓展人际关系。在理想、道德、品行和意志等方面都会获得一定的提升。若能与周围对象建立融洽和谐的关系，形成良好的口语交际能力，不但可以提高学生的心理素质，还有助于学生形成良好的个性品质。这是学生自身发展的需要，有助于其

自我价值的最终实现。

作为一名即将踏入社会的大学生,要想顺畅地踏入社会,要想在社会上立足,除了需要过硬的专业技能,还要提前具备与社会建立良好沟通的能力,这样才能更加适应将来的生存环境和工作岗位。否则,将会被社会淘汰,甚至陷入生存的窘境。因此,高等学校学生口语交际能力的培养,在其正式踏入社会就业前尤为重要。

三、学生口语交际能力的提高将有力促进学生的全面发展

首先,口语交际能力的培养可以促进学生的思维发展。爱因斯坦说:"一个人的智力发展和他形成概念的方法,在很大程度上是取决于语言的。"思维和语言是密切联系的,语言是思维的直接表现形式,思维是借助语言体现的。学生口语交际能力的培养过程,也就是思维训练的过程。口语交际训练的核心是促进思维能力的发展。良好的口语交际能力训练要适应话题和情境,要适应眼前瞬息万变的现实问题。这样就可培养、发展思维的敏捷性和应变性;良好的口语交际能力训练能使人在交际时善于缜密地检查自己的观点,朝着言语交际的目标,寻找解决问题的方法和途径,这就培养了思考的评估性和批判性;良好的思维能力训练能使言语交际的话题呈现向四周发散的辐射思维状态,同时又不忽视重要的细节,这就培养了思维的广泛性和缜密性。敏捷应变的特性,反映了思维活动的深度;评估批判的特性,反映了思维获得的广度。在这些思维能力的基础上,才能表现出非凡的口语能力。

其次,口语交际能力是一个人的学识、智慧、气质、个性、风度等的完整而直观的表现,提高口语交际能力的同时也是个体的个性发展的过程,是使自己的内在气质、修养与外显风度日臻完美的过程。

耳听口说是个体与他人、社会衔接的端口,一个人的学识、修养、气质、个性、风度、生活阅历等尽在言谈中。学识修养对交际者说话风格的形成有着重要作用。学识修养高,受知识的熏陶深,言语交际中无论内容还是形式,都会表现出高层次的品味。一般说来,一个目不识丁的农民,其说话风格是质朴、俚俗的;一个满腹经纶的学者,其说话风格是凝重、典雅的。比如鲁迅作品《孔乙己》中的读书人孔乙己,一张嘴便之乎者也,教人半懂不懂,常引得众人哄笑,其说话风格可谓鲜明至极!个性气质方面,如《水浒传》中的李逵,语多粗顽率直,这是其个性气质所就;而生活在大观园里的林黛玉和薛宝钗,由于林黛玉的个性气质比薛宝钗显得伤感、孤傲,所以,二人的说话风格迥然有异。同样,生活阅历深者,其说话风格往往深沉稳健;而生活阅历浅者,其说话风格则大多外露、游移。

现代社会的任何人都面临一个塑造个人形象,展现个人魅力以使自己立足于社会、交融于社会的课题。因此,由谈吐、口齿而展现的个人风貌是实现个人价值的重要因素,对此我们不能忽视。

四、口语交际能力的培养会促进学生语文素养的全面提高

首先,口语交际能力的培养有利于读写能力的协调发展,增强学生的基础学力。听、说、读、写是语文能力的基本因素,是学习语文的基础。四种能力之间迁移、同步、互补的本质联系,反映了语文能力协调发展、互相促进、整体提高的规律。张志公先生在谈到语文教学忽视听说训练时做过这样的比喻："语言首先是口耳之事,因此,练口耳是基础。""过去教语言,往往忽略口、耳,只注意手、眼。这是砍掉植物的根而希望它开花的办法,充其量这叫插瓶,也许开两朵花,然而开不多,也开不久。"这话非常形象地指出口语交际训练是读写训练的基础,是根本。听、读是语言的感知,必然会迁移为说、写,转化为表达能力;听、说是口头语言,必然会迁移为读、写,形成书面语的能力。听、说、读、写对语言互为吸收和运用,螺旋式推进语文能力的提高。语文能力是学好各门学科的基本能力,国外语言教育界称之为基础学力,扎扎实实打好听说的基础,有利于促进学生读写能力的协调发展,有利于增强学生的基础学力。

叶圣陶曾在《关于师范教育》一文中就这个问题指出:"必须认识到看书读书就是听他人的话——用眼睛从书面上听他人的话,作文其实就是说自己的话——用笔在纸上说自己的话,读和听是同一回事,写和说是同一回事,不能丢开听和说不顾,光管读和写,认清了这一层,语文教学才能切合实际,对学生真有益处。"叶老这段话,明确指出听、说教学应当放在与读、写同等重要的位置上,不可偏废,对学生的教育也是"真有益处"的。

听说读写这四种语文能力,是互相渗透、紧密联系的;听读同属于理解的范畴,说写同属于表达的范畴,加强听说能力的训练,有助于读写能力的提高。

当然,在现实生活中,善说的人不一定善写,善写的人不一定善说。二者明显不协调的情况,也是语文训练应该解决的问题。一方面听说能力的训练,有助于读写能力的提高;另一方面,说话能力的训练,也是整体的语文能力的训练。因为说话是以表达为中心的把思维快速转换成有声语言的过程。口语表达必须先有明确的思想,紧接着快速选择适当的词汇,按一定的方式构成句子,再通过发声器官转换为口头语言,并不断根据听者的反应调整讲话内容。听话,要想听出对方的主要意思、弦外之音,就要有敏锐的觉察能力和思辨能力。语言是稍纵即逝的,因此需要听者边听边记忆,边进行缜密的归纳、分析、综合、推理,进而做出判断。由此可见,听说能力的基本要素是思维力、词句的组织力、反馈力等。

五、口语交际能力的培养将会提升学生的审美情趣

语文学科具有人文性。其中最明显的特征是语文具有其他任何学科都不能相比的美育功能。为了让学生感受美、鉴赏美,教师通常要在语文教学中创设情景,进行熏陶感染,其中最简单也是最重要、最有效的方法,便是口语交际教学。如:利用演讲、交谈、辩论等形式,通过描述性、评论性语言,使学生的感情共鸣进入到对社会、对人生等的更深层次的思考,使语文的美育功能得以充分发挥;通过放录音或教师朗读、学生朗读,特别是配乐朗读,来再现形象、渲染氛围、呈现情景,引起学生的联想、想象,激发审美情趣。如朗读《桂林山水》一文中对桂林山的"奇"、"秀"、"险"和水的"清"、"静"、"绿"的描写,有声语言为我们展现了桂林独具特色的山水之美——"这样的山围绕着这样的水,这样的水倒映着这样的山,真是舟行碧波上,人在画中游!"这种美感的产生不仅仅是基于桂林山水之美,更是对祖国大好河山之美由衷的赞美,热爱祖国之情溢于言表。真是"情动于中而行于言"!言为心声,思想行为和语言一脉相通。"语言美"同"心灵美"、"行为美"相辅相成。因此,有计划地加强口语交际能力的培养,对提升学生的审美情趣、培养学生高尚的审美情操有着积极的影响。

六、口语交际能力的培养对未来从事教师职业的大学生有着重要的意义

良好的口语交际能力是教师从事教学、教育工作必备的素质和条件,教师的口语表达能力在一定程度上决定着教学和教育的质量和效率,同时也影响着学生口语交际能力和思维能力的发展。

从事教师职业所要求的口语交际能力,即教师职业口语,其特点是规范性、科学性、教育性、生动性和可接收性。另外,教师良好的口语交际能力是学生学习知识、获得语言技巧,进而提升口语交际水平的范本。换句话说,学生时刻从教师的口语中受到影响和感染,潜移默化地学习语言、运用语言。

培养大学生具有良好的口语交际能力,不但可以促进他们的学习,而且会促进他们的智力、情感、禀赋和人格的全面发展;不仅有利于提高大学生的言语水平,还能起到活跃思维、提高思维的敏捷度和应变能力的效果,对提高学生的交际能力、培养良好的人际关系也有积极的作用。所以,对师范教育专业的大学生们进行科学、系统、严格的口语交际训练具有特殊、重要的意义。

第二节 大学生口语交际能力训练的现实意义

针对大学生面临求职应聘以及即将置身职场的现状,激烈而残酷的就业竞争要求他们必须具备良好的口语交际能力,也就是说良好的口语交际能力是一名合格大学生必备的素质和条件之一。

一、这里的"口语"不是一般的口头语言和独白语言,它首先是具有规范性的语言,必须要讲国家法定的语言——普通话

口语的语音、语汇要规范,语句要符合语法要求。即要用标准或比较标准的普通话说话,做到发音吐字清晰,语流通畅,节奏明快,语调自然、适度;在遣词造句方面要符合现代汉语的语法习惯,做到用词恰当、条理清楚、表达得体。而我们面临的现实问题是我国方言体系复杂,对于来自方言区的人来说,方言是普通话学习的一个巨大障碍。因此,努力克服方言语音对普通话学习的影响,进行系统而科学的普通话学习是口语交际的先决条件。

二、不可忽视传统教学观念对今天人们的口语交际能力培养的影响

回顾历史,我们不难发现,"重读写、轻听说(口语交际)"在我国有着悠久的传统,其根源在于我国封建社会中期开始实行的科举制度。

其实,我国古代的教育是很重视听说能力的培养的。西周的国学就有学习说话的内容。据《周礼》载:"大司乐教国子以乐德、乐语、乐舞。"所谓"乐语",指的是包括"兴道"、"讽诵"、"言语"在内的综合教育。用今天的话来讲,"兴道"即道德教育,"讽诵"即阅读教育,"言语"即说话教育。我国古代伟大的教育家孔子也十分重视说话能力,孔门四科中就有"言语"一

科。一部《论语》，本身就是孔子及其弟子的对话录，其中多处谈到了"言"即"谈话"的重要性。如《阳货》篇："不知言，无以知人也。"《子路》篇"一言可以兴邦"等等。我国古代另一位教育家墨子同样重视说话，他在《尚贤》篇里提出做一位贤人要达到三条标准："厚乎德行，辩乎言谈，博乎道术。"其中的"辩乎言谈"就是说做贤人要具备能言善辩的口才。正因为古代教育重视听说能力的培养，所以我国历史上曾涌现过不少雄辩之士。《左传》《战国策》等就记载了许多能说会道、辩才无碍，在当时的政治舞台上纵横捭阖的谋臣策士，如苏秦、张仪、冯谖、唐雎等。

但到了封建社会中期，隋唐开始实行科举制度，统治阶级纯以文章取士，乡试、省试、殿试，三篇文章定终身，读书人趋之若鹜。这就开了只管读写，不顾听说的风气。尤其到了明清两代，科举考试以《四书》《五经》中的文句为题，八股文成为文章的规定格式，更无人理会听说了。事实上，当时的语文教学已经完全沦为科举考试的附庸，老师为考试而教，学生为考试而学，"识字—读书—写文章—应试"就是当时所有读书人必须遵循的道路。

清末，科举制度废除了，开始推行学校教育，加上白话文运动、五四新文化运动、国语运动相继开展，都对传统的语文教育产生了冲击。随着西方口才学、演讲学的引进，在少数有识之士（如胡适、黎锦熙、阮真等）的倡导下，有的学校（如上海吴淞中学、长沙一中）开设了演讲、辩论等旨在培养听说能力的课程，但影响不大，未能触动重读写、轻听说的根基。

新中国成立之初，听说能力的培养一度得到重视。首先，"听说"在学科名称上得到了体现，新中国成立前的"国语"、"国文"被统一改为"语文"。对此，著名教育家叶圣陶先生做过这样的说明："平常说的话叫口头语言，写到纸面上叫书面语言。语就是口头语言，文就是书面语言。把口头语言和书面语言连在一起说，就叫语文。"其次，曾明确提出了"听说"是语文教学的任务。1950年中央人民政府出版总署编审局编辑的语文课本在《编辑大意》里说："语文教学应该包括听、说、读、写四项，不可偏重偏轻。"20世纪60年代初，叶圣陶、吕叔湘、张志公等先生对听说读写应全面训练的问题发表了中肯的意见。遗憾的是，这些正确主张并未得到贯彻，反而遭到了压制。新中国成立以后，在1956年、1963年、1978年颁布的《中学语文教学大纲》中，仍只提读写能力的培养，不提听说。直到1986年颁布的大纲，才第一次将听说放到了与读写并重的地位，突出了全面发展学生语文能力的思想。但由于教育体制是应试教育体制，考试时仍只考读写，不考听说，大多数老师囿于狭隘的功利意识，也就仍然走着只顾读写的老路，听说实际上被架空了。

进入21世纪，我国基础教育阶段语文教学大纲明确地提出语文教学要培养学生的读、写、听、说四种能力，相应地提高了听说教学的地位。大纲将"听说"明确地表述为"口语交际"，予以了特别强调。可是，在基础教育阶段，由于受传统应试教育的影响，重读写、轻听说的情况至今仍然难以扭转。所以，今天高等院校学生的口语交际水平是不容乐观的，这是一个不能忽视的现实问题。学生口语交际水平低下的现状与全面提高学生的素质这一时代精神是相悖的，也势必造成学生难以适应21世纪现代社会的不利影响。

综上所述，重读写、轻听说（口语交际）的现实状况是有多方面原因的。

（1）从历史的角度看，我国经历了漫长的封建社会，由于经济文化等落后，人们的交际处于较低的水平，听说能力得不到应有的重视。尤其是科举制度以文章取士，淡化了口语在一个人的学识中的应有地位,形成了"重文轻语"的传统。

(2) 从中国传统的语文教育看,在语言和文字的关系上是重文轻语的。古代的语文教育,基本上是学习书面语(甚至还不是书面语,而是书面"文")。正如张隆华、曾仲珊先生在《中国古代语文教育史》一文中所说:"长期以来,学子们学习的,是经过雕琢的'书面语',即使是'三、百、千'那样的童蒙教材,就更不是语而是文(学)了。语言的学习、口语的学习,日常生活应用的普通文字的学习,是否要在语文教和学的实践中占有相当重要的地位?"这值得我们深思。由此可见,传统的语文教育对"重文轻语"的影响不可低估。

(3) 从教育观念的角度看,许多人认为,听话、说话是与生俱来的能力,不需要像读写那样进行系统的训练。殊不知,这种与生俱来的能力只是一种低级的语文能力,而经过专门训练的说话能力不但会促进读写和听的能力的发展,而且会对人们的学习、工作、生活发挥积极的作用。

(4) 从教育实践的角度看,任课教师在教学实践中并不重视学生口语交际能力的培养,自己在课堂上往往一言堂,不为学生提供口语交际的机会,即使偶尔进行口语交际训练,也是随心所欲,缺乏系统性和科学性。

(5) 从学生生源的角度看,我们的学生不少来自偏远的农村,相对封闭、贫困、保守的农村生活环境使得这些学生进入大学后沉默寡言,自卑感强,不主动与老师、同学交流;另外在大力推广普通话的今天,要求这些同学由长期讲方言突然向说普通话转变,在此过程中,他们存在严重的心理障碍,这些原因直接导致了学生怠慢口语交际能力的提升,在口语交际中,具体表现为表述不清,缺乏条理,主题不突出,方言障碍严重,当众说话紧张结巴、语汇贫乏、词不达意等。

第二章 口语交际能力训练的理论依托

大学生口语交际能力的训练离不开多种学科的理论依托。简而言之,有语言学、思维科学、心理学、教育学、美学等多种学科都对口语交际具有不可忽视的理论依托作用。

第一节 口语交际的语言学理论

从语言学的角度看,语言是一种社会现象,是一定社会约定俗成的符号系统。雅科布逊(Roman Jakobson)认为,和任何符号系统一样,语言首先是为了交流。人们运用语言符号进行信息交流,传递思想、情感、观念和态度,达到沟通目的的过程,叫言语沟通。言语沟通是人际沟通中最重要的一种形式,大多数的信息编码都是通过语言进行的。语言是思维的工具,语言的功能在一定意义上被大部分人认为是信息功能;又因为语言是交流的工具,所以语言的另一个重要的社会功能是交际功能。

在面对面的人际沟通中,人们多数采用口头言语沟通的方式,例如,会谈、讨论、演讲以及对话等。口头言语沟通可以知觉地(自觉地)及时地交流信息、沟通意见。这个过程取决于由"说"和"听"构成的言语沟通情境,说者在沟通过程中积极地对信息进行编码,然后输出信息。同时,听者也要积极地思考说者提供的信息,进行信息译码,从而理解信息源所发送的信息,将它们储存起来并对信息源做出反应。在这个信息传递过程中,信息的转换是不可缺少的中间环节。信息的转换有两种基本的操作:编码和译码。编码即发信者要把传送的意义信息符号化,编制成一定的语言文字或表情、动作。在编码之前,发信者首先要将自己的想法进行解释,充分理解自己的想法,然后才能使之成为可以表达的形式。接信者在接收信息后,首先要进行译码,即将符号化的信息还原为意义信息。在译码后仍然是进行解释,理解其意义,才能成为可接收的信息。在解释过程中,信息传递双方必须具备共同的知识经验,才能理解一致,避免发生歧义或成为无意义的信息。

语言心理学的研究表明:口语交际是一种心理过程,口语交际就是用词语把思想的结果表达出来,口语交际能力是把内部语言(思想感情)转化为外部语言的能力。口语交际的心理过程包括两个有联系又有区别的过程。

首先,是内部言语过程。

人类有敏锐的感觉器官,能够眼观六路、耳听八方,通过听觉、视觉、触觉、味觉等反映现实,认识客观事物。这就为大脑这个加工厂提供了说话的原料。大脑对这些原料迅速加以分析、概括、综合、推理,通过联想、想象等一系列思维活动,形成连续、线性的语意体系,然后逐步、连贯、序列地组织编排起来。这种内部语言组织是待扩展的语言表述的基础,是构成口语交际能力的前提,即口语交际先要有内部语言。语文教育家叶圣陶说过:"要有意思才有话说,没有意思硬说就是瞎说,意思没有想清楚就说,那是乱说……"。这里的"意思"就是以内部语言的形式在大脑里活动的,通过内部语言来组织的意思。所以,口语交际训练可采取先想后说、边想边说的方式,只有想得清楚才能说得明白;只有想得丰富,才能说得精彩。

其次,是外部言语的过程。

口语交际必须把"内部言语"转为"外部言语",即必须按照语意加以扩展,编码为一定的词汇句式表述出来。这首先要有一定的口语词汇储备,即言语编码的符号材料,它是转化为外部言语(有声语言)的重要条件。其次,要掌握正确的组合语词次序的语法规则,这是语言编码的结构法则,是转化为外部语言的又一个重要条件。列宁说:"人的实践经过千百次重复,它在人的意识中以逻辑的格固定下来。"就是说在长期不知不觉的反复实践训练和在社会的不断交往中,语言文字规律、词句的含义、情味等就以"格"的形式巩固和积淀,而储备在大脑里的一个个"格"组成了"格的结构群",这样人们在接受语言编码时,意识里就会与自己头脑里的"格"相契合,立刻触动心弦,以自动化方式对号入座。如果说话者的口语词汇、句式储备多,而且能按照语法规范来编码,就能根据需要迅速地选词,系统、准确、流畅地把要表达的意思说出来。人们把内部语言经过扩展,并编码为一定的语句后,还要通过语音语调表达出来。

另外,对于口语交际的认识和研究,我们还可以从认知心理学和社会语言学中找到理论的支持。

由于语言是思维的再现形式,思维训练因此无法摆脱语言训练而单独完成。近年来,认知心理学的发展使我们对基于语言的大脑加工有了更详细的了解。例如,大脑存在着独立的区域,专司听词(他人的口语)、看词(阅读)、说词(口语)和成词(用语言思维)的子任务。这就提示我们是否存在着针对口语的不同的教学模式。英国的 George Yule 教授在研究口误时发现,口误是大脑在组织语言信息时出现了疏漏造成的。这也提示我们,正确的口语表达需要大脑正常的活动方式来支持。所以,口语交际必须需要"口"与"脑"的一致行动才能完成,这使得口语训练更偏向于一种强调操作性的语言教学,而不是偏向于基于文学鉴赏和文化传承的整体感悟性的读写教学。我们都知道,人的大脑左半球具有语言生成和理解的各种能力,如说话、口语理解、阅读和书写等等;而右半球具有情绪的表达和形象物体的识别能力。在训练学生成功地进行日常的口语交际外,对思维的全面训练以及充分整合大脑两个半球的思维获得也许是口语交际的一个隐含的但却是最终的目的之一。

总之,以上两个过程在头脑里迅速地转化交错进行,不容许说话者有丝毫的懈怠或简单化处理,否则说出来的话必然会出现不知所云或语义不连贯等毛病。

第二节 口语交际的思维科学理论

由上一节论述可知:语言训练(口语交际)与思维紧密关联。语言是思维的外壳,思维是语言的内核。口语交际的过程实际上就是把思维的结果表述出来的过程;口语对思维有加工、提高的作用。因此,口语交际水平的高低与一个人的思维能力的强弱密切相关,口语交际水平的提高,取决于说话者思维素质和思维能力的提高。一个人的思维活动是在其脑海中进行的,是看不见、摸不着的,这表明口语交际中思维过程的复杂性。因此,口语交际能力训练离不开思维训练,口语交际离不开思维科学原理的依托。

口语交际训练中的思维训练是通过两个环节、四个重点来进行的。两个环节即指单向表达环节和双向或多向交际环节。四个重点分别为:单向表达环节中的思维宽度(辐射面)、深度(深刻性);双向交际环节中的思维灵敏度(即时反应)与反应准确度(应对力度)。

思维训练在口语交际训练的过程中同时完成。这是由口语交际的"口脑一致性"特点决定的。

思维活动的宽度检测,具体表现为说话者在就某一话题发表看法时,是只能就事论事,呈单向线性因果发展趋势,还是可以触类旁通,旁征博引,以话题为思想主脉,同时在思考面上交叉纵横,呈网状发展趋势。思维活动的宽度检测,要求我们不仅要全面地、辩证地看问题,而且要富于联想、善于想象。这样,在口语交际中就能纵横捭阖、左右逢源。因此,思维训练的方式主要有:联想训练、想象扩展训练、想象结果训练等。以联想训练而言,有接近联想、类似联想和对比联想三种形式。如由"茶"联想到"龙井",联想到"西湖"……就是接近联想。由"茶"联想到"咖啡",联想到"啤酒"……就是类似联想。由"茶"联想到"白开水",由"茶"联想到"饭"等就是对比联想。

思维活动的深度检测,具体表现为说话者在就某一话题发表看法时是浅尝辄止,只能肤浅地发表一些人所共知的观点看法,还是能紧扣话题,向思想深处发掘,最终得以发表别人没有想到,或虽想到却认为不该说出,或不知如何说出的深刻见解。

思维活动的灵敏度检测,具体表现为表述者在双向或多向交流交际的过程中,对新出现的话题或观点能否在事先未做准备的情况下,迅速做出或是赞同,或是反对的即时反应,并且能以"快速编码"的方式组织适当的语言明晰表述自己的立场、观点及何以如此的原因。思维的灵敏度训练,包括思维的敏捷性和思维的灵活性两方面。在口语交际中,思维敏捷以及思维向言语的快速转化,是最重要的思维品质,也是衡量一个人口语能力的重要标志之一。思维的灵活性即思维的变通性,要求当事人根据具体情境与临场变化随机应变地做出切合情境的巧妙反应。我们常会看到一个优秀的节目主持人只有具备了以上重要的思维品质,才能把一场节目主持得游刃有余,精彩纷呈,给观众呈现一场美妙的视觉盛宴。

思维活动的准确度检测,可以理解为灵敏度的延伸。如果说灵敏度是瞬间反应检测(反应是否快速),那么,准确度则是反应后果检测(是否准确中的)。具体表现为,在双向交流过程中,说话者能否把握话题的关键与实质,并准确无误地做出应有的反应。准确性是一个人运用语言,与他人进行交际的基本要求。具体包括以下几个方面:一是语言环境的准确性。在交际活动中,说话能够适应环境,是十分必要的。语言的准确运用,首先是语言运用的条件限制。其次是指准确地使用语言。所谓条件的限制,具体来说,就是语言的运用是由各种特定的客观环境,以及交际活动的特定内容来决定的。比如,在关于运动员刘翔受伤的一则新闻播报中,男主持人说:"刘翔的伤痛牵动着国人的心。"女主持人接着说:"让我们祝贺刘翔。"这番对话可谓叫人笑掉大牙。二是运用语言的准确性。有一则央视新闻,在谈到"钓鱼岛"问题时,女主持人无意中将中国领土钓鱼岛说成"日本的钓鱼岛……",遭到很多网友的吐槽。正确地使用语言,就是语言运用的最大技巧,就是每个人驾驭语言的基本方式方法,在语言的驾驭上是因人而异的。

四个重点相比,思维的宽度和深度可以有相对充足的思考时间和准备过程,而灵敏度和准确度则常常是瞬间显现的,一般不可能有充足的思考时间和准备时间。

思维训练的四个重点的"度"的把握和检测,对口语交际水平的提高有十分重要的意义。

第三节　口语交际的心理学理论

从心理学角度看,说话是个复杂的心理过程,口语交际中双方的心理处于互动互变状态。克服心理障碍,具备健全的心理素质,懂得心理沟通的方法,是人际交往获得成功的前提条件。在普通话水平测试"说话"测试中,常常可以看到这种现象:有些应试者,尤其是那些初次在公众面前说话的人,即使事先已背熟了稿子,也仍难免出现卡壳、忘词以及支支吾吾、颠三倒四的情况。这一不无规律性的事实向我们显示了心理学原理对口语交际的不可忽视的依托作用。

这种依托作用在单向表达和双向交际两个口语交际基本环节分别具有不同的表现。

单向口语表达的高标准之一就是在表达过程中,要求思维运动轨迹的准确性以及口语表达与思维运动的同步性或一致性,即"口脑一致性"。实际情况是,实现这一点很难。原因之一就在于其间存在着"心理因素"的干扰。有时,心理因素的干扰可以把一篇准备得相当充分、效果原本颇佳的口语表述变得支离破碎、索然无味。

单向口语表达环节的心理素质要求,有三个递进层次:一是基本要求,要求对已经程序化的口语表述,即经过充分准备、对文字材料记忆很熟练,口语交际时尽可能排除心理因素的干扰,力避因紧张而导致的卡壳、忘词等毛病,流畅、自然地完成表述。二是提高要求,当口语交际中因心理紧张等因素的干扰而出现卡壳、忘词等毛病时,应能够在心理自我调节的同时,进行即时信息编码,使得口语表述按"即兴组合"的方式顺利完成。针对以上两个要求,可以有针对性地选择训练方法。比如,如果是由于自我分析不当,期望值过高而形成自卑,可采用自我心理暗示法,有意识地做自我调节;如果因为性格内向而不爱讲话,或吐字不清、不善讲话而引起胆怯与自卑,则可以采用强化训练法,通过增加实践机会来取得效果。如同陌生人、名人、异性交谈时出现紧张心理,可用自我心理暗示的方法加以调控。比如可做这样的暗示:大家都是人,有什么好紧张的。也许他正想同我交谈而难以启齿呢。我做了充分准备,比他有利,交谈一定能成功。这样一想,可以帮助克服紧张心理。三是最高要求,在无充分准备的情况下,能根据说话的需要,完成"瞬时"信息编码,使说话获得成功。

双向交际交流中的心理素质要求,是在单向表达环节的心理素质要求的基础上,要求能运用心理学原理分析对方的心理状况及心理活动,并采取相应的应对措施。能否达到这一水平是语言双向交流能否取得最佳效果的一个重要前提。"一句话让人笑,一句话惹人跳"就说明了口语交际中截然不同的语用效果。之所以会出现对比鲜明的效果,其根源正在于其表述内容和方式在对方心理上所激起的不同反应。因此,我们不能不学习运用心理学原理分析对方的心理状况及心理活动的技能,以选定最佳表达交流方式,在口语交际中力争"让人笑"的最佳效果,避免出现"惹人跳"的不良反应。

第四节 口语交际的教育学理论

作为研究教育现象、解说教育规律的一门社会科学,教育学原理似乎与一般口语交际并无多少密切的内在联系。其实不然,口语交际的本质特点和功能特点,使得两者之间在很大程度上达到了本质的统一。

现代社会的一个特点是,社会分工越来越细,这必然会在口语的运用上表现出来。不同职业、不同社会层次对口语运用的要求是不同的,因此,现代的口语教育应该"因人施教"。口语交际,无论从其行业分类,如商贸口语、司法口语、教育教学口语……还是从其表述交流形式分类,单向表述如朗读、演讲,双向交流如辩论、交谈等,其根本目的都不外乎为辨析事理、交换观点、交流感情,不外乎为了劝说、说服对方,争取对方的赞同与支持,这就不能不借助教育学原理中的"因材施教"原则,即根据口语交际对象的实际情况不同而采取不同的交际方式的原则。

这一原则要求我们:要做到因材施教,必须充分地了解每一个学生。除了学习成绩之外,学生的个性特征的各个方面、家庭背景、生活经历等,都是教师因材施教的重要基础。要做到因材施教,必须尊重学生的差异。学生的差异不仅是客观存在的,而且是合理的,因材施教的含义不仅包括承认差异,而且包括尊重差异。在达到基本标准的前提下,教师应当允许学生存在不同方面、不同水平的差异。并且针对每一个学生的具体条件帮助他们得到最适宜的个性发展。因而,口语教学中我们必须充分考虑到由于受环境、遗传、实践机会、个人主观努力等多方面因素的影响,学生口语交际能力的资质是不同的。即使同在一个班,口语交际水平也会存在一定的差异,也会出现个性特点的不同。不同年龄段、不同性别等对口语交际能力也有很大影响。口语交际教学是最需要照顾学生的特点和个性,发展学生的特点和个性,最需要因势利导、因材施教的一个领域,也是最需要学生积极参与的一个领域。基于以上要求,这一"因材施教"的原则在具体运用中又演化为口语交际的针对性、具体性和及时性三个基本特点。

所谓针对性,指针对各种不同的交际对象、不同的境况采用不同的针对性的语言,也就是说,说话应因人而异。这一针对性特点,在口语交际教学中尤为突出。比如,根据学生口语发展不同阶段的特点,有针对性地进行指导。学生口语交际能力的发展大体会经历一个"不会说,无话可说(讷于言,词汇贫乏)——有话可说,但说不好(重复、啰唆、言语渐趋泛滥)——会说,且能达到口语交际较高水平(头头是道,娓娓道来,体现出准确、简练、条理性、生动形象、有较深刻的内涵特点)"。这是一个思想深刻化,驾驭词语的本领和语言控制能力逐步增强的过程。教师根据学生口语发展的阶段特点,选择相应的指导策略。对处于第一阶段的学生以鼓励为主,鼓励学生敢说、多说;对处于第二阶段的学生,以引导为主,引导他们不满足于滔滔不绝,要"挑剔"他们的能说会道,警惕语言泛滥,让学生明白简洁干练才是口语表达的高境界。

口语交际的针对性,体现在针对不同年龄、根据不同性别、区别不同职业、注意地位差异、把握不同性格、分清个人好恶、考虑心境状态等方面。只有考虑到以上因素,口语交际才能切合实际,有的放矢,能说到点子上,即口语交际的内容和形式务必要能切合对方的思想水平和思想现状。口语实践告诉我们:与高水平者进行低水平的口语交际,和与低水平者进行高水平的口语交际,往往都难以达到好的交际效果。究其根源即是:缺乏鲜明的针对性。也就是说,成功的口语交际务求对对方思想与认识水平的准确把握,"量体裁衣"、"对症下药",才能使口语交际获得真正的成功。

所谓具体性,指在口语交际中要力戒说一些帮话、套话,力戒不着边际的"隔靴搔痒",力求"言之有物",以使表述内容具有鲜明的具体性,进而实现思想感情的真诚交流。比如,在社交上,缺乏诚心、刻板的客气话,必不能引起听者的好感,如"久仰大名"、"如雷贯耳"之类,这些缺乏感情的、空洞的、完全是公式化的恭维语,若从谈话的艺术观点来看,是最需要避讳的。"言之有物"是一切言谈应该具备的条件,与其泛说"久仰大名、如雷贯耳",不如说"阁下上次主持的讨论成绩之佳,真是出人意料"等话。

所谓及时性,即是口语交际只有把握最佳时机才能取得最佳效果。口语交际的成功,在某种意义上,也可以说取决于思想交流的及时性。不论是"锦上添花",还是"雪中送炭",失去了及时性,也就顿失其感人的魅力,交际的意义和价值也就不复存在,交际就会变得索然无味,甚至令人生厌,令人反感,当然,也就谈不上口语交际的成功了。

由此可知,口语交际的成功,不仅依赖于说理的透辟、状物的形象和抒情的感人,同时,它还要求表述内容切合对方的思想水平和思想状况,以其针对性、具体性和及时性使对方心悦诚服。

在学校教育中,教师"教"得怎样,实际上应当以学生"学"得如何为标志。口语交际也与教育行为一样,是否成功,实际上也是以对方对自己的观点、立场的理解、认可、接受为标志的。在这一点上,教育学原理与口语交际原理达到了本质的一致。

第五节 口语交际的美学理论

我们知道,美学是关于人与现实的审美关系的一门科学。在口语交际中,其实也存在着一个审美过程,即对口语交际水平高与不高(美与不美)进行多层次、多角度的认识、理解、评析、对比过程。这是在口语交际的成功与失败的对比中进行的审美活动。不难看出,美学理论中对美的本质的探讨、对艺术与现实的关系的探讨等在口语交际中的依托作用是显而易见的,所以,口语交际如果能成功借鉴美学原理,其水平与成功率也将大大提高。

具体而言,我们可以将美学原理称作"审美标准",其对口语交际的指导作用主要表现在三方面:

一是美学原理要求口语交际中多因素之间的整体和谐。

对口语交际从系统论的角度来看,大的方面如单向口语表述和双向口语交流,小的方面如发声、思维、心理及态势等无不可以分别看作一个个内涵丰富的子系统。高水平的口语交际,从审美角度不仅要求这些大大小小的子系统,以其各自的完美综合融聚而成口语交际的整体和谐,而且还要求细致入微的多种因素之间的和谐。比如,我们要鉴赏教师课堂言语的艺术美,可以从语音、修辞、句式等子系统的和谐与否来评析,更要从语音的准确、悦耳与否,从修辞突出强化言语的直感性、形象性所采用的各种手法,如比喻、拟人、反复、夸张、对偶、反问、顶真等的多样与协调。还要从句式表达的需要出发,教师根据表达的需要,对各种句式的使用,如陈述句、疑问句、感叹句、祈使句的运用,也要会使用被动句、主动句、否定句、双重否定句、倒装句等特殊句式,还要会使用长短句(散句)和整齐句式(对偶、排比),这种整齐划一与参差变化的整体和谐,使得教师的教学言语显得更为生动、活泼、新颖。所以,教师经过精心设计的、闪耀着智慧火花的言语,能把模糊的事理讲清楚,把枯燥的道理讲生动,把静态的现象讲得活起来,使学生的思维经常性地处于活跃状态,给学生以审美的愉悦,以保证教学的成功。

二是美学原理要求口语交际中个人风格的千姿百态。

风格原指一个时代、一个民族、一个流派或一个人的艺术作品所表现的主要思想特点和艺术特点,习惯上称艺术风格。口语交际虽不是艺术作品,但它是不能不讲艺术性的,如口语交际具有语音美、语调美、简洁美、节奏美以及语态美等方面的审美特性。

口语交际中个人风格的显现是因人而异的。有的人说话风格简洁干脆,有的则委婉含蓄,有的亲切细腻,有的幽默风趣,有的严肃深刻……如毛泽东的宏博,周恩来的机敏,邓小平的质朴,列宁的激越,斯大林的沉稳……这些伟人的说话风格都给人们留下了鲜明而深刻的印象。中国自古就有"文如其人"、"字如其人"的说法,在文字表达中也有"言如其人"之说。"言如其人"是说一个人的言谈、举止、神态都体现出这个人的风格。法国著名评论家布封认为"风格即本人"。在口语交际中,要注意自己身份的转换,即该当一名表述者时就应是一名成功的表述者,该是一名听众时就要成为一名优秀的"听众"。口语交际在任何时候都不拒绝、排斥对成功经验的借鉴。当然,口语交际中最忌讳的是"东施效颦"式的刻意模仿,这种亦步亦趋的模仿不但不可能给口语交际带来良好的效果,而且最易失去个人原有的语言风格。

对于口语交际教学而言,教师要善于发现学生口语表达的个性特点、风格风貌,因势利导、发扬长处、克服不足。针对口语风格人"言"人殊的特点,面对学生特色鲜明的口语个性,教师应有开放的眼光,给予肯定和鼓励,不能用自己固定的审美模式和自己个人的审美标准把学生限死。有的学生擅长说理,有的则偏于描述;有的喜欢用长句、复句,有的偏爱短句;

有的反应机敏、出语幽默,有的则慢条斯理、一本正经;有的富于感情,有的偏于冷峻……这就是学生口语表达个性的千姿百态。教师要善于发现学生个人风格的萌芽,善于发现学生口语表达的美之所在,从而发扬学生的长处,鼓励其形成个人的特色。同时,要引导学生克服口语表达的缺点和不足,防止片面性和不良倾向的出现。如善用长句表明思维缜密,但用得过多会嫌过于冗长。有的同学讲起话来客观冷静,但总不能冷冰冰,平淡淡。所以,根据表情达意的需要,个人口语风格不能出现片面化和极端化的倾向。

个人风格的千姿百态,还要求因话题不同而使其交际内容与形式各具特色。诸如话题的严肃与轻松,表述形式是开门见山还是迂回曲折,是一语中的还是娓娓道来等等。

三是美学原理要求口语交际中个人趣味与社会观念的交融统一。

口语交际的本质特点是交际双方借助语言来实现感情的交流与思想的沟通,以及双方在共同话题上追求认识的一致性。口语交际实践表明,当一方的口语表述,如果从内容到形式,都能在对方心头激起"美"的享受,使对方感到愉悦,则口语交际的成功率将大大提高。"听君一席话,胜读十年书",可以说是对成功的口语交际的一种赞赏,也是审美价值的效果评鉴的角度之一。

口语交际的成功,必须以交际对方感到愉悦,且听之入耳、听之入心为前提。这就要求表述一方要能从内容与形式两个方面准确把握其审美的角度与尺度。例如,自己所讲内容虽正确却早已为对方所熟知,虽新颖却难以使对方理解接受,表述形式是否适应对方的文化素质、心理特点,是否既能使对方耳目一新而又为对方乐于接受等等。从审美角度而言,口语交际,最忌讳那种以个人品位、喜好为标准,甚至孤芳自赏式的表述,而注重在交际中将个人趣味与社会观念的交融统一。

第三章　口语交际与口语交际教学理论

第一节　口语交际相关概念

一、关于口语交际

（一）口语交际的内涵

1. 关于"口语"

《辞海》对"口语"一词的解释有二：第一指言论或议论；第二指口头上交际使用的语言。第一个解释认为"口语"即"口头言语"，第二个解释则认为"口语"即口头上使用的语言。那么"口语交际"中的"口语"究竟是"口头言语"还是"口头语言"？对这个问题要做出正确的回答，我们必须搞清与此相关联的其他两个问题：一是语言和言语有什么样的区别？二是语文教学是语言教学还是言语教学？

关于语言和言语的区别，现代语言学之父索绪尔（Ferdinand de Saussure）在其《普通语言学教程》中做了全面系统的研究，他认为：所谓语言，就是通过言语实践存放在某一社会集团全体成员中的宝库，一个潜在一群人脑子里的体系。言语则是语言的体现，包括说话者运用语言规则表达他个人思想的各种组合以及使他有可能把这些组合表露出来的心理和生理机制。因而语言是潜在的系统，言语是潜在系统的实现；语言是词典性的，言语则是关系性的；语言是平面的，言语是全息的；语言是可以分割的，而言语则结合为一个整体。

郭谷兮教授在其主编的《语言学教程》中对语言与言语的区别作了这样的归纳：

语言是一种符号系统。

言语是对这种系统的运用（和运用的生成物）。

语言是社会约定俗成的。

言语是个人的意志和智能的行为（和结果）。

语言是静态的、形式的、全民性的，是语言学的对象。

言语是动态的、内容和形式统一的、个体的，是语文学的对象。

我们不难发现，虽然两者的用语不同，但观点基本一致，都将语言看作是一种符号系统，将言语看作是对语言的运用。我们赞同这样的观点,并借用已故语言学家、修辞学家王德春的一句话简洁地说明两者的区别和联系:语言是人类最重要的交际工具,是音义结合的词汇和语法的体系,而言语就是在特定的言语环境中为完成特定的交际任务对语言的使用,语言存在于言语之中。

关于语文教学是语言教学还是言语教学,著名语文教育家洪镇涛先生说:"学生听说能力的形成,主要不是靠掌握语言知识,而是靠言语实践,在听说读写的过程中,感受—领悟—积累—运用。"由此可见,语文教学是言语教学,而不是语言教学。

按照运用语言的不同凭借和方式,我们可以将言语分为"口头言语"和"书面言语",显而易见,"口语交际"中的"口语"指"口头言语"。《心理学大词典》将口头言语解释为:一个人的发音器官能发出某种声音,用以表达自己的思想和情感。

2. 关于"交际"

"交际"一词最早见于《孟子·万章》中"万章问曰:'敢问交际,何心也?'孟子曰:'恭也。'"宋代《朱熹注》将交际的"际"解释为:"际,接也。"实际上指出了交际活动包括两个方面:一方为交,一方为接,即"以礼仪币帛相交接也"。现代汉语对交际的解释为"人与人之间的交往,或人际往来"。这个定义指明了人际交往作为一种社会现象,必然会受到文化传统、价值观念和行为规范的制约。交际一词的英语是 communication,这个词源于拉丁文 communis,意思为"共有共享",动词为 communicate,指的是与他人共享或交换观点、感情和信息。

交际可分为言语交际和非言语交际两类。言语交际是人际交际最基本的形式,它有广义和狭义之分。广义的言语交际有四种基本类型:

一是人的内向交际,即主我与客我的交际;

二是人际交际,即个人之间的交际;

三是群体交际,即群体内人员之间及群体之间的交际;

四是大众传播,即借助印刷媒体和电子媒介进行的信息交流。

狭义的言语交际指的是人际交际。按照信息传递的方式,言语交际又可分为"口语交际"和"书面交际"。"口语交际"即口头言语交际,指的是人们运用有声语言传递信息,交流思想,表达感情的过程。

3. 口语交际与书面交际的区别

长期以来,口语交际一直是发展书面交际的一种有效工具。在口语交际教学历史中,我们可以清晰地看到这一点。人们通常认为,口语交际水平高,书面交际水平也必定高,反过来,书面交际水平高,口语交际水平也肯定不错。但实际情形并非如此。口头表达滔滔不绝、声情并茂,而书面表达语病连篇的大有人在。同样,书面表达自然流畅、入情入理,但口头表达却结结巴巴、辞不达意的也不乏其人。究其原因,口语交际和书面交际虽然有很多的联系,但是他们的发展具有相对独立性,他们之间有着很多的区别,因此语文教学中以书面交际的培养(即作文)来代替口语交际的培养无疑是有失偏颇的。两者的区别主要表现在以下两个方面:

一是语言的表达形式上的区别:

(1) 用词方面，口语交际对用词要求不高，以日常生活用语为主。书面交际则对用词的丰富性、准确性有较高的要求。前苏联的列乌杜斯和涅枯列认为口语交际的情境率大大高于书面交际，所谓情境率指的是处在同一情境的交谈双方，言语的个别成分被省略的程度。书面交际的不重复词的取样率和积极率高于口语交际，所谓积极率指的是动词的丰富程度。

(2) 句式方面，口语交际不强调句式的完整性，常使用较多的短句，有时甚至只用一个谓语来表达一个完整的意思。书面交际则既要求句式规范完整，又要求句式富有变化。

二是交际过程的区别：

(1) 口语交际有着明确的交际对象，交际目的性强，书面交际的对象感不强。

(2) 口语交际伴随着副语言手段（如语调、语气、停顿等），副语言有时会增强口语交际的表达效果，有时则呈现出与口语交际相反的意思，而书面交际则需借助标点符号。

(3) 口语交际是一个动态的复合的过程，互动性强，听与说即时转换，因而对思维敏捷性的要求较高，而书面交际则是一个相对静态的过程，理解与表达可以分离，因而对思维逻辑性的要求较高。

4. "口语交际"概念在语文教学中的流变

着眼于现代社会人际交往频繁的要求，着眼于世界各国口语教学的大趋势，我国新课程标准提出了要"具有日常口语交际的基本能力"的要求，强调文明交往和合作精神，改变了过去教学大纲将听、说能力分开训练，且未重视双向交流的表述，于2001年起，我国新课程标准取代原有的教学大纲，将原来小学语文教学大纲中的"听话、说话"、初中语文教学大纲中的"听话训练、说话训练"、高中语文教学大纲中的"说话能力"统一改为"口语交际"，并把口语交际与阅读、写作并列起来。同时在标准中明确强调口语交际的重要性，这在以往的教学大纲中是从未出现的。这一提法的改变，不是简单的词语的更换，而是标志着语文教育界对口语交际活动的认识的改变，更呼唤着口语教学实践的改变。因为认识的改变必然会改变教学的目标，教学目标的改变必然会引起教学的内容、方法和教学策略的调整。口语教学从听说教学到口语交际教学的改变，也预示着口语交际教学不同于以往的听说教学，需要我们从本质上把握口语交际教学。

口语交际是由单向信息的表达转向双向信息的交流，教学也因此需要发生相应的变化。即对口语交际能力的教学与检验不能仅通过普通话的语音是否标准、词汇量是否丰富、语法是否符合规范来得到检验，甚至口语流畅程度也不能完全作为教学与检验的信度。作为口语交际教学特别需要考虑的是学生言语意向的实现能力以及自然深入的会话能力，提高会话效率的能力，强化对方反应的能力等，这才是以交际为目的的口语交际教学的目的。

（二）口语交际的内部机制

1. 口语交际与思维的关系

口语交际与思维的关系即语言与思维的关系，思维能力越强，越有利于说话，越有利于口才的发挥。因此就需要强化思维的严谨性和缜密性，把提高逻辑思辨能力作为口语课程设置的根本指导思想，将训练学生敢说、愿说、能说、会说、说好作为实践目标，从而真正提高学生的口语交际能力。

2. 口语交际与信息的关系

口语交际过程实际上是说者传递信息、听者接受信息的过程，是一种特殊的信息交流活动。从信息论角度看，口语交际过程可分为五个阶段：

（1）编码。当说者产生了说话动机，准备向听者传递某个信息时，首先得"制订计划"，要说什么，以怎样的方式说，据此选择适当的词语并根据语法规则组词成句，这是个心理过程。

（2）发送。几乎是编码的同时，大脑通过运动神经将特定的指令传到舌头、嘴唇、声带等发音器官，引起发音器官的肌肉运动，发送阶段是在"执行计划"，是个生理过程。

（3）传递。发音器官的运动使它周围的空气产生了微小的压力变化，即声波。与一般声波不同的是，这些声波作为信息载体，含有特定的语言意义。声波以空气为媒介，从说者那里传到听者耳里，是个物理过程。

（4）接收。在听者耳里，负载意义的声音作用于听觉器官——鼓膜，并产生神经冲动，沿着听觉神经传递到听者的大脑。从鼓膜感知声音信息到输入大脑是个生理过程。从信息传递的方向看，是发送的逆传递。

（5）译码。在听者的大脑中，这些声音信息经过加工整理以一种特殊的方式由神经冲动还原成为特定的语言意义，从而达到理解的目的，这是个心理过程，它将最初编码的内容最终加以还原。译码是全过程中最关键、最重要的步骤，因为它需要综合运用最丰富的知识和各种能力，如观察、分析、推理、想象等，才能准确完成译码的任务，将语言信息正确地还原为语用信息。

3. 口语交际与记忆的关系

口语交际就是将大脑中的存储信息流畅地用语言进行传递的过程。而大脑中存储的信息就是记忆。一个人记忆力，在口语交际中扮演着十分重要的角色。而出色的记忆力，无疑能令口语交际锦上添花。

4. 口语交际与目的的关系

无论是在日常生活还是在工作中，口语交际都有一定的目的性，口语交际目的明确与否，会直接影响到交际效果。

（三）口语交际的外部机制

1. 口语交际必备的条件

（1）吐字清晰、咬字准确是口语交际的基本条件。汉字是字形、字音、字义三者的结合体，当人们用它进行口语交际时，首先接收的就是它的声音。发音准确与否，好听与否直接影响到交际对象对你的第一印象。由于求美的心理所致，人们多半喜欢那种发音准确清晰、音色雄浑、柔和的语音。把汉字的发音用音素记录下来就是音节，音节由音素构成，要想使自己的发音准确、吐字清晰，首先得弄清每个音素的发音部位和要求，弄清音素之间又是如何衔接和过渡的。掌握了这些规律之后，再根据这些规律去练习发音器官——唇、舌、牙、腭、颊，当练习到这些发音器官能够开合张闭、运用自如后，加上声调的抑扬顿挫及丰富的知识积累，便能口角生风、激昂陈词了。

(2) 声音色彩、感情色彩是口语交际的华丽外衣。人在心情愉快时,声音是明朗悦耳的;在抑郁不欢时,声音是暗淡干涩的。我们在日常对话中、在打电话时均可以感受到这一点。这说明声音色彩与感情色彩间有一定的对应关系,声音能够传达情感信息,是感情色彩的外部表现。

2. 口语交际应把握的时机

(1) 把握环境因素。环境因素对实现口语交际的目的有着一定的辅助作用,若能把握好口语交际的环境因素,往往可以达到良好的交际效果,若选择了不适宜的环境因素,则会使交际陷入僵局,自然也就无法达到交际目的。

(2) 把握体态语言。体态语是有声语言最好的后盾,它包括眼神、动作、姿态、表情等无声信息,是口语交际中必不可少的辅助因素。恰当得体的体态语在口语交际中有着举足轻重的意义。

3. 口语交际的必备修养

心理素质、语言修养、思维品质、文化修养、社交水平等都在口语交际中占有一席之地,所以我们才说一个人的口语交际水平是其综合素养的集中体现。若一个人具备良好的心理素质,较强的语言修养和深厚的文化修养,良好的思维品质,高超的社交能力,那么,他在口语交际中必能游刃有余、纵横捭阖。所以,口语交际水平是一个人的语言、思维、心理素质、社交等能力的综合体现,它直接表现了一个人的思想水平、学识水平和社会交际水平。

总之,从口语交际内外部机制出发,我们判断一个人的口语交际能力强弱,或者说一个人口才好坏,主要是从下面几方面来看:

一是普通话语音标准、清晰、优美。这是口语表达的前提。

二是善于听,能准确、迅速地组织言辞、构造句子段落,联句成篇。这是口语交际的基础。

三是思维能力强,特别是与口语有关的思维的条理性、敏捷性、准确性等思维品质相关联。这是口语交际的关键。没有较强的思维能力,口语表达就无从谈优劣,只能说这个人会说出口语而已,很多智力障碍者也能正常说话,但不能指望他们有出众的口语交际能力。

四是说话得体,在交际中语言运用得当,既要符合说者的身份,也要符合听者的身份,还要符合当时的场合,有美感,能随机应变,并且有礼貌。这是口语交际的原则。此外,还应懂得表达的非言语手段,如体态、空间处理与副语言等。

二、口语交际的相关概念

(一) 口语交际教学

口语交际教学是对学生在现实交往的情境中进行听话、说话能力训练与培养的教学策略和方式。

在我国,口语交际教学未被设为一门独立的科目,而是隶属于语文学科。《全日制义务教育语文课程标准》中规定:"口语交际能力是现代公民的必备能力。应培养学生倾听、表达和应对的能力,使学生具有文明和谐地进行人际交流的素养。"

口语交际教学在新课程改革之前一直被称为"听说教学"。尽管听话、说话能力是口语交际的重要组成部分,然而我们不能简单地把口语交际教学等同于听说教学。两者存在一定的区别:从教学内容来看,听说教学仅仅是对听话和说话能力的训练;而口语交际教学除了对听说能力的训练外,更注重对交际过程中的分析、综合、判断、推理、归纳等思维能力、分析和解决问题的能力以及创造能力的训练。从教学结果来看,听说教学强调的是在交流过程中获取信息和表达信息的准确程度;而口语交际教学除了注重听说的品质外,还要强调交际的恰当、得体和完美等交际效果。因此,口语交际教学代表了一种更为全面的教学方式,从"听说教学"到"口语交际教学"的流变过程表明了我国语文教育界对该问题理解的深化和认识的提升,它突破了简单听说技能训练的狭隘视野,认识到了口语交际的核心在于"交际"二字。

（二）口语交际能力

1. 口语交际能力的涵义

交际能力理论是美国社会语言学家德尔·海姆斯(D. Hymes)提出来的。他认为交际能力应包含以下因素:(1) 懂得什么样的话合乎语法;(2) 懂得什么样的话能被别人接受;(3) 懂得什么样的话适合什么样的场合;(4) 懂得某一种语言形式上真正使用的可能性有多大。用海姆斯自己的话说,交际能力就是:"何时说,何时不说,以及关于何时、何地、以何方式与何人谈何内容。"

美国语言学家卡纳尔(M. Canale)和加拿大语言学家斯温(M. Swain)对此作了进一步延伸和发展,把交际能力概括为四个方面的知识和技能:

一是语法方面的知识和技能。指语言本身的知识(包括语音、词汇、构词规则、句法等方面),主要涉及正确表达和理解话语的字面意义,也就是能正确地遣词造句。

二是社会语言方面的知识和技能。指在不同的语境中在语义和形式两方面恰当表达和正确理解话语。语境因素包括话题、交际双方的社会地位和交际目的。

三是语篇方面的知识和技能。指把语法形式和意义融合在一起,用口头或书面形式连贯表达不同种类的语篇。通过语言形式的衔接和语义的连贯来实现语篇的完整统一。

四是交际策略方面的知识和技能。指为了加强交际效果或弥补由于缺乏交际能力等因素引起的交际中断所使用的策略,包括言语和非言语两方面。能够按照某一特定的社会环境的需要,运用语言规则遣词造句,通过形式和意义的结合而组成口头或书面的篇章,并采用一些言语和表情、姿态等非言语形式来实现思想沟通和交流的目的。

由此可见,口语交际能力是指在人际交往中,对语境、背景以及对交际对象的分析能力和适应的能力。口语交际能力强的人能够做到适情、适境、适度、适时,适合自己的身份、地位、职业、教养以及思想文化水平。

前三种知识与技能可以概括为表达能力,而交际策略方面的知识和技能又可分解为修辞能力和应变能力。

表达能力就是按照说什么、怎么说的语言预设,迅速组织语言并符合清楚、准确、条理性和得体性要求,是一种由内部语言迅速转变成外部语言的能力。说话时,根据表达的主客观需要,把大脑中出现的关键性词语,连同其他相关词语,按特定的语法规则连接起来,符合语法可接受性和内容得体性的要求。

修辞能力是指善于运用比喻、借代、设问、排比、对偶等修辞手段,根据不同对象、场合、气氛等具体要求,适度恰当选择语言把话说好的能力。修辞能力强的人,能够恰当地运用一定的修辞手段,使自己的语言表达生动、形象、幽默、风趣,从而增强语言表达的效果。

语言的应变能力是指口头语言的反应能力和处理能力。口语的应变能力有三个要素:迅速,恰当,巧妙。它不仅能够表现一个人口语表达能力和思维反应能力,还能体现出一个人的智慧。不仅能根据语境需要组织话语,更能在交际受阻情况下采取恰当的方法和手段保证交际顺畅进行。

这就需要教师在教学中根据具体情境,以恰当的方式将这些程序性知识和技能性知识呈现出来,并通过实践反复使学生进行感悟和领会,以形成相应的语言运用能力。

总之,根据以上对口语交际能力的表述,我们可以将口语交际能力概括为:交际双方在一定的语言环境中利用语言资源来口头表达言语意义即获得信息和传递信息的综合能力。它的实质应该是由听知学、语言学、语用学及交际学、演讲学等知识和口语交际技能构成的个体的口语交际能力。

2. 口语交际能力的结构

对口语交际能力的结构,以往的研究有两种角度,一是分析的角度,即将口语交际能力分为言语接受(听)和言语表达(说)两个环节,根据它们各自的特点分别对它们加以探讨,我们将它称为口语交际能力结构的分析模式;二是综合的角度,即将口语交际看作是一个动态的复合系统,将它作为一个整体来加以考察和研究,我们将它称为口语交际能力结构的综合模式。在口语交际能力结构的分析模式中,我们看到有两种不同的倾向。第一种倾向是以统一的维度来构建口语交际能力的结构,如鲁宝元(1988)经过分析,提取出听话、说话过程中共有的三个因素:语音、话语(口头语篇)和体态语,并据此提出他的听说能力结构。张敏(1991)根据认知的不同水平提出听说能力结构。第二种倾向是用不同的维度来构建听说能力结构,如恽昭世(1985)从思维品质角度提出了听话能力结构,从语言三要素的角度提出了说话能力结构。周元(1992)从认知水平的角度提出听话能力结构,根据言语产生的过程提出了说话能力的结构。海姆斯创造的交际能力观对语言教学产生了重大的影响,它的核心是言语的适当性,即语言的运用要符合特定的社会文化环境。

我们认为要构建一个科学的口语交际能力结构,必须对语言能力和言语交际能力的关系作一番剖析。它们两者的关系,一直是语言学家关注的一个热点问题。

在前面关于口语交际能力内涵的论述中,我们可以看到人们对此持有不同观点。海姆斯认为语言能力和言语交际能力是并列的关系,而卡纳尔和斯温则将语言能力纳入言语交际能力的范畴。我国多数的听说能力结构模型将语言能力和语言运用融合在一起,实际上也暗示着言语交际能力与语言能力是包含关系,而不是并列关系。产生这种分歧的根本原因源于人们对语言能力和言语交际能力的内涵把握得摇摆不定。

我们赞同卡纳尔和斯温对语言能力的定义,把语言能力看做是语言获得能力,包括语音、语义和语法的获得,即通过学习,实现语言系统的内化过程,其结果表现为能发出一定意义的音,掌握一定数量的词汇,能说出结构正确的句子。而言语交际能力不是指语言获得,不是指识字能力、解词能力、造句能力,不是指通过发音,能说出一个词的意思,能说出结构完整的句子,而是指通过语言进行信息交流的能力。语言能力只包含主体与语言两个因素,言语交际能力则包括主体、客体及语言三个因素。这里的主体指的是言语的活动者,包括言语活动的发出者和言语活动的接受者,客体指的是言语的内容。语言能力处理的是主体与语言之间的关系,是主体与语言关系在主体身上形成的一种心理特征,而言语交际能力则处理的是主体与语言、客体之间的关系,是主体与语言关系、主体与客体关系在主体身上形成的一种心理特征,从这个意义上来说,言语交际能力内在地包含了语言能力。

如上所述,口语交际能力处理的是主体与语言、主体与客体之间的关系,它包含两方面的能力:处理主体与语言关系的能力,我们将它称为语言能力;处理主体与客体之间关系的能力,我们将它称为口头语境适应能力。据此,我们试图构建一个科学的口语交际能力结构。

语言能力,根据语言三要素,我们又可以将它分为语音能力、词汇能力和语法能力。按照听说两个环节,我们还可以对它们进行进一步的划分:(1)语音能力,分为语音听辨能力和语音发出能力。语音听辨能力指能正确听音,分辨语调,判断对方的态度、情感。语音发出能力,指能准确而清晰地发音,恰当地掌握语调,合理地安排语音和停顿。(2)词汇能力,分为词汇理解能力和词汇表达能力。词汇理解能力指能正确理解口语词汇的意义。词汇表达能力指能正确地选择词汇,表达意义。(3)语法能力,分为句子理解能力和句子表达能力。句子理解能力指能正确理解各种句式,把握话语的内在逻辑。句子表达能力指能说出结构正确的句子。

对口头语境适应能力的划分,则依赖于对口头语境的内涵和分类的理解。我们将口头语境分为口头言辞语境和现实语境两大类。所谓口头言辞语境,指口语交际过程中表现为言辞的条件系统,是从言语内部对言语提供的一种条件系统,也就是英文中"context",中文译为"上下文",上下文意味着句子意义的组合和递加,而这种组合和递加只有在口头语篇中才能实现,因此我们将口头言辞语境理解为口头语篇。所谓现实语境,指口语交际过程中现实性的条件系统,是从言语的外部对言语提供的条件系统。现实语境又分为口语交际的伴随因素、口语交际的情境和口语交际的背景,分别构成伴随语境、情景语境和背景语境。伴随语境指的是口语交际时的表情、手势、姿态和距离等。情境语境指交际的场合,包括交际事件发生的现场环境和人际环境,即口语交际活动的时间、地点、场面以及交际双方的角色类型、交际双方的心理态度。背景语境指的是口语交际活动赖以发生的社会背景、历史背景和民族文化背景。

综上所述,对口头言辞环境的适应能力,我们称之为口头语篇能力,对伴随语境的适应能力,我们称之为体态语能力,对情境语境和背景语境适应的能力,我们称之为策略能力。

我们同样按照听说两个环节,对它们进行进一步的划分:(1)口头语篇能力,分为口头语篇理解能力和口头语篇组织和表达能力。口头语篇理解能力指能根据上下文抓住话语主旨,评价和鉴别话语内容,推断说话人的立场、观点和意图。口头语篇的组织和表达能力指能集中表现话题,连贯、条理清楚地安排内容,恰当地使用修辞手段。(2)体态语能力,分为体态语理解能力和体态语使用能力。体态语理解能力指能根据说话人的表情、手势、姿态、交际双方的距离理解话语。体态语使用能力指能正确地使用表情、手势以及姿态,以增强话语的表现力。(3)策略能力,分为听力调整能力和口头言语调整能力。听力调整能力,指能根据交际的目的、对象、场合、背景调整听话目的,恰当地反馈,解决听力障碍和交际中出现的冲突问题。口头言语调整能力指能根据交际的目的、对象、场合、背景调整话语的内容和形式,能采用补救交谈的策略,解决交际中出现的冲突问题。

根据上述分析,我们可以建立口语交际能力结构的新模型:

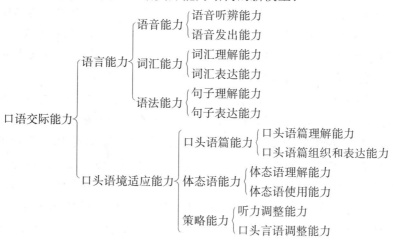

图 1.1　口语交际能力结构示意图

3. "口语交际能力"在语文教学中的重新定位

语文教学中,向来把"口语交际能力"称为"听话能力和说话能力",直到 2000 年,语文教学才将听说明确地表述为"口语交际",予以了特别强调。称谓的改变赋予了听说教学以新的理念。用"口语交际能力"来代替"听说能力",也体现了语言的交际性和工具性特征,同时顺应了交际越来越频繁的现代社会的现实需要,更有助于师生进一步明确听说训练的目的和采用"交际性"的训练方法。

长期以来,这种"交际性"在听说教学中一直被忽视。一是对"听"与"说"进行人为割裂,分而治之;二是偏重独白式的言语练习,忽视听者的情感、态度与感受;三是话题脱离生活实际,为练习而练习。口语交际教学要求教师在教学中要以学生为中心,关注学生的活动,不仅要注重语言知识、语言形式结构的传播,而且还要注重语言的社会交际功能,培养能力。

由此可知,"口语交际能力"这一新提法,将口语活动目的(为了交际)与活动方法(交际)统一起来,使新课标的表述更为规范、科学,对克服当前听说教学中的弊端,改进教学和评价方法将会产生重要影响。

第二节 口语交际教学理论

一、口语交际教学的现状

随着现代社会人际交往的频繁,口语交际更加显示出其重要的意义。可以说学会交际是21世纪人才必备的素质之一。因而重视口语交际教学已成为当今世界各国语文教学的共同趋势。但是,长期以来,口语教学一直是我国语文教学中最薄弱的环节。究其原因,人们总是将其归结为"重文轻语"的历史传统和"应试教育"体制的影响,主要归根于人们不够重视。其实,在我国语文教育界,有一些教育家和教育工作者,如叶圣陶、吕叔湘、张志公、钱梦龙等都对口语交际教学做过中肯、系统、精辟的论述,可谓苦口婆心,大声疾呼。至于当代更是重视有加,从新课标到新教材到课堂教学,无一不在呼吁重视学生口语交际能力的培养和口语交际教学。在观念上,人们已经认识到口语交际教学的重要性,正在意识到应努力尝试改变"重文轻语"的现象。不论是新课程标准的明确规定,还是教材内容每一章节的编排等都把口语交际提到了比较重要的位置。从课堂教学实践看,每堂语文课都有课前三分钟的口语表达练习环节;从口语交际训练形式来看,各种形式的演讲赛、辩论赛、朗诵赛层出不穷;据有关调查来看,学生也认识到了口语交际能力的重要性。可以说,口语交际教学目前被提到了前所未有的高度,语文教育界自上而下都清醒意识到重视口语交际教学势在必行。但是,口语交际教学的现状不容乐观,我国目前的口语交际教学效果不理想,具体表现为学生的口语交际水平低下。这是有目共睹的事实,这不能不引起我们的思考。

(一)在教学理论上,口语交际教学理论基础薄弱;口语交际教学实践上,缺乏成熟的教学体系

众所周知,口语交际教学理论与口语交际理论是两个不同的概念。目前,口语交际的研究理论很多,诸如"口才学"、"口语艺术"、"演讲与口才"等比比皆是。关于口语教学研究的文章与论著,近年来虽也推出一些,如王荣生主编的《口语交际教例剖析与教案研制》、张鸿苓主编的《中国当代听说理论与听说教学》、李明洁的《新专题教程:高中语文5 口语交际新视点》等,但仍是为数不多。可以说关于口语交际教学的研究还处于贫乏状态。王荣生教授从课程取向的高度分析了我国听说教学存在的误区。在对比分析国内外口语交际教学的基础上,对我国的口语交际理念提出了中肯的意见:对于口语交际能力的阐述相对模糊,没有清晰的范围,对实施、评价体系没有明确规定,反映在教材中的口语交际内容也无法形成具体的可行方案,形式大于内容,空洞而笼统,缺乏实践价值。

正是由于口语交际教学理论的研究可谓凤毛麟角,教学方法几乎空白,训练方式也略显老套,毫无新意与实践价值,根本无法上升到理论的高度,也就谈不上指导实践教学了,对学生口语交际能力的培养自然成为空谈。口语交际教学理论基础薄弱,成熟教学体系的缺乏,更加为口语交际教学增加了一定的难度。因为徒有倡导而无实践不行,但仅有实践而缺乏理性指导也很容易陷入操作的盲目、随意状态。这一点在教学实践中很突出。

即便教师注重学生的口语交际能力训练,由于没有一定的口语交际理论依托,训练的盲目性、随意性较突出,常常是走形式而没有实质性的收获,比如在口语交际教学中,口语交际的话题或内容对学生思维的局限性很大,如果过多依赖《普通话水平测试》中规定的话题或内容来展开训练,使得口语交际内容的丰富性、趣味性和实时性、交际性受到较大的限制。而这主要是由现行的普通话口语教材缺乏一定的系统性、科学性、趣味性、实用性直接导致的。

(二)在课程与教材建设上,口语交际课程与教材严重缺失

目前,世界上发达国家,如德国、美国、英国等都把培养学生的口语交际能力作为教学的重要内容,还编写了专门的教材。如德国的《说话教育》、美国的《现代美国英语》、英国的《从5岁到16岁》等。早在中世纪,欧洲就开始把口语交际课设为独立的学科。他们安排的口语交际教学都是严谨有序、有计划有组织的,不再是停留在课堂上理论的灌输,而是注重培养学生的口语交际能力,并且有很完善的口语测评体系。在我国,除了师范院校曾开设过《教师口语》课程外,无论是中小学还是其他高等院校,至今还没有开设口语交际专设课程,中小学只是在语文教材中穿插地安排了关于口语交际的内容,而且课时严重不足。连课时都无法保障,就更无法谈及为其提供多媒体教室,教学音像资料等口语训练课程的相关设施了,这些都制约了口语交际教学的发展,影响着学生口语交际能力的培养。

(三)测评体系和考试内容的缺失

对于学生目前口语交际水平的衡量,我们暂时也没有明确的测评体系,无法对学生的口语交际能力进行全面、客观的评估。虽然现在通行的普通话水平测试中有"说话"这一考试项目,而且占了30%的分值,但也不完全是对被测评人口语交际水平的测评,只是对其普通话规范程度的一个初步考查和评定。在我国应试教育体制下,无论是义务教育阶段还是高等职业教育阶段,考试中根本就没有口语考试这个项目,自然口语交际教学得不到学校、教师的重视,更不会得到学生的重视,这严重制约了学生口语交际能力的提高。

(四)口语教师自身语言素养的欠缺

由于多年来口语教学中缺少相应的具体可行的教学方法,教师往往是摸索试探性地进行着口语教学,缺乏可遵循、可借鉴的教学方法和经验,这也在一定程度上影响了口语课堂教学的效果。目前,由于我们缺少专业的口语交际课程的教师,口语交际课程的教学内容都是由语文教师来担当,很多语文教师可能是一个优秀的语文知识的传授者,但未必是一个善于口语交际的交际人,若自身都不擅长口语交际,自然也很难指导学生完成口语交际内容的教学。口语教师自身口语交际能力低下及对与口语训练相关的语音学(phonology)、语意学(semantics)、社会语言学(socio-linguistics)、语言学知识(linguistic knowledge)及发展心理语言学(developmental psycholinguistics)等学科知识的匮乏,将导致他们在设计口语教学课程时无从入手。因此,语文教师应该把口语交际能力作为一项基本素养,在口语教学中用自身的语言魅力去感染学生,激发学生对语言的高度敏感性,从而练就学生对语言得心应手的驾驭能力。

以上通过对我国口语教学现状的分析,我们看到了目前在口语教学中存在的诸多不足。

结合我们自己的教学实践和调查研究,我们认为目前口语交际教学出现了偏离和非本质的教学,具体表现为以下几点:

(1) 口语交际课虽然受到师生的重视,但教学效果不佳。

(2) 口语交际课堂教学或是注重理论,忽视实践,或是一味注重实践,缺乏相应理论的指导。

(3) 口语交际训练将听说分开,单项练习,重说轻听,忽视了"交际"因素。

(4) 口语交际教学实践中存在操作难和难以调控的问题,即很多教师认为口语交际教学的切入口难选定,既要考虑表达的中心明确,结构严谨,又要考虑学生的自我心理调节,还要讲究适切语境等等。同时,由于口语交际涉及面广,可变系数大,因而课堂教学随机性大,难以控制。

二、正确认识口语交际课的性质和特征

当今时代,教育更加注重人的全面发展,而口语交际能力是学生适应实际需要的语文能力之一,是学生全面发展中必不可少的能力。所以培养大学生具有较强的适应社会发展的口语交际能力,我们教育工作者责无旁贷。在口语教学理念与实践中,对如何培养和提高大学生的口语交际能力,要有一个清晰的教育教学思路,尤其对口语课程的性质、特点以及功能等,要有一个正确的认识和思考。

长期以来,教师们对口语课的性质和特征的认识比较模糊,教育、教学观念存在一定的偏差。现在,随着新课程标准的颁布,口语课的性质和特征更加明确了。新颁布的《全日制义务教育语文课程标准》把原来的"听话说话"改为"口语交际"。魏南江先生在《关于口语交际教学的对话》中指出:"这绝不仅是个名词术语的更换,而是课程功能重新定位的产物。"他认为,"过去的'听话说话'受'课程是知识'观念的影响,重视知识体系的建构,关注知识结果的获得。为此,把'听话说话'的教学内容,进行知识点的量化,人为地把听、说分解,或单纯地'听'(如'听广播'练习),或单纯地'说'(如'说一段话'的练习)。而'口语交际'则重在'交际',重在培养学生的交际能力,并把这种能力看作现代公民的必备素养。"

其实,在前面已经提到,"交际能力"这一术语最早是德尔·海姆斯所确立的,认为"交际能力"系某一说话者或听话人所需要的知识。可见,"交际能力"是指进行口语交际的能力。魏南江先生强调课程要调动学生的生活经验,在有一定实践意义的交际活动中学会交往,学会人与人的沟通。这种课程是在"全人"的背景下设计和实施的。为此,他认为,"口语交际"是一种情景语言,是一种面对面地你来我往的信息交流活动。交际双方为了特定的交际目的,要不断地发出信息,接受信息,听者和说者的地位要随着交际的需要不断转换。他们既是听者,也是说者。说者要根据听者的情绪反应,及时调整自己的语气语调和语言材料,听者又得根据说者的表述及时作出应答。正如英国语言学家 R. A. 赫德森所说:"人们在绝大多数相互作用之中轮番说话,因而言语被切分为不同说话人所说的不同片段……并且已有研究表明,轮番确实是一种具有极高技巧的活动。正如我们将会看到的,它既包括言语,也包括许多种类的行为(例如,眼球转动);所有这些都是一刹那同步进行,并由其他参与者非常精确地作出反应的。"这番话里的"轮番"表明了进行口语交际的双方是互动的,双方的信息渠道是畅通的,双方的表达是相互促进的,这是一个互动的过程。也就是说,口语交际是

一个传递信息的过程,在这个过程中,双方实现了语言的沟通和交流,使得口语交际具有过程互动性。另一方面,口语交际本身就是口、脑共同行动才完成了交际的任务,因此,口、脑具有一致性,也就是言语表达与思维结果的同步性。由于语言是思维的再现形式,因此思维训练无法摆脱语言训练而单独完成。基于此,李明洁先生在《口语交际的特质与教学独立性》一文中明确指出:"'口脑一致性'和'过程互动性'是口语交际的两大本质属性。"

关于口语交际的基本特点,魏南江先生把它用三个词语来概括:真实、和谐、平等,即真实的情景、和谐的氛围、平等的对话。下面具体来说:

"所谓真实的情景,是指教学中要创设真实的交际情景。这是口语交际教学的关键。因为言语的动力来自具体的情景,只有在具体情景中,学生才能承担有实际意义的交际任务,否则,就不可能有双向互动的实践过程。"

"所谓和谐的氛围,是指教学中要营造和谐的人际交往氛围。因为人生活在社会关系中,人的交往也就是各种关系的交往。和谐的人际交际氛围,可以促使学生除去胆怯,想说,敢说并勇于交际,否则,就会压抑学生的表达欲望。在轻松、愉快的氛围中,学生们会打开思路,自如地倾诉、表达和应对,甚至会感到交流的快乐。"

"所谓平等的对话,是指在教学中,要提倡平等的交流对话。具体地说,就是在口语交际过程中,特别注意人际交际的文明态度和语言修养,时刻尊重别人,理解对方。否则,交际就会失败。另外,平等的对话要求教师在口语课堂上的角色定位。"这里,关于"教师在口语课堂上的角色定位",我们认为,教师口语课堂上角色重新定位的核心即是教师师生观的转变。师生是一对特殊对话者,教师扮演的是伙伴和顾问的角色,教师首先由原来的课堂的"主宰者"、"知识的权威"、"知识的传授者"等角色逐渐转变为课堂教学的参与者、组织者和促进者。只有这样,师生双方在民主、平等、真诚的前提下实现心灵的沟通,在教师与学生、教师与话题、学生与话题、学生与学生的对话中,师生共同体验着人格的尊严、真理的力量、交往的乐趣和人性的美好。在口语交际过程中,师生之间有肯定、有否定、有输出、有吸收、有再现、有创造、有理解,也有存疑,随着对话的展开,就学生而言,有触发、有体验、有感动、有领悟、有思考……学生成为另一平等的主体,获得了主体精神,提高了交流和沟通的言语能力。因此,可以说口语课堂教学是师生间、同学间的多边互动的合作式教学,这种合作,除了体现平等对话的精神和相互间的听说形式外,重要的是对话各方开放的态度、敞开的心灵、随时准备接纳对方的意见,使传递的信息、言语思想的馈赠得以实现。

就口语课堂而言,没有真实的交际情境,没有和谐的交际氛围,没有师生间的平等对话,这样的课堂,如同没有清流的溪涧,没有清香的荷塘。由于随着口语交际话题的开放,使得课内外完全打通,给课堂带来许多不确定的因素。另外,由于口语课堂要纳入学生个人的经验和体验,而个人的生活背景、知识积累、感悟生活的程度不同,在具体的情景中,必然会出现始料不及的各种差异。也正是这些不确定的因素和差异,才体现出口语课堂教学的生命活力。因而,口语交际课堂是真实的、和谐的、开放的,是充满生机与活力的。

总之,在口语教学中,教师要改变以往的教学观念,重新正确认识口语课的性质和特征,把口语课真正上成一门言语交际课,让学生在交际中学会使用语言,学会交际,从而提高口语交际能力。

三、正确认识口语交际的功能与课程要求

目前在语文(包括大学语文)教学上,除了出现"重文轻语"的现象外,还有一种就是把口语训练提高到特别"隆重"、"热烈"的地步,各种形式的朗诵赛、演讲赛、辩论赛及其培训和观摩层出不穷,似乎这类的口语交际能力全面体现着学生的语文修养和学校的语文教学水平。究其原因,大抵是我们对口语交际教学要达到怎样的最终目标,还缺乏认真的思考、稳定的认识和统一的看法。那么,如何在能力要求的层面上来定位口语交际呢?也就是说,口语交际的课程标准应该是怎样的呢?

很显然,课程的功能是决定课程目标的关键。口语交际的"口脑一致性"和"过程的互动性"使其有理由成为一门独立的课程,而且是与阅读、写作一样重要的基本课型。

我们必须正视进入大学教学体系的口语训练应该是基础训练加技能训练——普通话训练加一般口语交际训练,要完成的是最基本最低的要求——一般口语交际训练。这就像我们的写作教学也意在训练合格公民的通达的书面表达能力,而不是培养专业作家一样;口语的教学也应该只是训练学生生活、学习交际中的口头表达能力,而不是要培养演说家和论辩大师。另外,"演说家"型的口语教学还很容易出现政论化的倾向,令很多学生感到枯燥、艰深、与己无关而无话可说。这一方面是因为大学生还没有完全完成自身的社会化过程,缺乏充足的社会经验;另一方面也与他们的认知发展有关。

研究表明,学生的语文能力存在着三个敏感发展期:小学四年级、初中三年级和高中三年级。它们分别对应着抽象思维发生期、抽象思维从从属地位转至主导地位的转折期、抽象思维进一步逻辑化的时期。大量其他学科的知识学习为学生这些时期的思维发展提供了素材,也同时占据了他们的思维空间。在进入大学时期后,学生的抽象思维逻辑化的态势虽已逐步形成,但在前面的思维敏感发展期,还有一些空白之处需要在大学时期填补,所以,把口语交际的要求如果定得过高、过于成人化,对他们是不太现实的。相反,如果我们在口语教学中也以最低要求来要求大学生,既注重基础,又强化技能,并进行扎实的训练,则可以扬长避短。

前面我们提到"口脑一致性"和"过程互动性"是口语交际的两大本质属性。它们分别决定了"口语交际"的两项课程功能:一是口语与思维的密切关系,使得口语交际课程成为训练快速收集资料、思考论证和分析概括等思维方法的重要手段;二是交际的互动性质使得口语交际课程成为学生学习社交技巧、沟通方式,成功完成向社会人的转换的主要途径。

所以,这样的课程功能决定着口语课程的目标,课程目标只能着眼于现实,而不能脱离学生的思维发展的实际水平和口语课程自身的功能。

四、构建以口语交际理论为导向的教学体系

口语交际教学不乐观的现状及人们对口语交际课程的性质、特点、功能的定位等问题的认识不清,导致了当前的口语交际教学基本上处于混乱不堪的境地,表现为口语交际教学中教师"不会教"、"教不好",甚至"不教"的现实状况,影响了学生的全面发展。因此,从教学内容的角度来看,要推进口语交际教学的科学有效性就需要重构口语交际教学体系。

（一）重构以交际理论为导向的大学语文教学体系

　　大学生口语交际能力的培养及强化，如果像传统语文教学中仅仅是教学的"间奏"或点缀显然是不行的，如果不能冲破大学语文"文选式"的教材格局——精讲精读为主体的传统形式也还是不能实现的。因此构建新的适合大学生口语交际能力培养的大学语文教学体系便成为关键条件。

　　人是各种社会关系的总和。每个人都不是孤立而存在的，必须存在于各种社会关系之中。良好的人际交往能力和融洽的人际关系是生存和发展的必要条件。良好的交际能力包括高超的表达能力和快速的理解能力、积极的人际融合能力和高效的问题解决能力等，这些能力的核心要素就是口语交际能力。培养大学生良好的口语交际能力是大学语文教学的关键任务。为了实现培养大学生口语交际能力的目标就需要重构以交际理论为导向的大学语文教学体系。

　　语文学习的任务就是培养听、说、读、写能力，而这些能力只能在相应的听、说、读、写活动中才能获得。语文教师的任务就是如何组织学生进行听、说、读、写的语言训练。因此，为了提高大学语文教学效率，除了追求教学内容的科学性之外，还需要重构以交际理论为导向的大学语文教学体系。重构以交际理论为导向的大学语文教学体系可以拓展和深化大学语文教学改革的思路，促进大学语文教学转向培养交际能力的内在本质。加德纳的《多元智能》(1999)揭示了语文学习的核心任务是提升个体的语言智能。坎贝尔在《多元智能教与学的策略》中指出了良好的语言智能所显示的内在特征：

　　(1) 能够倾听并反应口语的声音、节奏、色彩及变化；
　　(2) 能够模仿他人的声音、语言、阅读和写作；
　　(3) 通过倾听、阅读、写作及讨论来学习；
　　(4) 有效地倾听，能够理解、释义、分析并记住别人所说的内容；
　　(5) 有效地阅读，能够理解、概括、分析或解释，并记住所阅读的内容；
　　(6) 能够结合不同目的，针对不同听众有效地"说话"，懂得随机应变，简要、善辩、有说服力或热情地"说话"；
　　(7) 有效地"写作"，能了解并活用语法规则、拼写、标点，也能有效地运用词汇；
　　(8) 显示出学习其他语言的能力；
　　(9) 运用听、说、读、写进行记忆、沟通、讨论、解释、说服、创造知识、建构意义以及对语言本身进行反思；
　　(10) 致力于增强自己的语言运用能力：① 对新闻杂志、诗歌、讲故事、辩论、演讲、写作或编辑等有浓厚的兴趣；② 创造新的语言形式、创作文学作品或口语沟通作品。

　　以上十个方面的语言智能特征，说明了在大学语文教学中构建以交际理论为导向的教学体系的主要内容和大体框架。

　　从交际的视角来说，要培养个体高超的交际水平，不仅需要不断地提升个体的语言理解和表达能力，更重要的是要具备精准细致地揣摩对方交际意图的能力。无论是准确的语言理解和表达能力还是精准细致地揣摩对方交际意图的能力，这所有的一切都是基于交际的现实需要。因此，从交际的视野来理解大学语文教学可以让我们跳出传统"以文本为本"的语文教学思路。在传统的语文教学中，语文教师的任务就是对语文教材中的课文进行孤立或纯粹的文本分析，将写作当做文章技法的机械训练，将口语交际看成是单纯的说话练习。当前语文教学中普遍存在的这种"以文本为本"的教学思想在现实中的具体表现就是仅仅将语文教学导向语义学的范畴而忽略语用学的范畴。其实，语文教学只有从单纯的语义学的泥淖中挣脱出来进入语用学的知识体系，才有可能为学生敏锐的语感能力的养成创造条件。

（二）构建以交际理论为主线的汉语口语交际教学体系

这是针对师范院校教育专业学生的培养需求而提出的。由于师范教育专业的特殊性要求，即学生将来从事教师职业，在校期间必须通过普通话水平测试。从近年来的口语教学来看，以普通话的学习、测试为口语教学的核心目标，在一定程度上越来越背离了口语教学的本质。口语教学不仅要训练学生运用标准的普通话进行口语表达的能力，同时更要培养学生的"交际交往"的素质，因为口语教学应是训练学生应用普通话口语达到交际目的的能力培养课程，口语是手段，交际是目的。

基于目前口语教学的这种片面性弊端，为了体现口语交际的内在本质要求，需要构建以交际理论为主线的汉语口语交际教学体系。即以普通话训练内容为基础，着重突出"一般口语交际能力训练"的知识点，贯穿本教材始终的是"应用普通话进行交际"这条主线，极力体现教学内容的科学性、系统性、综合性、实用性等特点。具体思路如下：

首先，加强高校课程与教材的建设。即开设、选编专门的口语交际训练课程与教材。虽说一些高师院校都有口语课程的开设，也有相应的口语教材配套教学。但由于目前各高校普遍使用的口语教材是以普通话学习与测试为主要内容的教材，这类教材存在很大的不足，以我校现行《普通话水平测试与培训教程》教材为例，这类教材的不足主要有：

（1）训练重点过多侧重在语音上，脱离了口语交际教学的本质。语言的本质属性是交际性和工具性，所以，学习语言，应包括其语音、词汇、语法三方面的学习，如果教学中只注重普通话语音的教学，忽视语言的另外两方面，就会造成个别字词的读音较准确，但口语交际过程中整体语音面貌较差的现状。更为重要的是不能从整体上提高学生应用普通话进行口语交际的水平，因为口语交际水平是一个人的语言、思维、心理素质、交际等能力的综合体现，它直接表现了一个人的思想水平、学识水平和社会交际水平。这里所说的"整体上"既指一个人的普通话（语音）的水平，也指其口语交际水平（包括语言、思维、心理素质、社会交际等多方面的能力）。

（2）普通话口语训练内容的实践教学，缺乏一定的理论指导。我们知道，没有实践依托的理论是苍白的，没有理论指导的实践是盲目的。所以，任何实践教学都必须依赖于一定的理论指导，才能真正做到理论与实践相结合。口语交际训练是在一定理论指导下的科学而系统的训练，口语交际理论是依托，实践性是其本质特色。

（3）实践部分的训练内容侧重字词语音练习，显得枯燥乏味，缺乏趣味性。

（4）训练指导的方法与途径针对性不强，缺乏技巧性。

随着现代社会的发展，培养口语交际能力在当前变得越来越重要。在信息技术落后的情况下，社会只强调信息传输的准确性，对传输速度要求不高。随着社会发展、信息的丰富和即时通信工具的广泛使用，社会对信息传输不仅要求准确、快捷，更需要对纷繁复杂的信息进行快速有效的选择。这些新的要求给口语交际教学提出了新的挑战。因而,在设置口语交际课程和编写适合本专业教材时,就必须充分认识社会的发展趋势,把握当前信息传输的要求,做到能够通过口语交际课程的设置来满足学生将来走向社会时对口语交际能力的需要,为促进学生全面发展打下坚实的基础。另外,口语交际课程的设置需要体现口语的内在特征。口语和书面语都是交际工具。与书面语相比,口语具有独特性:口语可以随便说,具有随意性;口语不易保存,具有转瞬即逝性;口语通俗易懂,说完以后不可更改。信息社会的口语交际不仅需要快捷,更需要准确。设置口语交际课程时就要充分考量这些因素,扬长避短,不仅体现口语交际的及时性、快捷性,同时要避免口语的缺陷,力求信息传输的准确性。

其次,口语交际教学课时设置要足够,口语交际训练相关设施要完善,有如多媒体教室、教学音像资料等的有力保证。近年来,口语交际能力培养的重要性越来越得到人们的关注,以我校为例,在课时设置上,由原来的一学期开设调整为两学期,使得口语交际能力的训练有相对充足的时间保证。口语交际训练相关设施也得到相应的完善。

第三,积极探索口语交际测评体系。对大学生目前的口语交际水平的衡量,我国暂时也没有明确的测评体系,无法对大学生的口语交际能力进行全面而客观的测评。虽然现在通行的普通话水平测试中有"说话"测试题,且所占分值较大(占30%),但也不完全是对被测评人口语交际水平的测评,只是对其普通话规范程度的一个初步考查和评定而已。目前,由于对学生的口语交际水平缺少测评体系,教师和学生对口语交际教学的重视程度必然也有所减弱,教师对学生在口语交际课程中的学习效果也没有一定的标准去衡量,因此,要保证口语交际教学落到实处,真正达到提高大学生口语交际水平的目的,就必须构建口语交际能力的评价体系,可以借鉴国外的测评标准,参考我国普通话水平等级测试的形式,对学生的口语交际能力进行评估,设置口试内容,这将对学生口语交际能力的提升有积极的促进作用。通过口试,教师可以检验教学效果,发现教学问题,及时改进教学策略;学生可以对自己的口语交际能力有一个相对准确的定位,既能看到自身的学习成果又能意识到自身的不足,约束和督促学生养成良好的口语交际习惯,增强其参与口语交际训练的自觉性和积极性。

第四,努力建构以普通话的学习为基础,以口语交际理论为依托,以口语交际训练为主线,以普通话水平测试为导向,以口语交际能力测评为最终目标的全面培养大学生口语交际能力的口语交际教学体系。限于水平,下面只做初步设想。

(1) 确立口语交际能力培养的教学目标。现行大学语文教学大纲在口语交际教学要求上,目标不够具体,过于笼统,没有体现出学生口语交际能力发展的循序渐进性,实用性、可操作性不强,这就导致教师在教学中无据可依,无法可鉴,学生也不知如何努力才能达到教学要求。当然,制定明确的目标不是易事,需要教育界有识之士的共同参与、探索,我想只要采取行动,我们就是在向着成功迈进。根据目前大学生不敢说,不会说和说不好的现状,我们设想将口语交际教学的达成目标分为三级,一级目标是:培养学生能够从容不迫、镇定自若地当众说话,做到清楚、通顺、完整;二级目标是:能够在不同场合,不同情境中向别人传达信息,表述见解,做到得体、自然、话题明确;三级目标是:能够在广泛的交际活动中充分发挥口才,做到流畅、精彩、机智。

(2) 选编口语交际教材。目前,现行口语教材多数是以普通话水平测试为中心,辐射普通话字词的语音、朗读、说话的框架体系，难以适应口语交际能力的综合而全面的培养要求。这就需要根据《大纲》对大学语文"教学内容可有一定的弹性"的指导意见对现行教材做适当调整和补充，使之形成较为明晰的口语交际培养的序列：

① 基础性训练，即口语的表达特点、口语的基本功、口语的常用表达形式；

② 提高性训练，即技巧训练、修辞训练、逻辑训练、体态训练、风格训练；

③ 实用性训练，即通用口才训练，社交口才训练、行业口才训练等。这样有利于教师有步骤地训练，使学生的口语交际能力循序渐进地逐步达成。

（3）建立以口语交际教学为主体，以辅助课、活动课为"两翼"的课程体系。除了口语交际课强化口语交际的序列培养训练外，应以大学语文教学为辅助课、以各种口语交际活动为活动课，以此作为口语交际课程体系的"两翼"。

① 开设口才课。设若干专题，如"口才基础"、"中外演讲家"、"名人与口才"、"谈话技巧"、"交际指南"等。

② 组织丰富多彩的口语交际活动，如座谈、讨论、演讲、节目主持、辩论、模拟情境进行口语交际等，为学生培养口才，发展能力创造条件。

大学环境比较轻松自由，课程较松，课时不多，为开设口才课提供了有力保证。口才课可以必修或选修的形式开设。

（4）把口语交际的教学纳入教学评估的内容。不容置疑，考试对教学具有导向作用，因此必须改革和完善传统的评估制度。课堂教学是否重视口语交际的培养训练，是否到位，口语教师的口语交际能力等，都应作为评教的重要内容；笔试检测学生口语交际的基本知识，增设口试考查口语运用和实际表达能力。

（5）构建口语交际的训练体系。口语交际训练体系的构建，应着眼于大学生的交际实践，综合考虑大学生的阅读内容、生活内容和综合实践活动的内容以及书面表达的内容。训练的设计，既要从口语表达的知识和技巧方面出发，也要从习惯、方法、情感、态度以及思维能力和思维品质等出发，激发大学生口语交际的兴趣，解决大学生在口语交际过程中产生的思维问题、心理问题以及用语的规范与得体的问题，为大学生今后的发展打下基础。

第二编
大学生口语交际能力的现状调查与培养策略

第一章　大学生口语交际能力的现状调查与分析

第一节　大学生口语交际能力的现状调查

口语交际与一个人的生活及事业的关系至为密切,它是胜任本职工作最重要的条件之一。现代社会是个知识经济的社会,更加注重全面发展的高素质人才的培养,而良好的口语交际能力则是全面发展的人才应具备的素质之一。大学生的口语交际能力的高低直接影响着他们能否顺利就业,这在就业竞争激烈的今天显得尤为重要,在此通过问卷调查、访谈、交谈等途径,对大学生的口语交际能力的现状进行调查和分析,借以提出相应的提升其口语交际水平的培养策略。

大学生口语交际能力的现状调查

大学生口语交际能力的现状分析是基于问卷调查之上进行的,主要从口语交际的环境、口语交际的水平、对口语交际的认识以及其中存在的问题等方面设计调查问卷,面向学生进行的调查。本次调查的对象选择的是定西师范高等专科学校一二年级五个班的学生共237人。这些班级是随机选择的,它们是中文系07(3)班、08(4)班,数学系07(1)班,地理系07(1)班,英语系08(2)班。面向这五个班的调查,共发出问卷237份,回收226份,有效问卷207份。所有问卷都随机选择被试,在其任课教师的帮助下完成。

对调查问卷的综合分析如下:

(一)大部分高师学生对口语交际能力有正确的认识(调查结果见表2.1)

表2.1　关于学生对口语交际能力认识的调查

你认为口语交际能力	很重要	较重要,应适当训练	虽重要,但不影响就业,没必要花费时间训练	不重要
	79.61%	16.50%	2.43%	1.46%

答卷显示,在总体被试(207人)(以下调查表中的总体被试均为207人,不再赘述)中,79.61%的人认为口语交际能力很重要,16.50%的人认为较重要,这两项合起来占96.11%,只有1.46%和2.43%的人认为口语交际能力不重要或虽重要但没必要花费时间训练。这说明绝大多数学生对口语交际能力在一个人的全面发展中的重要性有正确的认识。因为思

想认识是行动的先导,只有持有正确的认识,才能期望付诸行动。

(二)学生自身不积极参与口语交际活动(调查结果见表2.2)

表2.2 关于学生是否重视口语交际活动的调查

你在什么场合讲普通话	所有场合	在学校时	上课回答问题时	到外地时	所有场合都不讲
	15.46%	35.75%	34.78%	12.04%	1.97%
学校或班级组织的辩论赛之类的活动你参加过吗	参加过	没有参加过	没有组织过		
	18.84%	60.39%	20.77%		

答卷显示,在"你在什么场合讲普通话"的调查中,"在学校时"、"上课回答问题时"讲普通话的分别占35.75%、34.78%,这两项合起来占70.53%,"写规范字,讲普通话"是学校对每一位师生在语言文字方面的最基本的要求,学生在校期间必须讲国家法定的语言——普通话。这说明,大学生平时在学校时和上课回答问题时能够遵循学校的要求讲普通话的人占大多数。"到外地时"讲普通话的占12.04%,虽占一定的比例,但实际情况是,学生去外地的机会很少,因而谈不上对普通话的重视,而在"所有场合"讲普通话的和"都不讲"普通话的分别占15.46%、1.97%,这说明大部分学生不注重在其他场合的口语交际实践。

在"学校或班级组织的辩论赛之类的活动你参加过吗"的调查中,"参加过"的占18.84%,"没有参加过"的占60.39%,表明大部分学生并没有抓住机会进行锻炼,让机会白白溜走。"没有组织过"的占20.77%,在一定程度上说明学校或班级很少举行辩论赛之类的口语交际活动,为学生提供口语交际锻炼的机会很少。总之,这个调查结果表明:一是学校或班级举行口语交际活动的次数太少,学生缺少锻炼的机会;二是在这仅有的几次口语交际活动中,大部分学生自身也不注重积极参与。

我们应当充分认识到:学习是学生自己的事,除了教师的引导外,学生应有积极主动获取知识与练就技能的意识。在口语交际活动中,学生是言语活动的主人,每一个学生都要有抓住一切机会进行口语交际训练的意识,要有足够的时间参加言语活动,不论口头的(对话的、独白的)还是笔头的(课上的、课下的),只有在越来越多的口语交际实践中不断锻炼自己、提升自己,展现自己的能力、看到自己的进步,才能逐步增强与人交际交往的自信心。

(三)学校或班级或任课教师不重视学生口语交际能力的训练,很少组织口语交际活动(调查结果见表2.3)

表2.3 关于口语交际活动组织情况的调查

你们经常进行口语交际活动吗	经常进行	进行过,但次数不多	没有进行过	
	1.94%	75.84%	22.22%	
你的任课教师注重口语交际能力的培养吗	都很重视	都不太重视	有的重视,有的不重视	从不重视
	5.31%	67.15%	22.70%	4.84%

答卷显示,在"你们经常进行口语交际活动吗"(如诗文朗诵会、演讲比赛、辩论会、采访等)的调查中,认为"经常进行"的只占1.94%,这个数据说明学校或班级几乎不举行口语交际方面的活动;认为"进行过,但次数不多"的占75.84%,这说明学校或班级只是点缀式的进

行过口语交际活动,仅几次而已,而非经常性的教学行为;而认为"没有进行过"的占 22.22%,可见,学校或班级组织的这些口语交际活动,如诗文朗诵会、演讲、辩论等,每学期只是进行过一两次而已,这说明学校、系、班级不注重为学生提供一切有利于口语交际的机会,没有营造一定的推广普通话的热烈气氛,即使一学期进行一两次的演讲赛或辩论赛,也只是象征性的安排,仿佛为调节学校生活、学习的压抑、紧张气氛而进行的。

在"你的任课教师注重口语交际能力的培养吗"的调查中,认为"都很重视"的占 5.31%,"都不太重视"的占 67.15%,这说明注重口语交际能力培养的只是极个别教师,而大部分任课教师都不太重视对学生口语交际能力的培养;认为"有的重视,有的不重视"的占 22.70%,"从不重视"的占 4.84%。可见,多数任课教师对学生口语交际能力的培养是忽视的。

(四)多数学生在口语交际时存在严重的心理障碍——从众、自我封闭、缺乏自信等(调查结果见表 2.4)

表 2.4 关于学生进行口语交际的心理问题的调查

你不讲普通话的原因	大家都不讲,只自己讲,显得与环境不协调	普通话讲得不好,怕别人讥笑	讲普通话别扭,不喜欢讲	怕别人说自己爱表现,有意卖弄	
	54.10%	8.70%	30.92%	6.28%	
你不积极参加口语交际的原因	口头表达能力不强,没有自信心	性格内向,不愿表现自己	怕别人说自己爱出风头	老师不重视自己	没有机会
	42.51%	35.74%	9.66%	3.38%	8.71%
你在课堂上不愿意举手发言的原因	怕说错,被老师训斥	胆子小,不敢举手	大家都不举手,我也不举	老师平时对自己不重视	对这门课的老师不感兴趣或对提出的问题没兴趣	其他原因
	7.72%	23.67%	31.40%	5.31%	16.42%	15.48%
你在正式场合讲话的心理是	不紧张	刚开始有点紧张	比较紧张	很紧张,手足无措	
	10.62%	54.11%	28.02%	7.25%	

答卷显示,在"你不讲普通话的原因"的调查中,认为"大家都不讲,只自己讲,显得与环境不协调"的占 54.10%,这表明一半以上的学生有从众心理。社会心理学家认为,从众行为是由于在群体一致性的压力下,个体寻求的一种试图解除自身与群体之间的冲突、增强安全感的手段。在此项调查中,学生认为"大家都不讲,只自己讲,显得与环境不协调",这是从众行为消极作用的体现。认为"普通话讲得不好,怕别人讥笑"的占 8.70%;"讲普通话别扭,不喜欢讲"的占 30.92%;"怕别人说自己爱表现,有意卖弄"的占 6.28%,这三项合起来占 45.90%,表明近一半学生在学习普通话时存在不同程度的心理障碍——过分在意别人对自己的关注与评价,不能突破自我的束缚,缺乏大胆创新的意识,这同时也是学生缺少自信的表现。不难发现,学生的心理问题是学习普通话的严重障碍,尤其是学生的从众心理在很大程度上影响了他们学习普通话进行口语交际,因为普通话的学习是进行口语交际的基础。

在"你不积极参加口语交际的原因"的调查中,认为"口头表达能力不强,没有自信心"的占42.51%；"性格内向，不愿表现自己"的占35.74%；"怕别人说自己爱出风头"的占9.66%。以上数据说明学生缺乏自信、注重别人对自己的看法，加之性格内向，这些在一定程度上削弱了他们参与口语交际活动的积极性。

在"你在课堂上不愿意举手发言的原因"的调查中，认为"怕说错，被老师训斥"的占7.72%，表明个别学生缺乏自信；认为"胆子小，不敢举手"的占23.67%，表明这部分学生缺乏必要的锻炼；认为"大家都不举手，我也不举"的占31.40%，表明一部分学生受从众心理的影响较大；认为"对这门课的老师不感兴趣或对提出的问题没兴趣"而不愿意举手的占16.42%，这从一个侧面说明学生课堂上不举手发言与老师和所提问题有一定的关联；而认为"老师平时对自己不重视"的占5.31%，所占比例虽小，但也说明个别学生期待老师首先关注、重视自己的心理需求；"其他原因"则占15.48%，这些原因比较复杂，此处不再赘述。

在"你在正式场合讲话的心理是"的调查中，认为"不紧张"的占10.62%，表明少数学生有良好的心理素质；认为"刚开始有点紧张"的占54.11%；认为"比较紧张"的占28.02%。"有点紧张"和"比较紧张"合起来占82.13%，表明大部分学生在口语交际中心理素质较差，直接影响了口语交际的顺畅进行。而认为"很紧张，手足无措"的占7.25%，这说明极少数的学生心理素质太差，对口语交际的负面影响很大。

总之，从以上答卷分析看出：胆怯、缺乏自信、非常在乎别人对自己的看法、随波逐流、人云亦云、心理素质太差等，都属于影响大学生口语交际的一个重要方面——心理障碍。

（五）学生缺少一个进行口语交际活动的良好环境（调查结果见表2.5）

表2.5 关于学生口语交际活动环境的调查

你的家长平时讲普通话吗	平时讲普通话，讲得不错	只有父亲（母亲）讲	会讲，但很少讲	都不会讲，也不讲
	2.89%	3.86%	23.67%	69.58%
你的普通话讲得好，主要是受到	家长的影响	老师的影响	同学、朋友的影响	社区环境的影响
	2.89%	43.47%	21.73%	31.91%

答卷显示，在"你的家长平时讲普通话吗"的调查中，认为"平时讲普通话，讲得不错"的占2.89%，这个数据说明学生家长平时讲普通话，且讲得不错的寥寥无几，由此可知绝大多数学生讲普通话的语言环境并不好；而认为"都不会讲，也不讲"的占69.58%，说明大部分学生讲普通话的家庭环境不佳；认为"会讲，但很少讲"的占23.67%，说明少数家长虽然会讲，却不注意为孩子营造学说普通话的氛围。我们知道，家长是孩子的第一任老师，家长在孩子成长过程中潜移默化的教育作用是不可低估的。

在"你的普通话讲得好，主要受到"的调查中，认为主要受老师、同学和朋友，以及社区环境的影响，它们分别占43.47%、21.73%、31.91%。而受家长的影响的占2.89%。不难发现：老师、同学和朋友，以及社区环境对学生普通话的有利影响较大，而家长在普通话方面的有利影响微乎其微。

以上数据说明学生的普通话讲得好与不好，与其周围的环境密切相关。课堂上受老师的影响较大，课余时间受同学、朋友的影响较大，如果老师或同学朋友的普通话讲得好，对其学习普通话的有利影响很大，反之，不利影响也很大。心理学告诉我们：家长（父母）的先天遗传对学生的口语交际水平也有一定的影响,如果父母的口头表达能力很强,孩子的口头表达能力可能也强,反之,则可能较弱。这说明言语活动受到社会环境的制约,要使口语交际顺利进行,需要为其提供一个良好的社会环境。

（六）从学生对自身口语交际能力的评价反映出大学生的口语交际水平较低（调查结果见表 2.6）

表 2.6 关于学生对自身口语交际能力评价的调查

你即兴演讲的水平	能抓住主题，连贯的说几句话	能围绕话题说几句话	只能说一两句话	一句话也说不出来
	10.62%	53.62%	32.36%	3.40%
你的普通话讲得如何	很好	一般	较差	很差
	8.21%	78.26%	8.70%	4.83%

答卷显示,在"你即兴演讲的水平"的调查中,认为"能抓住主题,连贯地说几句话"的占 10.62%,"能围绕话题说几句话"的占 53.62%,"只能说一两句话"的占 32.36%。以上数据说明,水平较高的占 10.62%,只是少数;而较低的占 32.36%。即兴演讲水平一般的学生占 53.62%,占一半以上,表明大部分学生的即兴演讲水平一般。

在"你的普通话讲得如何"的调查中,认为"很好"的占 8.21%,这说明自认为普通话讲得很好的人寥寥无几;而认为"一般"的占 78.26%,说明绝大部分学生的普通话讲得一般,而普通话是进行口语交际活动的基础,这在一定程度上影响了学生口语交际水平的提高;"较差"的占 8.70%,"很差"的占 4.83%,合起来占 13.53%。由此可见,学生普通话的水平呈现出两头小（"很好"和"较差、很差"所占比例小）、中间大（指"一般"的所占比例大）的趋势。从而说明大部分学生口语交际水平一般,口语交际能力普遍较低。

（七）大学生口语交际中存在的主要问题及其原因和相关策略（调查结果见表 2.7）

表 2.7 关于口语交际中存在问题及其原因和策略的调查

你认为大学生口语交际中存在的最大问题是	语言积累不够，语汇贫乏	表达技巧差，辞不达意	理解能力差，对话抓不住要害	不够礼貌得体，说话生硬	思维能力差，敏捷度、准确度不强	平时缺乏锻炼，心理素质差，说起话来紧张	其他问题
	31.37%	22.55%	6.86%	4.41%	4.90%	29.41%	0.50%
你认为大学生口语交际中存在问题的原因是	社会评价，教育观念的影响	老师对口语交际的重视度不够	老师的指导作用发挥得不够	方言障碍严重	个人性格影响	其他原因	
	18.45%	21.36%	11.17%	18.93%	23.30%	6.79%	
你认为应当怎样提高口语交际能力	加强知识积累与强化口语训练相结合	加强知识积累，丰富语汇	强化口语交际训练	提高思维能力	口语交际能力无需训练，是自然生成的	其他策略	
	49.76%	13.04%	26.09%	5.79%	2.42%	2.90%	

答卷显示,在"你认为大学生口语交际中存在的最大问题"的调查中,认为"语言积累不够,语汇贫乏"的占31.37%;"表达技巧差,辞不达意"的占22.55%;认为"平时缺乏锻炼,心理素质差,说起话来紧张"的占29.41%,这三个问题所占比例相对较大,合起来占83.33%,说明这三点具有普遍意义。由此可知,大学生口语交际中存在的最大问题有的关乎语言积累,有的关乎表达技巧,有的关乎心理素质。实际情况也是如此,在日常口语交际中,学生由于语言积累少,导致语汇贫乏,说起话来结结巴巴,总是不能运用恰当的词来表情达意,话语显得苍白无力;由于缺乏表达技巧,显得辞不达意,笨口笨舌,也影响了交际的效果;由于平时缺乏锻炼,心理素质太差导致语无伦次、颠三倒四、忘词、卡壳等现象的出现也影响了口语交际的效果。而认为"理解能力差,对话抓不住要害"的占6.86%;认为"不够礼貌得体,说话生硬"的占4.41%;认为"思维能力差,敏捷度、准确度不强"的占4.90%,这几方面所占比例较小,合起来占16.17%,说明这几方面在少数学生那里是口语交际中的大问题,但不具有普遍性。至于其他问题,学生指出的有:语言组织能力差,没有养成先想后说的习惯;平时几乎都用方言交谈,很少讲普通话;说话不注意场合、对象;喜欢运用流行语汇,对普通话规范语汇掌握得不好等。

在"你认为大学生口语交际中存在问题的原因是"的调查中,认为是"社会评价,教育观念影响"的占18.45%;认为"老师对口语交际重视度不够"的占21.36%;认为"方言障碍严重"的占18.93%;认为是"个人性格影响"的占23.30%,以上四方面所占比重相差不大,合起来占82.04%,说明这些是大学生口语交际中存在问题的主要原因。由于受社会评价、教育观念影响,"重读写、轻听说"的现实致使口语交际备受冷落,没有引起足够的重视;由于应试教育影响,教师对口语交际的重视度不够;由于方言障碍严重,学生讲普通话进行口语交际不顺畅,从而影响了表情达意的效果;此外个人性格内向等心理特点也影响了口语交际的效果。而认为"老师的指导作用发挥得不够"的占11.17%,尽管所占比例不大,但从一定程度说明教师对口语交际指导的必要性。至于其他原因,学生指出的有:生活空间小,没有机会进行高水平的口语交际活动;心理素质差,缺乏自信;没有一个良好的说普通话的环境;朋友少而无人与之经常畅谈;没有正确的认识:在个别学生的观念中,没有把口语交际能力看成自身应必备的素质之一;自我封闭,不愿表现自己,坚守"沉默是金"的格言;自己不注重锻炼,让机会白白浪费等。

在"你认为应怎样提高口语交际能力"的调查中,认为应该"加强知识积累与强化口语训练相结合"的占49.76%,这说明近乎一半的人认为既要加强知识积累,又要强化口语训练,因为"巧妇难为无米之炊",知识积累为口语交际提供说话的"素材",才能做到有话可说;同时,口语交际是一种技能,离不开强化训练,只有反复训练,才能做到熟能生巧。认为"强化口语交际训练"的占26.09%;认为"加强知识积累,丰富语汇"的占13.04%;这两者所占比例虽小,但也说明了口语交际需要知识积累与训练的重要性。认为应当"提高思维能力"的占5.79%,说明极少数人认为提高思维能力与口语训练同等重要,因为思维与口语交际是密切关联的,即口语交际的训练必然伴随着思维能力的训练。这体现了思维与语言极为密切的关系:思维是语言的内核,语言是思维的外壳。两者相辅相成,不可分离。而认为"口语交际能力无须训练,是自然生成"的占2.42%,这种观点是对口语交际能力形成的一种误解。至于其他的策略,学生提出的有:多与同学、老师交流,在日常生活中有意识地学习他人的谈话技巧;学校、院系、班主任应该为学生的口语交际训练提供一些机会,创造一个良好的交际氛围;积极参加社会实践活动,扩大语言交际空间;应该加强心理素质的锻炼,增强自信心等。

第二节　大学生口语交际能力的现状分析

由上一节对大学生的口语交际能力现状的调查与分析可知：大学生的口语交际能力普遍低下，究其原因，既有其自身的主观因素，又有外在的客观因素。结合上面调查的数据及通过访谈、交谈了解学生日常口语交际的表现等概括分析造成这种现状的主要原因，现归纳如下：

一、传统的"重文轻语"观念对高等教育的影响

从历史的角度看，我国经历了漫长的封建社会，由于经济文化等落后，人们的交际处于较低的水平，听说能力得不到应有的重视。"鸡犬之声相闻，老死不相往来"就是对古代社会鲜明的写照。尤其是科举制度以文章取士，淡化了口语在一个人学识中的应有地位，形成了"重文轻语"的传统。从中国传统的语文教育来看，在语言和文字的关系上是"重文轻语"的。古代的语文教育，基本上是学习书面语，甚至还不是书面语，而是书面"文"。传统语文教育对今天"重文轻语"的影响不可低估。从教育观念的角度看，许多人认为，听话、说话是与生俱来的能力，不需要像读写那样进行系统的训练，殊不知，这种与生俱来的能力只是一种低级的语文能力，而经过专门训练的口语交际能力不但会促进读写能力的发展，而且会对人们的学习、工作、生活产生很大的影响。

二、学生对口语交际训练的轻视

前面的答卷显示，96.11%的学生认为口语交际能力很重要，虽说学生能正确认识到口语交际能力的重要性，但在实际生活中，多数学生并不注重口语交际能力的训练，缺乏积极性、主动性，没有切实付诸实际行动。另外，在与学生的交谈中，发现他们普遍认为既然是自己天天应用的"母语"，运用口头语言来表情达意，应该是绝对没有问题的。他们还认为把大量时间花在练习口语交际上，是一种浪费。甚至有人认为，要不是毕业时学校要求测试普通话，根本没必要练习普通话。

三、学生在口语交际时缺乏良好的心理素质

由上一节的调查可知：多数学生在口语交际时存在严重的心理障碍——从众、自我封闭、胆怯、缺乏自信等，所以说口语交际是一种精神活动，交际效果的好坏，与说话者是否具有良好的心理素质有很大关系。平时也不难发现，一些学生参与口语交际（如朗诵、演讲比赛）时，不管准备得怎样充分，由于缺乏良好的心理素质，一站在公众面前便丧失镇定的情绪，思绪混乱、手足无措、语无伦次，使得口语表述变得支离破碎、索然无味，哪里还谈得上表达效果呢？由于大学生在心理发展上趋于成人化，口语交际时受从众心理的消极影响很大；由于平时缺乏锻炼和性格内向、不善交际等原因，很多学生在口语交际中存在严重的心理障碍，诸如紧张、自卑、缺乏自信、怯场……这些直接影响了口语交际的效果。常见的是，由于紧张而导致卡壳、忘词等，影响流畅、自然地表述；由于性格内向而不爱讲话或不善讲话而引起胆怯与自卑等。

四、高校任课教师对口语交际教学的忽视与放弃

由于教学观念落后,教学方法陈旧,在现代教育技术已取得了迅猛发展的今天,我们不难发现,不少高校任课教师还是喜欢以传统的教学方式来教汉语口语课程,仍习惯采用传统的教学方法:读字词、讲句法、讲系统的语音、语汇等,使用满堂灌、一言堂的教学方式,对学生以知识灌输为主而轻能力培养。这样的课堂一般只有单向的输出(教师传授知识),而缺少与学生的双向或多向交流,这样的教学方式阻碍了学生学习的主动性和积极性的发挥,不利于学生语言应用能力的训练,不自觉中忽视了对学生口语交际能力的培养。即使有的教师比较注重口语交际能力的训练,也是任意而为,缺乏系统性与科学性。尤其在具体的强化技能方面缺少必要的指导和系统的训练,因而口语交际能力培养的盲目性、随意性很突出。

另外,由于口语交际教学的可控性不强,这一点也正是不少教师放弃口语交际教学的重要原因。口语交际既有单向的,也有双向的,而更多是双向的——你来我往的面对面的交谈,交际双方的性格、心理、身份、地位、文化素养,未知前提等因素,造成了口语表达和接受的差异,导致口语交际时的可变系数增大,因而在口语交际教学中往往容易出现随机性,教师对口语交际教学中出现的不确定因素难以把握和调控。

五、部分教师和学生对口语交际能力的形成有一定误解

许多教师和学生以为口语交际能力的形成,是十分自然的。只要一个人的听觉、智能和发音器官都正常,他便能够使用日常接触的语言来表情达意,因而错误地认为口语交际能力不需要特别地训练。他们常举的例证就是那些未曾接受教育的文盲,不是也能够用自己的母语表情达意吗?他们忽视了口语交际能力的增进,除了具备语言环境外,还必须经过系统的训练过程。对于那些缺乏某些先天条件的学生,后天的训练尤为重要。由于这些教师不相信口语交际的功能,因此课堂中并不热衷于培养学生的口语交际能力,而进一步把全副精力放在理论知识讲解和灌输的教学活动上,不能及时引导学生积极有效地进行口语交际训练。

六、学生进行口语交际活动的环境不佳

从家庭、学校到社会,大学生所处的环境都不利于他们口语交际能力的提高。我们知道,城市现代的生活方式、便利的交通、相对发达的经济使城市学生有更多的机会接触广阔的外部世界,都市的现代生活气息和多样的文化活动熏陶,培养了城市学生开放的心态、开阔的视野。而大部分来自农村的学生,单一的生产、闭塞的交通、相对落后的经济使这些学生的生活空间相对狭窄,获取信息的渠道单一,能够接触的外部世界有限。这样的生活环境直接造就了他们一口浓重的乡音,学生自卑感强,进入大学后,除了在课堂上讲普通话外,课余时间基本用方言进行交流(尤其是老乡之间),因为许多学生认为操普通话和同学、老乡交流很别扭,而且大部分身为人师的老师们下课后也常用方言与学生交流,在口语交际方面没有起到带头和表率的作用。

我们知道,口语交际教学依赖一定的情境,口语交际活动更需要利于学生进行口语交际的场所(包括情景的创设、场景的设置等)。因为言语的动力来自具体的情景,只有在具体情

景中,学生才能承担有实际意义的交际任务,否则,就不可能有双向互动的实践过程。所以,要切实提高学生的口语交际水平,学校、班级、教师应尽可能提供、创设一个良好的语言环境,举行各种形式的口语交际活动,增加学生锻炼自己和提升口语水平的机会。

七、高校汉语口语教材内容缺乏系统性、科学性和趣味性

由于深受传统教学观念及其他种种原因的影响,现行高校汉语口语教材,存在许多不足之处:① 目前,各高校现行的汉语口语教材侧重普通话水平测试(尤其是语音)的培训与指导,这类教材比较适合短期内提高学生的普通话语音水平,适用于短期培训。众所周知,大学生的口语交际能力是一个人整体而全面的综合素养,因为一个人的口语交际水平代表了他的思想高度、文化修养、心理素质和思维能力等方面素养。所以,口语交际是一个人运用普通话进行口语交际的综合性体现。而现行的汉语口语教材缺乏一定的系统性、科学性、趣味性、实用性,不能从整体上提高大学生的口语交际水平。即便有教师注重学生的口语交际训练,由于没有一定的口语交际理论依托,训练的盲目性、随意性较突出,常常是走形式而没有实质性的收获,比如在口语交际教学中,口语交际的话题或内容对学生思维的局限性很大,如果过多依赖普通话水平测试中规定的话题或内容来展开训练,口语交际内容的丰富性、趣味性和实时性、交际性会受到较大的限制。② 教材内容过分强调了汉语的实用性,忽视了教学内容的内在趣味性及蕴蓄其中的德育因素如中华传统美德、传统文化等。③ 由于在口语交际过程中,需要掌握交际活动的特定规则和具体技巧,而教材内容缺乏对这部分程序性知识的介绍;加之我国对口语交际技巧还没有引起足够的重视,况且教材中也缺乏这部分内容,必定造成学生在实践过程中无所适从,使交际过程流于形式。④ 缺乏适合各种专业学生实际的听、说、读、写的学习或练习材料,学生自学的空间受限。

总之,以上七方面因素导致大学生的口语交际能力普遍较低,存在的主要问题为:
(1) 普通话发音不准确,方言较重。
(2) 表达技巧差,辞不达意,缺乏条理性、连贯性。
(3) 心理素质较差,不敢自信大方地进行口语交际。
(4) 语言积累不够,语汇贫乏。
(5) 思维能力差,灵敏度、准确度不够。
(6) 说话前不做准备,或盲目自信,导致无话可说或不知从何说起。

大学生口语交际能力较低的现状,直接影响了大学生的顺利就业,成为就业道路上的羁绊。这从每年毕业生择业面试时口语表达水平较低,最终被用人单位淘汰的事实中可以得到证明。大学生口语交际能力较低的现状,说明基础教育仍然深受应试教育体制的影响,不可避免地存在"重读写、轻听说"的弊端,同时也为高等教育提供了启示:高等教育必须坚持以人为本、以大学生全面发展为目标的教育方针,积极促进大学生的全面发展。由于高校课程没有很好地体现"以人为本"的教育理念,远离大学生的真实生活和现实需要,忽视了技能培养。因而,高等教育课程改革势在必行。在此,我们呼吁高校课程必须回归大学生生活的真实世界,课程内容要面向大学生生活的真实情境,增加与现代社会生活紧密相关的现实内容,为其提供接触生活和解决生活中各种实际问题的必要空间。

第二章　培养大学生口语交际能力的策略

有资料表明：在日常言语活动中，"听"占45%，"说"占30%，"读"占16%，"写"占9%。从"听、说、读、写"的比例来看，"听"占的比例最大，人们几乎用了一半的时间在听。由此可见，口语交际在人们日常交流、交际活动中占据着十分重要的地位。因此，训练学生的口语交际能力就成为现实而紧迫的任务和需要。

第一节　语言与口语交际训练

学生口语交际能力的训练是一个复杂的过程，语言是口语交际能力训练的核心。语言的一系列属性决定了口语交际能力训练的相关属性。

口语交际离不开语言，口语交际训练必须依托于语言训练，而语言是一种非常复杂特殊的社会现象。语言的复杂性在很大程度上决定了口语交际训练的复杂性。从口语交际训练的角度看，有必要强调语言的以下几个属性：

一、语言和社会的互相依存性

语言离不开社会，语言的内容，要受时间、环境、方式和社会形态的制约；语言的效果要由社会反映来检验和决定。而社会也离不开语言，没有语言就不利于人们之间的相互沟通；没有语言，就不利于人们统一认识，统一步调；没有语言的交流，就不利于社会的发展。因此，语言与社会有着密不可分的关系；语言水平对社会的存在和发展起着重要的作用。很难想象，一个没有良好语言沟通的社会将是一种怎样的状态。

语言和社会的这种互相依存性决定了语言是动态的，语言是随着社会的发展而发展的，语言依存于社会，这点决定了口语交际训练的不间断性，即持久性；社会离不开语言，这点也决定了口语交际训练必须立足于满足社会交际需求的性质。

二、语言的自然获得性和依赖学习性

语言的自然获得性决定了口语交际训练的阶段性，而语言的依赖学习性决定了口语交际训练的必要性。前者要求口语交际训练应该在一个适当的阶段完成其基本任务，而后者要求人们要进行口语交际，如果想使自己的语言能够最大限度地满足社会交际需求的话，必须终身学习语言。

三、语言的系统性、规律性和反系统性、反规律性

语言的系统性决定了语言单位、规则的有限性和言语作品的无限性,同时也决定了口语交际训练可以通过科学的方法来进行,因此它又要求口语交际训练必须具有科学性;语言的反系统性、反规律性决定了口语交际训练中应该正视规则操练的单一性所带来的负面效果。另一方面,语言的系统性、规律性有助于人们通过口语交际训练获得判定语言形式合法性的能力,而语言的反系统性、反规律性则有助于人们明白在口语交际训练中还要尊重活的语言事实。

四、语言的工具性和交际性

语言的工具性决定了口语交际训练是一种技能训练,技能训练要求人们知道怎样使用语言,在日常生活中能恰当熟练地操作和运用语言进行沟通和交流。而语言的交际性则又决定了口语交际训练是一种素质教育。语言是交际的工具,这是语言的交际性赖以存在的根本,口语交际训练的根本目的是提高人的言语交际能力。口语交际又是一个非常复杂的过程,因此任何想通过单一途径提高口语交际能力的做法都是不现实的。

五、语言的规约性和可塑性

语言能指和所指的约定性决定了口语交际训练中语言规范教育的必要性,语言的可塑性表明人对语言是有影响的,即通过口语交际训练改变一个人的语言习惯和编码是可能的,比如,由长期讲方言向说普通话的转变过程就体现了语言的可塑性属性。

由以上不难看出,语言的属性决定了口语交际训练的相关属性,因此,我们在探讨口语交际训练教学策略时,必须从语言的属性出发,重视语言属性对口语交际训练的重要影响,同时还要认识到口语交际训练会受到个体心理、文化素质、生活阅历等其他因素的影响,从而制定科学、系统、严谨的训练原则和教学策略。

第二节 口语交际训练的特点与训练原则

一、语言训练

从个体语言运用能力的养成来说,训练是必需的,而且在教学中的训练也是一以贯之的。从古至今,语言的获得、语言能力的养成都是长期训练的结果。从语言学习的实践来看,语言学习主要有两种途径:模仿和积累。这两种途径都体现了训练的内在本质。儿童的语言习得主要借助于模仿,比如婴儿的牙牙学语,小学生的识字、写字、写作等都是通过模仿进行的。随着年龄的增长,学生语文能力的提升就主要依靠积累,包括:语言积累、知识积累、经验积累等。积累需要大量的时间,并通过持续不断地反复来对抗遗忘;积累需要大量的内容以扩充积累的数量。有了充足的时间和数量的保障就基本上可以实现积累的顺利进行,并取得相应的效果。

学生语言学习的过程体现在三个层面:技能层面、观念层面和精神层面。技能层面要求

学生知道怎样使用语言,在日常生活中能恰当熟练地操作和运用语言进行沟通和交流。观念层面要求学生知道为什么这样使用语言,能在理论上明晰语言使用的规则和恰当有效地使用语言的细则。精神层面要求学生知道必须这样使用语言,以传承语言的审美价值,体现语言之美,这是有意识的文化自觉,更是无意识的思想维权。学生语言学习的过程可以跨越第二个层面,通过语言积累直接从技能层面进入精神层面,在潜移默化中感悟语言的审美价值。不过在实现这种跨越之后而感悟到的语言审美价值是只可意会不可言传的。当然,在更多的情况下,学生的语言学习依然停留在技能的层面。其实,只要实现了这个层面,一个人就能够熟练地运用语言进行沟通和交流以满足生活的需要。

关于训练,一般认为,教学过程中的训练就是借助于教师有目的、有计划的方法指导和操作示范,使学生能熟练地掌握规范的技巧和要领,使学生的活动方式规范化。

关于语言训练,语文教育家钱梦龙先生有他自己的看法,他在《为"训练"正名》一文中指出:何谓"训练"?"训练"不等于"练习",更不是做习题,跟通常在语文课上所见的那种刻板的字、词、句的"操练"也不是一回事。"训练"的过程,其实是一个师生互动、合作的过程。"训",指教师的教导、指导、辅导,也就是教师在教学过程中发挥主导作用;"练",指学生在教师指导下的实践、操作,也就是学生在教学过程中发挥认知主体的作用。可以这样说,"训练"是教师(训方)和学生(练方)在教学过程中赖以建立互动、合作关系的必要形式。只要你真正确认学生的主体地位,那么,"训练"必然贯穿于教学的全过程。

由以上分析可知,语文教学中的训练并不特指字、词、句的机械式操练,同时也指教学过程中师生间交际交往的互动过程,在此过程中,教师发挥其主导作用,学生发挥其主体作用,来达到使训练贯穿教学始终的目的。当然,钱梦龙先生对"训练"的定义是站在新课程的角度,突出了教师的主导作用与学生的主体地位,更加强调"训练"是课堂师生互动关系建立的必要形式,这是对语文教学中的"训练"的更为广义新颖的一种理解。

由此我们可以这样定义:"训练是有计划、有步骤地使学生具有某种特长和技能,具有强烈的使动性,即在教师的指导下有目的、有计划、有步骤地为达到一定的目标而进行的练习,绝不仅仅指练习、测试、作业而已。"

二、口语交际能力训练的特点

(一)口语交际训练的计划性和可操作性

要培养学生的口语交际能力,必须进行科学、系统、严格的口语训练。在科学理论的指导下,进行严格、系统的口语训练是培养和提高学生口语表达能力的必经之路。由以上对"训练"所做的界定不难看出,口语训练具有两个明显的特征:计划性和操作性。所以在口语训练中,一定要体现口语训练的计划性和操作性特点。

由语言的工具性和交际性属性可知:语言是交际的工具,这是语言的交际性赖以存在的根本,口语训练的根本目的是提高人的言语交际能力。而口语交际又是一个非常复杂的过程,因此,任何想通过单一途径提高口语交际能力的做法都是不现实的。针对口语交际训练因素的复杂性,在口语交际训练的内容、方法、途径以及原则的制定等方面都要有一定的计划和可供学习者操作的特点。由语言的自然获得性和依赖学习性属性可知:语言是用来进行交际的,是通过不断学习和反复操练获得的,反复操练是语言习得的首要条件。所以,口语训练中要体现训练的操作性特点。另外,由于口语训练的盲目性和随意性是造成口语交际教学效率不高的重要因素,不少教师虽也知道只有扎实的口语训练才能提高口语交际教学效率,但却苦于无具体的操作方法可资借鉴,常常是"跟着感觉走",所以这种盲目训练的效果并不见佳。因此我们必须花大力气,将训练分解为一连串的基本操作步骤,合理而顺利地指向教学任务的完成、教学目标的实现,收到举一反三之功效。

(二) 遵循学生能力发展规律,拟定口语交际能力训练系列,使训练计划具有一定的科学性

口语交际能力构成因素复杂,训练内容多样,途径也多,训练应通盘考虑,有计划地进行。应遵循学生能力由低水平向高水平发展的规律,拟定口语交际能力的系列,使训练计划具有一定的科学性。例如把听、听记、听说、说作为计划的横向展开,在纵向依次定出不同的能力要求,比如说话,能说一段话,清楚地表达意思;讨论时能发表自己的意见、观点;具有叙事、说明、一事一议的能力;能在规定的时间内复述有关的内容;有准备地进行命题演讲、即兴演讲等等。制订计划,是为了防止训练中的随意,教师想到什么就让学生训练什么,全然不顾学生能力发展的平衡要求。教师要认识到:均衡的增长才是真正的增长,仅仅突出单个因素并不一定有益于能力的发展,口语交际能力因素的复杂和训练内容、途径的多样,更要求有科学的计划,这样的训练才能有效。

三、口语交际能力训练的原则和方法

(一) 口语交际能力训练的原则

1. 科学性原则

教师在安排教学内容和进行课时分配时,要避免低效、无目的教学。一定要预先设计,根据学生具体情况具体分析,确定明确的教学目标,让学生在每一次的学习后都能有所收获。不一味追求量的积累,一定要注重质量。在课时分配上也根据学生学习的实际情况做出相应调整,根据学生的掌握程度增加或减少相应课时,不可能按照计划一成不变。

2. 应用性原则

培养学生的口语交际能力的最终目的就是将其应用到实践中去,尤其是对大学生,在教学中一定要贴近生活、贴近社会,能让学生将所学很好地融合于今后的交际场合,为其就业打下一个良好的口语基础,切忌将课堂变成传统模式中的教师一言堂,即只是一味传授口语交际的理论知识。要将理论与实践紧密结合起来,在课堂中多设置各种交际情境,开展多种口语交际活动,让学生体验真实的交际场景,并能在课外的交际场合中,将课堂上关于口语交际的所学所练真正投入到实践中去。

3. 主体性原则

口语交际训练,是教学中最需要照顾学生的特点和个性,最需要因势利导、因材施教的一个领域,是最不能容忍刻板说教,最需要学生积极参与的一个领域。要培养学生良好的口语交际能力,学生就一定要参与其中,而且要积极主动,充分发挥学生的主观能动性,学生才

是口语交际教学中的主体。若没有学生的参与,再好的教学模式和教学方法也是空谈。因此在教学中,教师一定要调动起学生的热情,让学生认识到参与其中的重要性和目的性,采取灵活多样的形式来组织教学,对学生多加鼓励和赞扬,让学生愿意并喜欢投入到学习中,有意识地锻炼自己的口语交际能力,突破课堂的局限,形成自觉培养口语交际能力的意识。

(二) 口语交际训练方法

1. 循序渐进,系统训练

俗话说:"三年胳膊五年腿,十年练出一张嘴。"可见练嘴之难,非得根据口语训练的规律下苦工夫不可。这个规律就是由简到繁,由易到难,由单一到复杂循序渐进地系统训练。口语训练的过程应该是由基础训练到专业技能训练,由单项训练到综合训练。基础训练一般包括普通话的语音、词汇、语法的训练,结合普通话水平测试的朗读指导及其训练、说话指导及其训练,以及态势语训练、心理素质训练、思维训练等一般口语交际技能;专业技能训练指表述基本形式(包括凭借文字材料的表述训练与不凭借文字材料的训练)和表述与交际的基本类型(单向表述与双向交流)。由读到说,由片段到整段、整篇;由照稿说到按提纲说,由背着说到即兴说;由初步掌握口语技巧到熟练运用口语技巧再到运用自如,形成技能。这个训练过程适应了大学生的思维特点,切合了大学生口语交际能力较低的现状,注重夯实普通话(语音、词汇、语法)的基础,注重以"有文字依托的口语表述"为基础的训练,循序渐进,逐步实现向"无文字依托的即兴口语表述与交际"的过渡。由于大部分学生来自农村,普通话语音基础很差,要完成由方言向普通话的转变,必须进行普通话的系统学习,纠正方音,促使他们的口语交际走到普通话的轨道上来;在此基础上,学习掌握一般口语交际技能,及与此相关各种技能。这个训练就是既符合口语表达规律又能够系统培养和逐步提高口语表达能力的系统训练程序。

2. 讲练结合,重在实践

口语训练是要培养大学生的口语交际能力,因此,要以培养口头表达能力为主,以传授口语表达与交际知识为辅,讲练结合,重在实践。由于语言具有可塑性,所以加强口语交际实践,进行苦练,才能练好口才。要按照"基础理论—典型事例—系统训练—总结评议"的课堂结构进行。除教师讲的一些必要的口语训练理论和知识外,主要精力应放在口语的实际练讲上。"练"即是口语训练的语言实践,体现了语言的自然获得性和依赖学习性的属性,是口语训练的基本活动。只有抓住了这个中心环节,口语训练才能有理想的收获。

3. 听说兼顾,四个结合

口语训练,虽然以练说为主,但又不可忽视听的训练。虽然说和听各有其相对的独立性,但彼此不可替代,其间的密切关系,相互促进的作用是十分明显的。听是人们学习语言最重要、最方便的途径,听好才能说好,说好又促进了听力的提高。尤其在课堂上进行口语训练,有机会说的人是少数,听的人则是大多数,所以听辨能力的培养,也是培养口语表达能力的一个不可或缺的途径。这样,在以训练说话能力为主的同时,听的能力也受到了训练,使听说能力得到协调提高。

口语交际能力的训练,要投入很多精力、下很大工夫才能奏效,因此,在训练口语时,还应注意以下四个结合:

一是课堂练习和课余练习相结合。课堂上人数多、课时短,在有限的时间内要让所有的人都得到足够的训练是不可能的,因此,要利用课余时间进行更多、更实在的训练,以此来增加实践的机会及训练的深度和广度。比如,在课余时间进行演讲、朗诵等形式的口语练习活动可以弥补课堂练习的某些不足。

二是口语训练同其他课程教学相结合。比如,口语训练可在教法课和《现代汉语知识》与《大学语文》等课上进行,根据课堂教学内容,给口语交际训练留有一定的时间,如选取语言运用精彩典范的篇目进行朗读和复述,或结合课文进行课堂讨论,或进行语音训练等等。很多教师组织学生进行课前三分钟说话练习或演讲,就是将口语训练与其所教课程相结合的很好体现。

三是口语课的教学与校内外社团或其他社会实践活动相结合。形成以口语课堂教学为指导课、示范课,与其他教学活动和社会实践活动相互配合、相互沟通的广阔课堂,博采众长、为我所用。与高中阶段相比,大学生学业负担较轻,学校管理相对宽松,在时间、空间上学生拥有相对的自主权,这种相对宽松的环境为学生口语交际能力的提高提供了广阔的时空。语言和社会的互依性决定了语言是动态的,口语交际训练必须置于校内外的社会大环境中才能有切实的收获,因此口语交际能力的培养必须和除了课堂之外的社会紧密结合,即与校内外的社会实践活动相结合。

四是传统的教学方法同现代教育技术相结合。传统的教学方法,大家较熟悉,易于接受;电化教育可视、可听,具有直观性、形象性特点,可以起到典型示范和自我评价的作用。

总之,口语交际训练不是一朝一夕完成的,要进行有效的训练,贵在坚持。只要将科学、系统、规范的口语教学策略与学生按照人生的自我需要和社会需要,自觉地、持之以恒地、有机地结合起来,大学生的口语交际能力就会有切实的提高。

第三节　培养口语交际能力的策略

语文教育家张志公先生说:"语文教学要培养听、说、读、写能力,这一点在道理上大概不会有多少人反对。但是在教学实践中,却往往是重读写而轻听说。听话、说话的训练与阅读、写作的训练比较起来,没有周密的计划,也没有严格的要求,处于一种放任自流、听其自然的状态……今天的时代,不容许我们对口头语言训练放任自流听其自然。必须采取有效措施,来提高青少年的听说读写能力。否则就不能适应社会发展的需要。"

高校学生毕业后将直接进入工作岗位,为了使学生能更好地融入工作环境,教师应以其实际应用的需求为导向,来设置调整教学内容,强化口语交际教学,培养学生的口语交际能力,让学生提前进入到专业语境,为其就业服务。

下面结合大学生口语交际能力的现状和我们自己的教学经验与总结,提出相应的提高大学生口语交际能力的策略。

一、普通话的学习是提升口语交际能力的第一步

普通话是现代汉民族共同语。在语言实践中,我们都要使用普通话交流和沟通,说普通话时是提高口语交际效果的一个手段。一个口语交际水平高的人,不一定说普通话,但一个

口语交际水平高的人,如果加上一口流利的普通话,更会使口才增辉,更会增强交际效果。普通话听起来自然大方,给人以庄重感,毫无轻飘浮躁感,而且表现力丰富,声音高低错落有致,对于面临就业的大学生来说,讲好普通话是其就业的敲门砖。

我校的学生,主要来自甘肃省各地区,大部分是农村孩子,说普通话时带有浓重的方音,能说一口流利普通话的学生可谓凤毛麟角。尤其是对于师范教育专业的学生,其普通话水平将决定其能否有资格进入教师岗位。所以,他们在普通话学习中的关键问题是方言语音严重。要提升大学生的口语交际能力,首先要解决如何由方言向普通话转变这一问题。

(一)学生应从观念上明确:普通话是我国规范的现代汉民族共同语,是我们国家的通用语言

要提升自身口语交际水平,普通话的学习是前提。而且,普通话的训练应贯穿口语交际训练的始终。因为一般口语交际能力训练是普通话训练的继续和深化,是职业口语训练的基础。对于生于农村,长于农村的大部分大学生来说,由于受地域环境的影响,学习普通话的机会很少,甚至没有,因此,在日常的交流中,就自然地用方言代替了普通话。这反映在口语训练中,就出现了声调不准、发音不到位、方言语调较重等现象。可以说,方言的影响,成为学生学习普通话的最大障碍。

为了使学生能够有章可循,克服方言障碍,可将学生学习普通话时的缺陷和错误归纳为以下四方面:

(1)个别方言读法的遗留。如个别字的读法,"听说"的"听"容易念成"qīng","爱"容易念成"gài",把零声母元音节的开头加上"g"辅音。

(2)声母、韵母发音不到位。如读声母 n、l 时,常将这两个声母相混,以至于"男"、"蓝"不分,"女"、"旅"不分。读韵母时前、后鼻音不分。

(3)调值不准确。许多学生都能基本读出普通话四种调值,但受方言影响较大,许多调值读得不到位,该升高的不升高,该降低的不降低,如把全降调 51 常读成低降调 41、31 甚至 21,把上声 214 常读成 211 或 213。

(4)由于受方言影响,某些轻声、儿化和上声变调读得不够自然,如把"第一个"中的"一"读成"yī"等,听起来比较生硬。

以上四点是学生学习普通话时受方言影响易出现的错误和缺陷,训练时应格外注意。

(二)针对方言这一障碍,纠正乡音,提高运用普通话交际交流的准确率和自由表达的流畅度

(1)克服普通话学习中的心理障碍。大家知道,在口语课上,一定要让学生开口,这才是最重要的。可是,在口语交际中,学生由于存在心理障碍,不愿意开口讲话,担心自己讲不好被人笑话,缺乏自信,对自己认识不足,容易产生胆怯、自卑等心理。强调学生开口时,一定要注意不要强迫他们开口,而是要使他们愿意主动开口,教师要使用激励性的话语,使学生消除心理障碍,这才能使学生愿意表达自己的观点,才有利于提高口语表达能力,因为只有开口说或读,才能实现语言的两种转换,即:书面语言向口头语言的转换,作者语言向读者语言的转换。在这个转换过程中,学生的语言感悟和言语表达能力才能同时获得提高。对于他们在口语交际能力训练中的表述有误时,坚持做分解性评价,将其正确部分提出来予以肯定,使其增强信

心。在言辞的选择和语气、语调的使用上,注意保持对学生的信任和关切;在口语课堂上,要为这类不愿开口的学生提供更多的锻炼说话的机会,注意增强他们在众人面前说话的勇气和胆量。

在口语教学中,必须适应教育对象的差异。因为学生接受水平不同、态度不同、个性倾向不同,对教师的教学口语的感受、理解就会存在差异。教师必须重视并适应这些个体的、群体的差异性,在教学口语的应用中,遵循教育的一般原则的同时,坚持因材施教,才能取得较好的教学效果。如对不同个性倾向学生的教学口语的运用,必须分别对待。对性格内向的学生,考虑到他们感情内向,反应较迟钝,在学习遇到困难时,有的容易产生自卑感,因此,应增加教学用语的激励因素,诱发其主动参与学习活动的热情。对性格外向的学生,由于这类学生感情比较丰富、敏感、情绪不够稳定,因此,注意运用口语中的感情因素,调动他们积极的心理体验,诱发他们的学习热情;适当增强教学用语的指令性,并通过及时的提示,控制他们在学习活动中的注意力;杜绝用全盘否定、极而言之的方式说话。

(2) 抓住关键,着重于普通话语音的训练。据统计,方言和普通话相比,在语音上的差别很大,词汇、语法和语气次之。方言区的人学习普通话,往往受方音的影响比较大,因此,要花大力气去纠正方音语调。首先,在说话练习时,方音语调比较明显,从而影响普通话的语调。由于学生的母音是某种方言,方言语调根深蒂固,虽然能用普通话朗读,但不能熟练地用普通话进行思维。学生在做说话练习时,总习惯于先用方言进行思维,然后再把思维的结果翻译成普通话,在这个过程中,就把某些方言的语调习惯,诸如把一个字加重,或在句子某一处停顿、拉长或提高音量,而显出方言特征。其次,要强化声调训练。学习声调,先要把普通话四个声调的调值念准,要记住常用字词的普通话声调读音。另外,还需要找出自己方言声调与普通话声调的对应关系,进行"求同正异"。

(3) 努力纠正方言语调。乡音总是伴随在语流中。自由交谈时,人们会不自觉地带上乡音语调,那么,怎样才能纠正乡音语调呢?首先,要善于运用普通话进行思维。在日常生活中多说多练,养成良好的语言习惯,不急不缓,平稳适中,不要因性格急躁或情绪紧张就像打机关枪一样语速过快,也不要像老夫子读诗那样慢条斯理语速过慢。其次,努力读准普通话四类调值,避免由于语调变化而使字调发生变化。

(三) 在实践教学中,再通过以下训练方法加以强化

(1) 绕口令练习。绕口令是普通话传承过程中,人们进行正音强化训练中不可缺少的基本功。它可以帮助同学们辨识声母、韵母的区别,它是把声母、韵母、声调相近的字有机编排在一起,要求学生快速准确地说出来,避免错误发音,对辨音、利唇有很大帮助。如,让学生们练习这样的绕口令:"哥拎瓜筐过宽沟,赶快过沟看怪狗;光看怪狗瓜筐扣,瓜滚筐空哥怪狗。"学生们比较喜爱绕口令的训练方式,在课堂上参与的积极性也很高。

(2) 指导学生朗读。朗读在提升学生的普通话水平和口语交际能力方面有着不可低估的作用。教师要从字音、发声技巧、朗读技巧和相应的态度、表情等多方面对学生加以指导,让学生在朗读中练习普通话,把握词语的连接和贯通,感受文章的情感,培养学生敏锐的语感和表情达意的能力。通过朗读优秀的作品,可以让学生更具体地学到艺术语言的表达技巧,丰富词汇量,这是养成正确发音习惯的一个重要途径;通过朗读,可以把普通话说得更好,提高运用普通话交流思想的能力,最终提高口语交际能力。

朗读不是照字读音的简单过程,不是书面材料的简单有声化,是将文学作品转化为有声语言的再创造活动,是要从文章全篇着眼,恰当运用有声语言的表达技巧,通过富有艺术感染力的声音,准确生动地再现文章思想内容和艺术形象,具有口语化、艺术化和针对性的特点。在实践教学中,可以以普通话水平测试中规定的 60 篇测试篇目为普通话练习的主要内容,指导学生朗读,把握停连、重音、语气和节奏的变化,力争达到发音准确、吐字清晰、传情达意、自然流畅。让学生在朗读中增强表达的信心,培养语感,增强对语音、语义、语法的感受能力。

（四）学好普通话,完成方言语调向普通话的转变,还需要养成良好的学习语言的习惯

学习语音的过程是一个日积月累的过程,不是一朝一夕能完成的。语言习惯的养成很重要。习惯是经过反复实践和训练形成的一种自觉需要的行动,是一种近乎本能的意识反应。在学习普通话过程中,要求学生养成良好的语言习惯,能起到事半功倍的效果。首先,养成听读的习惯。实践证明,学习普通话最有效的方法是从听读实践中习得。听,指听广播、电影、电视、话剧中的规范口语;读,指阅读、朗读规范的书面语,从中学习和吸收普通话词法和句法的表达形式,把规范的书面语转化为自己的口语。其次,养成发言的习惯。发言不仅可以训练口语,使语言逐步做到通畅、自然,而且还可以训练思维,使思想集中、敏捷。我们的学生不善于发言,课堂气氛不活跃,这是他们从进入大学直至毕业的一贯表现。当然,学生不发言,有其年龄和性格的因素,但最主要的是语言环境的影响。所以,在课堂上要形成一种人人都讲普通话、都用普通话发言的语言环境,使学生通过发言,锻炼自己的胆量,能坦然、自信地与老师同学交流,消除陌生感与恐惧感;同时,还能锻炼学生的思维能力和组织语言的能力。俗话说"习惯成自然",只要在学习普通话时养成良好的语言习惯,那么,由乡音转变成普通话也是很自然的。

二、口语交际能力训练的主要方式、方法

（一）坚持课前三分钟说话练习

课前三分钟说话练习,是指每堂课前三分钟,请一位同学站在讲台前,在三分钟内,用标准或比较标准的普通话,能够自然大方地表达。这种课前说话的方式可以学生平日的见闻感受为主要内容,随着年级的升高,可不断做些调整。因为这些内容来自学生身边,贴近学生生活实际,容易激发学生学习的兴趣,促进口语交际水平的提高,还能促使学生自觉扩大阅读面,留心观察生活。在这样短的时间内,要做到表达中心明确,条理清晰,仪态大方,发音准确,必须重视以下几点：

一是在题材选择上,最好选取自己切身感受或经历过的人和事。只有自己亲身经历过的、亲身体会到的东西,才能讲得真切、感人,有吸引力。口语表达则会显得自然、流畅,有条理性。

二是说话时应该以平缓较慢的语调语速来说,这样学生就不会因语速过快而暴露许多缺陷,如急不择语、出现语塞等现象,可谓"欲速则不达";也不会因语调的"曲折升降"(因其随思想感情的变化而产生的语调形式)而显得过于紧张,导致无端的停顿,显得语无伦次;同时导致胆怯,没有自信再说下去。这儿,所强调的是说话者应该力求平缓,而不是否定语调本身的曲折升降。在咬文嚼字均清晰的前提下,采用什么语速才合适也要因人、因景而异。但在起初训练说话时应力求语调的平缓。

三是在语言的选择上,应该多选用朴实无华的语言来表达,才能使人感到可信、倍感亲切,"平平淡淡才是真"嘛!有的学生在说话时选用的语言显得华丽无比,甚至完全是辞藻的堆砌,让人一听似乎很有文采,但他们忽视了一个问题,那就是自己觉得越有文采的话语,越让听者觉得像写文章,不像是说话,因为口语表达不需要太多的华丽的修饰,需要朴实的明朗化的语言来表达。正如莎士比亚所言:"充实的思想不在乎言语的富丽,只有乞儿才能够计数他的家私。"所以,朴实、简练、准确才是说话时语言的特点。

课前三分钟说话练习,面对全班同学和老师,时间虽短,却能有效锻炼学生的胆量,培养自信,同时训练学生组织语言的能力,能有效地培养学生的口头表达能力。但口语表达的训练不是一朝一夕能完成的,要进行有效的口语训练,贵在坚持,只有长久坚持,口语训练才能见成效。这种训练应遵循口语训练的规律,由简到繁,由短讲到长讲,由有准备到即席发言。

总之,口语交际训练,不论是课前三分钟说话练习,还是演讲、朗诵、辩论等等,都是语言艺术的较量,语言作为一门艺术,包括外形与内涵两大部分。就其外在表现而言,讲究发音准确,吐字清晰,音色优美,音质醇厚,语速错落有致,语调抑扬顿挫。对语言的外在特点的把握,没有丰富、扎实的内涵底蕴也是做不到的。所以,必须做到言之有物,词能达意,紧扣题旨,不讲废话。所以,在口语训练的起初阶段,除了兼顾以上三方面外,必须强调言之有物。

(二)结合读、写、听的学习过程进行口语训练

训练口语交际能力,不是单一的学习过程,它是与读、写、听紧密相连的语文学习过程。因为听、说、读、写虽然是四种能力,但它们是相通的。说和听、读的关系密切,要"说"话,先要"听"懂别人的话,分析别人的话,这就会促进听话能力的提高;"说"还可以从"听"和"读"中找到谈话的材料,学到表达方式,反过来又促进了"听"和"读"的能力的发展。再从"说"和"写"的关系来看,它们是相通的。"说"和"写"都是表达,其过程大体相同,都要把想表达的意思转换成词语,组织成有条理的、连贯的语句,最后用语音(或文字)说(或写)出来,才能达到交流的目的。说话是写作的基础,把要说的话写成文字,就是文章。如果话说得通顺明白,有条有理,作文的语言也就通顺,有条理。人们常说"写出来的文章要明白如话",这个"话"就是指说话。

进行说话训练,离不开读的过程。从读的生理机制看,读的过程不光是一个眼与心谋的过程,它还是口与心谋、耳与心谋、口与耳谋这样一个全方位、多渠道、深刺激的过程。从读的功能效果看,读的过程不光是一个吸收的过程,还是个倾吐的过程,在读的过程中,把文章的语言积淀并内化为自己的语言。这里的读,主要指朗读。通过朗读,不仅可以训练学生的阅读能力,对于训练说话能力也有很大的作用。因为朗读是将书面语转换成有声语言的一种活动,朗读训练要练语音、语调、语气,是说话训练的一种基本形式。朗读能锻炼说话的胆量,锻炼发音器官和发音技巧,丰富口头表达的内容和方法,培养敏锐的语感。

王力先生说过:"说话对于写作有促进作用。作文其实就是说话。"进行说话之前,先写好作文,不仅有利于提高说话时的条理性、连贯性和完整性,而且能促进学生写作能力的提高。写作就是把内部语言转变成书面语言的过程,先写好东西,再用口、脑把早已写好的东西转变成口头语言。对于初次练习说话的人来说,说话之前先写好作文,说的时候就可按照已写好的文章的思路,组织语言文字,就能有条理地说下去;同时还能增强说话的信心和勇气,可以说,练习说话时走了一条快捷方式。因为这样就可避免说话时的语无伦次,词不达意等现象的发生,久而久

之,说话时的思维就越来越严密,说话的质量越来越高,而且还促进了写作能力的提高。

写作能力在口语交际过程中具有的重要作用是不可忽视的。对于表述者来说,对某一命题进行写作的过程往往就是对该命题的观点逐渐明确、认识逐步深化的过程。也就是说,一份文字底稿对于即将进行的口语表述具有理清思路、确立观点、明晰层次、突出中心的作用,具有对思维周致严密的强化作用。如果我们对现实生活做一番考察,则不难看到文字写作在口语交际中的作用。如专题报告人通常都先写好一份提纲或文稿;较重要的发言和表态,人们往往准备一份文字底稿;司法人员的职业交往常常离不开起诉书、裁决书,教师更不能与讲稿绝缘……

听,也是训练说话的一种好方法。听,可指听广播、听录音、听老师说或读等方式。前面我们已经谈过,只有听好才能说好,说离不开听,可见听是很重要的练习说话的好方法。练习说话时,可以听别人的准确的发音,听说话者的语气、语速、重音、停顿等说话技巧。人们起初学习语言大体经过这样的过程:听取—模仿—比较—发展—记住,即首先要听取,然后加以模仿,经过比较、发展和记忆的过程,再说出来。模仿在语言学习中居于极其重要的地位。幼儿牙牙学语靠的是模仿,年龄较大的中小学生运用语言又何尝离得开模仿?学生在听广播、读文章、听人说话后,在自己说或写的时候更自然地选择其善者而用之。所以,在口语教学中,教师要引导学生在听的过程中加以模仿,然后自己就可以"创造性"地使用语言进行口语交际。

总之,说话与读、写、听的训练密不可分,共同构成了语文教学的整体。

(三) 抓住时机,进行课外口语训练

为了提高学生的口语表达能力,老师往往注重课堂上的训练,而对课外的时间没有充分利用。这是一种很大的浪费。其实,大学生学业负担较轻,学校管理宽松,在时间、空间上学生相对自主,这种相对宽松的环境为学生口语交际能力的提高提供了广阔的时空。因此,利用课外时间锻炼学生的口才与课内训练有同样的效果,并且课外有比课内更为灵活的训练场合和话题。因此,进行课外口语训练,教师要善于抓住一切机会,为学生的口语训练做启发、做引导。

创设氛围,熏陶渐染,引进活水,开口不难。要让学生锻炼口才,必须有一个可以锻炼的环境和说话的契机。为此,教师要想方设法给学生提供说的机会,并尽量为他们做示范以启发他们的思路。如我们可以将开班会作为一个训练的切入点,精心策划,或以老师生动的引言开头,或以学生精彩的演讲开路,然后让同学们针对班情发表见解,展开争论。此外,还应鼓励学生积极参与班内举行的"团委生活",进行诗歌散文朗诵、演讲比赛、辩论赛等口语训练,在这些活动中,让学生们在亲身体会中拓宽视野,丰富说话渠道。这样,大起天下事,小悟身边情,活水源源,真情绵绵,说起话来就容易多了。

总之,只有创设一个民主和谐的交际环境,才能调动学生内在真实的情感体验,激发他们强烈的表达欲望,发展他们的个性和创造性思维能力,达到口语交际训练的要求。抓住一切时机进行口语训练,熟能生巧,一旦学生掌握了窍门,他们也就成了敢想敢说敢做的具有创新能力的高素质人才。

三、提高口语交际水平的基本途径

任何一种能力,包括口语交际能力,都是经过后天培养、锻炼而成的,这是毫无疑义的。苦练出口才,这方面的例子是很多的。古希腊卓越的演讲家德摩斯梯尼,年轻时有发音不

清、说话气短、爱耸肩的毛病。可是,当时在雅典想要当一名演说家,必须以声音洪亮、发音清晰、姿势优美、富有辩才见称,尤其需要广博的知识。他起初的演说很不成功,以致被观众哄下台。然而,失败、嘲笑与打击并没有使他气馁。他一方面刻苦读书,虚心请教朗读方法,学习用最简洁的语言表达丰富的思想;另一方面,他又向著名的演讲者请教。为了练嗓音,他把小石子含在嘴里朗诵,迎着呼啸的大风说话。为了克服气短的毛病,他故意一面攀登陡峭的山坡,一面不停地吟诗;为了克服耸肩的毛病,每次练习演讲时,他都在自己的上方挂两柄剑,剑尖正对着自己的双肩,迫使自己随时注意改掉不必要的动作。为了能安心在家练习,不外出游走,他剃了阴阳头。他还在家里安装一面大镜子,经常对着镜子练习演讲,以克服演讲上的毛病。后来,他终于成为一名闻名于世的大演讲家。

我国著名演说家曲啸在 20 世纪 80 年代初的几场演讲,真是众人叹服。当有人评说他是"天生的好口才"时,他笑着说:"哪来的天才呀?不敢当。我小时性格内向,说话还口吃,越急越结巴,有时涨得脸通红也说不出话来……"曲啸练口才也吃了不少苦。为了开阔心胸,训练心理素质,他常常早晨迎着寒风跑到沙滩高声背诵高尔基的散文诗《海燕》。他不放过一切"说"的机会,积极参加辩论会、演讲比赛、朗诵会、话剧演出,终于在高中阶段崭露头角。一次在"奥斯特洛夫斯基诞辰纪念会"上,他拿着一份简单的提纲,一口气竟做了两个小时的精彩演讲。经历了 20 多年的人生磨难,生活的锤炼使他的口才达到炉火纯青的地步了。

这些实例应了这样一句名言:"宝剑锋从磨砺出,梅花香自苦寒来。"但也说明,任何一个人的说话能力,都不是天生而就的。哪怕是笨嘴拙舌,甚至有口吃的毛病,只要不怕困难,长期实践,就一定能提高自己的说话能力。

一个人具有较高的口语交际能力,既是社会交际的需要,也是顺利实现理想目标的可靠保证。

张志公先生说:"善于说话不是一件简单的事。有思想,有丰富的知识,有敏捷而致密的思维能力,有丰富的语言材料的储备,有组织驾驭语言的能力,有丰富的社会经验,知道在什么样的场合用什么样的语言是得体的,效果好的,有力量的,如此等等,这是善于说话必备的条件。所以,高超的口语交际能力,既来源于丰富多彩的社会生活,更主要在于为提高自己的口语交际能力而进行的有计划、有步骤的学习和实践。

下面是提高口语交际能力的基本途径。

(一)培养良好的心理素质,是提高口语交际水平的保证

对人说话是一种精神活动,表达效果的好坏,与说话者的心理素质有很大关系。说话练习中,心理素质的良好与否直接影响着学生口语表达的效果。说话训练时,不管准备得怎样充分,如果缺乏良好的心理素质,一站在公众面前便丧失镇定的情绪,思绪混乱、手足无措、语无伦次,哪里还谈得上表达效果呢?所谓良好的心理素质,是指学生在受教育过程中自然产生并表现出来的比较稳定的心理特点。即登台时不紧张,说话过程中有良好的自我感觉;之后对自己的表达效果有清醒客观的评估。整个说话活动都在自己稳定心理的制约之下从容不迫地进行。虽然学生的心理素质存在着差异,甚至还有某些先天的遗传成分,但它不是固定不变的,而是可以随着说话训练的实践而发生变化,随着多次登台实践的锻炼和自觉、有意识地培养而逐步得到提高。

心理素质主要包括感觉、知觉、注意、记忆、思维与意志等方面。训练时应根据"导人必

因其性,治水必因其势"的原则提高训练效果。所谓"人心如面,性格各异",这种差异,在心理学上称之为"个性"。"导人必因其性"是指在训练过程中不可忽视学生的个性。个性是每个人都具有的、稳定的,区别于他人的心理特征,包括了智力、能力、气质与性格四大方面,与各人的思想观念,所属的文化层次,具有的文化水平,达到的文化素质相关。在先天遗传的基础上,受后天社会环境的价值观、个人所处地位、接受的教育、人际关系等影响逐步形成,并被社会或集体舆论所强化或削弱。个性具有稳定性和可塑性两大特点。稳定性是指个性中难以改变的特性,所谓"江山易改,本性难移"吧;可塑性是指人在适应不断变化的客观环境、在不断丰富自己的知识与阅历的过程中,从主观与客观两个方面促使某些个性特征生成、强化或削弱、消失的可能性。因此,人们口语交际中的心理素质存在个体差异,有人心理素质好,有人心理素质差,而心理素质差的原因主要是对自己不自信,面对交际场所产生怯场心理等,依据心理个性的可塑性特点,下面从激发表现欲、培养自信心、克服怯场心理三方面来提供一些良好心理素质的培养方法。

1. 激发学生的自我表现欲

欲望是行为的动力。如果学生没有强烈的自我表现欲,是很难主动自愿地站在众人面前发言或演讲的。那么,如何激发学生的自我表现欲呢?有效的做法如下:

一是树立强烈的机遇观念。指出每一次当众发言或讲话都是一次难得的锻炼自己、提高口才的机遇,要抓住它,决不放弃它。

二是具有浓厚的参与意识。指出不要满足于当一个安静的听众,而要做一个出色的演讲者。力争不要满足于当交际的配角,而要努力争取当交际活动的主角。

2. 培养自信心

自信是魅力口才的金钥匙。口才最重要的是自信心的问题。自信来源于什么?有两个层面:一个是内在的层面,指一个人的知识储备和对所说事情的了解熟悉程度。一个是外在的层面,指个人的外在形象等。常听到学生抱怨说,当我站在讲台上的时候,我的大脑一片空白,这是因为不自信,准备得不充分;外在的层面,主要是对自己的形象仪表的不满意。因此,要让学生树立足够的自信心,首先要客观评价自己,对自己的优点、缺点的认识尽量客观,不能只看到自己的缺点和不足,而要看到自己做这个事的优点和长处;其次,对自己的观点、见解的正确性要坚定不移,相信它是有说服力的。培养学生自信心的方法很多,这里介绍几种:

一是注意仪表,塑造优美的形象,增强自信。首先,整洁、得体的仪表,有利于增强一个人的自信;其次,举止自信,如挺胸抬头走路,人的走路姿势与步伐和内心的信心体验有密切的关系,平时应该养成挺胸抬头,步伐坚定有力,速度稍快的走路习惯。

二是通过公开表白,建立自信。教师可以安排学生在班级、年级集体活动等公开场合,大声说"我是世界上最优秀的人","我是世界上最棒的演讲家"等表白自己至尊的话语,让学生破胆,度过胆怯、羞涩关,逐步建立起自信。随后可以有意安排一些学生喝倒彩,提高学生心理承受能力,提高其心理素质。

三是进行成功体验,产生自信。教师可以在学生练习完毕后,通过掌声、指出优点等形式,让学生体验成功,逐步产生自信;也可以以赛代练,增加比赛机会,有意识扩大获奖面,通过奖励来建立自信。总而言之,要给学生提供体验成功的氛围,让他觉得自己"行"。

四是注重知识积累,形成自信。教师可以开设一些讲座,向学生讲解各种口语交际形式的特点、讲稿的书写、语言的要求、情感的调控、体态语的使用等;也可以讲一些口语交际技巧,如如何开头和结尾、声音的调控、情感的调控、口语表达中出现忘词、卡壳等意外该如何补救的技巧等;同时介绍一些比赛评分办法及注意点,让学生感到自己知识充实,口语交际时能"应对自如"、"游刃有余",从而形成自信。

五是进行自我暗示,坚定信心。比如,演讲时,可以让学生想平静的大海、静谧的森林等容易让人平静的事物,让学生能够经常以平静心态对待演讲,逐渐适应演讲氛围,从而坚定自信。

3. 克服怯场心理

怯场是一种心理障碍:要么感到自己被说话场合的气氛、形式所压迫;要么顾虑重重,担心自己讲不好或讲错;要么担心自己不是他人的对手,因而畏首畏尾、诚惶诚恐。其实,这种心理障碍是完全不必要的。有的人在家人面前滔滔不绝,可一旦与外人交谈,他就难以启齿;有的人在人少的场合口若悬河,可在人多的场合,尤其是上台,就心慌意乱,语无伦次。这说明他不是不能说,而是有心理障碍。只要破除这种障碍,怯场就会消失。破除这种障碍的方法如下:

一是消除怕丢丑的思想顾虑,要豁出去。怕丢丑,其实是如何看待面子问题。针对这种顾虑,教师要指出在学步阶段人人都可能摔跤、出洋相,而学校是学步的场所,每个学生都在学步,不存在谁笑话谁的问题,就是上台没讲好,也是正常的。因此,大可不必把个人面子看得太重要。

二是加强平时训练。如朗诵、多同亲近熟悉的人交谈、多听别人交谈等。

三是每次发言前做必要的准备。这在单向交流时容易做到,就是双向交流时,同谁交谈,涉及什么内容,也可做大体的言辞推测。只要在大方向上有所准备,到时也不致于不敢说或说不下去。

四是故意视而不见。指在初次登台讲话前,心中有听众,但在讲话时,眼中不能有听众,只顾按自己的意图去表达。这样可避免听众的不良反应带给其过多的心理压力。当经过多次登台体验、锻炼后,就要做到心中、眼中都得有观众,因为口语交际是互动的,是需要交流和反馈的。

(二) 丰富自己的知识积累,是提高口语交际水平的源泉

口语交际是一门综合性很强的艺术,是语言与智慧的游戏,是知识与信心的竞赛。知识是人们在社会实践中所获得的认识和经验的总和,是说话者能够很好地以言辞实现人际沟通交流的源泉。我们评价一个人的说话水平很高,究其根本原因,主要在于丰厚的知识积累。胸有成竹,欲发则出;积之愈深,言之愈佳。反之,如果一个人的知识底蕴很差,可供调动的东西很少,即使有高超的说话技巧,也会陷入"巧妇难为无米之炊"的窘境。所以,丰富的知识积累,是提高说话水平的源泉。

语言积累丰厚,口语交际时才能左右逢源,触类旁通。而语言材料的积累,只能靠自己有意识地听、说、读、写的语言实践,舍此别无他途。

(三) 精心组织语言材料,是提高口语交际水平的要诀

所谓材料,是口语交际时所使用的一系列的事实现象或理论根据。材料是否充足、优良直接影响到口语交际的质量。有些人说起话来套话连篇、空洞无物、干涩无味,从根本上说是掌握和使用有价值的材料少的缘故。材料是说话的物质依托,没有翔实的材料,说话就显得苍白无力,根基不牢,给人一种空洞的感觉。清人刘大櫆说:"理不可以直指也,故即物以明理；情不可以显出也，故即事以寓情。"（《论文偶记》）意思是要想把你的观点、目的让人理解和接受，没有充足的材料作基础是不行的。一番精彩的演讲或辩论，都离不开大量丰富、新颖的材料的支撑。材料是主旨的支柱，是思想观点的依托。

平时收集和占有材料，是确保口语交际成功的关键。凡是口语交际能力强的人，平时大都善于收集和积累材料，口语表达时信手拈来，随意使用。占有材料宜多不宜少。只要占有大量的材料，口语交际时才能左右逢源、游刃有余，不至于捉襟见肘、左右为难。

面对大量的材料，平时注意观察、体验，注意积累、分析、比较和筛选材料。一般情况下，人们只看到某人的好"口才"、好"笔杆子"，羡慕他们的才能，却没有看到"口才"和"笔杆子"的背后，是日积月累的辛勤聚材。口语交际所使用的材料，一方面是平时积累的现成材料，另一方面是从现实生活中抓取的活生生的生活材料。只有运用大量的生活材料，口语交际才显得生动活泼、贴近现实、富有表现力。

（四）拟写讲稿，是提高口语交际水平的前提

在学习口语交际的初级阶段，好的说话提纲或讲稿是确保说话成功的基础，只经过这个扎实的准备阶段，说话才能从容不迫，有条不紊。

1. 拟订说话提纲或讲稿

拟订说话提纲或讲稿是准备说话的一个重要环节。拟订说话提纲或讲稿，是进一步思考谋篇的过程，是认真研究和推敲所说主题是否正确、思路是否合适、材料是否妥帖、结构是否合理、详略是否得当，等等。通过撰写讲稿，还可以加深对话题内容的记忆，进一步熟悉说话的内在结构、篇章布局以及重要段落和关键句子。

2. 反复试讲，最后脱稿

念讲稿，不用动脑，不要费多大力，而且表述也比较准确，但难以做到生动、活泼，表现不出学生个人的说话风采，也不能根据听众的反应和情绪变化做出灵活积极地调整。背讲稿，凭借自己的记忆，像背书那样一字不差地背出来，不仅听起来不自然，而且也有忘词、卡壳的危险。这样的表达效果都不佳。那么怎样才能做到自然流畅、条理清晰地进行口语表达呢？这里需要掌握三个环节：

一是反复诵读，把讲稿的书面语言转换成自己的口头语言。一般来说，写好的讲稿多为规范、严谨的书面语言。书面语言由于句式较长，修饰语较多，且太干巴，缺少说话时所需要的节奏与活力。这样的语言，讲起来不自然，记忆起来更困难。只有花时间精力把讲稿变成自己的语言加以理解和记忆，表述起来才会自然随意而不失个人风格。

二是熟记提纲。提纲是整个说话的总体思路和框架。口语表述时只有按照这个提纲，围绕表述内容，进行充分发挥，表述思路才不会被打断和阻隔。表述前，根据要说的内容列出一个较为详细的提纲并熟记。在每个纲目下再列出一些关键词、关键句子以及重要的事例。千万要记住你所要表述的意思。当把要表述的意思全部牢记于脑海里，用自己的话按一定的顺序把要说的内容连缀起来后，就能顺畅地表述了。

三是反复练习，自如表述。依据事先准备的讲稿或提纲，反复进行口头表达练习，直到自己对练习的效果满意时，便可胸有成竹地走向讲台。

总之，从撰写讲稿到提炼提纲，再到不用讲稿和提纲，是个逐步过渡、循序渐进、熟能生

巧的过程。当你经过反复练习,多次锻炼,有了口语交际的经验,并确信自己不会忘词时,你就掌握了脱稿说话的交际技巧了。

(五)培养坚强的自制力,是提高口语交际水平的关键

一个人的口语交际水平既受外在环境的影响,也受自身情绪的影响。口语交际实践表明:当你热情、开朗的时候,口才自然就变得很好。可当你很自闭,不愿意跟外界沟通、跟世界有隔阂的时候,你是讲不出有影响力的语言的。所以,一个人要想口才好,情绪一定要好。外在环境随时都可能发生变化,而自身的情绪也随时可能发生波动。如何把握交际局面,增强调控能力,对能否展现自己的口语交际才能至关重要。自制力是一个人在整个口语交际过程中能够自觉、灵活控制自己的情绪,约束自己言辞的能力。口语交际是一种复杂的精神活动,受心理的支配和制约。该不该说,怎样说,何时起始,出现意外如何应对等等,能不能做到适时的自我调控,直接影响着说话的效果。自制力是一个人心理素质的反映,也是口语交际必备的基本能力。这种能力,一方面可以消除说话者害羞、恐惧、不敢说或不敢大胆说的情绪;另一方面可以保证说话者在遇到意外情况时,情感不致大幅度波动而造成言辞的失误。那么,怎样培养自制力呢?

1. 意念控制

一个人的意念(念头、信念、自我监督、有意识的语词等)可以控制调节一个人的心理状态。自制力,很大程度上就表现在意念控制上。意念控制的作用就表现在促进自己积极行动。这方面的训练有两种方法。

(1)自我暗示。积极的自我暗示的作用在于使自己获得信心,进而提高自制力。不断对自己进行正面心里强化,避免对自己进行负面强化。一旦自己有所进步(不论多小)就对自己说,"我能行!""我很棒!""我能做得更好!"等等,这将不断提升自己的信心。

(2)自我激励。无论干什么,全靠自觉。自觉往往指的是自己获得一种动力去积极行动。怎样才能获得一种动力去积极行动呢?这就要学会自我激励。自我激励即自己给自己提出任务、自己给自己奖惩、自己命令自己、自己做自己的司令员、指挥员。自我激励的方式有:① 制订切实可行的计划,安排好必须做好与可做可不做的事情,然后给自己做出奖惩规定。② 写出座右铭,时时勉励自己。③ 常写日记,在日记中进行自我监督。④ 口头命令。每遇困境或身临危急之时,要学会自己指挥自己。通过口头命令,可以组织自身的心理活动,获得精神力量。

2. 松弛训练

失去自我控制或自制力减弱都往往发生在紧张的生理心理状态中。因此通过松弛训练,学习消除紧张,可以提高自控力。紧张状态伴随着肌肉紧张、呼吸急促、心跳加速等过程,松弛训练可产生有意识地控制这些过程的作用,获得生理反馈信息,从而控制和调节自身的整个心理状态。松弛训练主要有以下几种方式:

(1)呼吸训练。在发怒、激动、恐慌时,人们往往意识不到自己呼吸的急促,甚至觉察不到呼吸困难,由于这样,反而更增加了紧张。因此,在从事预计会引起紧张的活动之前,做一做呼吸松弛训练,使自己的呼吸保持一种平静、舒缓的节奏,方法有:① 站立或静坐,使全身放松,进行深呼吸;② 一边缓步行走,一边深呼吸等。

(2)肌肉放松训练。通过肌肉放松训练可消除疲劳,克服紧张,甚至可治疗某些病症。经常进行或临场进行放松训练,可以使我们学会自我控制,变得坦然、从容。

第三编
普通话训练

第一章 语音训练

普通话训练是口语交际能力训练的基础,普通话语音标准、清晰、优美是口语交际(包括表达、表述)的前提。

在普通话教学中,教师应首先从发声机理入手,让学生掌握正确的发音方法,消除可能出现的发声缺陷,如低语、鼻音、尖音、沙哑、慑懦和语速不当等。让学生注意对嗓音的保护,把握发声技巧,注意发声姿势及生活习惯。着重让学生练习声母、韵母和声调的组合发音,读准每一个字、每一个词,尽量做到吐字清晰、腔圆壁坚。在此基础上,过渡到语流音变训练,包括轻声、儿化、变调、语气词的音变等,在实践教学中,还可以通过一些典型实用的训练方法加以强化,如绕口令练习、朗读指导等。

第一节 语音的性质

语音就是语言的声音,是由人的发音器官发出的表示一定意义的声音,是语言的物质外壳。语音同自然界的一切声音一样,是由物体振动而引起的现象,具有物理属性;语音又是由人的发音器官发出的声音,因此又具有生理属性;尤其重要的是,语音具有表意功能和交际作用,以什么样的语音形式表示什么样的意义,是社会约定俗成的,因此语音又具有社会属性。对于语音,我们可以从物理性质、生理性质、社会性质三个方面来说明。

一、语音的物理性质

语音是声音,一切声音都是物理现象,都具有音高、音强、音长、音色四种要素。

(一)音高

音高就是声音的高低,它决定于发音体在一定时间内振动次数的多少和快慢。声学上把发音体在单位时间内的振动次数称为"频率"。振动次数多,振动得快,频率就大,声音就高;反之,声音就低。语音的高低同声带的松紧、长短、厚薄有关。一般说来,成年男子的声带长而厚,女子和儿童的声带短而薄,因此,女子和儿童的声音比成年男子高。同一个人,发音也可以有高低不同的变化,这是因为人在发音时可以控制声带的松紧,声带越松,声音就越低;声带越紧,声音就越高。音高在汉语中具有非常重要的作用,普通话的声调和语调,主要是由音高变化形成的。

（二）音强

音强就是声音的强弱,也叫音势或音量,它决定于发音体振动幅度的大小。发音体的振动幅度叫做振幅。振幅越大,声音就越大;振幅越小,声音就越小。语音的强弱取决于说话时用力的大小。在汉语中,轻声和语调可以表现出音强的作用。

需要注意的是,不要把音强和音高混为一谈。它们有时能够一致,例如同一个人平时说话时的音高和音强同他在吵架或呼唤人时是不一样的,后者声音要高,也要强。由于用力大,所以声音就强;由于用力大,使声带处于紧张状态,所以声音就高。这时的音高和音强是一致的。但是它们不是一回事,一个较低的声音,完全可以比一个较高的声音更强些,如京剧中的花脸与青衣的声音就是明显的例子。

（三）音长

音长就是声音的长短,它决定于发音体振动时间的久暂。语音的长短是指某个音的发音动作延续的时间。在汉语中,轻声和语调能体现出音长的作用。

（四）音色

音色就是声音的个性、特色,也叫音质,它决定于音波振动的形式(音波波纹的曲折形式)。造成不同的音色取决于三个方面的条件:

(1) 发音体不同。例如同是乐器,笛子和二胡的音色不同。因为笛子的发音体是笛膜,二胡的发音体是琴弦。甲乙两人在隔壁的房间说话,我们能够清楚地分辨出来,这是由于两人声带等发音体的情况有所不同,因而形成了不同的音色。

(2) 发音方法不同。二胡和琵琶同是弦乐器,但二胡用弓拉,琵琶用手弹,它们的音色各不相同。语音中塞音 b 和鼻音 m 的音色不同,主要是由于发音方法不同:前者气流由口腔通过,发出爆破音;后者气流由鼻腔通过,发出鼻音。

(3) 发音时共鸣器形状不同。二胡和小提琴同是弦乐器,也都用弓拉,但音色不同。这是因为二胡的共鸣器是圆筒形,而小提琴的共鸣器是扁盒状的。语音中元音 i 和元音 ü 的音色不同,主要是由于发 i 时口腔共鸣器的形状(唇形)跟发 ü 时不一样的缘故。

任何声音都是音高、音强、音长、音色的统一体,语音也不例外。对于任何语言来说,音色都是用来区别意义的最重要的要素。其他各要素在不同语言中区别意义的作用不完全一样,对于汉语来说,音高的作用是特别重要的。

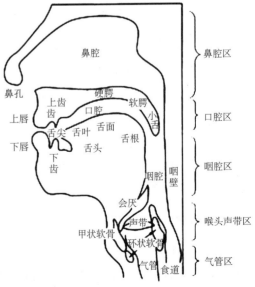

二、语音的生理性质

语音是由人的发音器官发出来的。发音器官活动部位不同和活动方法不同,都会造成不同的声音。分析语音必须对发音器官的构造有大致的认识。

人类发音器官的整个装置像一架风琴,分三大部分:动力部分(呼吸器官)、发音体(声带)、共鸣器(口腔和鼻腔)。

(一)呼吸器官(动力部分)

呼吸器官包括肺、支气管和气管。肺是呼吸器官的活动风箱、发音的动力站。由肺的活动所产生的气流通过支气管、气管到达喉头,作用于声带,并经过口腔、鼻腔各部分的调节作用,发出各种不同的声音。

(二)声带(发音体)

声带藏在喉头里,是两片薄膜,形似两条富有弹性的带子,人的声音就是通过这两条带子的振动发出的。两带之间可闭可开,这叫声门。人呼吸的气流就从这里经过,呼吸时,声带放松,声门大开;说话时,声带拉紧,声门关闭,用气流冲击声带,使其发生振动,这就产生了语言的声音。所以声带是人类语音的发音体。除了耳语之外,人类离开声带就无法使用有声语言进行交际。

(三)口腔和鼻腔(共鸣器)

口腔和鼻腔是人类发音的共鸣器。声带发出声音之后,经过口腔、鼻腔引起振动,发生共鸣作用,增强声音。人类就是依靠这个共鸣器(主要是口腔)的各种变化,形成千变万化的语音。

口腔有唇、齿、腭、舌等几个部分。

唇可以作圆扁活动,产生不同的音,如 i、ü 是唇形圆扁不同而形成的两个音。

齿本身不能有什么变化活动,但它可以和唇、舌接触或接近产生不同的音,如 f 是下唇和上齿接近而成阻形成的音;z、c 是舌尖和上齿接触成阻形成的音,s 是舌尖和上齿接近而成阻形成的音。

腭分上腭和下腭,下腭是个活动器官,控制整个口腔的开合、大小。上腭分硬腭和软腭:前部分是硬腭,后部分是软腭。硬腭不能活动,但舌可以和它接触或接近成音,如 j、q、x。软腭(和小舌一起)可上下活动和舌接触或接近成音,如 g、k、h。软腭还可升降造成口腔音、鼻腔音和口鼻腔音。

舌是口腔中最灵活的发音器官。舌尖、舌面、舌根和上腭接触或接近,可发出很多声音。舌的前部为舌尖,舌尖可以形成前、中、后不同的音,如 z、t、zh 分别为舌尖前、中、后音。舌的中部为舌面,可以形成几组音,普通话只有 j、q、x 一组。舌的后部习惯上称为舌根,也可形成几组音,普通话里只有 g、k、h、ng 一组。

舌除了和上腭接触变化成音之外,它本身还可以做出很多不同的活动。如上升、下降、前伸、后缩、凸起、凹陷,都可以造成不同的声音。

我们学习发音,就是要熟练地掌握这些器官的活动,从而准确地掌握语音。

三、语音的社会性质

为了全面认识语音的性质,我们可以把语音当做自然现象,从物理学、生理学的角度进行分析,但语音毕竟不是纯粹的自然物质,它是由社会化的动物——人所发出的声音,语音的功能在于社会交际,在于表情达义。语音的表意功能不是个人决定的,而是社会赋予的,用什么样的声音表示什么样的意义,是使用同一语言的社会全体成员约定俗成的,因此,语音的社会性是语音的根本属性。

语音的社会性质表现在多方面:(1)从语音的地方特征看,普通话有翘舌音,而汉语的许多方言没有这一类音。(2)从语音的民族特征看,英语有齿间音,而汉语没有。(3)从语音的系统性看,普通话"拔"、"爬"语音不同,意义也不同。"拔"的声母 b[p]发音气流弱,"爬"的声母 p[p']发音气流强。但在英语中,[p]、[p']并不区别意义,这说明在汉语语音系统中,送气不送气的差异能区别意义,而在英语语音系统中,送气不送气的差异不能区别意义。可见,声音和意义没有必然的联系,什么样的声音表示什么样的意义是由使用这种语言的人约定俗成的。

第二节　普通话语音系统

一、语音系统

语音系统简称音系,指的是一种语言中的各种语音要素及其相互关系的总体。各种语言都有自己的语音系统,同一种语言里不同的方言也有各自的语音系统。学习一种语言的语音系统,最重要的是认识该语音系统的规律性和独特性。

语音系统的规律性具体表现在:一种语言里有哪些音素,每一个音素在结构中居何位置,各音素怎样配合组成音节,两音相连有无变化,重读轻读能否辨义等等。认识了某个语音系统的各种构造规律和变化规律,也就从整体上掌握了某种语言的语音系统的全貌。

语音系统的独特性,指不同的语言在语音系统上都存在或多或少的差异,每一种语言都有自己独特的语音系统。了解了不同的语言在语音系统上的种种差异现象,也就是在比较中认识了一种语言的语音系统的特点。

二、普通话语音系统

（一）语音单位

语音是由大小不等的语音单位组成的。按照现代语音学的分析法,可以把音节分析为音素、辅音和元音。

1. 音节

音节是人们听觉上最容易分辨的最自然的语音片段,也是语音的基本结构单位。从生理上看,一个音节,发音时肌肉明显紧张一次,听觉上最容易分辨出来。一个字音就是一个音节。如"我们是学生"这句话,我们能清晰地听辨出它是由5个自然的声音单位组成的,每个声音单位就是一个音节,写下来就是5个汉字。只有"儿化音"例外,如"花儿"写下来是两个字,说起来却是一个音节 huār。

2. 音素

音素是分析音节得出来的语音最小单位。比如"砝码"两个字音拖长音念,很容易听出两字的后半部分声音相同,都是 a。两个字音不同的地方在开头部分,"砝"开头音是 f,"码"开头音是 m。a、f、m 就是从"砝码"两个音节中分析出来的、不能再做分析的音素。每一个音素都有区别于其他音素的特色。反之,"砝码"两个音节 fǎ 和 mǎ 就是 f 和 a、m 和 a 拼合成的基本结构单位。一个音节可以由几个音素构成,也可以由一个音素构成。

3. 辅音、元音

辅音、元音是对音素进行分类得出的一对概念。音素可分为辅音和元音两大类。气流在口腔或咽头受到阻碍而形成的音叫辅音,如 b、p、m、f 等。气流在口腔或咽头不受阻碍而形成的音叫元音,如 a、i、u 等。

按照传统音韵学的分析法,通常把一个音节分为声母、韵母、声调三部分。

声母是音节开头的辅音。例如"中"(zhōng)这个音节里,辅音 zh 就是它的声母。有些音节不是以辅音开头,就是说没有声母(声母为"零"),习惯上称为"零声母",这样的音节就称为"零声母音节"。例如"爱"(ài)、"恩"(ēn)、"雨"(yǔ)等开头都没有辅音,它们都是零声母音节。

韵母是声母后面的一部分。例如"华"(huá)这个音节里,ua 就是它的韵母。零声母音节整个由韵母组成,例如"安"(ān)。

声调是音节高扬曲降的调子。如"妈"(mā)、"麻"(má)、"马"(mǎ)、"骂"(mà)四个音节,其声母、韵母完全相同,但声调不同:"妈"(mā)是高而平,"麻"(má)是上升的,"马"(mǎ)是先降后升的,"骂"(mà)是下降的。它们意义的不同就是通过声调来区别的。

(二)普通话音系

普通话音系,就是以《汉语拼音方案》为代表的音系。它包括 21 个辅音声母、39 个韵母、4 个声调、音节拼合规律(400 个基本音节,1210 多个带调的音节),以及变调、轻声、儿化等。

第三节 声 母

一、辅音

(一)辅音及其作用

辅音也叫"子音",是普通话语音中除元音之外的另一大类。它有 22 个,依次为:b、p、m、f、d、t、n、l、g、k、h、j、q、x、zh、ch、sh、r、z、c、s、ng。

辅音的重要作用在于它在绝大多数的音节中充当起头的声母,普通话里的声母全由辅音充当。另外辅音 n、ng 还能充当韵尾。

（二）辅音的发音过程

辅音发音时，各部位阻碍的形成和消失有一个过程，语音学家把这个过程分为三个阶段：

成阻阶段，即发辅音过程的开始阶段，指发音中口腔内某两个部位开始形成阻碍，由静止或其他状态转到发一种辅音时所必需构成阻碍状态的过程。如，发 b 时，软腭上升，双唇紧闭，形成双唇阻气的态势。

持阻阶段，即发辅音过程的中间阶段，指发音中口腔内某两个部位阻碍形成的紧张持续状态，是从开始"成阻"到最后"除阻"的一种中间过程。如，发 b 时仍然紧闭双唇，气流加强充满口腔伺机突破双唇成音，有一种憋气的感觉。

除阻阶段，即发辅音过程的最后阶段，指发音中口腔内某两部位阻碍作用从某种阻碍状态转到原来静止状态或其他状态的一种过程，是结束阶段。如，发 b 时，双唇由于紧闭受气流的冲击突然打开爆破而成音，阻碍消除，发音结束。

成阻、持阻、除阻是任何辅音发音时必须经过的三个基本阶段，但由于各个辅音的性质不同，发音情况也不完全一样。下面介绍辅音的发音特点和发音方法。

（三）辅音的发音特点

(1) 发辅音时，肺里的气流经咽头、口腔的过程中，一定会在不同的程度上受到不同部位的阻碍。气流只有克服各种阻碍才能成音。

(2) 辅音发音时气流较强，气流克服阻碍通过口腔时激发阻碍的各部位而形成声波，经口腔、鼻腔、咽腔共鸣而成音。没有较强的气流辅音就不会有音响。

(3) 发辅音时，口腔中阻碍气流的部位肌肉特别紧张。不阻气的部位不紧张。

(4) 辅音发音时，大多数声带不颤动，声音不响亮。只有 m、n、l、r、ng 五个辅音声带颤动，声音响亮，但其响亮度不如元音。

(5) 辅音大部分为声波不规则颤动的噪音，不带乐音成分。

（四）辅音的发音方法

可以按照发音部位和发音方法来看其发音的条件。

1. 发音部位

发音部位指的是气流在口腔中受到阻碍的位置。也就是在发音时某两个发音器官接触或接近所形成的阻气的着力点，这个着力点会因接触面的变化而形成不同的阻气部位，即发音部位。

普通话的 22 个辅音，根据阻气部位的不同可归纳为 7 种发音部位：双唇阻、唇齿阻、舌尖前阻、舌尖中阻、舌尖后阻、舌面阻、舌根阻。

双唇阻：即上唇与下唇成阻，如 b、p、m。

唇齿阻：即上齿与下唇内缘成阻，如 f。

舌尖前阻：即舌尖与上齿背接触或接近成阻，如 z、c、s 的发音部位。

舌尖中阻：即舌尖与上齿龈成阻，如 d、t、n、l。

舌尖后阻：即舌尖翘起与硬腭前部接触或接近成阻，如 zh、ch、sh、r。

舌面阻：即舌尖轻抵下齿，舌面向上接触或接近硬腭前部成阻，如 j、q、x。

舌根阻：舌头后缩，舌根与软腭接触或接近成阻，如 g、k、h、ng。

2. 发音方法

发音方法指发音器官构成阻碍和除去阻碍的方式。

（1）辅音的五种发音方法

① 塞音，也叫"爆发音"或"破裂音"。发音时，成阻的发音部位完全形成闭塞阻住气流，从肺部呼出的气流充满口腔后不断冲击成阻部位，成阻部位突然解除阻塞使积蓄的气流冲破阻碍爆发成音。普通话有 6 个塞音：b、p、d、t、g、k。

② 擦音，也叫"摩擦音"。成阻时发音部位之间相接近形成适度的缝隙，持阻时，气流从窄缝中挤出摩擦成音，到除阻时摩擦完了，发音结束。普通话有 6 个擦音：f、h、x、sh、r、s。

③ 塞擦音。发音时以"塞音"开始，以"擦音"结束，是"塞音"和"擦音"的紧密结合。发音开始时，发音部位先完全闭塞阻住气流，然后慢慢放松阻塞部位形成一定的缝隙，让气流从窄缝中挤出去摩擦而成音。普通话有 6 个塞擦音：j、q、zh、ch、z、c。

④ 鼻音。发音时，发音部位完全闭塞封住口腔通路，同时软腭小舌下垂打开鼻腔通路。从肺里呼出的气流颤动声带到达口腔，因受到阻碍，只好从鼻腔流出而成音，由于鼻腔是不可调节的固定的发音器官，不同音质的鼻音是口腔不同部位的阻碍造成不同的口腔共鸣状态，最终由口腔和鼻腔双重共鸣而形成的。普通话的鼻音有 3 个：m、n、ng。

⑤ 边音。发音时，舌头后缩，舌尖与上齿龈接触，舌头两边仍留有空隙，同时软腭上升阻塞鼻腔的通路，声带颤动，气流从舌头两边的缝隙通过而成音。普通话只有 l 一个边音。

（2）送气音和不送气音

普通话辅音除了上述五种发音方法外，还可根据发音时气流的强弱把塞音和塞擦音区分为送气音和不送气音。送气和不送气主要用于区别那些同部位、同方法的辅音。如 b、p 都是双唇阻塞音，不同处就在于发 b 时不送气，发 p 时送气。

送气音——这类辅音发音时气流较强，较显著。如果拿一张薄纸片放在唇前发 b、p 两个音并进行比较，发 p 时气流对纸的冲击明显比 b 强。或者将手心置于唇前发 b、p，会明显感到气流的强弱不同。普通话里送气音有 6 个：p、t、k、q、ch、c。

不送气音——这类辅音发音时气流较弱，较缓和。普通话里不送气音有 6 个：b、d、g、j、zh、z。

送气与不送气是相对而言的，不送气音比送气音气流相对弱一些、短一些，但比元音要强。

（3）清音和浊音

普通话的辅音根据发音时声带是否颤动分为"清音"和"浊音"。

① 清音——发音时声带不颤动，声音不响亮带有噪音成分的音叫清音。普通话有 17 个清音：b、p、f、d、t、g、k、h、j、q、x、zh、ch、sh、z、c、s。

② 浊音——发音时声带颤动，声音较响亮带有乐音成分的音叫浊音。普通话有 5 个浊音：m、n、l、r、ng。其中只有 m、n、l、r 作声母用，ng 只当韵尾用。

二、声母

(一) 声母

声母是汉语音节开头的辅音。

在普通话中,基本上一个汉字对应一个音节的读音。普通话的音节是由声母和韵母拼合而成的。

除零声母外,声母都是辅音。普通话的声母一共有 22 个(包括零声母)。零声母音节是一种特殊的音节,大多是由古代的有声母的音节脱掉声母而形成的。零声母的齐齿呼、合口呼和撮口呼音节的韵头都或多或少有一些摩擦的成分,可以看成是用半元音[j][w][ɥ]起头。半元音是摩擦很小的一种擦音,性质介于元音和辅音之间,按元、辅音两大类来分,它属于辅音。在小学课本中,没有零声母的概念,而将 y、w(即 i、u)也作为声母。严格来说,y、w 不能算作声母,它是复韵母中的韵头,只是在零声母音节中,其位置类似声母罢了。

(二) 声母与辅音

声母的发音条件从性质上来说与辅音相同。但原则上声母和辅音是有区别的。声母是就音节而言的,是音节起头的辅音音素,从数量上来说它只有 21 个,是古汉语音韵学沿用至今的名称。而辅音是就音素的性质而言的,从数量上来说它有 22 个,除了充当声母外,辅音音素 ng 还能充当韵尾,n 除了充当声母外也能充当韵尾,所以在使用范围上辅音的概念大于声母,它是语言学对语音进行分析得出的结果。如"fei",f 在音节中是声母,f 的性质是辅音。

(三) 声母的分类

不同的声母是由不同的发音部位和发音方法决定的。

1. 按发音部位分类

发音部位指气流受到阻碍的位置。除零声母外,另外 21 个声母按阻碍部位可以分成七类:双唇音、唇齿音、舌尖前音、舌尖中音、舌尖后音、舌面音和舌根音。

2. 按发音方法分类

发音方法指阻碍气流和解除阻碍的方式、气流的强弱及声带是否颤动等。声母按发音方法可以分成五类:塞(sè)音、擦音、塞擦音、鼻音和边音。

3. 按声带是否振动分类

按声带是否振动可以分为清音和浊音。清音又有送气与不送气之分。表 3.1 是 21 个声母和后鼻韵母韵尾-ng 的归类:

表 3.1 21 个声母和后鼻韵母韵尾-ng 的归类

		双唇音	唇齿音	舌尖前音	舌尖中音	舌尖后音	舌面音	舌根音
塞音（清）	送气	p			t			k
	不送气	b			d			g
擦音	清		f	s		sh	x	h
	浊					r		
塞擦音（清）	送气			c		ch	q	
	不送气			z		zh	j	
鼻音（浊）		m			n			-ng
边音（浊）					l			

由上表 3.1 可见：b、p、m 都是双唇音，f 是唇齿音，发音部位与双唇音接近；d、t、n、l 都是舌尖中音；g、k、h 都是舌根音；j、q、x 都是舌面音；zh、ch、sh、r 都是舌尖后音；z、c、s 都是舌尖前音。《汉语拼音方案》就是按这样的顺序对声母进行排列分组的。下面仍按这个顺序对 21 个声母和-ng 进行介绍。

（四）声母的发音

1. 双唇音 b、p、m 和唇齿音 f

双唇音，就是利用双唇闭合这样的阻碍发出的辅音。

发 b 时，双唇闭合，软腭上升，气流因通路被完全封闭而积蓄起来，然后双唇打开，气流脱口而出，爆发成声。声带不振动。发 p 的阻碍部位和发音方式与发 b 相同，只是在发 p 时，冲出的气流比发 b 时要强许多。像这样，先在口腔中造成阻碍，让气流在阻碍后面积蓄起来，然后除去阻碍，让气流冲出，爆发成声，以这种方式发音的辅音就叫做塞音。声带不振动的辅音，就叫做清音；反之则叫浊音。像 b 这样，有气流冲出，但气流不强，叫做不送气；而像 p 这样，冲出的气流很强，叫做送气。因此，b 是双唇不送气清塞音，p 是双唇送气清塞音。

需要注意的是，汉语的 b 和欧洲语言中的[b]是不同的。汉语的 b 是清音，英语的[b]是浊音。因此，不能以汉语中的 b 去发欧洲语言中的[b]的音，也不能用欧洲语言中的[b]去发汉语中的 b 的音。后面的 d、g、j、zh 和 z 都是这样的情况。

发 m 时，双唇闭合，封闭气流的口腔通路，软腭下垂，气流从鼻腔泄出，同时振动声带成声。像这样，在口腔中造成阻碍，让气流从鼻腔中泄出，同时振动声带成声，以这种方式发音的辅音就叫做鼻音。此外，很显然，m 是一个浊音，它是双唇浊鼻音。

唇齿音，就是上齿与下唇接触形成阻碍而发出的辅音。

发 f 时，上齿与下唇相接，软腭上升，让气流从唇齿间的窄缝中泄出，摩擦成声。声带不振动。像这样，在口腔中造成阻碍，但在阻碍中留一窄缝，让气流从这条窄缝中泄出，摩擦成声，以这种方式发音的辅音就叫做擦音。f 是唇齿清擦音。

2. 舌尖中音 d、t、n 和 l

舌尖上翘，抵在上腭的不同部位，形成不同的阻碍。其中，舌尖抵在上齿龈形成阻碍发出的辅音,叫做舌尖中音。相对应的还有舌尖前音和舌尖后音,将在后面介绍。

发 d 时,舌尖抵住上齿龈,软腭上升,气流因通路被完全封闭而积蓄起来,然后舌尖离开上齿龈,气流迸发而出,爆发成声。声带不振动。发 t 的阻碍部位和发音方式与发 d 同,只是在发 t 时,冲出的气流比发 d 时要强许多。d 是舌尖中不送气清塞音,t 是舌尖中送气清塞音。发 n 时,舌尖抵住上齿龈,封闭气流的口腔通路,软腭下垂,气流从鼻腔泄出,同时振动声带成声。n 是舌尖中浊鼻音。发 l 时,舌尖抵住上齿龈,软腭上升,然后让气从舌头与两颊内侧的空隙间流出,同时振动声带成声。以这样的方法发音的 l 叫做边音。l 是舌尖中浊边音。

3. 舌根音 g、k、h 和 -ng

舌根音,就是舌根隆起抵住软腭形成阻碍发出的辅音。

发 g 时,软腭上升,舌根隆起抵住软腭,气流因通路被完全封闭而积蓄起来,然后舌根下降,脱离软腭,气流迸发而出,爆发成声。声带不振动。发 k 的阻碍部位和发音方式与发 g 同,只是在发 k 时,冲出的气流比发 g 时要强许多。g 是舌根不送气清塞音,k 是舌根送气清塞音。发 h 时,软腭上升,挡住气流的鼻腔通路,舌根隆起,与软腭之间形成一个窄缝,气流从窄缝中泄出,摩擦成声。声带不振动。h 是舌根清擦音。发 -ng 时,软腭下垂,舌根隆起抵住软腭,封闭气流的口腔通路,气流从鼻腔泄出,同时振动声带成声。-ng 是舌根浊鼻音。在普通话中,-ng 不是声母,仅作为后鼻韵母的韵尾。

在一些方言中,h 与 f 会相混。学习普通话,要注意区分这两个音。关于 h 与 f 的分辨,我们将在后面的"声母辨正"中具体讲解和练习。

4. 舌面音 j、q、x

舌面抬起,抵住上腭的不同部位,造成不同的阻碍。其中,利用舌面前部抬起抵住硬腭前部形成阻碍发出的辅音叫做舌面音。

发 j 时,舌面前部抵住硬腭前部,软腭上升,气流因通路被完全封闭而积蓄起来,然后舌面前部微离硬腭,形成一个窄缝,气流从窄缝中泄出,摩擦成声。声带不振动。发 q 的阻碍部位和发音方式与发 j 同,只是在发 q 时,冲出的气流比发 j 时要强许多。像这样,先在口腔中造成阻碍,让气流在阻碍后面积蓄起来,然后在阻碍中留一窄缝,让气流从这条窄缝中泄出,摩擦成声。由于这种发音方式兼有塞音(阻塞)和擦音(摩擦)的特点,因此,以这种方式发音的辅音就叫做塞擦音。j 是舌面不送气清塞擦音,q 是舌面送气清塞擦音。发 x 时,舌面前部靠近硬腭前部,形成一个窄缝,软腭上升,气流从舌面与硬腭间的窄缝里挤出,摩擦成声。声带不振动。可见 x 的发音部位和 j、q 相同,但它的发音方式没有塞的成分,是纯粹的擦音。因此,x 是舌面清擦音。

5. 舌尖后音 zh、ch、sh 和 r

舌尖后音,就是舌尖抵住硬腭前部形成阻碍发出的辅音。硬腭前部比起上齿龈来,位置靠后(靠近咽喉),因此相比于利用舌尖抵住上齿龈的舌尖中音,这类音就叫舌尖后音。

发 zh 时,舌尖翘起,抵住硬腭前部,软腭上升,气流因通路完全封闭而积蓄起来。然后舌尖微离硬腭,形成一个窄缝,气流从窄缝中泄出,摩擦成声。声带不振动。发 ch 的阻碍部位和发音方式与发 zh 同,只是在发 ch 时,冲出的气流比发 zh 时要强许多。zh 是舌尖后不送气清塞擦音,ch 是舌尖后送气清塞擦音。发 sh 时,舌尖翘起,接近硬腭前部,在舌尖与硬腭之间留有一个窄缝,软腭上升,气流从舌尖与硬腭间的窄缝里挤出,摩擦成声。声带不振动。发 r 的阻碍部位和发音方式与发 sh 同,只是在发 r 时,声带要振动。sh 是舌尖后清擦音,r 是舌尖后浊擦音。

由于发舌尖后音时,舌尖要向上翘起,仿佛是向后卷,因此舌尖后音 zh、ch、sh、r 通常又叫做卷舌音。

6. 舌尖前音 z、c 和 s

舌尖前音,就是舌尖抵住或接近上门齿背形成阻碍发出的辅音。上门齿背比起上齿龈来,位置靠前(靠近双唇),因此相比于利用舌尖抵住上齿龈的舌尖中音,这类音就叫舌尖前音。

发 z 时,舌尖抵住上门齿背,软腭上升,气流因通路被完全封闭而积蓄起来。然后舌尖微离上齿背,形成一个窄缝,气流从窄缝中泄出,摩擦成声。声带不振动。发 c 的阻碍部位和发音方式与发 z 同,只是在发 c 时,冲出的气流比发 z 时要强许多。z 是舌尖前不送气清塞擦音,c 是舌尖前送气清塞擦音。发 s 时,舌尖接近上门齿背,形成一个窄缝,软腭上升,气流从窄缝中泄出,摩擦成声。声带不振动。s 是舌尖前清擦音。

由于发舌尖前音时,舌尖要前伸,上翘的姿势不明显,舌面平直,因此舌尖前音 z、c、s 通常又叫做平舌音。在许多方言中,卷舌音和平舌音不分,甚至这两类音和舌面音 j、q、x 也不分。学习普通话,要特别注意这三类音的区分。

在发以上各音时,软腭的位置也是不可忽视的。软腭上升,是为了堵住气流的鼻腔通道;软腭下垂,是为了堵住气流的口腔通道。如果软腭的位置不好,气流总是同时从鼻腔和口腔中泄出,发出的音就不是标准的普通话声母了。

(五)声母辨正训练

1. 声母 f 和 h 的分辨

普通话中声母 f 和 h 的字音的区分很清楚,如发(fā)——花(huā),分(fēn)——昏(hūn)。而在湖南话、江西话、闽南话、客家话、甘肃岷县话中,f 和 h 都有不同程度的混同现象。对声母 f 和 h 区分不清的人,首先要学会声母 f 和 h 的发音(可参照"声母的发音"),然后再逐步分辨和读准字音。

f 与 h 都是清擦音,主要区别是发音部位不同:f 是唇齿音,下唇必须主动轻触上齿;h 是舌根音,使舌面后部隆起与软腭形成摩擦。

【训练】

(1) 词语训练

f—h	粉红(fěn hóng)	风化(fēng huà)	发黄(fā huáng)	返还(fǎn huán)
	飞灰(fēi huī)	芳华(fāng huá)		费话(fèi huà)
h—f	恢复(huī fù)	花粉(huā fěn)	混纺(hùn fǎng)	荒废(huāng fèi)
	红粉(hóng fěn)	耗费(hào fèi)	海防(hǎi fáng)	会费(huì fèi)

(2) 对比训练

负面(fù miàn)—护面(hù miàn)　　　　幅度(fú dù)—弧度(hú dù)

发现(fā xiàn)—花线(huā xiàn)

(3) 朗读训练

① 风吹灰飞，灰飞花上花堆灰。风吹花灰灰飞去，灰在风里飞又飞。

② 丰丰和芳芳，上街买混纺。红混纺，粉混纺，黄混纺，灰混纺。红花混纺做裙子，粉花混纺做衣裳。穿上衣裳多漂亮，丰丰和芳芳乐得喜洋洋。

③ 笼子里有三凤，黄凤红凤粉红凤。忽然黄凤啄红凤，红凤反嘴啄黄凤，粉红凤帮啄黄凤。你说是红凤啄黄凤，还是黄凤啄红凤。

2. 声母 n 和 l 的分辨

普通话中"牛"与"留"、"难"与"兰"、"女"与"侣"的读音均不同，"牛、难、女"读 n 声母，"留、兰、侣"读 l 声母。但是，在湘、赣以及大部分西南官话和甘肃方言中，都有对声母 n 和 l 混同的现象。对声母 n 和 l 区分不清的人，首先要学会声母 n 和 l 的发音（可参照"声母的发音"），然后再逐步分辨和读准字音。

n 和 l 都是舌尖中浊音，发音部位相同，都是舌尖中音，主要区别在于：发音方法不同。n 是鼻音，舌尖和舌两边与齿龈及臼齿形成全封闭阻碍，软腭下降，带音的气流由口腔转入鼻腔透出，发出舌尖鼻音。l 是只通过舌尖上举与齿龈形成阻碍，舌身收拢，软腭封闭鼻腔通道，带音的气流从舌两边流出，形成边音。关于 n 和 l 的区分，可参照后面第六节"方言区人学习普通话应注意的问题"中的详细讲解。

【训练】

(1) 词语训练

n—l　奶酪(nǎi lào)　　努力(nǔ lì)　　鸟笼(niǎo lóng)　　嫩绿(nèn lǜ)

　　　哪里(nǎ lǐ)　　内陆(nèi lù)　　娘俩(niáng liǎ)

l—n　两年(liǎng nián)　流年(liú nián)　凌虐(líng nüè)　　冷暖(lěng nuǎn)

　　　李宁(Lǐ Níng)　　林妮(Lín Nī)　　岭南(lǐng nán)

(2) 对比训练

留(liú)—牛(niú)　　　　　　　蓝(lán)—难(nán)

女客(nǚ kè)—旅客(lǚ kè)　　浓重(nóng zhòng)—隆重(lóng zhòng)

(3) 朗读训练

① 出南门，面正南，有一个面铺面冲南。面铺门口挂着一个蓝布棉门帘。摘了蓝布棉门帘，看了看，面铺面冲南，挂上蓝布棉门帘，瞧了瞧，哟，嘚！面铺还是面冲南。

② 男旅客穿着蓝上衣，女旅客穿着呢大衣，男旅客扶着拎篮子的老大娘，女旅客搀拿笼子的小男孩儿。

③ 蓝帘子内男娃娃闹，搂着奶奶连连哭，奶奶只好去把篮子拿，原来篮子内留了块烂年糕。

（以上三则材料选自中华文本库）

④ <center>**新郎和新娘**</center>

新郎和新娘,柳林里来乘凉。

新娘问新郎:

你是下湖去挖泥,还是下田去扶犁?

新郎问新娘:

你是柳下把书念,还是下湖去采莲?

新郎新娘商量定:

我采莲,你挖泥;我拉牛,你扶犁。

挖完了泥,采完了莲,扶完了犁,

咱俩再到柳林里面来乘凉。

(材料来源:九洲配音网 2011-8-24)

3. 声母 z、c、s 和 zh、ch、sh 的分辨

关于这两组声母,在甘/陇、吴、湘、赣等方言里,以及东北、西南等许多官话方言里,都存在不同程度的混读现象。这两组声母的混同,主要是缺失 zh、ch、sh 声母,因此,正确掌握 zh 组声母的发音(可参照"声母的发音"),辨正 zh 组声母的字音,才是解决问题的关键。

z、c、s 和 zh、ch、sh 的发音最大的不同是:z、c、s 组是平舌音,又叫舌尖前音,舌头平伸让舌尖与上齿背形成阻碍;zh、ch、sh 组是翘舌音,又叫舌尖后音,舌尖翘起与硬腭前部形成阻碍。

【训练】

(1) 词语训练

z—zh 阻止(zǔ zhǐ)　尊重(zūn zhòng)　总站(zǒng zhàn)　增值(zēng zhí)
　　　怎知(zěn zhī)　杂质(zá zhì)　暂住(zàn zhù)

zh—z 争做(zhēng zuò)　种族(zhǒng zú)　渣滓(zhā zǐ)　准则(zhǔn zé)
　　　周遭(zhōu zāo)　振作(zhèn zuò)　追踪(zhuī zōng)

c—ch 擦除(cā chú)　痤疮(cuó chuāng)　测查(cè chá)　促成(cù chéng)
　　　此处(cǐ chù)　菜场(cài chǎng)　存储(cún chǔ)

ch—c 差错(chā cuò)　车次(chē cì)　吃醋(chī cù)　楚辞(chǔ cí)
　　　纯粹(chún cuì)　尺寸(chǐ cùn)　唇彩(chún cǎi)　川菜(chuān cài)

s—sh 飒爽(sà shuǎng)　色衰(sè shuāi)　私事(sī shì)　素食(sù shí)
　　　损失(sǔn shī)　桑树(sāng shù)　散沙(sǎn shā)

sh—s 沙僧(shā sēng)　山寺(shān sì)　上色(shàng sè)　射死(shè sǐ)
　　　哨所(shào suǒ)　胜诉(shèng sù)　深思(shēn sī)

(2) 对比训练

资源(zī yuán)—支援(zhī yuán)　　粗布(cū bù)—初步(chū bù)

推辞(tuī cí)—推迟(tuī chí)　　春装(chūn zhuāng)—村庄(cūn zhuāng)

熟语(shú yǔ)—俗语(sú yǔ)　　诗人(shī rén)—私人(sī rén)

四川(sì chuān)—四窜(sì cuàn)　　杂记(zá jì)—札记(zhá jì)

(3) 朗读训练

① 四和十,十和四,十四和四十,四十和十四。说好四和十,得靠舌头和牙齿。谁说四十是"细席",他的舌头没用力;谁说十四是"适时",他的舌头没伸直。认真学,常练习,十四、四十、四十四。

(材料来源:http://wenda.so.com)

② 杂志社,出杂志,杂志出在杂志社,有政治常识、历史常识、写作指导、诗词注释、还有那植树造林、治理沼泽、栽种花草、生产手册,种种杂志数十册。

③ 三月三,小三练登山。上山又下山,下山又上山。登了三次山,跑了三里三,出了一身汗,湿了三件衫。小三站在山上大声喊:"这里离天只有三尺三!"

④ 时事学习看报纸,报纸登的是时事,常看报纸要多思,心里装着天下事。

⑤ 三山撑四水,四水绕三山,三山四水春常在,四水三山总是春。

⑥ 刚往窗上糊字纸,你就隔着窗户撕字纸,一次撕下横字纸,一次撕下竖字纸,横竖两次撕了四十四张湿字纸。是字纸你就撕字纸,不是字纸,你不要胡乱地撕一地纸。

(材料来源:中华文本库)

(六) 声母练习

在本节前面的内容已经对21个辅音声母从发音方法和发音部位上进行了逐个说明,为了正确掌握普通话声母的发音,下面对这21个辅音声母进行针对性训练:

b——双唇不送气清塞音

例词:b—b

| 把柄 | 播报 | 伯伯 | 必备 | 补办 | 摆布 | 本部 | 蚌埠 |
| 褒贬 | 版本 | 半壁 | 膀臂 | 宝贝 | 表白 | 标榜 | |

p——双唇送气清塞音

例词:p—p

| 爬坡 | 拍片 | 攀爬 | 匹配 | 批评 | 品牌 | 乒乓 | 评判 |
| 铺平 | 婆婆 | 澎湃 | 偏僻 | | | | |

m——双唇浊鼻音

例词:m—m

| 麻木 | 骂名 | 默默 | 谩骂 | 满面 | 盲目 | 迷茫 | 泯灭 |
| 明媚 | 名门 | 门面 | 孟买 | 梦寐 | 木马 | | |

f——唇齿清擦音

例词:f—f

| 发放 | 发奋 | 反复 | 非凡 | 仿佛 | 防范 | 佛法 | 纷飞 |
| 丰富 | 风范 | 夫妇 | 付费 | 非法 | 反腐 | | |

d——舌尖中不送气清塞音

例词:d—d

| 达到 | 单调 | 打动 | 淡定 | 当地 | 得当 | 地点 | 低调 |
| 提防 | 订单 | 顶多 | 叮咚 | 等待 | 独到 | | |

t——舌尖中送气清塞音

例词:t—t

| 塔头 | 推脱 | 腿疼 | 疼痛 | 藤条 | 图腾 | 探讨 | 谈妥 |
| 唐突 | 烫头 | 统统 | 通透 | 淘汰 | 拖沓 | | |

n——舌尖中浊鼻音

例词:n—n

| 男女 | 难耐 | 囡囡 | 泥泞 | 恼怒 | 脑内 | 牛奶 | 农奴 |
| 南宁 | 能耐 | 袅娜 | 难念 | 难弄 | 您哪 | | |

l——舌尖中浊边音

例词:l—l

| 拉链 | 另类 | 拦路 | 勒令 | 理论 | 两辆 | 历练 | 凛冽 |
| 琳琅 | 蓝领 | 凌乱 | 力量 | 冷落 | 笼络 | | |

g——舌根不送气清塞音

例词:g—g

| 尴尬 | 钢管 | 各个 | 亘古 | 更改 | 巩固 | 躬耕 | 国歌 |
| 果敢 | 勾股 | 古怪 | 拐棍 | 瓜葛 | 硅谷 | | |

k——舌根送气清塞音

例词:k—k

| 坎坷 | 慷慨 | 看客 | 可靠 | 苦口 | 开垦 | 苛刻 | 旷课 |
| 夸口 | 亏空 | 宽阔 | 开阔 | 空旷 | 开口 | | |

h——舌根清擦音

例词:h—h

| 汉化 | 航海 | 含糊 | 行话 | 红火 | 混合 | 绘画 | 浑厚 |
| 辉煌 | 挥霍 | 恍惚 | 花卉 | 横祸 | 呵护 | | |

j——舌面不送气清塞擦音

例词:j—j

| 即将 | 紧急 | 经济 | 加急 | 夹击 | 解决 | 基金 | 军纪 |
| 窘境 | 军舰 | 纠结 | 救济 | 阶级 | 究竟 | | |

q——舌面送气清塞擦音

例词:q—q

| 恰巧 | 窃取 | 侵权 | 请求 | 齐全 | 娶亲 | 巧取 | 亲切 |
| 气球 | 确切 | 牵强 | 鹊桥 | 强求 | 墙裙 | | |

x——舌面清擦音

例词:x—x

| 细心 | 遐想 | 现象 | 象形 | 相信 | 嬉戏 | 歇息 | 下雪 |
| 新鲜 | 兴许 | 雄心 | 详细 | 斜线 | 鲜血 | | |

zh——舌尖后不送气清塞擦音

例词:zh—zh

| 榨汁 | 真正 | 茁壮 | 挣扎 | 庄重 | 终止 | 住宅 | 政治 |
| 斟酌 | 追逐 | 壮志 | 主旨 | 着装 | 褶皱 | | |

ch——舌尖后送气清塞擦音

例词:ch—ch

| 茶厂 | 铲除 | 折穿 | 传承 | 车窗 | 出差 | 拆除 | 车床 |
| 驰骋 | 乘船 | 沉船 | 长处 | 蟾蜍 | 查处 | | |

sh——舌尖后清擦音

例词:sh—sh

| 傻事 | 闪烁 | 晒伤 | 涉世 | 舒适 | 水手 | 摔伤 | 设施 |
| 上市 | 神圣 | 绅士 | 生疏 | 爽身 | 甩手 | | |

r——舌尖后浊擦音

例词:r—r

| 柔韧 | 嚷嚷 | 忍让 | 仍然 | 融入 | 濡染 | 柔软 | 荣辱 |
| 如若 | 惹人 | 柔弱 | 苒苒 | 荏苒 | | | |

z——舌尖前不送气清塞擦音

例词:z—z

| 咂嘴 | 啧啧 | 最早 | 粽子 | 自在 | 增资 | 做作 | 自尊 |
| 祖宗 | 曾祖 | 总在 | 遭罪 | 走卒 | 自责 | | |

c——舌尖前送气清塞擦音

例词:c—c

| 粗糙 | 残存 | 仓促 | 璀璨 | 参差 | 层次 | 从此 | 苍翠 |
| 催促 | 猜测 | 寸草 | 淙淙 | 此次 | 嚓嚓 | | |

s——舌尖前清擦音

例词:s—s

| 三岁 | 色素 | 瑟瑟 | 思索 | 诉讼 | 松散 | 洒扫 | 送伞 |
| 僧俗 | 缫丝 | 琐碎 | 所思 | 随俗 | 素色 | | |

第四节 韵 母

一、韵母及其特点

韵母是音节中声母后面的部分。

一个音节中的韵母,通常可以分为韵头、韵腹和韵尾三部分。韵腹是一个韵母发音的关键,是韵母发音过程中,口腔肌肉最紧张,发音最响亮的部分;韵头是韵腹前面、起前导作用的部分,发音比较模糊,往往迅速带过;韵尾则是韵腹后面、起收尾作用的部分,发音也比较模糊,但务求发到位。

普通话中的韵母共有 39 个,数目比声母多,系统也比较复杂。

二、韵母的分类

(一)按韵母的结构成分的特点分类

按韵母的结构成分的特点可以将韵母分为三类:

1. 单韵母

由一个元音构成的韵母叫单韵母,又叫单元音韵母。单元音是指发音时,舌位、唇形始终不变的元音。所以,单元音韵母发音的特点是自始至终口形不变,舌位不移动。普通话中单元音韵母共有十个:a、o、e、ê、i、u、ü、-i(前)、-i(后)、er。其中,a、o、e、ê、i、u、ü 为舌面单韵母,发音时主要由舌面起作用;-i(前)、-i(后)、er 发音时,主要由舌尖的活动来调节音波,叫特殊元音韵母(前两个是舌尖单韵母,后一个是卷舌单韵母)。

2. 复韵母

由两个或三个元音结合而成的韵母叫复韵母。普通话共有十三个复韵母:ai、ei、ao、ou、ia、ie、ua、uo、üe、iao、iou、uai、uei。根据主要元音所处的位置,复韵母可分为前响复韵母、中响复韵母和后响复韵母。

前响复韵母——ai、ei、ao、ou;

中响复韵母——iao、iou、uai、uei;

后响复韵母——ia、ie、ua、uo、üe。

3. 鼻韵母

韵尾可以分成两种:一种叫鼻韵尾,有-n,-ng 两个,另一种叫口韵尾。有鼻韵尾的韵母叫鼻韵母。带舌尖鼻音 n 的鼻韵母称为前鼻韵母,带舌根鼻音 ng 的鼻韵母称为后鼻韵母。

(二)根据韵母开头元音的口形特点分类

我国音韵学家根据韵母开头元音的口形特点,将韵母分为四类,也叫"四呼"。

(1)开口呼——指没有韵头,韵腹又不是 i、u、ü 的韵母,共有 15 个:a、o、e、ai、ei、ao、ou、an、en、ang、eng、ê、-i(前)、-i(后)、er。

(2)齐齿呼——指韵头或韵腹是 i 的韵母,共有 9 个:i、ia、ie、iao、iou、ian、in、iang、ing。

(3)合口呼——指韵头或韵腹是 u 的韵母,共有 10 个:u、ua、uo、uai、uei、uan、uen、uang、ueng、ong。

(4)撮口呼——指韵头或韵腹是 ü 的韵母,共有 5 个:ü、üe、üan、ün、iong。

注:韵母 ong 和 iong,在《汉语拼音方案》中根据开头的字母分别列入 a 行和 i 行,在"四呼"中则根据实际语音分别归入合口呼和撮口呼。

三、韵母的发音

(一) 单韵母 a、i、o、e、ê、u、ü、er、-i(前)和-i(后)

普通话的单韵母共有 10 个,都属于单元音。普通话中共有七个舌面单韵母:a、o、e、ê、i、u、ü。发音时舌面起主要作用。元音的发音情况,可以用舌面元音舌位图来表示。

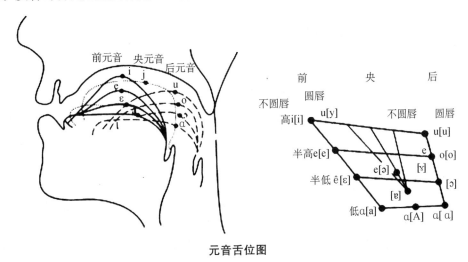

元音舌位图

最高最前的元音是 i,最高最后的是 u,最低最前是前 a[a](普通话中 ai 的开头部分),最低最后的是后 a[ɑ](普通话中 ao 的开头部分)。普通话的舌面元音的发音范围就在这 4 个音的范围之内。图上的横线代表舌位高低,竖线代表舌位的前后,竖线两侧为不圆唇和圆唇,根据这个图,我们可以看出各个元音的发音特点。下面我们对单韵母、复韵母、鼻韵母来逐个分析。

发 a[A]时,口大开,舌尖微离下齿背,在口腔中处于一个不前不后比较适中的位置,舌面中部微微隆起,处于一个较低的位置,和硬腭后部相对。双唇不圆,声带振动,软腭上升。由于发 a 时舌尖在口腔中处于一个不前不后适中的位置,这种元音就叫做央元音;发 a 时舌面微微隆起,处于最低的位置(舌位最低),这种元音就叫做低元音;发 a 时双唇不圆,这种元音就叫做不圆唇元音。因此,a 是央低不圆唇元音。

发 i[i]时,口微开,两唇呈扁平形,上下齿相对,舌尖接触下齿背,使舌面前部高高隆起和硬腭前部相对,声带振动,软腭上升。发 i 时舌尖在口腔中处于靠前的位置,这种元音就叫做前元音;发 i 时舌面高高隆起,处于最高的位置(舌位最高),这种元音就叫做高元音。因此,i 是前高不圆唇元音。

发 o[o]时,上下唇自然拢圆,舌身后缩,舌面后部隆起,舌位半高半低,介于 a 和 i 之间。声带振动,软腭上升。由于发 o 时舌身后缩,使舌尖在口腔中处于靠后的位置,这种元音就叫做后元音。发 o 时舌位半高半低,介于最高和最低之间,这种元音就叫做中元音。发 o 时双唇拢圆,这种元音就叫做圆唇元音。因此,o 是后半高圆唇元音。

综上所述,单元音按舌尖在口腔中的前后位置,可以分成前元音、央元音和后元音三类;按嘴唇圆与否,可以分成圆唇元音和不圆唇元音两类。

发 e[ɤ]时,口半闭,展唇,舌身后缩,舌面后部稍隆起和软腭相对,比 o 略高而偏前。发音时,声带振动,软腭上升。发 e 时舌位比中元音略高,而不是介于中元音和高元音之间,这种元音就叫做半元音。e 是后半高不圆唇元音。

发 ê[ɛ]时,口半开(舌位半低),舌头前伸,舌尖微触下齿背,唇形不圆,声带振动,软腭上升。ê 是前半低不圆唇元音。ê 单独表音时只有一个语气词"欸",只出现在复韵母 ie、üe 中。

发 u[u]时,两唇拢圆,略向前突出,舌后缩,舌跟高高隆起和软腭相对,声带振动,软腭上升。u 是后高圆唇元音。

发 ü[y]时,两唇略圆,略向前突出,舌尖接触下齿背,使舌面前部高高隆起和硬腭前部相对,声带振动,软腭上升。ü 是前高圆唇元音。

发 er[ər]时,口自然打开,舌位不前不后不高不低,处于最自然状态,然后舌前、中部上抬,舌尖向后卷,和硬腭前端相对。发音时,声带振动,软腭上升。er 是卷舌央中不圆唇元音。

发-i[ɿ](前)时,口略开,舌尖前伸靠近上齿背,唇形不圆,声带振动,软腭上升。-i(前)是舌尖前高不圆唇元音。-i(前)这个韵母在普通话里只跟 z、c、s 这三个声母相拼合。

发-i[ʅ](后)时,口略开,舌尖上翘,靠近硬腭前端,唇形不圆,声带振动,软腭上升。-i(后)是舌尖后高不圆唇元音。-i(后)这个韵母在普通话里只跟 zh、ch、sh、r 这四个声母相拼合。

(二)复韵母的发音

1. 前响复韵母 ai、ei、ao、ou

前响复韵母共有 4 个,都属于复元音。发音的共同点是元音舌位都是由低向高滑动,开头的元音音响亮清晰,收尾的元音音素轻短模糊。

发 ai[ai]时,舌尖抵住下齿背,口腔大开,使舌面前部隆起与硬腭相对,从前 a[a]开始,舌位向 i 的方向滑动升高。

发 ei[ei]时,舌尖抵住下齿背,使舌面前部(略后)隆起对着硬腭中部。舌位从前元音 e[e]开始舌位升高,向 i 的方向往前往高滑动。ei 是普通话中动程较短的复元音。

发 ao[au]时,舌头后缩,使舌面后部隆起,从后元音 a[ɑ]开始,舌位向 u(拼写作-o,实际发音接近于 u)的方向滑动升高,唇形渐圆。

发 ou[ou]时,舌头后缩,口腔半闭,起点音比单元音 o 略低略前,然后舌位向 u 的方向滑动上升,唇形始终为圆形,只是口腔开度渐闭。它是普通话复韵母中动程最短的复合元音。

2. 后响复韵母 ia、ie、ua、uo、üe

后响复韵母共有 5 个,都属于复元音。它们发音的共同点是舌位由高向低滑动,收尾的元音音素响亮清晰,而开头的元音处于韵母的韵头位置,发音不太响亮,比较短促。

ia[iA]的起点元音是前高元音 i,由它开始,舌位滑向央低元音 a[A]止,口腔渐开。

ie[iɛ]的起点元音也是前高元音 i,由它开始,舌位滑向前半低元音 ê[ɛ]止,舌尖自始至终不离下齿背。

ua[uA]的起点元音是后高圆唇元音 u，由它开始，舌位滑向央低元音 a[A]止，唇形由最圆逐步展开到不圆。

uo[uo]的起点元音也是后高圆唇元音 u，由它开始，舌位向下滑到后半高元音 o 止，舌头始终后缩，唇形始终为圆形，只是口腔开度渐大。

üe[yɛ]的起点元音是前高圆唇元音 ü，由它开始，舌位下滑到前半低元音 ê 止，舌尖始终与下齿背接触，唇形由圆到展。

3. 中响复韵母 iao、iou、uai、uei

中响复韵母共有 4 个，都属于复元音。这些韵母发音的共同点是舌位由高向低滑动，再从低向高滑动。开头的元音音素不响亮，比较轻短，中间的元音音素响亮清晰，收尾的元音音素轻短模糊。

发 iao[iau]时，由前高不圆唇元音 i 开始，舌位降至后低元音 a[a]，然后再向后高圆唇元音 u 的方向滑升。发音过程中，舌位先降后升，由前到后，曲折幅度大。唇形从中间的元音 a 开始由不圆唇变为圆唇。

发 iou[iou]时，由前高不圆唇元音 i 开始，舌位降至后半高圆唇元音 o 的位置，然后再向后高圆唇元音 u 的方向滑升。发音过程中，舌位先降后升，由前到后，曲折幅度较大。唇形到折点音 o 时就已拢圆。

发 uai[uai]时，由后高圆唇元音 u 开始，舌位向前滑降到前低不圆唇元音 a[a]，然后再向前高不圆唇元音 i 的方向滑升。舌位动程先降后升，由后到前，曲折幅度大。唇形从最圆开始，逐渐减弱圆唇度，发前元音 a[a]以后渐变为不圆唇。

发 uei[uei]时，由后高圆唇元音 u 开始，舌位向前向下滑到前半高不圆唇元音 e[e]，然后再向前高不圆唇元音 i 的方向滑升。发音过程中，舌位先降后升，由后到前，曲折幅度大。唇形从最圆开始，随着舌位的前移圆唇度减弱，发 e[e]以后变为不圆唇。

（三）**鼻韵母的发音**

鼻韵母的发音特点是由元音的发音状态逐渐过渡到鼻辅音，中间听不到接续的痕迹。做韵尾的两个鼻辅音发音部位不同：发 n 时，舌尖抵住上齿龈；发 ng 时，舌根抵住软腭。但它们的发音方法相同：都是软腭下垂，打开鼻腔通路，气流从鼻腔出来，同时声带颤动。需要注意的是，这两个音做韵尾时不除阻，而是以发音渐弱终止声音。

鼻韵母按其韵尾的不同，分为前鼻音尾韵母和后鼻音尾韵母。

1. 前鼻音尾韵母 an、en、in、ün、ian、uan、uen、üan

普通话的前鼻韵母共有 8 个。它们都以舌尖浊鼻音-n 作为韵尾。

发 an[an]时，an 的起点元音是前低不圆唇元音 a[a]，舌尖接触下齿背，舌位降到最低，软腭上升，关闭鼻腔通路；然后舌面升高，舌面前部抵住硬腭前部，当两者将要接触时，软腭下降，打开鼻腔通路，紧接着舌面前部与硬腭前部闭合，使在口腔受阻的气流从鼻腔里透出。口形先开后合，舌位移动较大。

发 en[ən]时，en 的起点元音是央元音 e[ə]，舌尖接触下齿背，舌位居中，软腭上升，关闭鼻腔通路；然后舌面升高,舌面前部抵住硬腭前部,当两者将要接触时,软腭下降,打开鼻腔通路,紧接着舌面前部与硬腭前部闭合,使在口腔受阻的气流从鼻腔里透出。口形由半开到闭,舌位移动较小。

发 in[in]时,in 的起点元音是前高不圆唇元音 i,舌尖接触下齿背,软腭上升,堵塞鼻腔通路；然后舌面升高,舌面前部抵住硬腭前部,当两者将要接触时,软腭下降,打开鼻腔通路,紧接着舌尖靠在上齿龈上,舌面前部与硬腭前部闭合,使在口腔受阻的气流从鼻腔里透出。口形几乎看不出什么变化,舌位动程较小。

发 ün[yn]时,ün 的起点元音是前高圆唇元音 ü,舌尖接触下齿背,软腭上升,堵塞鼻腔通路；然后舌面升高,唇形渐渐展开,舌面前部抵住硬腭前部,当两者将要接触时,软腭下降,打开鼻腔通路,紧接着舌面前部与硬腭前部闭合,舌尖抵在上齿龈上,使在口腔受阻的气流从鼻腔里透出,舌位动程较小。

发 ian[iɛn]时,ian 的起点元音是前高不圆唇元音 i,舌位向下滑动,口腔渐开。当舌位降到前半低不圆唇元音 ê[ɛ]的位置时,又开始滑升,直到舌面前部贴向硬腭前部,舌尖抵在上齿龈上,形成鼻音 n,整个舌位动程是先降后升。

发 uan[uan]时,uan 的起点元音是后高圆唇元音 u,舌位向前向下滑动,唇形渐展。当舌位降到前低不圆唇元音 a[a]的位置时,又开始滑升,直到舌面前部贴向硬腭前部,舌尖抵在上齿龈上,形成鼻音 n。

发 uen[uən]时,由圆唇的后高元音 u 开始,舌位向央元音 e[ə]滑降,唇形渐展。然后舌位升高,接续鼻音 n。唇形由圆唇在向中间折点元音的过程中渐变为展唇。

发 üan[yɛn]时,从前高圆唇元音 ü 开始,舌位向下滑动,口腔渐开,唇形渐展,当舌位降到前半低不圆唇元音 ê[ɛ]的位置时,又开始滑升,直到舌面前部贴向硬腭前部,舌尖抵在上齿龈上,形成鼻音 n。

总之,发前鼻韵母时,要注意软腭的运动,不能发成鼻化元音。此外,要注意唇形的变化,比如 ün 在发音过程中,唇形由圆渐展,而发 in 时始终是展唇。

2. 后鼻韵母 ang、eng、ing、ong、iong、iang、uang、ueng

普通话的后鼻韵母共有 8 个,它们都以舌根浊鼻音 -ng 作为韵尾。

发 ang[aŋ]时,ang 的起点元音是后低不圆唇元音 a[a],口大开,舌尖离开下齿背,舌头后缩,舌跟抬起；当舌根贴近软腭时,软腭下降,打开鼻腔通路,紧接着舌根与软腭接触,封闭了口腔通路,气流从鼻腔里透出。

发 eng[ɤŋ]时,eng 的起点元音是后半高不圆唇元音 e[ɤ],舌头后缩,舌根抬起靠向软腭；当舌根贴近软腭时,软腭下降,打开鼻腔通路。此时,气流在口腔的通路已被舌根与软腭阻塞住,改从鼻腔里透出。

发 ing[iŋ]时,ing 的起点元音是前高不圆唇元音 i,舌尖逐渐离开下齿背,舌跟抬起靠向软腭；当舌根贴近软腭时,软腭下降,打开鼻腔通路。此时,气流在口腔的通路已被舌根与软腭阻塞住,改从鼻腔里透出。

发 ong[uŋ]时,ong 的起点元音是后高圆唇元音 u,舌头后缩,舌面后部隆起,软腭上升,关闭鼻腔通路,舌面后部贴向软腭,当两者将要接触时,软腭下降,打开鼻腔通路。紧接着舌面后部抵住软腭,封闭了口腔通路,气流从鼻腔里透出。

发 iong[yŋ]时,iong 的起点音是前高圆唇元音 ü,舌头后缩,舌面后部隆起,软腭上升,关闭鼻腔通路。舌面后部贴向软腭。当两者将要接触时,软腭下降,打开鼻腔通路。紧接着舌面后部抵住软腭,封闭了口腔通路,气流从鼻腔里透出。

发 iang[iaŋ]时,iang 的起点音是前高不圆唇元音 i[i],紧接着舌位向下向后滑动,滑动到后低元音 a[a]时,舌位再向上滑升。当舌根贴近软腭时,软腭下降,打开鼻腔通路。此时,气流在口腔的通路已被舌根与软腭阻塞住,改从鼻腔里透出。

发 uang[uaŋ]时,uang 的起点音是后高圆唇元音 u,紧接着舌位向下滑动,唇形渐展。舌位降至后低不圆唇元音 a[ɑ],然后舌位再向上滑升。当舌根贴近软腭时,软腭下降,打开鼻腔通路。此时,气流在口腔的通路已被舌根与软腭阻塞住,改从鼻腔里透出。

发 ueng[uɤŋ]时,ueng 的起点音是后高圆唇元音 u,舌位向下滑动,唇形渐展。当舌位降至比后半高元音 e[ɤ]略前略低位置时,接着再向上滑升,舌根靠向软腭。当舌根贴近软腭时,软腭下降,打开鼻腔通路。此时,气流在口腔的通路已被舌根与软腭阻塞住,改从鼻腔里透出。

综上所述,普通话韵母的韵头有 i、u、ü 三个,韵尾有 i、u、-n、-ng 四个。其中的两个辅音韵尾-n、-ng 在普通话中分得很清楚,但在不少方言中没有区分。所以学习普通话要注意这两个辅音韵尾的区别。

四、韵母辨正训练

(一)分辨 o、e

在普通话中,单韵母 o 只能和 b、p、m、f 四个声母拼合,如"薄膜"要读作 bó mó;而单韵母 e 却不能和 b、p、m、f 四个声母相拼。可是甘肃方言中,凡普通话声母 b、p、m、f 后面的韵母是 o 的,差不多都念成 e,如"薄膜"读 bé mé,"笸箩"读作 pě luo,"大佛"读作 dà fé。纠正的方法是把 b、p、m、f 后的韵母 e 都改作 o,练习 o 的发音时,只要按 e 的舌位再把唇形稍拢圆就可以了。

发音例词:

伯伯(bó bo)　　婆婆(pó po)　　默默(mò mo)　　波墨(pō mò)
薄膜(bó mó)　　馍馍(mó mo)

(二)分辨 ün 和 iong

ün 和 iong 发音时,起点元音都是前高圆唇元音 ü[y]。两者的区别是发 ü[y]后,发 ün 要舌面前部抵住硬腭前部,当两者将要接触时,软腭下降,打开鼻腔通路,紧接着舌面前部与硬腭前部闭合,舌尖抵在上齿龈上,使在口腔受阻的气流从鼻腔里透出。而 iong 发音时,发 ü[y]后,软腭下降,打开鼻腔通路,紧接着舌面后部抵住软腭,封闭口腔通路,气流从鼻腔里透出。

发音例词:

军训(jūn xùn)　　均匀(jūn yún)　　群众(qún zhòng)　　循环(xún huán)

炯炯(jiǒng jiǒng)　　汹涌(xiōng yǒng)　　穷困(qióng kùn)　　运用(yùn yòng)
军用(jūn yòng)　　拥军(yōng jūn)

(三) 分辨 uen(un) 和 ong

发 uen[uən]和 ong[uŋ]时,起点元音都是后高圆唇元音 u,两者的区别是:发 uen[uən]时,舌位向央元音 e[ə]滑降,唇形渐展。然后舌位升高,接续鼻音 n。发 ong[uŋ]时,舌头后缩,舌面后部隆起,软腭上升,关闭鼻腔通路。舌面后部贴向软腭。当两者将要接触时,软腭下降,打开鼻腔通路。紧接着舌面后部抵住软腭,封闭了口腔通路,气流从鼻腔里透出。

发音例词:

滚动(gǔn dòng)　　文种(wén zhǒng)　　通顺(tōng shùn)　　中文(zhōng wén)
昆虫(kūn chóng)　　动轮(dòng lún)

(四) 分辨 uei(ui) 和 uai

uei 和 uai 发音时,都由后高圆唇元音 u 开始,区别是 uei 的舌位向前向下滑到前半高不圆唇元音 e[e]的位置,uai 的舌位向前滑降到前低不圆唇元音 a[a](即"前 a"),然后都是再向前高不圆唇元音 i 的方向滑升。发音过程中,舌位都是先降后升,由后到前。uei 的唇形从最圆开始,随着舌位的前移,渐变为不圆唇,uai 的唇形从最圆开始,逐渐减弱圆唇度,至发前元音 a[a]始渐变为不圆唇。

发音例词:

垂危(chuí wēi)　　归队(guī duì)　　悔罪(huǐ zuì)　　追悔(zhuī huǐ)
荟萃(huì cuì)　　推诿(tuī wěi)　　摔坏(shuāi huài)　　外快(wài kuài)
怀揣(huái chuāi)　　乖乖(guāi guāi)　　毁坏(huǐ huài)　　外围(wài wéi)
衰萎(shuāi wěi)　　追怀(zhuī huái)

(五) 韵母 ai 和 ei 发音辨正

在普通话中,这两个韵母分得很清楚,而在有些方言中,存在 ai 和 ei 不分的现象,如把 bái cài(白菜)读成 béi cài。要避免这种情况,主要是注意 ai 和 ei 开始发音时开口度的大小。

对比练习:

分配—分派　　耐心—内心　　牌价—陪嫁　　陪伴—排版
卖力—魅力　　百强—北墙　　白鸽—悲歌　　外部—胃部

(六) 分辨 n 和 ng

在普通话中,前鼻韵母和后鼻韵母基本上是成对的,如 an 和 ang,uan 和 uang,ian 和 iang,en 和 eng,in 和 ing,uen 和 ueng 等,但许多方言却不是这样,最多见的就是把两类混读为一类,尤其是 en 和 eng,in 和 ing 的混读。一种情况是都混读为-n,如四川话;一种是都混读为-ng,如上海话。这些地区的人首先要学会自己方言中没有的音,记住哪些字该念-n,哪些字该念-ng。可以采用比较法,例如:

对比练习:

因(yīn)——英(yīng)　　门(mén)——萌(méng)　　啃(kěn)——铿(kēng)

淋(lín)——玲(líng)　　温(wēn)——翁(wēng)　　菌(jūn)——冏(jiǒng)
引领(yǐn lǐng)　　　　清贫(qīng pín)　　　　生辰(shēng chén)
问询(wèn xún)　　　　拥军(yōng jūn)　　　　承认(chéng rèn)
信服(xìn fú)——幸福(xìng fú)　　老陈(lǎo chén)——老程(lǎo chéng)

五、韵母练习

（一）单韵母发音训练

a——舌面央低不圆唇元音

例词:a—a

爸爸　喇叭　蛤蟆　砝码　沙发　嘎嘎

o——舌面后半高圆唇元音

例词:o—o

伯伯　默默　磨破　婆婆　泼墨　魔佛

e——舌面后半高不圆唇元音

例词:e—e

隔阂　色泽　车壳　合格　客车　特色

i——舌面前高不圆唇元音

例词:i—i

粒粒　礼仪　地理　集体　稀奇　异体

u——舌面后高圆唇元音

例词:u—u

弧度　部属　辘轳　粗鲁　姑父　督促

ü——舌面前高圆唇元音

例词:ü—ü

语句　聚居　区域　豫剧　序曲　语序

-i——舌尖前高不圆唇元音(只与声母 z、c、s 相拼合)

例词:-i—-i(前)

自此　刺字　自私　私自　四次　赐死　子嗣

-i——舌尖后高不圆唇元音(只与声母 zh、ch、sh、r 相拼合)

例词:-i—-i(后)

知识　支持　实质　日食　失职　石池　市尺　值日　咫尺　食指

er——卷舌央中不圆唇元音

例词:er—

而且　耳朵　二胡　儿童　尔等　而是

（二）复韵母发音训练

1. 前响复韵母 ai、ei、ao 和 ou

例词：

ai—ai	带来	白菜	爱戴	灾害	采摘	外在
ei—ei	配备	美眉	狒狒	蓓蕾	肥美	飞贼
ao—ao	宝岛	跑道	老猫	犒劳	懊恼	抛锚
ou—ou	绸缪	抖擞	丑陋	佝偻	叩头	售后

2. 后响复韵母 ia、ie、ua、uo 和 üe

例词：

ia—ia	加价	加压	下架	下嫁	下牙	家家
ie—ie	业界	趔趄	鞋业	贴切	结业	铁鞋
ua—ua	娃娃	挂画	哗哗	画画	耍滑	呱呱
uo—uo	骆驼	陀螺	哆嗦	阔绰	硕果	懦弱
üe—üe	约略	雀跃	决绝	月缺		

3. 中响复韵母 iao、iou、uai 和 uei

例词：

iao—iao	油条	巧妙	苗条	叫嚣	飘摇	娇小
iou—iou	九流	求救	久留	优秀	绣球	悠久
uai—uai	外快	乖乖	外踝	摔坏	怀揣	
uei—uei	微微	荟萃	退队	回归	魁伟	水位

（三）鼻韵母的发音

1. 前鼻韵母 an、en、in、ün、ian、uan、uen 和 üan

例词：

an—an	惨淡	暗淡	展览	湛蓝	感叹	参展
en—en	本人	根本	认真	真人	愤恨	门诊
in—in	信心	濒临	秦晋	亲近	薪金	尽心
ün—ün	混匀	军训	逡巡	均匀	芸芸	
ian—ian	艳美	偏见	沿线	前边	腼腆	连天
uan—uan	婉转	转弯	传唤	酸软	宦官	短款
uen—uen	馄饨	混沌	困顿	温存	滚轮	论文
üan—üan	渊源	源泉	圆圈	全选	劝劝	轩辕

2. 后鼻韵母 ang、eng、ing、ong、iang、uang、ueng 和 iong

例词：

ang—ang	帮忙	昂扬	行当	徜徉	厂长	
eng—eng	风声	承蒙	生冷	更正	诚征	

ing—ing	伶仃	婷婷	叮咛	秉性	姓名
ong—ong	轰隆	恐龙	隆冬	空洞	通融
iang—iang	洋姜	将相	奖项	亮相	响亮
uang—uang	往往	狂妄	汪汪	网状	装潢
—ueng	渔翁	老翁	嗡嗡	水瓮	
iong—	穷凶	汹涌	炯炯	窘迫	穷尽

(四) 韵母绕口令练习

普通话韵母是音节的主要成分，它的发音非常重要。单韵母只有一个音素比较简单，而复韵母和鼻韵母却有两个或三个音素，并且很多都有韵尾，要特别注意归音问题，发韵母时，要求韵腹要拉开立起，韵尾要归音到家。下面的每段绕口令题旁标有"a"、"ao"、"ang"等韵母字样以提示此段绕口令练习的针对性。

1. 胖娃娃和蛤蟆（a）

一个胖娃娃，捉了三个大花活蛤蟆，三个胖娃娃，捉了一个大花活蛤蟆，捉了一个大花活蛤蟆的三个胖娃娃，真不如捉了三个大花活蛤蟆的一个胖娃娃。

2. 毛毛和涛涛（ao）

毛毛和涛涛，跳高又练跑，毛毛教涛涛练跑，涛涛教毛毛跳高，毛毛学会了跳高，涛涛学会了练跑。

3. 猫闹鸟（ao）

东边庙里有个猫，西边树梢有只鸟。猫鸟天天闹，不知是猫闹树上鸟，还是鸟闹庙里猫。

4. 老老道小老道（ao）

高高山上有座庙，庙里住着两老道，一个年纪老，一个年纪少。庙前长着许多草，有时候老老道煎药，小老道采药；有时候小老道煎药，老老道采药。

5. 同乡不同行（ang）

辛厂长，申厂长，同乡不同行。辛厂长声声讲生产，申厂长常常闹思想。辛厂长一心只想革新厂，申厂长满口只讲加薪饷。

6. 砸缸（ang）

小光和小刚，抬着水桶上山冈。上山冈，歇歇凉，拿起竹竿玩打仗。乒乒乓，乒乓乓，打来打去砸了缸。小光怪小刚，小刚怪小光，小光小刚都怪竹竿和水缸。

7. 望月空满天星（ing）

望月空，满天星，光闪闪，亮晶晶，好像那，小银灯，仔细看，看分明，大大小小，密密麻麻，闪闪烁烁，数也数不清。

8. 蜻蜓青萍分不清（ing）

蜻蜓青，青浮萍，青萍上面停蜻蜓，蜻蜓青萍分不清。别把蜻蜓当青萍，别把青萍当蜻蜓。

9. 津京两韵要分清(in—ing)

天津和北京,两座兄弟城。津京两字韵,不是一个音。津字前鼻韵,京字后鼻音。请你仔细听,发音要分清。

10. 陈程两姓需分清(en—eng)

陈是陈,程是程,姓陈不能说成姓程,姓程也不能说成姓陈。禾旁是程,耳朵是陈。程陈不分,就会认错人。

11. 彭喷捧冷盆(en—eng)

彭喷捧冷盆,猛奔进棚门。冷盆碰棚门,棚门碰冷盆。棚门碰出缝,冷盆碰出痕。彭喷笨,彭喷恨,恨盆更恨门。恨门碰冷盆,恨盆碰棚门。

12. 河坡鹅鹤要细分(e—o)

河上是坡,坡下是河。坡上立着一只鹅,鹅低头望着一条河,宽宽的河,肥肥的鹅,鹅过河,河渡鹅。河坡飞来丹顶鹤,鹤望河与鹅,小鹤笑呵呵,不知是鹅过河还是河渡鹅。

第五节 声 调

一、声调的概念

声调是音节中能区别意义的高低升降变化。在汉语里,声调同声母、韵母一样,是音节的重要组成部分,具有辨义功能。一个音节或同样的两个音节,由于声调不同就完全可以表示两种甚至更多的意思,如"买"和"卖"、"声调"和"省掉"都是靠声调来区别的。有了声调,音节就有了不同的含义。

由于汉语的音节在书面上是用汉字表示,而且通常一个音节用一个汉字表示,所以有时也把声调称为字调(以区别于句调)。

声调的性质决定于音高。当然声调同音强、音长也有关系,但不起决定作用。在语音的四个要素(音高、音强、音长、音色)中,音高对于汉语有特别重要的作用,这是因为,音高是构成汉语中声调的物理基础。虽然普通话声调中有的长一些,有的短一些,但这并不是普通话声调差别的本质特征,声调主要由音高的变化构成。音高的变化是由发音体——声带的松紧变化所造成的。发音时,声带越紧,在一定时间的颤动的次数越多,声音就高;声带越松,在一定时间内颤动的次数越少,声音就越低。在发音过程中,声带可以自始至终保持同样的松紧度,也可以先松后紧,先紧后松,也可以松紧相同,这样就造成了不同的音高变化,从而构成不同的声调。

由于声调依附在音节上,汉语的一个音节基本上就是一个汉字,所以,汉字因为有了抑扬顿挫的声调变化,汉语的音韵美才得以体现和发挥,才能充分地用来表达情感。如"啊"就有"ā"、"á"、"ǎ"、"à"等几种抑扬顿挫的声调变化,表达不同的语气和情感色彩。

二、调值和调类

（一）调值

调值指音节高低升降的变化形式,即声调的实际读法。普通话调值的最基本的类型(调型)有平、升、曲、降四种。

对汉语的调值进行准确细致的描写,通常采用五度标记法。先画一条竖线作为标记,分成低、半低、中、半高、高五度,分别用 1、2、3、4、5 表示,竖标左边用横线、斜线、曲线表示声调的音高变化。变化的具体幅度可以用数字来表示,平调、降调、升调通常用两个数字表示,分别表示音高变化的起点和终点,而曲折调通常用三个数字来表示,分别表示音高变化的起点、转折点和终点。如 55、44、33 等表示平调,35、24、13 等表示升调,51、53、42 等表示降调,214、312 等表示曲折调。普通话共有四种调值,平调 55、升调 35、曲折调 214、降调 51。

（二）调类

调类就是指某种语言或方言中声调的种类,是按照声调的实际读法(也就是调值)归纳出来的声调的类别。同一调值的字归为一类,有几种调值就有几种调类。

普通话有四种基本调值,因而有四个调类,四个调类的调名依次是阴平(一声)、阳平(二声)、上(shǎng)声(三声)、去声(四声),这是根据古汉语"平、上、去、入"的名称沿用下来的。它们的调值用五度标记法来描写分别是 55、35、214、51。

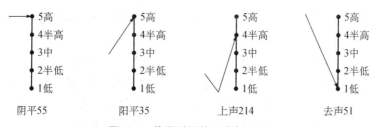

图 3.1　普通话调值五度标记图

阴平高而平,由 5 度到 5 度,音比较高,基本上没有升降变化,调值是 55。因此阴平调也叫高平调或 55 调。如"天、花、开、司"的声调。

阳平由中度升到高度即由 3 度到 5 度,是个高升的调子,调值是 35。因此阳平调也称高升调或 35 调。如"评、题、埋、阳"的声调。

上声由半低降到最低再升到半高,即由 2 度降到 1 度然后再升到 4 度,是个先降后升的曲折调,调值是 214。因此上声调也称降升调或 214 调。如"体、好、里、马"的声调。

去声由最高降到最低,即由 5 度降到 1 度,是个全降的调子,调值是 51。因此去声调也称全降调或 51 调。如,"造、利、借、替"的声调。

普通话的四种基本声调可以简单归结为:一平、二升、三曲、四降。汉语标记声调的符号简称为调号,是调值曲线的简化形式,调号的具体形式为:阴平(—)、阳平(/)、上声(∨)、去声(\)。

三、声调的标记

《汉语拼音方案》规定:声调符号要标在音节的主要元音(即韵腹)上。例如:

风(fēng)调(tiáo)雨(yǔ)顺(shùn)

调类	阴平	阳平	上声	去声
调值	55	35	214	51
例字	风	调	雨	顺
标调	fēng	tiáo	yǔ	shùn

四、普通话声调调值的特点

(1)调形区分明显,普通话四个调类的调值为一平、二升、三曲、四降。

(2)调值高扬成分多,阴平为高平调(55),阳平为高升调(35),上声为降升调,调尾还是升到4(214),去声虽为全降调但头起的高(51)。

(3)普通话四声调有高、低、升、降、平、曲,很有旋律感,富有音乐性。

五、普通话声调的发音

(1)阴平调:发音时,声带绷紧,起音高平莫低昂,气势平均不紧张,要保持住音高。如:
　　春天　交通　身心　播音　拥军　光辉　心胸

(2)阳平调:发音时,声带从不松不紧开始,逐渐绷紧,从中起音向上走,气息从弱渐强。如:
　　银行　红旗　垂直　昂扬　直达　和平　团结

(3)上声:发音时,声带开始略微有些紧张,但立刻松弛下来,稍稍延长,然后迅速绷紧。声音先降后转上挑再扬上去,气息要稳住向上走,并逐渐加强。如:
　　理想　领导　美好　广场　彼此　厂长　手指

(4)去声:发音时,声带从紧开始到完全松弛为止。声音从最高往最低处走,气息从强到弱,要通畅,走到最低处,气息要托住,与声带配合好以避免声"劈"。如:
　　教育　创作　大厦　惧怕　利润　破例　做作

六、声调辨正训练

声调辨正就是辨别方言和普通话声调的差异,找出两者之间的对应关系,以纠正方音。对甘肃方言与普通话在声调方面进行比较,不难看出两点:一是就声母、韵母、声调相比较而言,甘肃方言与普通话在声调方面差别最大;二是甘肃方言内部声调方面的一致性也比较差。因此,甘肃人学习普通话声调应注意以下几点:

1. 理顺调类的对应关系

普通话只有四个调类,甘肃各地区方言中和普通话一样是四个调类的,如兰州、平凉、庆阳;也有少于四个调类的,如定西、天水、武都、临夏及河西地区。总体而言,在调类数量上,甘肃方言和普通话差别不大。三个调类的情形不完全一致。有的是平声不分阴阳,加上声、去声,如定西、天水、临夏等地方言。有的是平声分阴阳,但阳平并入了上声或去声,如河西话将阳平字并入了上声字,武都话将阳平字并入了去声字。入声字的归属也不完全相同:定西、天水、临夏大体上归入了平声,武都分归阴平、去声,河西等地分归阳平、去声。

因此,这些方言区的人应该找出自己方言声调与普通话声调的对应关系,理顺调类的对应关系,然后各类声调再按普通话调值去念。

2. 读准调值

甘肃方言的调值跟普通话的调值有同有异。即使与普通话调类相同的,调值也未必相同。如,同是阴平调(如"三"),普通话为 55(高平调),而定西话为 13(低升调),平凉、庆阳、武都话均为 31(中降调),武威话为 33(中平调)。又如,同是上声调(如"五"),普通话为 214(降升调),定西话为 42(降调),武都话为 53(降调),临夏话为 44(半高平调)。这些方言区的人学习通话时应注意改为普通话的调值。

另外,有些方言缺少与普通话相同的调值形式,如从整体来看,甘肃方言的声调缺失曲折调,调值比较低沉,音长较短。所以,这些方言区的人学习普通话要下工夫学好本方言没有的调值形式的发音。

【训练】

(1) 读下列词语,把字按声调归类。

身体力行　　集思广益　　得心应手　　万马奔腾　　语重心长　　风调雨顺
百炼成钢　　花好月圆　　忠言逆耳　　海阔天空

(2) 标出下列词语中各个字的声调。

归属	笨拙	危机	插曲	撑腰	拼音	蒙古	气压	赠送
憎恨	而且	穴位	崇高	拟定	挥毫	克服	脂肪	酩酊
友谊	虽然	乘车	娱乐	惭愧	骨髓	汾酒

(3) 读准下面音节的调值。

飞	肥	匪	费	fēi	féi	fěi	fèi
一	姨	乙	艺	yī	yí	yǐ	yì
辉	回	毁	惠	huī	huí	huǐ	huì
风	冯	讽	奉	fēng	féng	fěng	fèng
通	同	桶	痛	tōng	tóng	tǒng	tòng
迂	于	雨	遇	yū	yú	yǔ	yù

(4) 按阴阳上去的顺序念下面的语句。

千锤百炼 qiān chuí bǎi liàn　　　　　　中华有志 zhōng huá yǒu zhì
光明磊落 guāng míng lěi luò　　　　　中华伟大 zhōng huá wěi dà
花红柳绿 huā hóng liǔ lǜ　　　　　　　坚持改进 jiān chí gǎi jìn

(5) 按去上阳阴的顺序念下面语句(上声按变调念半上)。

妙手回春 miào shǒu huí chūn　　　　　破釜沉舟 pò fǔ chén zhōu
调虎离山 diào hǔ lí shān　　　　　　　信以为真 xìn yǐ wéi zhēn
异口同声 yì kǒu tóng shēng　　　　　　弄巧成拙 nòng qiǎo chéng zhuō

第六节　语流音变

一、语流音变及其类型

我们在说话、读书时,不是一个音节一个音节地说或念的,而是连续地发出许多音节,这就形成了"语流"。在连续的语流中,连着读的音素、音节和声调,由于受邻近音、语速及声音高低强弱等因素的影响,会发生一些物理性质上的变化,这种现象就叫语流音变。

一般常见的语流音变有:同化、异化、增音、减音(弱化)、合音(脱落)、换位等。不相同的音在语流中相互影响变得发音相同或相似,这种音变称为同化作用。比如前一音节的末尾和后一音节的开头,最容易产生辅音的同化作用。和同化作用相对的是语音的异化作用。相同或相似的音在语流接近时,发音容易拗口,于是产生异化作用,变得发音不同和不相似。另外,语流中两个音之间增添一个音进去称为"增音"。北京话"这儿"说成"这和儿"。语流中某些应该有的音没有发出声音来称为"减音"。北京话"不知道"说快时"知"就可能说没了。另外两个音或两个音节在语流中合成一个音或一个音节称为"合音"。如"木头"的"头"读轻音,韵母 ou 读成[o]。还有两个音在语流中互换位置的现象,叫换位。如老北京话"言语""yan yu"说成"yan yi"。

普通话的语流音变主要有变调、轻声、儿化、语气词"啊"的变读。

二、变调

(一) 变调

在连续的语流中,某些音节的声调会发生一定的变化,这种语音现象叫做变调。在普通话中,常见的变调现象有上声的变调、去声的变调、"一"和"不"的变调以及重叠形容词的变调。

(二) 上声变调

上声变调属于语音学上的异化现象,因为上声的调值为214,变调比较复杂,单念或在词语末尾时念上声,声调不变。在下列情况下变成阳平或半上声。

1. 两个上声连读,前一个上声变成阳平(35)

美好　广场　领导　讲解　厂长　展览　冷水　水果　选举
永久　处理　允许　许久　水火

在原来为上声而改读轻声的字的前面,就有两种不同的变调,有的变阳平,有的变"半上声"。如:

把手　早起　等等　手里　讲讲　想起　（变阳平35）
嫂子　耳朵　姐姐　毯子　马虎　姥姥　（变半上声21）

2. 在阴平、阳平、去声字前的上声字只念半上(211)

上声—阴平

首都　　北京　　统一　　古今　　仿生　　每周　　闪光

上声—阳平

祖国　　海洋　　语言　　主席　　表扬　　法庭　　品格

上声—去声

解放　　土地　　巩固　　诊断　　主动　　有效　　手套

3. 在原为非上声改读轻声的字音前的上声变半上

尾巴　　起来　　伙计　　口袋　　斧头　　老实　　冷清　　本事　　洒脱

4. 三个上声字相连有下列几种变调方法

三个上声相连,除末尾一个音节保持原调外,前两个按词语的不同结构,均产生不同的音变。

(1) 当词语由前两字构成的词根,加另一个词根时,第一和第二个上声音节变阳平,后一个保持原调。如:

展览馆　　蒙古语　　选举法　　管理者　　五匹马　　允许你

(2) 当词语由一个词根加后两字构成的词根,第一个音节为需强调的逻辑重音时,读为半上211,第二个音节变阳平,后一个保持原调。如:

很勇敢　　好领导　　党小组　　小老虎　　很理想

(3) 如果三个上声字呈并列结构时,把第一第二两音节变阳平,后一个保持原调。如:

甲乙丙　　好好好　　稳准狠　　卡塔尔

(4) 如果第一个上声为人的姓氏要变半上,中间变阳平,后一个保持变调。如:

李可染　　马厂长　　李小姐

(三) 去声的变调

去声在非去声前一律不变,在去声前念成半去,即由51调变成53调。如:

社会　　电话　　秘密　　正确　　注意　　奉献　　庆祝　　建设　　继续

(四) 叠字形容词的变调

1. 单音形容词重叠,重叠部分多伴有儿化,并常变读阴平

远远儿　　满满儿　　好好儿　　早早儿　　慢慢儿　　快快儿

2. 双音形容词重叠,第一音节重叠部分常读轻声,第二音节及重叠部分常变读阴平或保持原调

欢欢喜喜　　整整齐齐　　干干净净　　慢慢腾腾　　热热闹闹　　老老实实
利利索索　　漂漂亮亮　　马马虎虎

3. 单音节形容词的叠音后缀,多读阴平

红彤彤　　绿油油　　暖洋洋　　沉甸甸　　毛茸茸

也有不变调,仍然读本调的,如"热辣辣"、"金灿灿"。

【训练】

(1) 指出下面上声字的声调变化情况。

彼此　　选举　　友好　　粉笔　　耳鼓　　雨伞
手把手　冷处理　种马场　小老虎　管理组　好女子

(2) 指出下列词中上声字的变调情况。

考察　水库　老师　保持　永久　警惕　椅子　指挥　广博
遥远　镐头　巩固　水手　史前　顶替　早晨　苦功　海岛
济南　虎骨　语言　许多　马车　晚霞　领导　买卖　努力

(3) 指出下列词中叠字形容词的变调情况。

黄澄澄　　胖嘟嘟　　好好儿　　绿莹莹　　亮闪闪　　火辣辣
快快乐乐　蹦蹦跳跳　高高兴兴　和和气气　热腾腾

(五) "一"、"不"的变调

"一"的本调是阴平，"不"的本调是去声，在连续的语流中，由于受后一音节的影响而产生变调现象。"一"、"不"的变调规律如下：

1. "一"的变调

(1) 单用或在词句末尾，以及"一"在序数中声调不变，念本调。如：

统一　　表里如一　　年初一　　第一届　　一楼一号
六月一日　一一述说　　一五一十

(2) "一"在与"亿"、"万"、"千"、"百"等数量词组合时，处在开头的位置就要变调。如：

一百一十元　　　　一万一千一百一十元　　　　一亿人
一千一百一十一点一斤　　　一亿一千一百一十万

(3) "一"在非去声音节前变"半去"53调。如：

一天　一层　一本　一尺　一言为定　一根

(4) "一"在去声音节前变阳平35调。如：

一次　一致　一句　一阵　一下　一见如故

(5) "一"夹在重叠动词中间时念轻声。如：

笑一笑　听一听　洗一洗　尝一尝　走一走　看一看

2. "不"的变调

(1) "不"在单念或处在词尾时按原调念去声。如：

不　决不　要不　行不　我不　偏不

(2) "不"在去声字前变阳平35调。如：

不必　不要　不怕　不错　不见不散

(3) "不"在阴平、阳平、上声字前变"半去"53调。如：

不听　不高　不妨　不同凡响　不仅　不可思议

(4) "不"处在两字中间或肯定否定连用时变轻声。如：

说不说　对不起　香不香　行不通　想不开　受不了

【训练】
(1) 按照变调规律给下列词语中的"一"、"不"标调。
不卑不亢　　说法不一　　一鸣惊人　　一路平安　　谈一谈
我不　　　　不亦乐乎　　不拘一格　　不耻下问　　去不去　　一寸丹心
(2) 按"一"、"不"的变调规律，给下列成语中的"一"、"不"注音。
刻不容缓　　一日千里　　始终如一　　一家之言　　不谋而合　　一鸣惊人
举一反三　　一本万利　　不知所措　　不谋而合　　不可思议　　一衣带水
一尘不染　　一鼓作气　　一见如故

三、轻声

（一）轻声的性质

轻声是指某些音节在词或句子中失去了原来的调值，变得短而轻的一种特殊的音变现象。例如"白"，原本是阳平调，调值为35，可是在"明白"这个词中，却失去了原有的声调，变得短而轻，成为轻声音节了。所以，轻声是语流音变中的弱化现象。"失去调值，变得短而轻"是轻声的基本特点。"短"，主要从音长的角度来说，读音比原调变短了；"轻"，主要从音强的角度来说，读音比原调更轻、更弱了。

轻声不是一种独立的调类，而是音节连读时产生的一种音变现象。轻声在性质上同四声有很大的不同。首先，它们的物理基础不同，决定声调的是音高，而决定轻声的是音强和音长。其次，轻声字一般都有自己的原调，如"桌子"的"子"，"里头"的"头"，单念时分别是上声和阳平，可见轻声是由四声音变而产生的。此外，四声都有自己固定的调值，阴平是55，阳平是35，上声是214，去声是51，而轻声的调值却是不固定的，通常取决于前一音节的调值，一般说来，上声后的轻声字音高最高，去声后的轻声字音高最低，具体情况如下：

阴平＋轻声	2(半低)	哥哥	姑娘	吃吧	跟头
阳平＋轻声	3(中)	石头	红的	迷糊	棉花
上声＋轻声	4(半高)	里头	紫的	走吧	点心
去声＋轻声	1(低)	地方	绿的	去吧	奔头

如何准确读出轻声呢？常采用的是"重中"格式，即把一个词语看作一个整体，其前一个音节占四分之三，后一个占四分之一，就体现出轻声了。

（二）轻声词的一般规律

轻声和词、语法都有很密切的关系。在普通话中，哪些音节读成轻声，一般是有规律可循的。新词、科学术语一般没有轻声音节，口语中的常用词才有读轻声音节的。下面几种情况在普通话中读轻声。

1. 助词"的"、"地"、"得"、"着"、"了"、"过"等和语气词"吧"、"嘛"、"呢"、"啊"等
跳舞的　　唱得好　　愉快地　　站着　　算了　　她呢　　好嘛

2. 叠音词和动词重叠形式的后一音节
奶奶　　试试　　看看星星　　读读小说　　合计合计　　了解了解

研究研究　　弟弟和叔叔都来了。

3. 某些构词后缀"子"、"头"及表示复数的"们"等

桌子　尾巴　木头　怎么　锅巴　同志们
把孩子们叫过来。　桌子上头有箱子。

但是,"原子"、"电子"、"光子"、"孢子"、"石子"、"窝窝头"等词中的"子"和"头"都是实语素,不是后缀,不读轻声。

4. 用在名词、代词后面表示方位的语素或词有时读轻声

桌子上　家里　山上　里边　树下　地底下
你从这边往那边走。

5. 用在动词、形容词后面表示趋向的来、去、下去等

上来　出去　过来　看起来　夺回来　冷下去
你走过去把桌上的东西拿下来。

6. 用在数词、代词后面的量词"个"常读轻声

这个　那个　一个　几个

7. 某些双音词的后一个音节习惯上读轻声

钥匙　什么　大夫　衣服　玻璃　脑袋　先生　歇息
窗户　招呼　明白　关系　商量　风筝　秘书　结实
力量　打听　打量　讲究　头发　苗条　卖弄　事情

（三）轻声的作用

1. 有的轻声音节具有区别词义的作用

琢磨(zhuó mó)：雕刻和打磨（玉石）。

琢磨(zuó mo)：思索；考虑。

大爷(dà yé)：指不爱劳动、傲慢任性的男子。

大爷(dà ye)：① 伯父；② 尊称年长的男子。

老子(lǎo zǐ)：我国古代思想家、道家创始人李耳。

老子(lǎo zi)：① 父亲；② 粗俗的代称"我"。

2. 有的轻声音节既能区别词义,也能区别词性

大意(dà yì)：主要的意思。名词。

大意(dà yi)：疏忽；不在意。形容词。

地道(dì dào)：地下交通要道。名词。

地道(dì dao)：真正的；纯粹的。形容词。

3. 有的轻声音节能区别不同的句法结构

我想起来了。（"来"读轻声，"起来"作宾语）

我想起来了。（"起来"读轻声，"起来"作补语）

4. 使语言流畅,富有音乐感

我买的桌子,你拿东西过来好吗?

【训练】

下面的词,哪些应该读轻声,用"＿＿"标出来。

顽皮	克服	寂寞	苗条	他们	埋怨	迁就	仔细	神仙
时候	关系	厉害	头发	俏皮	烟草	人家	玻璃	人物
漂亮	牡丹	晚上	点心	皮肤	学生	太平	手续	菠菜

四、儿化

(一) 儿化和儿化韵

所谓儿化,指的是后缀"儿"与它前一音节的韵母结合成一个音节,并使这个韵母带上卷舌音色彩的一种特殊音变现象。这种卷舌化了的韵母就叫儿化韵。"儿化韵"中的"儿"不是一个独立的音节,它只表示在一个音节的尾音上附加的卷舌动作。《汉语拼音方案》规定,在原韵母之后加字母 r 表示儿化。如:鸟(niǎo)—鸟儿(niǎor),盖(gài)—盖儿(gàir),花儿(huā r)。在书写时一般用两个汉字来表示,如:"花儿"。

(二) 儿化韵的发音规律

儿化是韵母的一种音变,它并不只是简单地在韵母后边加一个 er 音,其中包含着一系列音变现象,包括增音、脱落、更换、同化等。儿化音变的规律大致可以分成以下几类:

1. 韵腹或韵尾是 a、o、e、ê、u,原韵母不变,在后面加上卷舌动作

刀把儿　山坡儿　蛋壳儿　牙刷儿　水珠儿　小猫儿　土豆儿

2. 韵尾是 i 的韵母,儿化时失落韵尾,韵腹加卷舌动作

小孩儿　一块儿　墨水儿　刀背儿　壶盖儿

3. 韵母是 i、ü 的,儿化时在原韵母后加 er

针鼻儿　小鸡儿　米粒儿　孙女儿　马驹儿　毛驴儿

4. 韵母是-i(前)、-i(后)的,儿化时原韵母直接换作 er

棋子儿　瓜子儿　台词儿　挑刺儿　铁丝儿
心事儿　豆汁儿　锯齿儿　树枝儿　小事儿

5. 韵尾是 n 的韵母儿化

(1) in、ün 儿化后失落韵尾,主要元音按照 i、ü 儿化规律加 er。如:

脚印儿　短裙儿　人群儿　小树林儿

(2) 除了 in、ün 外,失落韵尾 n,变成主要元音加卷舌动作。如:

脸蛋儿　小辫儿　手绢儿　嘴唇儿　树根儿

6. 韵尾是 ng 的,儿化时去掉韵尾,韵腹鼻化并卷舌

药方儿　蛋黄儿　门缝儿　门洞儿　竹筐儿

(三）儿化的作用

1. 使词性发生转化

（1）许多动词、形容词儿化后就变为名词。如：

破烂(形容词)—破烂儿(名词)　　　盖(动词)—盖儿(名词)
拍(动词)—拍儿(名词)　　　　　　套(动词)—套儿(名词)
尖(形容词)—尖儿(名词)　　　　　亮(形容词)—亮儿(名词)

（2）有的动词或名词儿化后变为量词。如：

堆(动词)—(一)堆儿(量词)　　　　手(名词)—(一)手儿(量词)
拨(动词)—(一)拨儿(量词)　　　　圈(动词)—(一)圈儿(量词)

2. 使词义发生变化。如：

头(脑袋)—头儿(头领、上司)　　　信(书信)—信儿(消息)
眼(眼睛)—眼儿(洞孔、小窟窿)　　嘴(口)—嘴儿(形状或作用像嘴的东西)
腿(下肢)—腿儿(器物下部像腿一样起支撑作用的部分)

3. 表示细小、亲切、喜爱的感情色彩。如：

棍—棍儿　　头发丝—头发丝儿　　老头—老头儿
球—球儿　　宝贝—宝贝儿　　　　小狗—小狗儿

（四）儿化在运用中应注意的问题

（1）在广播电视语言表达中，尤其在新闻节目中应尽量少用儿化，保持其庄重性、严肃性。

（2）儿化起区别词义和分辨词性的作用时一定要儿化。该儿化而不儿化容易造成误会。如"窍门儿"与"撬门"。

（3）有些儿化词虽然不起区别意义和分辨词性的作用，但全社会约定俗成，群众使用这些词已成习惯，不儿化反而不顺耳。如"冰棍儿"、"玩意儿"、"好好儿"等。

（4）属于北京方言土语的儿化词，不宜在广播电视语言表达中出现。如"天儿"就不能代替"天气"。

【训练】

（1）依据儿化音变的规律，给下列的儿化词注音。（用拼音）

小曲儿　门墩儿　够本儿　快板儿　爷们儿　猜谜儿　挑刺儿
刀背儿　脚印儿　走调儿　圆圈儿　金鱼儿　起名儿

（2）在"马儿啊，你慢些跑"、"他画了一张画儿"、"这片菜叶上有个眼儿，看上去像个小虫子的眼睛"等句中都使用了语音上的儿化韵，请说明这三句中儿化韵的作用是什么？

五、语气词"啊"的音变

语气词"啊"的变读

语气助词"啊"用在词句的末尾，常常受前一个音节末尾音素的影响而发生变化。根据

音变后的实际读音,字形也可以写作"呀"、"哇"、"哪"、"啊"等。语气词"啊"的变读主要有以下几种情况:

1. 当前一个音节的末尾音素是 u(包括 ao、iao 中的 o)时,"啊"要读写作"哇"

你别哭啊(哇)!　　好啊(哇)!　　快来瞧啊(哇)!　　少喝酒啊(哇)!

2. 当前一个音节的末尾音素是"n"时,"啊"要读写作"哪"

难啊(哪)!　　快来看啊(哪)!　　快开门啊(哪)!　　路真宽啊(哪)!
我好困啊(哪)!　　小心啊(哪)!　　路好远啊(哪)!

3. 当前一个音节的末尾音素是"ng"时,"啊"要读作 nga,仍写作"啊"

娘啊!　　地好脏啊!　　花真香啊!
天真晴啊!　　用不用啊!　　听不懂啊!

4. 当前一个音节的末尾音素是-i(后)时,"啊"要读作 ra,仍写作"啊"

是啊!　　老师啊!　　真没治啊!
快来吃啊!　　什么事啊!

5. 当前一个音节的末尾音素是-i(前)时,"啊"念作[za]([z]是与 s 相对的浊辅音),仍然写作"啊"

戴帽子啊!　　去一次啊!　　没意思啊!　　去死啊!

6. 当前一个音节的末尾音素是 a、o、e、ê、i、ü 时,"啊"要读写作"呀"

我的妈啊(呀)!　　快点写啊(呀)!　　你快说啊(呀)!
我好渴啊(呀)!　　别生气啊(呀)!　　要下雨啊(呀)!

需要注意的是,"ao"和"iao"的尾音不是"o",而是"u",所以在这两个韵母后的"啊"不能读写作"呀",而要读写作"哇"。如:

好高啊(哇)!　　快点跳啊(哇)!

【训练】

(1) 写出下列句子中"啊"音变后的汉字写法和实际读音。

　A. 你来啊。　　B. 快看啊!　　C. 是不是啊?　　D. 写字啊!
　E. 快唱啊!　　F. 多高啊!　　G. 快来喝啊!　　H. 真巧啊!
　I. 一个好人啊!　　J. 多鲜艳的花儿啊!

(2) 综合训练:下面是电视连续剧《三国演义》片尾主题歌《历史的天空》的歌词,其中有多处用到了现代汉语的音变,请注明这些音变规律中的"啊"的变调、轻声、"一"和上声变调等。

例如,音变拼注:我们一定要学好语言啊!(wǒ men yí na)

暗淡了刀光剑影,远去了鼓角争鸣
眼前飞扬着一个个鲜活的面容
湮没了黄尘古道,荒芜了烽火边城
岁月啊你带不走那一串串熟悉的姓名
兴亡谁人定啊,盛衰岂无凭啊

一页风云散啊,变幻了时空
聚散皆是缘啊,离合总关情啊
担当生前事啊,何计身后评
长江有意化作泪,长江有情起歌声
历史的天空闪烁几颗星
人间一股英雄气在驰骋纵横

(3) 根据语气助词"啊"的实际读音,在括号内填上适当的汉字。

快走啊(　)! 别急啊(　)! 好饿啊(　)! 挺早啊(　)!
不行啊(　)! 真难啊(　)! 妈妈啊(　)! 好险啊(　)!
快跑啊(　)! 孩子啊(　)! 真忙啊(　)! 别去啊(　)!

第七节　音　节

一、音节的结构

用汉语传统的方法来分析,汉语的音节一般包括声母、韵母、声调三个组成部分。

声母分为两类:一类是辅音声母,如"航行"(háng xíng)这两个音节的声母是 h 和 x,它们都是辅音;另一类是零声母,如"阿姨"(ā yí)这两个音节开头都不是辅音,它们的声母是零声母。

韵母有的是由元音组成,有的是由元音加鼻辅音组成。一个比较复杂的韵母由三个音素组成,可以分析出韵头、韵腹、韵尾三个部分。一个韵母中如果只有一个元音,那么这个元音就是韵腹,如韵母 ā 中的 a,如果有两个或三个元音,那么开口度较大、发音比较清楚响亮的元音就是韵腹,如 uai 中的 a。韵头是韵腹前面的元音,也叫介音。韵尾是韵腹后面的音素,能做韵尾的有四个音素,即元音 i、u 和鼻辅音 n、ng。

声调是整个音节的高低升降变化,有区别意义的作用,是汉语音节不可缺少的组成成分。

以上就是前几节课我们所讲的主要内容,讲完声母、韵母、声调,我们才能够分析汉语普通话的音节结构。

总的来说,汉语的音节有声母、韵头、韵腹、韵尾、声调五个组成部分。但是这五个成分不是每个音节都必须具备的。韵腹和声调是一个音节必不可少的成分。有的音节只是具备五个当中的三个、四个,也有的五个全具备。现在我们把普通话音节结构列表如下表3.1:

表 3.1 普通话音节结构表

音节\结构方式	声母	韵母			声调	
		韵头	韵腹	韵尾	调类	调值
阿(ā)			a		阴平	55
我(wǒ)		u	o		上声	214
云(yún)			ü	n	阳平	35
遥(yáo)		i	a	o(u)	阳平	35
雪(xuě)	x	ü	ê		上声	214
明(míng)	m		i	ng	阳平	35
桂(guì)	g	u	e	i	去声	51
见(jiàn)	j	i	a	n	去声	51
周(zhōu)	zh		o	u	阴平	55
世(shì)	sh		-i[ʅ]		去声	51
出(chū)	ch		u		阴平	55

从表 3.1 可以看出汉语音节结构有如下特色：

(1) 一个音节最多可以有四个音素，如"见"(jiàn)；最少一个音素，如"啊"(ā)。这是音素构成音节的上限和下限。

(2) 元音在音节中占优势。一个音节总要有元音，少则一个，多则三个。三个元音必须连续排列，分别充当韵头、韵腹和韵尾。

(3) 有的音节没有辅音，如"啊"(ā)、"我"(wǒ)等。有辅音的音节中，辅音只能处在两种位置，一是音节的开头，另一是音节的末尾，而不能在两个音素之间。另外没有两个辅音连续排列的形式，也就是说普通话中没有复辅音。

(4) 韵腹和声调是汉语音节必不可少的成分。

分析音节结构时要注意下面几个问题：

(1) 单韵母出现的时候，一定是韵腹。

(2) 音节开头是 y、w 的时候，是零声母音节，韵母还原之后再分析。

(3) ao、iao 的韵尾实际发音是 u，音节结构分析要按实际发音分析。

(4) ie、üe 的韵腹是 ê。

(5) 注意汉语拼音方案中的省写法，包括 iou、uei、uen 中主要元音的省略和 ü 上两点的省略，还原后再分析。

(6) 要把 i、-i(前)[ɿ]、-i(后)[ʅ]区别开。

(7) zh、ch、sh、ng、er 都是用两个字母表示一个音素，分析时不要拆开。

(8) 声调分析要分清调类和调值。

二、音节的拼读

拼读就是把几个音素快速连读，拼合成一个音节，也称为拼音。汉语拼音也就是把声母韵母快速拼合成一个音节。

（一）拼读的要领

1. 声母要用本音,而不能用它的呼读音,不然会拼读不准

例如声母 h 和韵母 ai 相拼,用声母本音拼读可拼出 hai,而用呼读音 he 和 ai 相拼,就可能拼出 he'ai,例如拼"海",拼出来的却变为"和蔼"了。

2. 要念准韵头

拼读有韵头(介音)i、u、ü 的音节,要注意的是不可以把韵头拖长。例如拼读声母 k 和韵母 uai,如果拼准韵头,拼出来的是"快"(kuai),如果韵头 u 拖长,拼出来的可能就变成 ku'ai(酷爱)。

3. 声韵之间不可以有停顿

拼音时,声韵之间要保持不间断的气流,保证拼读的连贯准确,不然,拼出来的音会使人在听的时候感觉不是一个音节,倒像两个音节了。例如,拼 g 和 ai 时,如果连贯准确,拼出来的是一个音节 gai(盖),如中间有停顿,就会拼成 ge'ai(割爱)了。

（二）拼读的方法

1. 声韵两拼法

这是最常见的拼读方法。拼读时把声母和韵母直接相拼,要注意声韵紧紧相连,不能中断,声母解除阻碍时紧接韵母,就可以拼出音节了。例如:

  光 g—uāng—guāng   荣 r—óng—róng

2. 三拼连读法

就是把声母、韵头、韵身(韵头后面的部分)三部分连续读出,拼成一个音节。这种方法运用在拼有韵头的音节时,例如:

  光 g—u—āng→guāng   线 x—i—àn→xiàn

三拼法的优点是既可以省去 ia、ua 等十四个韵母的单独教学,又可以省去三十个声介合母韵的单独记忆,同时可以以三拼连读逐渐过渡到音节直呼。它的缺点是需要有一定的理解能力和语言知识才能掌握这种方法,比如在小学教学中运用这种方法会遇到困难,所以三拼法更适合中学以上的拼音教学。

3. 声介合拼法

拼读时要分两步进行,先将声母和介音(韵头)拼合在一起,称为"声介合母",再将声介合母与韵身拼合成一个音节。例如:

  光 g—u→gu—āng→guāng   线 x—i→xi—àn→xiàn

这种方法同三拼法一样,只适用有韵头的音节。

（三）普通话的声韵配合规律

在普通话中,声母和韵母的拼合不是任意的,哪些声母能跟哪些韵母相拼,不能跟哪些韵母相拼,是有一定规律的。掌握这些规律,可以避免拼音和拼写时出差错,提高普通话教学的能力和给汉字注音的能力。

普通话声韵配合的依据,从声母看,主要决定于发音部位;从韵母看,主要决定于开、齐、合、撮四呼。

普通话声韵配合的主要规律可以通过普通话声韵配合简表反映出来。表3.2是普通话声韵配合简表。

表3.2 普通话声韵配合简表

能否配合 声母	韵母	开口呼	齐齿呼	合口呼	撮口呼
双唇音	b、p、m	＋	＋	只跟u相拼	
唇齿音	f	＋		只跟u相拼	
舌尖中间	d、t	＋	＋	＋	
	n、l	＋	＋	＋	＋
舌面前音	j、q、x		＋		＋
舌面后音	g、k、h	＋		＋	
舌尖后音	zh、ch、sh、r	＋		＋	
舌尖前音	z、c、s	＋		＋	
零声母		＋	＋	＋	＋

"＋"表示全部或局部声韵能相拼,空白表示不能相拼。

从表3.2中,可以归纳出普通话声韵配合的主要规律,这些规律有以下几条:

(1) 双唇音和舌尖中音d、t能跟开口呼、齐齿呼、合口呼韵母相拼,不能跟撮口呼相拼,双唇音同合口呼韵母相拼,只限于u。

(2) 唇齿音、舌根音、舌尖前音、舌尖后音等四组声母能跟开口呼、合口呼韵母相拼,不能和齐齿呼、撮口呼韵母相拼。唇齿音同合口呼韵母相拼只限于u。

(3) 舌面音能跟齐齿呼、撮口呼韵母相拼,不能跟开口呼、合口呼韵母相拼。这跟以上四组声母的情况正好相反。

(4) 舌尖中音n、l以及零声母能跟四呼韵母相拼。

以上规律是比较粗略的。说某一个发音部位的声母能和某一"呼"的韵母相拼,并不意味着它们能跟这一"呼"的所有韵母相拼,例如舌尖中音d就不能和齐齿呼中的in、iang相拼。

三、音节的拼写

《汉语拼音方案》对普通话音节的拼写有一些具体规定,这里我们归纳为几个方面加以说明。

(一) y、w 的使用

(1) 韵母表中的i行的韵母也就是齐齿呼韵母自成音节时,要用y开头。如果i后没有

别的元音,应在 i 的前面加上 y。这类韵母有三个:i、in、ing,例如:

i—yi（衣）　　　　　in—yin（因）　　　　　ing—ying（英）

如果 i 后还有别的元音,就把 i 改为 y。这类韵母有七个:ia、ie、iao、iou、ian、iang、iong。例如:

ia—ya（压）　　　　ie—ye（噎）　　　　iao—yao（腰）

iou—you（优）　　　ian—yan（烟）　　　iang—yang（央）

iong—yong（拥）

（2）韵母表中 ü 行的韵母即撮口呼韵母自成音节时,也要用 y 开头。无论 ü 后面是不是有别的元音,一律在 ü 的前面加写 y,同时去掉 ü 上的两点。这条规则,实际上也可以这样说,撮口呼韵母自成音节时,把 ü 改作 yu。这类韵母有四个:ü、üe、üan、ün。例如:

ü—yu（迂）　　　　üe—yue（约）　　　　üan—yuan（冤）

ün—yun（晕）

（3）韵母表中 u 行的韵母即合口呼韵母自成音节时,要用 w 开头。如果 u 后面没有其他元音,就在 u 的前面加上 w,这类韵母只有一个就是单元音 u。例如:

u—wu（屋）

如果 u 后面还有别的元音,就把 u 改成 w。这类韵母共有八个,ua、uo、uai、uei、uan、uen、uang、ueng。例如:

ua—wa（蛙）　　　　uo—wo（窝）　　　　uai—wai（歪）

uei—wei（威）　　　uan—wan（弯）　　　uen—wen（温）

uang—wang（汪）　　ueng—weng（翁）

拉丁字母 y、w 的作用主要有两个:第一,连写时使音节界限清楚,是起隔音作用的字母。例如把"阿姨"拼写成 ai,就很容易看作一个音节（爱）了。又如"信义",拼写成 xini 就成了"细腻";如果"上午"(shàngwǔ)拼写成 shàngǔ 就成了"扇骨",这样会混淆音节的界限,加上 y、w 之后使音节之间的界限清楚,不致混淆。第二有提示半元音的作用。由于 i、u、ü 开头的韵母自成音节,开头多少带有摩擦,成为半元音[j]、[w]、[ɥ],拼写时以 y、w 开头,更接近其实际读音。

（二）隔音符号的用法

以 a、o、e 开头的音节连接在其他音节后面时,音节的界限可能会混淆,所以拼写的时候应该使用隔音符号（'）隔开,例如:

皮袄(pí'ǎo)　　企鹅(qǐ'é)　　档案(dàng'àn)　　惊愕(jīng'è)

如果不使用隔音符号,"皮袄"就成为"瞟"(piao),"企鹅"就成为"且"(qie),都混成一个音节了。同样,"档案"、"惊愕"也都成为别的音节了。

需要注意的是:隔音符号只用在词连写的时候,按字注音不必使用隔音符号。另外如果第二个音节开头是辅音,也不必使用隔音符号,如观光（guānguāng）就不必拼写成 guān'guāng。

（三）省写法

1. 关于 iou、uei、uen 的省写

《汉语拼音方案》规定：iou、uei、uen 三个韵母在前面有辅音字母时，分别省写作 iu、ui、un。例如：

d—iou—diu(丢)　　　　q—iou—qiu(秋)　　　　n—uei—hui(灰)
ch—uei—chui(吹)　　　t—uen—tun(吞)　　　　z—uen—zun(尊)

这三个韵母实行省写原则，是由于省写主要元音字母后，其读音与原韵母没有大的区别，至少不会和其他韵母混淆，这样既反映了语言的实际情况，也使拼式简短了。

但是 iou、uei、uen 这三个韵母在自成音节时不采用省写主要元音字母的方法，而是分别把韵头改写作 y、w，例如：

iou—you(优)　　　　　uei—wei(威)　　　　　uen—wen(温)

2. ü 上两点的省略

ü 上两点的省略，限于以下两种情况：

第一，撮口呼韵母自成音节，改写作 yu，省略两点，上面已经讲过，不再举例。

第二，舌面音 j、q、x 和撮口呼韵母相拼时，省略 ü 上两点。例如：

j—ü—ju(剧)　　　　　j—üe—jue(决)　　　　q—üe—que(缺)
q—ün—qun(群)　　　x—üan—xuan(选)　　　x—üe—xue(雪)

其他情况就不省略 ü 上的两点，如作为韵母单独列举时。另外和声母 n、l 相拼时，ü 上两点绝对不能省略。这是因为 n、l 可和四呼韵母相拼，如省略两点，就和合口呼韵母混淆了。例如：

nü(女)—nu(努)　　　　lü(旅)—lu(鲁)

而字母 y 和 j、q、x 后的 ü 省掉两点后不会和合口呼韵母混淆，因为 y 和 j、q、x 后只能是齐齿呼、撮口呼韵母而不可能是合口呼韵母。

（四）标调法

1. 声调符号要标在一个音节的主要元音(韵腹)上

pā(趴)　　　zhǎo(沼)　　　xiè(谢)　　　duō(多)　　　guàng(逛)　　　něi(馁)

2. 声调符号恰好标在 i 上时，i 上的点省去不写

pí(皮)　　　　　　　yìng(硬)　　　　　　　jīn(斤)

3. 在 iu、ui 两个韵母中，声调符号要标在最后的元音 u 或 i 上，通常说 i、u 并列标在后

liú(流)　　　　　　　shuǐ(水)　　　　　　　xiū kuì(羞愧)

4. 轻声音节不标调

xiān sheng(先生)　　　gān jing(干净)　　　míng bai(明白)

（五）音节连写

1. 同一个词的几个音节要连写，词与词分写，句子和诗歌开头的字母要大写

Yǔ yán shì rén lèi zuì zhòng yào de jiāo jì gōng jù
语 言 是 人 类 最 重 要 的 交 际 工 具。

2. 关于专有名称的拼写

（1）汉语人名按姓氏和名字分写，各部分的开头字母大写。如：

Dèng Xiǎopíng（邓小平）   Sīmǎ Qiān（司马迁）

（2）地名中专名和通名分写，第一个字母大写。如：

Běijīng（北京）   Chángchūn Shì（长春市）

（3）其他专有名称开头字母大写，较长的按词分写，每个词的第一个字母大写，如：

Zhōnghuá Rénmín Gònghéguó（中华人民共和国）

（4）专名用于封面、标题、标牌以及标语等时，可以全部采用大写字母，有时为了美观，可以不标调号。如：

RENMIN RIBAO（人民日报）   YUWEN JIANSHE（语文建设）

第八节　方言区人学习普通话应注意的问题

一、方言和普通话的区别

我国各民族有自己民族的语言，汉民族是其中最大的一个民族，人口众多，居住地域最广。而汉民族的语言也不完全统一，有七大方言区，即北方话（以北京话为代表）、吴语（以上海话为代表）、粤语（以广州话为代表）、闽语（以福州话和厦门话为代表）、赣语（以南昌话为代表）、湘语（以长沙话为代表）、客家语（以广东梅县话为代表）。每个方言区内又存在不同层次的次方言。汉语方言的复杂性必然会影响到政治、经济的统一管理，文化的合作与交流，因此确定全民族的共同语是十分必要的。汉民族的共同语称为"普通话"，与此相对而言的各地区的汉语称"方言"。

1956年2月6日，我国国务院公布《关于推广普通话的指示》，规定普通话"是以北京语音为标准音，以北方话为基础方言，以典范的现代白话文著作为语法规范"的标准汉语。

方言和普通话的差异，主要表现在语音上，其次表现在词汇和语法上。据统计，如果用粤语（广州话）和普通话进行比较，它们在语音、词汇、语法、语气等方面的差别如下：

表3.3　粤语（广州话）和普通话在语音、词汇、语法、语气方面的差异

语音	词汇	语法	语气
75%	50%	25%	50%

从表3.3可以看出，广州话和普通话的最大差别是语音，比例是75%，语法差别最小，但也有25%。这说明普通话和方言在语音系统上是不同的，词汇也有较大的差异。

对于方言区人来说,学习普通话的重点就是对普通话语音的学习和掌握,学习普通话的难点是难点音的学习。所谓难点音,是指由于受到方音及发音习惯的影响,发普通话语音系统中某个音和某组音的标准发音时感到非常难发的音。就声母而言,平舌音和翘舌音的分辨、鼻音和边音的分辨是带有普遍性的难点。学习普通话,除了发(读)准难点音外,还要辨别记忆带有难点音的字词的读音。下面,我们主要以甘肃方言为例,从音节的三大构成要素,即声母、韵母和声调的角度来为学习普通话的人提供一些简单有效的学习方法。

二、方言区人学习普通话声母应注意的问题

(一)甘肃方言的声母与普通话声母的不同

1. 舌尖鼻音 n 与边音 l 混读

甘肃方言中 n、l 混读的现象大体上可分为两种:一是全部混读。如兰州话中 n、l 是两个自由变体,"难、农、怒"与"兰、龙、路"两组的声母 n 和 l 随便读,不受条件限制,没有辨义作用。二是部分混读。如天水、定西、武都等地,n、l 在与齐齿呼韵母相拼时,分而不混,如"牛"和"刘"不相混;其他情况下相混。其中大都是将 n 声母字读作 l 声母字,如定西话、天水话、武都话等,也有将 l 声母字读作 n 声母字的情况,如陇西话、武都话等。

n 与 l 相混的主要原因是读不准音,分不清字。关于 n、l 的发音方法可参照前面"第二节 声母训练"关于发音的讲解,要分清哪些字的声母是 n,哪些是 l,可参照下面的方法。

【训练】

(1) n 声母字练习:

| 亲昵 | 本能 | 艰难 | 新年 | 忍耐 | 搬弄 | 潜能 |
| 泥泞 | 南宁 | 泥淖 | 袅娜 | 牛奶 | 呢喃 | 女奴 |

(2) l 声母字练习:

| 老李 | 流连 | 凌乱 | 流利 | 履历 | 料理 | 老练 |

(3) n、l 对比练习:

| 农—龙 | 年—连 | 女—旅 | 您—临 |
| 男—蓝 | 内—类 | 诺—洛 | 能—棱 |

| n—l | 逆流 | 纳凉 | 年轮 | 哪里 | 努力 | 奶酪 | 凝练 |
| l—n | 连年 | 冷暖 | 留念 | 累年 | 老衲 | 辽宁 | 理念 |

2. 零声母字比普通话少

普通话四呼中都有零声母字。甘肃方言将普通话的一部分零声母字读成了有辅音声母的字。这种情况大致有三种:一是合口呼零声母字几乎都读成唇齿浊擦音 v,如"问"、"歪"、"网"等字。二是在开口呼零声母字前加上声母 n 或 ng。如"爱"、"安"、"傲"、"呕"、"嗯"等字,在甘肃平凉、临夏、庆阳等地加上了 n 声母,而在定西、天水、武都等地则加上了 ng 声母。还有其他特殊情况,如甘谷、渭源等地读"爱"、"额"等字时,前面加上 g 声母,兰州人在"饿"字前则加上唇齿浊擦音 v 声母。三是部分齐齿呼零声母字,如"眼"、"牙"、"咬"、"硬"、"业"等字,在甘肃定西、天水、武都等地方言中,前边都加上了舌面浊鼻音[ɲ]。

要掌握零声母字的读音,须注意三点:一是要记住哪些字是普通话中的零声母字,发音时要去掉方言中的辅音声母;二是以 u 起头的字,发音时要尽量拢圆双唇,避免上齿接触下唇,减少摩擦;三是记住普通话中没有"v"、"[n]"这两个声母。

【训练】

四呼+各呼零声母:

厄运	恩爱	扼要	耳闻	阿谀	偶尔	安慰
压抑	牙龈	婴儿	诱饵	疑问	谚语	友谊
外语	巍峨	蜿蜒	呜咽	唯物	蛙泳	王维
拥有	鱼饵	寓言	愉悦	运用	韵味	渔翁

3. zh 组声母读音比较特殊

普通话中以 zh、ch、sh、r 为声母的字在甘肃方言中的读音比较复杂。一是甘肃的定西、天水、平凉、庆阳、武都、酒泉等地,将一部分声母 zh、ch、sh 的开口呼韵母字,读作相应的 z、c、s 声母的字。如"指"、"吵"、"是"的声母分别读成 z、c、s。但"知"、"超"、"世"等字的声母仍读作 zh、ch、sh。二是 zh 组的合口呼韵母字,在甘肃方言中读音纷纭而特殊。

对于这类读音的学习,主要是掌握自己方言的特殊读法与普通话读音的对应关系,还要花工夫记住普通话的 zh 组声母的字。

【训练】

(1) 两字词的比较:

z—zh	暂时—战时	资助—支助	自力—智力	栽花—摘花
	短暂—短站	小邹—小周	仿造—仿照	造就—照旧
c—ch	仓皇—猖狂	一层—一成	藏身—长生	有刺—有翅
	推辞—推迟	粗糙—出操	村庄—春装	鱼刺—鱼翅
s—sh	四十—事实	散光—闪光	三哥—山歌	塞子—筛子
	近似—近视	死记—史记	私人—诗人	仁人—杀人

(2) 两字词的连用:

z—zh	载重	坐诊	组织	杂志	再植	赞助	遵旨
zh—z	铸造	振作	装载	渣滓	种族	制造	准则
c—ch	仓储	蚕虫	残春	操场	财产	促成	擦车
ch—c	纯粹	揣测	炒菜	冲刺	尺寸	陈词	沉船
s—sh	飒爽	私塾	桑树	算术	宿舍	松鼠	岁数
sh—s	石笋	上色	哨所	神色	失散	深思	誓死
r—	如果	儒家	褥子	润滑	若非	睿智	溶解

4. 普通话中一部分不送气音字在甘肃方言中读作送气音

普通话中的塞音、塞擦音有送气与不送气之分:"b—p"、"d—t"、"g—k"、"j—q"、"zh—ch"、"z—c"。而甘肃天水、平凉、武都等地将一部分不送气音的字读作送气音字,如"跪"、"病"、"净"、"赵"、"在"、"动"等字的声母分别读作 k、p、q、ch、c、t。

对这类字音的学习,只需要记住哪些字是送气音,哪些字是不送气音即可。

【训练】

(1) 两字词的比较：

b—p	部位—铺位	发白—发牌	辫子—骗子	备料—配料
d—t	淡化—碳化	肚子—兔子	毒药—涂药	调动—跳动
g—k	关心—宽心	怪事—快事	孤树—枯树	挂上—跨上
j—q	匠人—呛人	安静—安庆	吉利—奇丽	坚强—牵强
zh—ch	扎针—插针	摘除—拆除	质问—斥问	侄子—池子
z—c	自序—次序	座位—错位	亲自—钦赐	实在—拾菜

(2) 两字词的连用：

b+p	逼迫	摆谱	半票	奔跑	包赔	般配	编排
p+b	皮包	旁白	攀比	排比	盘剥	旁边	排版
d+t	地铁	动态	大体	当天	顶替	灯塔	倒贴
t+d	停顿	特点	停电	挑逗	替代	台独	台灯
g+k	高考	概括	广阔	感慨	滚开	孤苦	刮开
k+g	考官	旷工	客观	口感	课改	肯干	恐高
j+q	近期	加强	节庆	惊奇	激情	假期	景气
q+j	奇迹	切忌	清剿	勤俭	群居	琼浆	瘸脚
zh+ch	征程	整饬	支持	正常	真诚	摘抄	装车
ch+zh	车站	春装	橙汁	禅杖	处置	超值	茶庄
z+c	造成	字词	宗祠	自此	总裁	造次	紫菜
c+z	错字	存在	村子	辞藻	搓澡	嘈杂	参赞

5. 普通话 j 组声母的一部分字在甘肃方言中读作 z 组或 g 组声母字

普通话声母 j、q、x 是从 z、c、s 和 g、k、h 两组中分化出来的。分化的条件是齐齿呼和撮口呼韵母的字。甘肃靖远、景泰等地 z 组声母尚未分化,"鸡""举"等字声母为 z,"七""取"等字声母为 c,"洗""虚"等字声母为 s。兰州、天水、平凉、武都等地方言中也有 g 组演变分化的遗迹,如"街""腔""鞋"三字的声母仍为 g、k、h。

对这类读音的学习,只需记住普通话的声韵拼合规律,即 i、ü 起头的韵母不与 z、c、s 和 g、k、h 相拼。学习普通话时,把 z 组或 g 组声母改为相应的 j 组声母即可。

【训练】

(1) 字词的比较：

j—z	既—字	机—资	举—组	居—租	挤—紫
q—c	期—疵	其—辞	起—此	去—促	区—粗
x—s	兮—司	喜—死	细—四	需—苏	絮—速

(2) 两字词的连用：

z+j	资金	自觉
j+z	集资	

（二）克服方言影响，掌握学习普通话的方法

1. 利用形声字声旁类推

现代汉语的汉字绝大多数为形声字，形声字由形旁和声旁两部分组成。形旁是表示意义的，声旁是表示声音的。同一声旁的字在读音上往往一致或接近。如"反"的声母是唇齿音f，以它为声符的"饭"、"返"、"贩"等字声母都是唇齿音，但"板"字例外。利用汉字形声字的这一特点，可以帮助我们记住一个，类推一系列，减少记忆量。在类推过程中可能会遇到个别的例外字，就需要个别记忆。

2. 利用声母相关的声旁串联类推

如果形声字声旁的声母是d或t，那么这个形声字一般是翘舌音字。如"终"的声旁"冬"，声母是d，就可知"终"是翘舌音字。"治"的声旁是"台"，其声母是t，就可知"治"是翘舌音字。如果形声字声旁的声母不是d或t，但与d或t有关，那么，这个形声字也可能是翘舌音字。如"峙"的声旁"寺"，声母是s，但以"寺"做声旁的形声字"等"、"待"、"特"等声母是d或t，可见，"寺"是与d、t有关的声旁，就可知"峙"是个翘舌音字。利用与声旁的声母相关的办法来串联类推（注意这与用声旁类推不是一回事），也可以推出30多个翘舌音字：

声旁读d的：滞、绽、终、橙、澄、侈、眵、阐、蝉、禅、说、税

声旁读t的：笞、始、治、撞、幢、僮、纯、瞠、社、蛇、擅、膻、颤

声旁与d、t有关的：寺（等、待、特）—痣、持、诗、侍、恃、峙

也（地、他、拖）—池、驰、弛、施

3. 利用普通话的声韵拼合规律来分辨

普通话里，声母f不跟韵母ai相拼，因此，方言中念"fai"音的字，都应念成huai音，如"怀"、"坏"、"淮"、"槐"、"徊"、"踝"等字。同样，普通话中的ua、uai、uang这三个韵母能跟舌尖后音zh、ch、sh相拼，不与舌尖前音z、c、s相拼。所以，凡遇到韵母是ua、uai、uang的字，就可知其声母是zh、ch、sh。按照声韵拼合规律，将常见问题归纳如下：

（1）普通话里，声母t决不与韵母en相拼，所以，方言中念ten音的字，都应该念eng韵。如疼、腾、藤、滕、誊等。

（2）普通话里，声母d不与韵母en相拼（只有一个不常用的"扽"字例外），所以，方言中念den音的字，都应该念eng韵。如灯、等、登、瞪、邓等。

（3）普通话里，声母f决不与韵母ong相拼，所以，方言中念fong音的字，都应该念eng韵。如锋、封、峰、丰、疯、凤、缝、奉、风、讽、枫等。

（4）普通话里，声母d、t决不与韵母in相拼，所以，方言中念din、tin音的字，都应该念ing韵。如丁、钉、盯、叮、疔、鼎、顶、定、锭、订；厅、婷、庭、亭、挺、艇、等。

（5）普通话里，声母n与韵母en相拼的字，只有一个"嫩"（"恁"不常用）；声母n与韵母eng相拼的字，只有一个"能"字。

（6）普通话里，声母l决不与韵母en相拼，所以，方言中念len音的字，都应该念eng韵。如棱、冷、愣等。

（7）普通话里，声母s与韵母en相拼的字，只有一个"森"；声母s与韵母eng相拼的字，

只有一个"僧"字。

4. 采取记少不记多的方法记忆

如,普通话里 zh、ch、sh 和 z、c、s 拼开口呼韵母的字,我们可以采用只记住少数字的办法。如 a 韵母,拼 zh、ch、sh 声母的字多,拼 z、c、s 声母的字少,[za(扎、咱、咋、杂、匝、臜)、ca(擦)、sa(撒、仨、洒、卅、萨、飒、挲、澈、靸)],我们记住 z、c、s 声母的字,剩下的便是 zh、ch、sh 声母的字了。其他的可以类推。现将一部分声母归纳如下:

(1) 普通话里,声母 g 与前鼻韵母 en 相拼的字,常用的只有"根、跟、亘"("艮"、"哏"、"茛"三个不常用)三个字,其余的"更"、"耕"、"耿"、"颈"等字都是 eng 韵字。

(2) 普通话里,声母 z 与前鼻韵母 en 相拼的字,常用的只有一个"怎"字("潜"不常用),其余的"曾"、"增"、"憎"、"赠"等字都是 eng 韵字。

(3) 普通话里,声母 c 与前鼻韵母 en 相拼的字,常用的只有一个"参"(参差)("岑"、"涔"不常用),其余的"曾"、"层"、"蹭"等字都是 eng 韵字。

(4) 普通话里,声母 n 与前鼻韵母 in 相拼的字,常用的只有一个"您",其余的"宁"、"拧"、"咛"、"凝狞"、"宁(宁可)"、"泞"、"佞"等字都是 ing 韵字。

(5) 普通话里,声母 r 与后鼻韵母 eng 相拼的字,常用的只有"扔"和"仍"两个字("礽"不常用),其余的"人"、"仁"、"任"、"忍"、"刃"、"韧"等字都是 en 韵字。

5. 学习普通话声母 n 和 l 应注意的问题

鼻音 n 和边音 l 做声母时,分别能与开口呼、齐齿呼、合口呼、撮口呼四呼的韵母相拼,n 和 l 在普通话语音系统里分得很清楚。可是,在有些方言里,n 和 l 常常区分不清。

首先,要把握这两个音的发音部位。鼻音 n 和边音 l 都是舌尖中音,发音部位相同,发音时舌尖抵住上齿龈。学会发这两个音的本音。

其次,鼻音 n 和边音 l 的区别在于发音方法不同。发 n 时,舌的两侧与口腔上部完全闭合,封闭口腔通道,气流从鼻腔出来;发 l 时,舌的两侧松开,气流从舌头两边透出。所以,让气流从鼻腔出来,还是从舌头两侧出来,关键在于控制软腭的升降。n 和 l 的发音部位虽然都属于舌尖和上齿龈,但舌尖和舌体的肌肉收缩情况有所不同。发 l 时舌尖稍稍抬起,舌体的前部肌肉向中间收拢,因此在舌尖两侧气流可以顺利通过。保持发 n 时的状态,如果气流量增大,嘴角两边可以感受到气流的冲击。发 n 时,舌尖平伸抵住齿龈,舌体向两侧舒展开,将气流堵塞在上腭和舌之间,这时,软腭后部的小舌下垂,气流从鼻腔出来。

练习发 n 和 l 时,可先学会掌握这两个声母的发音方法,领会发音要领,比较鼻、边音的区别,通过练习词语和绕口令,逐渐区分清楚鼻、边音。至于如何记住哪些是鼻音字、哪些是边音字,只能下工夫去记。常用的记忆方法有:一是记少不记多。普通话里,鼻、边音声母的字有三百多个,而 n 声母字比 l 声母字少得多,可先记住鼻音字,剩下的便是边音字了。如声母 n 与 in 相拼的字极少,而边音 l 与 in 相拼的字较多,即:nin(您)—lin(林、淋、琳、临、邻、磷、吝);二是利用形声字声旁类推。这种方法前面已提到,如"仑"是边音,那么可知同声旁的"伦"、"抡"、"轮"、"囵"、"纶"、"论"等字都是边音。

三、方言区人学习普通话韵母应注意的问题

（一）甘肃方言的韵母与普通话韵母的不同

1. 复韵母的舌位动程不足

在读复韵母的过程中，舌位有高低前后、唇形有圆展等滑动变化过程，即"动程"。甘肃方言中复韵母的舌位动程不足。存在两种情况：一是将复元音读作单元音，没有舌位、唇形的动程。如甘肃方言把 ai、ao 两个复元音韵母读作单元音韵母[ɛ][ɔ]。部分地区将"楼"、"谋"等字的韵母 ou 读作 u，"多"、"落"等字的韵母 uo 读作 e。二是将韵腹舌位读得过高，整个复韵母舌位变化不大，动程明显不足。如定西、天水、武都等地存在 ai 和 ei 不分的现象，把 ai、uai 读作 ei、uei，如把 bái cài（白菜）读成 béi cài。要避免这种情况的发生，主要是注意 ai 和 ei 开始发音时开口度的大小。

另外，也有将普通话中单韵母字读作复韵母字，将动程较小的读作动程较大的。如天水、平凉将"歌"、"割"、"课"、"喝"、"和"等字韵母 e 读作 uo。甘谷、通渭等地把 ei、uei 分别读作 ai、uai，如"玫瑰"读作 mai guai，"乌龟"读作 wu guai。

【训练】

(1) ai 和 ei 两韵母的对比练习

卖—妹	百—北	奈—内	开—剋	赖—类	改—给
卖力—魅力	稗子—被子	摆布—北部	排场—赔偿		
百倍	白费	败类	栽培	采煤	暧昧	爱美
黑白	背带	胚胎	悲哀	擂台	内在	佩戴

(2) uai 和 uei 的对比练习

| 歪—危 | 怪—贵 | 块—愧 | 甩—水 | 拽—缀 | 外—未 |
| 快慰 | 衰退 | 外汇 | 对外 | 鬼怪 | 毁坏 | 最坏 |

(3) ao 和 ou 的对比练习

| 找—肘 | 毛—眸 | 凹—殴 | 抛—剖 | 扫—擞 | 好—吼 |
| 饱受 | 刀口 | 稿酬 | 澳洲 | 酬劳 | 后脑 | 柔道 |

(4) ua 和 uo 的对比练习

| 哇—喔 | 瓦—我 | 瓜—锅 | 话—豁 | 刷—说 | 抓—捉 |
| 跨国 | 花朵 | 华佗 | 刷锅 | 多寡 | 国画 | 火花 |

(5) iao 和 iou 的对比练习

| 腰—优 | 秒—谬 | 袅—纽 | 巧—糗 | 教—揪 | 了—柳 |
| 交友 | 娇羞 | 要求 | 效尤 | 柳条 | 遛鸟 | 有效 |

2. 普通话中的一部分圆唇音字在甘肃方言中读作不圆唇音字

在甘肃不少地方的方言中缺少 o 韵母，凡普通话声母 b、p、m、f 后面的韵母是 o 的，差不多都念成 e 韵母，如"坡"(pō)读作 pē，"薄膜"(bó mó)读作 bé mé。

对这类音的学习，要掌握声韵拼合规律：在普通话中，单韵母 o 只能和唇音 b、p、m、f 四

个声母拼合,如"薄膜"要读作 bó mó;而单韵母 e 却不能和 b、p、m、f 四个声母相拼(除了轻声音节"me"外)。纠正的方法是把 b、p、m、f 后的韵母 e 都改作 o,练习 o 的发音时,只要按 e 的舌位再把唇形拢圆即可。

另外,甘肃的定西等地将普通话中"üe"韵母的字如"学"、"约"读作"ie"韵母字。这是由于将圆唇的起点音"ü"读作了不圆唇的起点音"i",唇形缺乏一个从圆到展的变化过程。

【训练】

(1) o 和 e 的对比练习

叵测　　墨客　　波折　　薄荷　　摹刻　　磨合　　莫测

恶魔　　隔膜　　折磨　　胳膊　　刻薄

(2) üe 和 ie 的对比练习

月—夜　　确—切　　学—鞋　　虐—孽　　掠—裂　　绝—洁

学业　　血液　　决裂　　解决　　孑孓　　谢绝　　斜月

3. 鼻音韵尾趋于简化和消失

普通话中的前鼻音尾韵母和后鼻音尾韵母,在甘肃方言中多数区分不清,甚至丢失鼻音韵尾,读成鼻化韵。鼻化韵是指其元音发音时软腭下降,打开鼻腔通路,气流同时从口腔和鼻腔里出来,听上去像带有鼻音色彩的元音韵母。

甘肃方言中大部分地区把后鼻尾韵读成前鼻尾韵。如兰州话把后鼻尾韵 eng、ing、ong、iong 混同于相应的前鼻尾韵,如"崩"和"奔"、"清"和"亲"、"隆"和"轮"、"穷"和"裙"不分。还有一些地区把前鼻尾韵读成后鼻尾韵的,如甘肃武威话把前鼻尾韵 an、ian、uan、üan、en、in、uen、ün 读作相应的后鼻尾韵 ang、iang、uang、eng、ing、ong、iong,所以,"饭"和"放"、"盐"和"阳"、"玩"和"王"、"跟"和"耕"、"金"和"京"、"春"和"冲"、"寻"和"熊"两两不分。另外,"远"、"捐"、"泉"、"宣"等字的韵母读作普通话中没有的后鼻尾韵"üang"。

甘肃方言中将"鼻尾音"发成"鼻化音"的现象也很普遍。如兰州话将前鼻尾韵 an、ian、uan、üan 读作鼻化韵[ɛ̃]、[iɛ̃]、[uɛ̃]、[yɛ̃],将后鼻尾韵 ang、iang、uang 读作鼻化韵[ã]、[iã]、[uã]。

对于 a 这类韵母的学习,要掌握以下几点:

一是正确掌握前、后鼻尾韵母 n 和 ng 的发音方法。掌握好 n 和 ng 的发音,关键在于要掌握好舌头的位置变化情况。n 是舌尖浊鼻音,发前鼻音尾韵母时,舌头最后是舌尖抵住上齿龈,舌头基本是平伸在口腔里;ng 是舌根浊鼻音,发后鼻音尾韵母时,舌头后缩,前低后高,舌尖置于下齿龈的下面,舌根和软腭构成阻碍,并且下颌肌肉有紧张感。

二是要掌握好前鼻音尾韵母和后鼻音尾韵母中元音的发音。例如 ing 的发音,虽然能发好 ng 的音,但是如果 i 的发音不好,比如发音时舌位不够高,唇形不扁等,也同样不能发好 ing 的音。eng 和 ong 的发音,eng 是扁唇音,ong 是圆唇音。首先,韵母主要元音舌位的前后不同,"an"中的"a"是前元音[a],而"ang"中的"a"是后元音[ɑ]。其次,韵尾 n 和 ng 的发音部位不同。作为韵尾,两者都是唯闭音,但闭塞的位置不同。发前鼻音时,舌尖抵住上齿龈成阻,发后鼻音时,舌根要隆起抵住软腭成阻。第三,发主要元音时,软腭不可下垂,要尽量堵住鼻腔的通道,让气流全部从口腔流出。元音发完即接上一个后续鼻音韵尾,即将舌尖抵住上齿龈,或将舌根隆起抵住软腭。

三是要记住有关常用字的读音。

搞清了 n 和 ng、前后鼻韵母的发音要领后,还可利用我们前面提到的一些方法帮助记忆前后鼻韵母字。

(1)利用声韵拼合规律帮助记忆

① d、t 不与 in 相拼,只与 ing 相拼。

② z、c、s 能跟 en 和 eng 韵母相拼,拼 en 只有"怎"、"岑"、"森"等少数几个常用字,拼 eng 韵母的字较多。

③ 韵母 ueng 只能做零声母音节,常见字只有"翁"、"嗡"、"瓮"等。

④ d、t、n、l 与 en 韵母相拼只有"扽"(dèn)、"嫩"(nèn)两个常见字,但拼 eng 韵母的字就比较多。

⑤ 韵母 ong 不与声母 sh 相拼,所以方言中与声母 sh 相拼的 ueng(ong)韵字都应归入 uen 韵。

(2)偏旁类推

"分"为前鼻韵,以"分"为声符的字,如"汾"、"粉"等字为前鼻韵。有些偏旁类推有例外,如有声旁误用和前后两音字两种情况。

禀(bing)—檩懔凛(lin)　　并(bing)—拼、姘(pin)　　令(ling)—邻、拎(lin)

井(jing)—进(jin)　　　　君(jun)—窘(jiong)　　　　兵(bing)—宾(bin)

称 chen(称心)—cheng(称赞)　　亲 qin(母亲)—qing(亲家)　　劲 jin(干劲)—jing(劲敌)

【训练】

(1)an 和 ang 的对比练习

安—肮　　　瞒—忙　　　攀—旁　　　站—帐　　　山—伤　　　拦—狼

开饭—开放　　心烦—新房　　烂漫—浪漫　　一般——帮

班长　　　山上　　　安放　　　战场　　　盼望　　　担当　　　肝脏

伤感　　　傍晚　　　上班　　　长安　　　长衫　　　商谈　　　当然

(2)ian 和 iang 的对比练习

年—娘　　　连—良　　　浅—抢　　　现—象　　　烟—央　　　渐—降

鲜花—香花　　老年—老娘　　大连—大梁　　险象—想象

现象　　　坚强　　　边疆　　　联想　　　勉强　　　演讲　　　牵强

向前　　　享年　　　香烟　　　抢险　　　养颜　　　江边　　　两遍

(3)uan 和 uang 的对比练习

观—光　　　宽—框　　　占—壮　　　闩—双　　　万—忘　　　穿—窗

一晚——网　　官宦—光环　　惋惜—往昔　　手腕—守望

宽广　　　端庄　　　观光　　　软床　　　万状　　　晚霜　　　乱闯

光环　　　狂欢　　　壮观　　　双管　　　慌乱　　　网管　　　撞断

(4)en 和 eng 的对比练习

门—萌　　　跟—耕　　　尘—呈　　　分—风　　　奔—崩　　　森—僧

分数—枫树　　申明—声明　　陈旧—成就　　真诚—征程
审视—省事　　诊治—整治　　人参—人生　　身世—声势
本能　　　真正　　　人称　　　人生　　　真诚　　　深层　　　神圣
成本　　　生辰　　　憎恨　　　成人　　　诚恳　　　登门　　　成分

（5）in 和 ing 的对比练习

斌—冰　　　临—零　　　心—星　　　频—平　　　津—京　　　您—宁
因循—英雄　　引子—影子　　信服—幸福　　亲近—清静
品行　　　心灵　　　尽情　　　引擎　　　民情　　　新颖　　　品评
灵敏　　　迎新　　　清新　　　轻信　　　清贫　　　行进　　　病因

（6）uen 和 ueng(ong) 的对比练习

臀—童　　　蹲—东　　　捆—恐　　　尊—宗　　　村—匆　　　困—控
村头—葱头　　吞并—通病　　存钱—从前　　唇膏—崇高
炖肉—冻肉　　轮子—聋子　　春风—冲锋　　余温—渔翁
混同　　　昆虫　　　尊重　　　滚动　　　稳重　　　轮空　　　顺从
农村　　　通顺　　　冬笋　　　红润　　　仲春　　　通婚　　　共存

（7）ün 和 iong 的对比练习

运—用　　　群—穷　　　军—窘　　　逊—匈　　　熏—凶
人群—人穷　　运费—用费　　因循—英雄　　晕车—用车
军用　　　运用　　　拥军　　　　　　云涌　　　　　　凶运

4. "儿"、"二"、"耳"的读音与普通话不同

"儿"、"二"、"耳"等字的读音是卷舌元音 er，在普通话中是零声母字。这些字在甘肃方言中一般也是零声母字，但有些读音与普通话不同。如在定西、天水一些地区读作"ê[ɛ]"，也有读作"[zʅ]"的。临夏话读 ei，兰州及河西一些地方读[ɯ]（[ɯ]是舌面后高不圆唇元音，普通话没有这个音）。

对于这类字的学习，关键是掌握"er"的发音：舌尖向硬腭卷起。

5. n、l 声母后有 uei 韵母，而无 ei 韵母

普通话声母 n、l 后有 ei 韵母，而无 uei 韵母，但甘肃方言中的 n、l 声母后却有 uei 韵母而无 ei 韵母。如"雷"、"泪"、"累"、"内"、"类"等字的韵母都是 uei。

对于这类字音的学习，只需要记住普通话声母 n、l 不与 uei 韵母相拼即可。

（二）克服方言影响，掌握学习普通话的方法

学习普通话韵母，首先，要知道韵母的数目和实际读音；其次，要了解韵母的分类；再次，要掌握普通话韵母和自己方言韵母的对应关系；最后，存同改异，读准普通话韵母。下面，我们以陇中方言区人学习普通话的难点音为例，提出学习前后鼻韵母方面应注意的问题。

普通话中有前鼻韵母 8 个，后鼻韵母 8 个，共 16 个。其中，普通话中的 in—ing，en—eng，uen—ueng—ong，ün—iong 四组韵母，在甘肃陇中方言区很难区分。

要读准并分清前后鼻韵母，我们首先要了解正确的发音方法。韵尾 n、ng 的发音部位不

同。作为韵尾,两者都是唯闭音,但闭塞的位置不同。发前鼻音时,舌尖抵住上齿龈成阻,打开鼻腔通路,让气流从鼻腔出去。发后鼻音时,舌根要隆起抵住软腭成阻,让气流从鼻腔出去。鼻韵母的发音则是发音器官由元音向鼻辅音渐次过渡的过程。前鼻韵母发音时,当韵腹清晰发出后,舌尖前伸顶在上齿龈上成阻,让气流从鼻腔出去,发音未完不能除阻。后鼻韵母发音时,当清晰发出韵腹后,舌根后缩靠在软腭上成阻,发音未完不能除阻。

四、方言区人学习普通话声调应注意的问题

(一)甘肃方言的声调与普通话声调的不同

对甘肃方言与普通话在声调方面进行比较,不难看出两点:一是就声母、韵母、声调相比较而言,甘肃方言与普通话在声调方面差别最大;二是甘肃方言内部声调方面的一致性也比较差。因此,甘肃人学习普通话声调应从调类和调值两方面入手。

从调类来看,普通话只有四个调类,即阴平、阳平、上声、去声,而甘肃方言中和普通话一样有四个调类的,也有三个调类的,调类的分合与普通话不同。

从调值来看,甘肃方言的调值和普通话差别较大。甘肃方言的调值在整体上比较低沉,音长较短,没有曲折调。因此,甘肃人学习普通话调值的明显障碍是阴平念不高,阳平升不上去,上声难转变,去声不够长。

(二)甘肃方言区人学习普通话声调应注意的问题

1. 掌握普通话声调和甘肃方言声调的对应关系

关于普通话声调和甘肃方言声调的对应关系,参见"第四节 声调辨正"具体说明。

2. 弄清普通话声调的实际读法和甘肃方言声调的实际读法

声调的实际读法就是调值。普通话阴平的调值是55,阳平的调值是35,上声的调值是214,去声的调值是51。甘肃方言的具体调值参见附录表4"甘肃方言声调和普通话声调对照表"。

3. 分清调类和调值的关系

调类是声调的种类,即把调值相同的字归纳在一起所建立的类。因此,单音字有几种基本调值就可以归纳成几个调类。关于调类的名称,如阴平、阳平、上声、去声等都是从古汉语继承下来的,由于语音发展变化和方言的实际情况,平声分成了阴平和阳平两种。这样可以帮助我们掌握普通话或方言同古汉语声调的关系,还可以帮助我们了解方言与普通话声调的对应规律。

调值指字音的高低、升降、曲直、长短变化形式,也就是声调的实际读法。普通话和甘肃方言,有着各自不同的调值和调类。调类相同的字,调值不一定相同。甘肃方言与普通话的调类相同,但调值不同。

4. 学会辨识自己方言的声调及调值,利用声调对应关系读准普通话的四声

掌握了声调的对应关系,还要学会辨识自己方言的声调及调值,然后转化成普通话的声调。声调的高低、升降、曲直是由声带的松紧控制的。声带紧,发的音高;声带松,发的音低;

声带不紧不松,发的是中音;声带半松,发的是半低音;声带半紧,发的是半高音;声带由紧到松,发出的是降调;声带由松到紧,发出的是升调;声带保持某一状态颤动,发出的是平调;声带由松到紧再到松,发出的是降升调。用这种方法可以辨别方言声调的调值,然后用"五度标调法"描写出调值。

此外,就是方言的调值转化成普通话的调值。以甘肃陇中方言(包括定西市安定区、通渭、陇西、渭源、会宁、静宁、庄浪7个县区)为例,陇中方言四个调类的四声转化成普通话的四声,阳平字基本上都是声调、调型与普通话的相同,只是升的起点和高度略有不同罢了,稍加注意即可。转换调值是有难度的,主要是上声的转换。普通话的上声是降升调,陇中方言的上声都是降调。这就需要下一番工夫。

【训练】

(1) 先标出下列单音节字词的声调,然后反复练习这些字词。

滑	髓	瓜	吵	抓	唐	山	陷	决	猛	达	届	寒
皿	誉	神	远	凉	抠	鸣	疤	串	坡	紫	消	剩
偶	酿	垮	霉	拱	穷	唢	楼	月	尝	就	给	溶
遨	禀	罪	芽	是	翎	跷	牌	椰	恻	杂	死	宜
讯	牢	踝	洞	日	晌	毡	抬	绣	殿	胚	诺	枝
褥	阵	列	荟	槽	飞	聘	寄	稞	稳	插	禽	负

速 云 缝(缝纫) 凉(凉快) 广(广播) 给(给以) 难(难民) 弄(弄饭)
屯(屯兵) 挨(挨近) 传(传记) 逮(逮老鼠) 刺(讽刺) 晃(虚晃一刀)

(2) 读准下列双音节字词的声调,注意音变。

扭捏	融洽	女真	亲爱	水电	苦头(吃了苦头)	土壤	坑害
鲜花	矛盾	运气	哪儿	消费	暑假	这会儿	缺口	文明
排偶	东北	请柬	印把子	讲座	国王	姨夫	四声	打嗝儿
用具	面条儿	曾经	状况	临时	尊称	至于	彩霞	关照
血液	厕所	喷射	破烂	衬衫	另外	厂房	穿孔	包干儿
手松	旁人	好像	追求	还原	纪律

(3) 朗读下面的材料,注意字词的声调的准确性。

到了新加坡,我就被新加坡别具特色的绿陶醉了。

我舍弃了许多坐车的机会,在这座城市步行。我徜徉穿行于她的绿色中间,心中无比舒畅。

新加坡的绿色是大面积涂抹着的、非常浓郁的色块,一层连一层,一重叠一重,一片接一片,高高低低,远远近近。远眺近观,仰望平视,你的视野里总是无穷无尽连绵不断的绿……

组成这样绿色的主力军,是各种各样非常高大的树。

最后,在学习了前面的声母、韵母、声调内容的基础上,还需要强调一下甘肃方言区人要说好普通话应当注意的几点:

一是前后鼻音要分清楚,如"老"与"脑"、"留"与"牛"等不能混同。

二是注意异读词的正确读音,如人们常把"质量"(zhì liàng)读成"zhǐ liàng",把"办公室"(bàn gōng shì)读成"bàn gōng shǐ"等。

三是要注意多音字的分辨,如"请帖"应读作"qǐng tiě","字帖"应读作"zhì tiè"。

四是别把 w 发音为 v,如有的人常把"文化"错说成"vén huà"。

五是注意不要有尖音,女同学尤其要注意不要把 ji、qi、xi 读成 zi、ci、si。

六是不说方言土语,如北京话把"脚"说成"脚丫子",把"太阳"说成"老爷儿",这些北京土话是不能进入普通话的。尽管普通话是以北京语音为标准语音,但北京话不等同于普通话。

七是"儿化"和"轻声"的音变要规范,如"上班"不必说成"上班儿","西瓜""白菜"也不必读成轻声。

> 附录1

表3.4 甘肃方言声调和普通话声调对照表

方言 地名 \ 普通话 \ 例字	刚开婚三	穷时人云	古口好五	近厚靠阵	桌福铁六	局同合舌
	阴平(55)	阳平(35)	上声(214)	去声(51)	阴、阳、上、去	阳平
兰州	阴平(31)	阳平(53)	上声(442)	去声(13)	去声	阳平
定西	平声(13)		上声(42)	去声(55)	平声	
天水	平声(24)		上声(51)	去声(55)	平声	
平凉	阴平(31)	阳平(24)	上声(53)	去声(54)	阴平	阳平
武都	阴平(31)	(并入去声)	上声(53)	去声(35)	阴平	去声
庆阳	阴平(31)	阳平(35)	上声(51)	去声(44)	阴平	阳平
武威	阴平(33)	(并入上声)	上声(53)	去声(31)	去声	阳平
张掖	阴平(55)	(并入上声)	上声(53)	去声(31)	去声	阳平
酒泉	阴平(44)	(并入上声)	上声(53)	去声(31)	去声	阳平
临夏	平声(13)		上声(44)	去声(53)	平声(有小部分读去声)	

> 附录2

普通话水平测试常用难点词语

伶俐(líng lì)	联络(lián luò)	凌乱(líng luàn)	流浪(liú làng)
领路(lǐng lù)	料理(liào lǐ)	裸露(luǒ lù)	能耐(néng nài)
落难(luò nàn)	逆流(nì liú)	嫩绿(nèn lǜ)	靓女(liàng nǚ)
泥淖(ní nào)	纳凉(nà liáng)	年龄(nián líng)	勠力(lù lì)
暖流(nuǎn liú)	出差(chū chāi)	橱窗(chú chuāng)	走卒(zǒu zú)
残存(cán cún)	琐碎(suǒ suì)	资助(zī zhù)	洒扫(sǎ sǎo)
磋商(cuō shāng)	尊崇(zūn chóng)	受贿(shòu huì)	豢养(huàn yǎng)
绊脚(bàn jiǎo)	淙淙(cóng cóng)	给予(jǐ yǔ)	恐吓(kǒng hè)
粳米(jīng mǐ)	堤坝(dī bà)	宽窄(kuān zhǎi)	钦佩(qīn pèi)

歼灭(jiān miè)	占卜(zhān bǔ)	馄饨(hún tún)	验收(yàn shōu)
讣告(fù gào)	浣衣(huàn yī)	边塞(biān sài)	麦穗(mài suì)
伫立(zhù lì)	绥靖(suí jìng)	奴隶(nú lì)	慎重(shèn zhòng)
缄默(jiān mò)	瞥见(piē jiàn)	经营(jīng yíng)	人参(rén shēn)
憎恨(zēng hèn)	横亘(héng gèn)	任凭(rèn píng)	水泵(shuǐ bèng)
耿直(gěng zhí)	声音(shēng yīn)	心疼(xīn téng)	神圣(shén shèng)
罪行(zuì xíng)	赢利(yíng lì)	蓊郁(wěng yù)	夺命(duó mìng)
褐色(hè sè)	隔阂(gé hé)	懦弱(nuò ruò)	摹刻(mó kè)
沼泽(zhǎo zé)	撮合(cuō he)	勒索(lè suǒ)	傀儡(kuǐ lěi)
喝彩(hè cǎi)	星宿(xīng xiù)	法则(fǎ zé)	吝啬(lìn sè)
卧铺(wò pù)	嫌隙(xián xì)	须臾(xū yú)	羽翼(yǔ yì)
陨落(yǔn luò)	雀跃(què yuè)	结业(jié yè)	铁屑(tiě xiè)
发掘(fā jué)	引擎(yǐn qíng)	接界(jiē jiè)	缺席(quē xí)
哽咽(gěng yè)	摇曳(yáo yè)	携手(xié shǒu)	剽窃(piāo qiè)
削减(xuē jiǎn)	蓓蕾(bèi lěi)	粗犷(cū guǎng)	步骤(bù zhòu)
毗邻(pí lín)	蜿蜒(wān yán)	吨位(dūn wèi)	大概(dà gài)
肚脐(dù qí)	秩序(zhì xù)	炽热(chì rè)	媲美(pì měi)
枸杞(gǒu qǐ)	屏弃(bǐng qì)	浸泡(jìn pào)	泡桐(pāo tóng)
酝酿(yùn niàng)	殉难(xùn nàn)	眼睑(yǎn jiǎn)	尔后(ěr hòu)
揣度(chuǎi duó)	拆卸(chāi xiè)	环绕(huán rào)	搜捕(sōu bǔ)
字帖(zì tiè)	率真(shuài zhēn)	三亩(sān mǔ)	茂密(mào mì)
贸易(mào yì)	褴褛(lán lǚ)	胡诌(hú zhōu)	驴肉(lú ròu)
奴婢(nú bì)	蓖麻(bì má)	脉搏(mài bó)	荨麻(qián má)
荨麻疹(xún má zhěn)	轧花机(yà huā jī)	大伯子(dà bǎi zi)	地窖(dì jiào)
麻绳(má shéng)	粳米(jīng mǐ)	迫击炮(pǎi jī pào)	佝偻病(gōu lóu bìng)
银杏(yín xìng)	选拔(xuǎn bá)	盥洗(guàn xǐ)	露马脚(lòu mǎ jiǎo)
煤核儿(méi hú er)	呼唤(hū huàn)	着火(zháo huǒ)	关卡(guān qiǎ)
沏茶(qī chá)	大厦(dà shà)	粘连(zhān lián)	北京(běi jīng)
迫害(pò hài)	拍照(pāi zhào)	漂泊(piāo bó)	湖泊(hú pō)
沮丧(jǔ sàng)	商埠(shāng bù)	揣好(chuāi hǎo)	踹开(chuài kāi)
惴惴(zhuì zhuì)	喘气(chuǎn qì)	寂寞(jì mò)	酗酒(xù jiǔ)
惊骇(jīng hài)	债券(zhài quàn)	蹩脚(bié jiǎo)	遂意(suì yì)
厦门(xià mén)	漆黑(qī hēi)	倾慕(qīng mù)	删除(shān chú)
喘气(chuǎn qì)	免疫(miǎn yì)	模拟(mó nǐ)	伪造(wěi zào)
织布(zhī bù)	毕业(bì yè)	刑律(xíng lǜ)	涅槃(niè pán)
曲折(qū zhé)	混浊(hùn zhuó)	广场(guǎng chǎng)	花蕊(huā ruǐ)
炫耀(xuàn yào)	肖像(xiāo xiàng)	收敛(shōu liǎn)	模样(mú yàng)
慷慨(kāng kǎi)	咀嚼(jǔ jué)	病菌(bìng jūn)	绮丽(qǐ lì)
香菌(xiāng jūn)	请假(qǐng jià)	假如(jiǎ rú)	和煦(hé xù)

驯服(xùn fú)	场院(cháng yuàn)	雏形(chú xíng)	妊娠(rèn shēn)
妇孺(fù rú)	手腕(shǒu wàn)	炎热(yán rè)	咯血(kǎ xiě)
勉强(miǎn qiǎng)	荫庇(yìn bì)	刊载(kān zǎi)	运载(yùn zài)
树荫(shù yīn)	雇佣(gù yōng)	佣人(yòng rén)	创造(chuàng zào)
创伤(chuāng shāng)	杠杆(gàng gǎn)	电线杆(diàn xiàn gān)	处置(chǔ zhì)
处所(chù suǒ)	职称(zhí chēng)	称职(chèn zhí)	骨气(gǔ qì)
骨朵儿(gū duǒ er)	连累(lián lei)	附和(fù hè)	和谐(hé xié)
慰藉(wèi jiè)	狼藉(láng jí)	勉强(miǎn qiǎng)	强硬(qiáng yìng)
乐曲(yuè qǔ)	头晕(tóu yūn)	晕车(yùn chē)	转换(zhuǎn huàn)
转盘(zhuàn pán)	请帖(qǐng tiě)	夹杂(jiā zá)	夹被(jiá bèi)
企图(qǐ tú)	针砭(zhēn biān)	乞求(qǐ qiú)	笔记(bǐ jì)
尽量(jǐn liàng)	辍学(chuò xué)	精髓(jīng suǐ)	梗概(gěng gài)
热衷(rè zhōng)	希冀(xī jì)	恩爱(ēn'ài)	纪委(jì wěi)
河蚌(hé bàng)	蚌埠(bèng bù)	遏止(è zhǐ)	俨然(yǎn rán)
赡养(shàn yǎng)	瞻仰(zhān yǎng)	档案(dàng'àn)	演奏(yǎn zòu)
差役(chāi yì)	新鲜(xīn xiān)	鲜见(xiǎn jiàn)	地壳(dì qiào)
蛋壳(dàn ké)	黍米(shǔ mǐ)	屏障(píng zhàng)	出殡(chū bìn)
磅礴(páng bó)	濒临(bīn lín)	滂沱(pāng tuó)	酩酊(mǐng dǐng)
逮捕(dài bǔ)	舞蹈(wǔ dǎo)	挑逗(tiǎo dòu)	涝灾(lào zāi)
横财(hèng cái)	侥幸(jiǎo xìng)	比较(bǐ jiào)	针灸(zhēn jiǔ)
镪水(qiāng shuǐ)	掮客(qián kè)	供应(gōng yìng)	口供(kǒu gòng)
擂台(lèi tái)	肋骨(lèi gǔ)	擂碎(léi suì)	屯垦(tún kěn)
肥臀(féi tún)	呆板(dāi bǎn)	眼眶(yǎn kuàng)	镜框(jìng kuàng)
崎岖(qí qū)	苍茫(cāng máng)	粗糙(cū cāo)	干燥(gān zào)
诉讼(sù sòng)	细腻(xì nì)	婀娜(ē nuó)	安娜(ān nà)
臣民(chén mín)	陈述(chén shù)	程序(chéng xù)	宾馆(bīn guǎn)
辛苦(xīn kǔ)	兴趣(xìng qù)	心腹(xīn fù)	灌溉(guàn gài)
羞涩(xiū sè)	堵塞(dǔ sè)	塞车(sāi chē)	租赁(zū lìn)
谬误(miù wù)	纰缪(pī miù)	缪氏(miào shì)	聘请(pìn qǐng)
挑衅(tiǎo xìn)	鸟瞰(niǎo kàn)	斟酌(zhēn zhuó)	紫荆(zǐ jīng)
掠夺(lüè duó)	挫折(cuò zhé)	抽穗(chōu suì)	桑梓(sāng zǐ)
佯攻(yáng gōng)	鄙视(bǐ shì)	坍塌(tān tā)	奔命(bēn mìng)
抚恤(fǔ xù)	剥削(bō xuē)	禀告(bǐng gào)	伪造(wěi zào)
缜密(zhěn mì)	赝品(yàn pǐn)	裨益(bì yì)	翘首(qiáo shǒu)
玷辱(diàn rǔ)	恸哭(tòng kū)	斡旋(wò xuán)	剽悍(piāo hàn)
修葺(xiū qì)	禅让(shàn ràng)	谒见(yè jiàn)	弹劾(tán hé)
禅宗(chán zōng)	憧憬(chōng jǐng)	编纂(biān zuǎn)	鞭挞(biān tà)
殷红(yān hóng)	股肱(gǔ gōng)	诤言(zhèng yán)	
含糊其辞(hán hú qí cí)		深谋远虑(shēn móu yuǎn lǜ)	

背井离乡（bèi jǐng lí xiāng）	不屈不挠（bù qū bù náo）
脍炙人口（kuài zhì rén kǒu）	囤积居奇（tún jī jū qí）
兴风作浪（xīng fēng zuò làng）	敷衍塞责（fū yǎn sè zé）
未雨绸缪（wèi yǔ chóu móu）	莘莘学子（shēn shēn xué zǐ）
生机盎然（shēng jī àng rán）	怙恶不悛（hù è bù quān）
咄咄逼人（duō duō bī rén）	纵横捭阖（zòng héng bǎi hé）
弱不禁风（ruò bù jīn fēng）	刚愎自用（gāng bì zì yòng）
前倨后恭（qián jù hòu gōng）	不卑不亢（bù bēi bú kàng）
丢三落四（diū sān là sì）	管窥蠡测（guǎn kuī lí cè）
暴戾恣睢（bào lì zì suī）	所向披靡（suǒ xiàng pī mǐ）
潸然泪下（shān rán lèi xià）	荼毒生灵（tú dú shēng líng）
垂涎三尺（chuí xián sān chǐ）	屡见不鲜（lǚ jiàn bù xiān）
呱呱坠地（gū gū zhuì dì）	悄然无声（qiǎo rán wú shēng）
骁勇善战（xiāo yǒng shàn zhàn）	偃旗息鼓（yǎn qí xī gǔ）
自怨自艾（zì yuàn zì yì）	暴殄天物（bào tiǎn tiān wù）
鳞次栉比（lín cì zhì bǐ）	提纲挈领（tí gāng qiè lǐng）
病入膏肓（bìng rù gāo huāng）	姗姗来迟（shān shān lái chí）
人才济济（rén cái jǐ jǐ）	以儆效尤（yǐ jǐng xiào yóu）
外强中干（wài qiáng zhōng gān）	至当不易（zhì dāng bù yì）
载歌载舞（zài gē zài wǔ）	忧心忡忡（yōu xīn chōng chōng）
戛然而止（jiá rán ér zhǐ）	

附录3

普通话水平测试常用难点双音节轻声词

丫头（yā tou）	胳膊（gē bo）	残疾（cán ji）	葫芦（hú lu）
相声（xiàng sheng）	肮脏（āng zang）	巴掌（bā zhang）	包袱（bāo fu）
槟榔（bīng lang）	玻璃（bō li）	拨弄（bō nong）	搀和（chān he）
苍蝇（cāng ying）	抽屉（chōu ti）	出息（chū xi）	耷拉（dā la）
答应（dā ying）	耽搁（dān ge）	叨唠（dāo lao）	提防（dī fang）
风筝（fēng zheng）	甘蔗（gān zhe）	高粱（gāo liang）	疙瘩（gē da）
功夫（gōng fu）	姑娘（gū niang）	官司（guān si）	哈欠（hā qian）
饥荒（jī huang）	奸细（jiān xi）	街坊（jiē fang）	精神（jīng shen）
结实（jiē shi）	交情（jiāo qing）	邋遢（lā ta）	没关系（méi guān xi）
烧卖（shāo mai）	商量（shāng liang）	身份（shēn fen）	生日（shēng ri）
师傅（shī fu）	尸首（shī shou）	舒服（shū fu）	疏忽（shū hu）
书记（shū ji）	摔打（shuāi da）	说和（shuō he）	斯文（sī wen）

松快(sōng kuai)	温和(wēn he)	窝囊(wō nang)	虾米(xiā mi)
先生(xiān sheng)	消息(xiāo xi)	胭脂(yān zhi)	央告(yāng gao)
妖精(yāo jing)	吆喝(yāo he)	衣服(yī fu)	冤家(yuān jia)
冤枉(yuān wang)	张罗(zhāng luo)	糟蹋(zāo ta)	扎实(zhā shi)
招呼(zhāo hu)	招牌(zhāo pai)	折腾(zhē teng)	真是(zhēn shi)
芝麻(zhī ma)	知道(zhī dao)	周到(zhōu dao)	庄稼(zhuāng jia)
作坊(zuō fang)	白天(bái tian)	荸荠(bí qi)	别致(bié zhi)
裁缝(cái feng)	财主(cái zhu)	柴火(chái huo)	成分(chéng fen)
菩萨(pú sa)	嘀咕(dí gu)	格式(gé shi)	核桃(hé tao)
和气(hé qi)	和尚(hé shang)	合同(hé tong)	寒碜(hán chen)
行当(háng dang)	行家(háng jia)	横竖(héng shu)	糊涂(hú tu)
活泼(huó po)	咳嗽(ké sou)	累赘(léi zhui)	篱笆(lí ba)
粮食(liáng shi)	萝卜(luó bo)	麻烦(má fan)	眉毛(méi mao)
玫瑰(méi guī)	棉花(mián hua)	苗条(miáo tiao)	名字(míng zi)
明白(míng bai)	磨蹭(mó ceng)	蘑菇(mó gū)	黏糊(nián hu)
年成(nián cheng)	娘家(niáng jia)	奴才(nú cai)	挪动(nuó dong)
盘缠(pán chan)	朋友(péng you)	脾气(pí qi)	枇杷(pí pa)
便宜(pián yi)	婆家(pó jia)	葡萄(pú tao)	人家(rén jia)
神气(shén qi)	神仙(shén xian)	时候(shí hou)	石榴(shí liu)
拾掇(shí duo)	俗气(sú qi)	随和(suí he)	抬举(tái ju)
笤帚(tiáo zhou)	头发(tóu fa)	徒弟(tú di)	王爷(wáng ye)
王八(wáng ba)	行李(xíng li)	学生(xué sheng)	学问(xué wen)
玄乎(xuán hu)	牙碜(yá chen)	衙门(yá men)	阎王(yán wang)
严实(yán shi)	油水(yóu shui)	云彩(yún cai)	匀称(yún chen)
杂碎(zá sui)	折磨(zhé mo)	妯娌(zhóu li)	琢磨(zuó mo)
本钱(běn qian)	本事(běn shi)	摆布(bǎi bu)	比方(bǐ fang)
扁担(biǎn dan)	补丁(bǔ ding)	打扮(dǎ ban)	打点(dǎ dian)
打量(dǎ liang)	打手(dǎ shou)	打算(dǎ suan)	打听(dǎ ting)
点心(diǎn xin)	点缀(diǎn zhui)	耳朵(ěr duo)	火候(huǒ hou)
伙计(huǒ ji)	讲究(jiǎng jiu)	搅和(jiǎo huo)	喇叭(lǎ ba)
老婆(lǎo po)	老实(lǎo shi)	老爷(lǎo ye)	老人家(lǎo ren jia)
考究(kǎo jiu)	口袋(kǒu dai)	两口子(liǎng kǒu zi)	苦处(kǔ chu)
懒得(lǎn de)	了得(liǎo de)	马虎(mǎ hu)	买卖(mǎi mai)
牡丹(mǔ dan)	哪里(nǎ li)	女婿(nǚ xu)	脑袋(nǎo dai)
苤蓝(piě lan)	笸箩(pǒ luo)	软和(ruǎn huo)	洒脱(sǎ tuo)
舍得(shě de)	晌午(shǎng wu)	首饰(shǒu shi)	数落(shǔ luo)
属相(shǔ xiang)	爽快(shuǎng kuai)	体面(tǐ mian)	委屈(wěi qu)

尾巴(wěi ba)	喜欢(xǐ huan)	喜鹊(xǐ que)	小气(xiǎo qi)
小伙子(xiǎo huo zi)	小姐(xiǎo jie)	哑巴(yǎ ba)	雅致(yǎ zhi)
眼睛(yǎn jing)	养活(yǎng huo)	已经(yǐ jing)	早晨(zǎo chen)
早上(zǎo shang)	枕头(zhěn tou)	指甲(zhǐ jia)	指头(zhǐ tou)
嘱咐(zhǔ fu)	主意(zhǔ yi)	爪子(zhuǎ zi)	嘴巴(zuǐ ba)
爱人(ài ren)	报酬(bào chou)	辈分(bèi fen)	便当(biàn dang)
别扭(biè niu)	簸箕(bò ji)	部分(bù fen)	畜生(chù sheng)
伺候(cì hou)	凑合(còu he)	大方(dà fang)	道士(dào shi)
大夫(dài fu)	弟兄(dì xiong)	动静(dòng jing)	豆腐(dòu fu)
队伍(duì wu)	对付(duì fu)	对头(duì tou)	干事(gàn shi)
告诉(gào su)	告示(gào shi)	勾当(gòu dang)	故事(gù shi)
厚道(hòu dao)	护士(hù shi)	晃悠(huàng you)	忌妒(jì du)
架势(jià shi)	见识(jiàn shi)	芥末儿(jiè mò'r)	进项(jìn xiang)
舅母(jiù mu)	客气(kè qi)	快活(kuài huo)	会计(kuài ji)
困难(kùn nan)	阔气(kuò qi)	利害(lì hai)	利落(lì luo)
利索(lì suo)	力气(lì qi)	骆驼(luò tuo)	茉莉(mò li)
内人(nèi ren)	念叨(niàn dao)	屁股(pì gu)	疟疾(nüè ji)
漂亮(piào liang)	热和(rè huo)	亲家(qìng jia)	热闹(rè nao)
认识(rèn shi)	任务(rèn wu)	扫帚(sào zhou)	上司(shàng si)
少爷(shào ye)	事情(shì qing)	势力(shì li)	顺当(shùn dang)
算盘(suàn pan)	岁数(suì shu)	特务(tè wu)	嚏喷(tì pen)
痛快(tòng kuai)	唾沫(tuò mo)	外甥(wài sheng)	味道(wèi dao)
位置(wèi zhi)	悟性(wù xing)	下巴(xià ba)	吓唬(xià hu)
月饼(yuè bing)	下场(xià chang)	相公(xiàng gong)	相声(xiàng sheng)
笑话(xiào hua)	秀才(xiù cai)	砚台(yàn tai)	意思(yì si)
钥匙(yào shi)	应付(yìng fu)	益处(yì chu)	应酬(yìng chou)
运气(yùn qi)	造化(zào hua)	照应(zhào ying)	月亮(yuè liang)
丈夫(zhàng fu)	帐篷(zhàng peng)	症候(zhèng hou)	丈母(zhàng mu)
丈人(zhàng ren)	志气(zhì qi)	作料(zuó liao)	正经(zhèng jing)
证人(zhèng ren)	状元(zhuàng yuan)	字号(zì hao)	做作(zuò zuo)
罪过(zuì guo)			

附录4

普通话水平测试常用难点儿化词语

锅贴儿(guō tiē r)	藕节儿(ǒu jié r)	爷儿们(yé r men)	旦角儿(dàn jué r)
没事儿(méi shì r)	顶事儿(dǐng shì r)	墨水儿(mò shuǐ r)	一会儿(yì huì r)

这会儿(zhè huì r)	那会儿(nà huì r)	跑腿儿(pǎo tuǐ r)	打盹儿(dǎ dǔn r)
胖墩儿(pàng dūn r)	蒲墩儿(pú dūn r)	围嘴儿(wéi zuǐ r)	烟嘴儿(yān zuǐ r)
一顺儿(yī shùn r)	没准儿(méi zhǔn r)	走味儿(zǒu wèi r)	枪子儿(qiāng zǐ r)
铜子儿(tóng zǐ r)	咬字儿(yǎo zì r)	冰棍儿(bīng gùn r)	光棍儿(guāng gùn r)
板擦儿(bǎn cā r)	搭茬儿(dā chá r)	找茬儿(zhǎo chá r)	打杂儿(dǎ zá r)
裤衩儿(kù chǎ r)	刀把儿(dāo bà r)	哪儿(nǎ r)	那儿(nà r)
包干儿(bāo gān r)	白干儿(bái gān r)	带儿(dài r)	小孩儿(xiǎo hái r)
本色儿(běn shǎi r)	泥胎儿(ní tāi r)	白班儿(bái bān r)	摆摊儿(bǎi tān r)
快板儿(kuài bǎn r)	腰板儿(yāo bǎn r)	脸蛋儿(liǎn dàn r)	盘儿菜(pán r cài)
收摊儿(shōu tān r)	蒜瓣儿(suàn bàn r)	有盼儿(yǒu pàn r)	杂拌儿(zá bàn r)
豆芽儿(dòu yá r)	鸭儿梨(yā r lí)	沿边儿(yán biān r)	差点儿(chà diǎn r)
聊天儿(liáo tiān r)	单弦儿(dān xián r)	馅儿饼(xiàn r bǐng)	心眼儿(xīn yǎn r)
沿儿(yán r)	一下儿(yī xià r)	拔尖儿(bá jiān r)	唱片儿(chàng piān r)
刀片儿(dāo piàn r)	照面儿(zhào miàn r)	中间儿(zhōng jiān r)	小辫儿(xiǎo biàn r)
画儿(huà r)	好玩儿(hǎo wán r)	玩儿命(wán r mìng)	人缘儿(rén yuán er)
鼻梁儿(bí liáng r)	透亮儿(tòu liàng r)	围脖儿(wéi bó r)	大伙儿(dà huǒ r)
干活儿(gàn huó r)	被窝儿(bèi wō r)	蝈蝈儿(guō guō r)	上座儿(shàng zuò r)
碎步儿(suì bù r)	爆肚儿(bào dǔ r)	兔儿爷(tù r yé)	岔道儿(chà dào r)
肚兜儿(dù dōu r)	走调儿(zǒu diào r)	好好儿(hǎo hāo r)	病号儿(bìng hào r)
一溜儿(yī liù r)	鸟儿(niǎo r)	顶牛儿(dǐng niú r)	豆角儿(dòu jiǎo r)
抓阄儿(zhuā jiū r)	死扣儿(sǐ kòu r)	小球儿(xiǎo qiú r)	掌勺儿(zhǎng sháo r)
口哨儿(kǒu shào r)	面条儿(miàn tiáo r)	老头儿(lǎo tóu r)	早早儿(zǎo zǎo ér)
线轴儿(xiàn zhóu r)	有空儿(yǒu kòng r)	打鸣儿(dǎ míng r)	起名儿(qǐ míng r)
人影儿(rén yǐng r)	够本儿(gòu běn r)	下本儿(xià běn r)	针鼻儿(zhēn bí r)
挨个儿(āi gè r)	饱嗝儿(bǎo gé r)	刨根儿(páo gēn r)	够劲儿(gòu jìn r)
串门儿(chuàn mén r)	爷们儿(yé men r)	纳闷儿(nà mèn r)	小曲儿(xiǎo qǔ r)
蛐蛐儿(qū qū r)	开刃儿(kāi rèn r)	桑葚儿(sāng shèn r)	好人儿(hǎo rén r)
愣神儿(lèng shén r)	走神儿(zǒu shén r)	屁儿(tì r)	送信儿(sòng xìn r)
玩意儿(wán yì r)	金鱼儿(jīn yú r)	奔头儿(bèn tóu r)	香肠儿(xiāng cháng r)
掉价儿(diào jià r)	打晃儿(dǎ huàng ér)	脖颈儿(bó gěng r)	提成儿(tí chéng r)
锯齿儿(jù chǐ r)	开春儿(kāi chūn r)	火星儿(huǒ xīng r)	逗乐儿(dòu lè r)
败家子儿(bài jiā zǐ r)		豆腐干儿(dòu fu gān r)	
行李卷儿(xíng li juǎn r)		树阴凉儿(shù yīn liáng r)	
中不溜儿(zhōng bu liū r)		一股脑儿(yì gǔ nǎo r)	
豆腐脑儿(dòu fu nǎo r)		凑热闹儿(còu rè nao r)	
细高挑儿(xì gāo tiǎo r)		不得劲儿(bù dé jìn r)	

第二章　普通话词汇和语法训练

方言和普通话相比，不仅在语音上有很大差别，在词汇、语法等方面也有差别。在语音方面，不同方言区的人语言不通，说方言的人不懂普通话，说普通话的人也不懂方言。即使方言区的人学习普通话，往往带有一些方音。如湖南人把"图画"说成"头发"；云南人把"大雨"说成"大姨"。在词汇方面，方言和普通话的差别也很大。如上海人把"膝盖"称"脚馒头"，湖南人把"女孩"称"妹子"。在语法方面，方言和普通话的差别在于词序、虚词、词性等方面，如广州话把"我先走"说成"我行先"，上海话把"你吃饭了吗"说成"侬饭吃过哦"等。下面，将从词汇和语法两方面来谈普通话和方言（尤其是甘肃方言）的差异并进行辨正。

第一节　普通话词汇特点

词汇和语音、语法并列为语言的三大要素。语言是随着社会历史的变迁而不断发展变化的。世界上的事物在不断地新陈代谢，反映事物的词汇也就随之新陈代谢。旧事物慢慢退出历史舞台，反映旧事物的词汇也逐渐销声匿迹；新事物不断产生，反映新事物的词汇也就层出不穷。普通话词汇是语言中发展变化较大的部分，但这并不意味着它的一切规律均在变动中。应该说，词汇的规律有静态和动态两种，保持稳定的静态规律主要是构词规律，不断变化的动态规律是词库中的新陈代谢。普通话词汇是以北方话词汇为基础的，但是长期以来它已从其他方言里、古汉语里、其他民族语里，以及各种行业语里吸收了许多有用的成分。因此，普通话词汇具有很强的普遍性。普通话词汇的特点主要体现在下面几个方面：

一、从词汇相对稳定的静态规律看，汉语构词语素以单音节语素为基本形式

语素是语言的最小单位，也是构词的最小单位，由此可看到几千年以来，文字记录的古代汉语到现代汉语，单音节语素在语素中占绝大多数。在口头上，一个单音节语素指的是一个带声词的音节；在书面上是汉字，过去常说词是由字构成的，那是因为一个汉字绝大多数情况下代表一个语素。科学的说法应该是词是由语素构成的。

汉语的词大多由单音节语素构成。单音节语素在构词上有神奇的力量，单音节语素写出来是一个字，所以我们计算单音节语素的数量可以以字的数量来计，常用的大概有三千多个，次常用的又有三千多个。六千多个单音节语素，以一定的语法结构组合，可以构成的词

应当有几万,常用词也会有上万个。

因而,当出现了一个新事物或新概念,需要一个新词表达的时候,并不一定要创造新语素才能形成,多半是用库存的语素经过筛选构成新词。如在表达现代化事物"电视"这个概念时,选择了自古就有的两个语素"电"和"视"进行组合。看一个单音节语素构词能力强不强,有两个条件,一是能否独立成词,二是能否与别的语素构词,且构词时次序灵活。两者能力兼具的叫自由语素。只具备第二种条件,即不独立成词,但能与别的语素组合且组合位置灵活的是半自由语素。只能与别的语素组合且位置不灵活的叫不自由语素。单音节语素中大量的是自由和半自由的语素。自由语素不少,所以单音词不少。构词能力强,使得汉语词库中极易增添新的生命。比如"冰释",冰是自由的语素,可以独立成词(一块冰),也可以和其他语素组成合成词(冰棒、冰雹、冰河、旱冰、滑冰、溜冰鞋)。"释"作为消除义,只能成为半自由语素,如:释疑、释然、涣然冰释。不自由语素或称词的前缀、后缀,多半是虚化的语素(者、性、派、家、手、子、儿、头、阿、志、初、第等)。

二、常用词的音节数以单音节和双音节为基本形式

从静态词汇系统看,现代汉语的词汇单位以双音词为主体,但从动态系统看,现代汉语的词汇单位中单音词仍占有突出的地位,三音词有增多的趋势。单就静态存在的词汇系统中的双音词的数量而言,双音词要比单音词、三音词以及三音节以上的词或固定词组的总和还要多。之所以形成现代汉语词汇以双音词为主体的局面,是因为汉语词汇在由古代汉语以单音词为主体向现代汉语的发展过程中,有一个明显的倾向,那就是双音化。具体表现有以下几个方面。

第一,新生词多为双音词。例如:
国格　快餐　派性　网点　定额　调价　批量　民主　法制

第二,原有的单音词被双音词取代。例如:
朋—朋友　馑—饥馑　芹—芹菜　股—大腿
溉—灌溉　椟—匣子　樊—樊篱　江—长江

第三,原有的单音词有了并行的双音词。例如:
脚—小腿　股—大腿　涕—眼泪　身—身子
日—太阳　月—月亮　指—手指　臂—胳膊
皮—皮肤　桌—桌子　师—老师　道—道路

第四,三音词省去一个音节变为双音词。例如:
火轮船—轮船　机关枪—机枪　洗脸盆—脸盆
潜水艇—潜艇　电视机—电视　电冰箱—冰箱

第五,四个或四个以上音节的词组凝缩为双音词。例如:
科学技术—科技　　　　　高等学校—高校
环境保护—环保　　　　　人民警察—民警
彩色电视机—彩电　　　　高级知识分子—高知

汉语的词由单音词向双音节词发展,这是古代汉语向近代、现代汉语发展的一个重要特点。从运用汉语的人的心理看,双音词是最受欢迎的。因为双音词适应思维精密变化的发展,两个语素构词,词和词可以相应成为词族,比如,以"电"为第一个语素,和另一个语素组合的词有:

电路	电瓶	电扇	电视	电脑	电网	电眼	电钻
电棒	电报	电表	电波	电镀	电场	电车	电池
电船	电话	电灯	电工	电焊	电机	电键	电铃

同时,双音节还避免了单音词太多会产生过多同音词的现象。汉语语音系统在向简化的方向发展,如果单音词多,势必产生同音词多的情况,不利交际。三音节词在近现代较古代有明显的增加,特别是近几年,三音节词的数量不断增长。像"性"作为后缀的三音词,有相当多的词,成了一个词族。如:多科性、逻辑性、代表性、敏锐性、可行性、盲目性、科学性、原则性、系统性、决定性等等,列举上百个大概都不难。像"性"这样的后缀,又有:化、家、员、者、派、鬼、犯、界、生、素、论、式、品、纲、度、法等等,在它们充任不自由语素时,意义已经虚化了。但是,三音节词再增长,也没有超过双音节词的可能。

总之,构词语素以单音节为基本形式,就相对制约了词的音节数目。除了单音节有相当数量外,最受欢迎的双音节,三音节也得到认同,四音节就到宽容的限度。五音节以上的词语多是科学术语或专有名词,不会是一般的常用词。这个情况已经形成较稳定的规律。

三、现代汉语的构词以复合法为主,语素构词以五种语法结构为基本形式,其中偏正式最为常见。存在大量的同素词,同素词族成为现代汉语词与词之间联系的显性范畴

现代汉语词汇的构词类型虽然多种多样,有单纯构词、复合构词、附加构词和重叠构词等,但为数最多的当数复合法构词。现代汉语词汇中90%以上的词是合成词,而合成词中绝大多数为复合式合成词。复合法构词的类型主要有偏正式、并列式、动宾式、补充式、主谓式五种基本形式。从这些复合法构词的类型可以看出,现代汉语复合构词的内部组织关系跟词组的内部结构关系具有较强的一致性。在各种类型的复合法构词中,偏正式结构又独占鳌头,成为最活跃、最能产的构词方式。

偏正	扫射	电脑	激光	爱心	侃爷	倾销	回流	雪亮
	科幻	联播	人流	美食	热线	代购	纯情	腾飞
并列	收获	骨肉	精英	暴露	酒水	社区	回归	界定
	揪斗	举报	开发	紧俏	紧缺	疲软	祥和	宽容
动宾	美容	站岗	走穴	回潮	交心	解冻	焗油	减肥
	动机	借读	纠偏	立项	斥资	炒金	选美	扫黄
补充	说服	推翻	立正	阐明	拓展	爆满	看淡	冲凉
	走俏	打倒	提高	改进	合成	压缩	摧毁	延长
主谓	地震	日食	胆怯	军管	刊授	婚变	家教	自动
	镭射	资深	口吃	心酸	炮轰	人治	邮购	死缓

由于现代汉语在构词上以复合法为主,且偏正式最为常见,所以现代汉语词汇跟构词有关的另一个突出表现就是同素词丰富,往往一系列的词在归类原则和相关联系的支配下共

用同一语素,形成一个包含有共同语素的词族。词族内的各个词就是依赖这个共同语素建立起联系,并显示出现代汉语构词以类相聚的范畴特征。同素词族内部反映出的意义关系在各种语义关系中都有表现。例如:

反映属种关系的:
军种—陆军、海军、空军　　　　　　　将官—少将、中将、上将、大将
学生—小学生、中学生、大学生、研究生　　研究生—硕士生、博士生

反映整体部分关系的:
树—树根、树干、树枝、树叶　　　　　　叶子—叶片、叶柄
叶片—叶肉、叶脉

反映顺序关系的有:
小学—中学—大学　　　　　　　　　　学士—硕士—博士
春季—夏季—秋季—冬季　　　　　　　童年—少年—青年—中年—老年

反映类义关系的:
课桌—饭桌—办公桌　　　　　　　　　长凳—方凳—圆凳

反映对立关系的:
女士—男士　　出席—缺席　　上班—下班　　主体—客体　　积极—消极

反映近义关系的:
辨别—识别　　朴素—朴实　　继续—连续—持续
请求—恳求—乞求　　希望—盼望—期望

古代汉语词汇以单音节为主,构词以单纯构词为主,同素词族自然不及现代汉语词汇丰富。拿现代汉语跟现代印欧语系的语言相比,现代汉语词汇的这一特点也是极为突出的。下面以包含有共同语素"花"的同素词族为例,与现代英语的对应词作比较。

汉语词	英语词	汉语词	英语词
花	flower	葵花	sunflower
菊花	chrysanthemum	茶花	camellia
荷花	lotus	兰花	orchid
玫瑰花	rose	月季花	Chinese rose
水仙花	narcissus	凤仙花	garden balsam
百合花	lily	牡丹花	peony
牵牛花	morning glory	花粉	pollen
花瓣	petal	花萼	calyx
花冠	corolla	花蕾	bud
花蕊	stamen(雄性) pistil(雌性)	花托	receptacle
火花	spark	烟花	fireworks
浪花	spray	雪花	snowflake

四、现代汉语的词汇单位与非词汇单位之间缺乏明晰的界限，现代汉语词汇实际上是一个模糊集

现代汉语词汇单位与非词汇单位的模糊不清表现在以下几个方面：

其一，词和语素的界限不清。从理论上讲，语素是最小的音义结合的语言单位，词是最小的独立的造句单位。如果一个语素不能独立地用来造句，就不可独立地构成词，就是一个非成词语素，它只能是语素，不是词。这在判定像"伟"、"丽"、"绩"、"泽"之类的语素时比较容易，因为它们在现代汉语里无论处于何种语境都不能独立地用来造句。它们是现代汉语的非成词语素。但是，有些现代汉语的语素是不是成词语素却不容易确定。同一个语素有人认为是成词语素，有人认为不是。其原因就在于现代汉语的非成词语素都是从古代汉语的成词语素发展演变而来的，而发展演变有一个过程，有的成词语素发展为非成词语素的过程已经完成，有的处在发展的过程之中。对后者来说，它们可能在性质上具有两重性，既有非成词语素的发展倾向，又有在特定语境中独立成词的表现。如"丰"，除在"丰衣足食"、"人寿年丰"、"丰功伟绩"等成语中有词的资格，在现代汉语中一般不能独立成词，而是要跟其他语素构成合成词才能独立用来造句，如"丰富"、"丰产"、"丰收"、"丰满"、"丰美"、"丰盛"等。"今年小麦大丰收"不能说成"今年小麦大丰"，"现代汉语词汇丰富"也不能说成"现代汉语词汇丰"。

其二，词和词组的界限不清。又分两种情况，一种是词与固定词组界限不清。例如有人认为"砸锅"、"顶牛"、"露馅"等是惯用语，而我们觉得这些单位具备词的一般特征，应视为词。不过，这类认识上的分歧不影响对词汇单位的确立，因为无论它们是词，还是惯用语，都是词汇单位。另一种情况是我们更为关心，也是汉语词汇学乃至汉语语言学处理起来更为棘手的，那就是词和自由词组的界限问题。词是最小的造句单位，自由词组是由词构成的比词大的造句单位；词是备用单位，自由词组是临时组织的单位。从理论上讲，二者界限也是清楚的。但是对现代汉语中由两个成词语素构成的组合体来说，是词还是自由词组，有时分辨起来确实比较困难。人们习惯上用扩展法来区别词和自由词组，能扩展的是自由词组，不能扩展的是词。例如，"大河"可扩展为"大的河"，"大车"不能扩展为"大的车"，因为扩展形式"大的车"跟"大车"的意义不是一回事，"大车"指的是牲口拉的两轮或四轮载重车。"大河"是自由词组，"大车"是词。同理，"白菜"是词，"白纸"是自由词组；"骑兵"是词，"骑马"（可以说"骑一匹枣红马"）是自由词组。还有一种方法用来区别词和自由词组，那就是看两个成词语素组合起来以后意义是否融合。意义融合的是词，没有形成融合的完整意义而是构成成分意义之和的是自由词组。例如"长江"是词，"大江"就是自由词组；"买卖"在"茶叶买卖"中是词，表示"生意"的意思，而在"买卖文物"中是自由词组，就是"买和卖"的意思。不过，语言中还是有用这两种方法不易定夺的情况。像"羊肉"、"猪皮"、"鸡毛"、"牛奶"、"象牙"等，似乎都可在中间加"的"进行扩展，并且扩展后的意义和原来的意义基本一样，说它们是自由词组符合以上两种做法。但是，这些词语单位的扩展形式是极其有限的，而且扩展形式在语言生活中一般又不用，如"买一斤羊肉"不说"买一斤羊的肉"，"鸡毛掸子"更不能说成"鸡的毛掸子"，它们结合较紧。由此，我们又可将它们视为词。如果把它们看成词，现代汉

语词典也没有必要收释这类语言单位,因为这类语言单位大量存在,收不胜收。这类语言单位我们也应该看作现代汉语词汇的外围成分。

其三,固定词组与自由词组界限不清。一个词组是固定的还是自由的,看法上可能有分歧。事实上,一个词组可能正是处在"自由"与"固定"之间,说它是固定词组不够典型,说它是自由词组也有些勉强。比如"科学技术",它不像成语、惯用语、专名语那样结构定型,意义完整,但"科学"与"技术"结合在一起使用的频率的确很高。再如"高科技"、"精神文明"、"精神污染"、"两个文明"、"改革开放"、"生态保护"、"生态农业"等,情况也是一样。

五、造词加强了理据性,词语表义的明确度加大

这一特点主要表现在以下几个方面:

第一,现代汉语造词主要运用契合法。契合法是根据人们对被指称的事物现象的认识成果,选择能反映被指称的事物现象的性质特征的语言材料,对被指称的事物现象加以描摹说明,从而创造新词的方法。用契合法造出来的词的造词材料直接或间接地表明了被指称事物的性质特征,理据鲜明,表意显豁。例如,用"退休"表示因年老或因伤病等原因离开原来的工作岗位而休息;用"病退"表示因病而退休;用"病休"表示因病而休假。这些新词的造词材料都明确地提示了新词所指的事物现象的自身特征,为人们理解词义提供了线索。

第二,在现代汉语范围内,不再产生联绵词,极少产生单音词。联绵词的音义之间没有理据可言,音义的结合一般是任意的,所以联绵词是无理据的词。现代汉语的联绵词都是从古代汉语和近代汉语传承而来的,现代汉语的新生词汇中已没有联绵词的位置。单纯词跟合成词相比,合成词理据明显。像译自英语"cool"的"酷",表示氢氧原子团的"羟"之类的单音节单纯词,在现代汉语的新生词汇中已极为少见。

第三,现代汉语的简缩造词是转化造词的主要类型,由于有基础形式作参照,并且基础形式一般是跟简缩形式分工使用,因而简缩造词也是理据性较强的。例如:

高等学校—高校	电视大学—电大	武装警察—武警
空中小姐—空姐	每人平均—人均	失去控制—失控
公共关系—公关	节约能源—节能	少年先锋队—少先队
共产主义青年团—共青团	微型电子计算机—微机	奥林匹克运动会—奥运会
高等学校入学考试—高考		

第四,现代汉语吸收外来词语特别注重汉化,努力赋予汉语外来词语以理据,对以往音译的外来词语则常常用纯意译的自造词语去代替。汉语吸收外来词语不像印欧语系的语言那样,主要采用语音转写的方式,而是最大程度地进行汉化,以使其符合汉语词汇的特点。因为字不表义的纯粹音译的外来词语没有明确的造词理据,在汉族人的心目中是难以接受的,因此,纯粹的音译外来词语在现代汉语词汇中所占的比重不大,通用的为数更少。现代汉语吸收外来词语汉化程度最强的方法是对应外语词的结构用汉语语素直译,又叫做仿译,如"马力(horse-power)"、"超市(super-market)"、"笔名(pen name)"、"快餐(quick lunch)"、"软件(soft-ware)"等;其次为音加意译,如"艾滋病(AIDS)"、"曲奇饼(cookie)"、"高尔夫球(golf)";半音译半意译,如"冰激凌(ice-cream)"、"因特网(internet)"、"浪漫主义

(romanticism)";音兼意译(又叫谐音译),如"乌托邦(Utopia)"、"绷带(bandage)"、"可口可乐(coca-cola)"等。即使纯粹音译的词,常常也要在汉字字形上意化,如"氨(ammonia)"、"胺(amine)"、"铵(ammonium)"等。当然,当社会高度开放,外来文化大量涌来时,用纯粹音译的办法吸收外来词语是最直接、最快速的,这时往往产生数量可观的纯音译的外来词。但是在发展的过程中,纯音译的外来词不少被纯意译的汉语自造词代替。例如,以下词语前者都是近现代纯音译词,后者是用来替代的纯意译的汉语自造词。

  扑落(plug)—插头 莱塞(laser)—激光 德律风(telephone)—电话
  赛因斯(science)—科学 盘尼西林(penicillin)—青霉素 德谟克拉西(democracy)—民主

六、适应语体、节奏、韵律等的需要,现代汉语存在大量的表达同一事物现象的包含有共同语素的同义词,而这些同义词的音节却数量不等,表现出形式上的伸缩性

  例如,一年四季并举时说"春夏秋冬",一般不说"春天、夏天、秋天、冬天",也不说"春季、夏季、秋季、冬季",而"阳光明媚的春天"却不能说成"阳光明媚的春","春季运动会"不能说成"春天运动会",更不能说成"春运动会"。"男子有泪不轻弹"用"泪"、"鳄鱼的眼泪"用"眼泪"、"泪水模糊了双眼"用"泪水",都很自然和谐,如改成"男子有眼泪(或泪水)不轻弹"、"鳄鱼的泪(或泪水)"、"泪(或眼泪)模糊了双眼"就显得别扭而没有节奏感。可以说"害了别人也害了自己",也可以说"害人害己",但要说成"害了别人也害了己"或"害人害自己",虽然合乎语法规则和语义规则,却不合乎表达对音节的要求,也可以说不合乎表达规则。

  汉语表达不仅重视语法语义,讲究逻辑,而且非常注重形式上的整齐均衡,韵律和节奏上的和谐自然以及风格上的协调一致。这样,在选择词语上就特别讲究词语的形式特征,该单则单,宜双则双。要满足汉语表达在词语形式上的多样性选择,势必就要求汉语词语在形式上单音节和双音节并存,双音节和多音节同在。甚至单音节、双音节和多音节并行不悖。如下例:

  牙—牙齿 眼—眼睛 舌—舌头 衣—衣服(衣裳) 房—房子
  写—书写 抄—抄写 美—美丽(美好) 美国—美 台湾—台
  因—因为 道—路—道路 姑娘—姑娘家 小孩—小孩子

七、现代汉语词汇中存在一定数量的叠音词和带有叠音形式的词,而且叠音形式多样化

主要有以下几类:

1. AA 式叠音单纯词

  楚楚 孜孜 熊熊 冉冉 袅袅

2. AA 式重叠式合成词

  伯伯 叔叔 公公 婆婆 娃娃 苍苍 悠悠 匆匆 滔滔 飘飘
  仅仅 刚刚 渐渐 恰恰 平平 星星 本本 条条 框框 杠杠

3. ABB 式附加式合成词

  热乎乎 甜丝丝 娇滴滴 眼巴巴

4. ABB 式补充式合成词

雾茫茫　　冷冰冰　　白皑皑　　静悄悄

5. BBA 式偏正式合成词

蒙蒙亮　　毛毛雨　　邦邦硬　　哈哈镜

6. AABB 式联合式合成词

花花绿绿　　星星点点　　婆婆妈妈　　鬼鬼祟祟　　瓶瓶罐罐　　轰轰烈烈

除以上六个方面的特点外,现代汉语词汇还有一些较显著的特征,比如构词语素以单音节为主,行业词语大批涌入通用词汇,词义的演变速度加快等。

第二节　方言词语辨正

一、形同义异词辨正

形同是指方言与普通话的词语在书写形式上完全相同,义异是指词语的意义有所不同。形同义异的情况有以下几种:

1. 方言词义的范围比普通话的大

吃——吴、徽、湘语和江淮话中包括了普通话的"吃"、"喝"、"吸"三种意思,如"吃饭"、"吃茶"、"吃烟"。

2. 方言词义的范围比普通话的小

面——吴、徽、粤、闽等方言单指"面条"。普通话中可以兼指面粉和杂粮磨成的粉,以及其他磨粉儿。如"胡椒面儿"、"药面儿"。

3. 方言词义与普通话的恰好相反

普通话里的"爷爷"(祖父)"、"爹爹"(父辈),江淮话却是"爹爹"(祖父)、"爷爷"(父辈)。

4. 方言词义与普通话的所指具体对象不同

"香油"一词,在徽、淮等方言里是"菜籽油",而普通话里指"芝麻油"。

二、义同形异词辨正

概念或事物现象相同,在不同方言中采用不同的词形表达,这是造成方言词语分歧的重要原因。义同形异的情况主要有以下几种:

1. 方言和普通话构词的语素相同,但次序是颠倒的

尘灰(徽、客)——灰尘(普通话)　　　　棒冰(吴)——冰棒(普通话)

2. 方言和普通话的构词语素中只有部分相同

面巾(吴、闽)——毛巾(普通话)

鼻(闽)、鼻头(吴)、鼻哥(粤)、鼻公(客、赣)——鼻子(普通话)

3. 方言和普通话的构词语素完全不同

热头(客、闽、北方)——太阳(普通话)　　禾(湘、赣、客、粤)——稻子(植物)(普通话)

三、其他方言词语辨正

1. 改正由于方言与普通话对事物的描写不同所造成的方言词语

游火虫(苏)、亮火虫(成)、火蓝虫(梅)、火金姑(厦)——萤火虫(普通话)

2. 改正由于方言与普通话对事物的比喻不同所造成的方言词语

摆龙门阵(成)、打嘴鼓(潮)、打牙较(广)——聊天(普通话),地龙(福)——蚯蚓(普通话)

3. 改正由于方言与普通话对事物的说明不同所造成的方言词语

引线(苏)——针(普通话),洗脸帕(成都话)、面帕(梅)、面巾、面布(闽)——毛巾(普通话)

4. 改正由于自然条件的差异所造成的方言词语

闽语、粤语中冰雪不分反映了地区气候特点。如:

雪糕(广、福、梅)——冰淇淋(普通话)

雪条(广、潮)、雪枝(梅)、霜枝(厦)——冰棍儿(普通话)

5. 改正方言中的避讳词语

为了避免同音字引起的不愉快联想,许多方言都造出了一些独特的避讳词语。如:

关于"死"的避讳说法有"走了"、"去了"、"老了"、"不在了"、"过去了"、"殇了"、"过辈了"等等。

6. 改正方言里还沿用的古词语

由于方言发展的不平衡,造成了各个方言还不同程度地保存着古汉语的词语和用法。如:

走(徽、粤、客等)——跑(普通话)　　屐(梅、广)——木拖鞋(普通话)

鼎(闽)、镬(吴、闽、粤)——锅(普通话)

7. 改正方言对禽畜雌雄的不同说法

"母鸡"有雌鸡(苏)、草鸡(温)、鸡项(广)等说法;"公牛"有雄牛(苏)、公子(温)、牛公(广)、牡子(沈)等说法。

8. 改正方言对曾是舶来品的物品的叫法

"西红柿"有洋柿子(西北)、洋茄子(温)、番茄(广)等说法;"马铃薯"就有洋芋(西北)、洋山芋(扬)等说法。

四、甘肃方言词语辨正

甘肃方言属于北方方言的次方言——西北方言。普通话是以北方话为基础方言的,因而甘肃方言词语也是构成普通话词库的基础方言之一。甘肃方言词语与普通话词语既有明显的一致性，又存在着一定的差异性。下面就以甘肃陇中方言中的常见词为例，对照说明普通话与甘肃方言词语的差别。"—"前为普通话词语，后为方言词语。

1. 天文、地理

太阳—日头、日头儿、日头爷　　星星—宿宿　　　　　　雷—雷神爷
闪电—火闪儿　　　　　　　　毛毛雨—霂雨子　　　　大、暴雨—霈雨
彩虹—虹　　　　　　　　　　冰雹—冷子、生雨　　　　露—露水
降霜—放霜　　　　　　　　　闷热—（天气）熰人　　　菜地—菜园子
山腰—半山上　　　　　　　　山脚—山底下　　　　　　山坡—溜匝
水塘—涝坝　　　　　　　　　脏水—稠水　　　　　　　冷水—凉水
开水—滘水　　　　　　　　　鹅卵石—溜光石　　　　　土坯—墼子
灰尘—尘土　　　　　　　　　水泥—洋石灰　　　　　　磁石—吸铁
胡同—巷唐　　　　　　　　　市场—大集上　　　　　　赶集—跟集

2. 时令、时间

立春—打春　　　　　　　　　历书—宪书　　　　　　　阴历、农历—老历
阳历、公历—新历　　　　　　除夕—三十日晚上　　　　元宵节—正月十五
端午节—五月五　　　　　　　中秋节—八月十五　　　　重阳节—九月九
去年—年时　　　　　　　　　大前年—外前年　　　　　往年—满年、往满年
大后年—外后年　　　　　　　每年—年年　　　　　　　今天—今日个
昨天—昨日个　　　　　　　　明天—明早　　　　　　　后天—后早
大后天—外后早　　　　　　　前天—前日个　　　　　　大前天—外前日
上午—早半日　　　　　　　　下午—下半日　　　　　　清晨—清早上
中午—饭时候　　　　　　　　白天—一天里　　　　　　天黑了—天麻了
晚上、整夜—一晚上　　　　　日期—日子　　　　　　　过去—第故

3. 农业

犁地—耒各地　　　　　　　　下种子—撒籽　　　　　　锄草—锄田
草木肥—灰粪　　　　　　　　化肥—肥料　　　　　　　浇水—汀水
谷囤—麦篅子　　　　　　　　镐—洋镢

4. 植物

庄稼—庄农　　　　　　　　　谷子—谷　　　　　　　　玉米—苞谷
高粱—秋秋　　　　　　　　　雌麻—苴麻　　　　　　　葵花—向日葵
菜瓜—瓠子　　　　　　　　　洋葱—洋蒜　　　　　　　蒜薹—蒜黄
韭苔—韭黄　　　　　　　　　土豆—洋芋　　　　　　　西红柿—洋柿子
洋姜—洋洋芋　　　　　　　　芥末—芥面　　　　　　　洋白菜—包白菜
胡荽—芫荽　　　　　　　　　甜菜根—甜根儿、甜萝卜　胡萝卜—黄萝卜
植树—栽树　　　　　　　　　砍树—剁树　　　　　　　修剪树—选树
李子—玉黄子、玉黄

5. 动物

牲口—头口	公马（未阉割）—骚马	母马—骒马
公牛（未阉割）—脖牛	公牛（阉割）—犗牛	母牛—雌牛
牛犊儿—牛娃儿	公驴—叫驴	母驴—草驴
山羊—羖䍽	公狗—牙狗儿	小狗—狗娃子
母猫—米猫	公猪—牙猪儿	种猪—脖猪儿、骚猪儿
母猪—母猪儿、母猪婆、猪婆	阉割猪—裁猪	母鸡—鸡婆儿、母鸡婆
孵小鸡—抱鸡娃	小鸡—鸡娃儿	小鸭子—鸭娃儿
野兽—野物	狼—狼跋子	狐狸—野狐子
硕鼠—仓老鼠	松鼠—巨狸猫	鼢鼠—瞎瞎
獭鼠—崖獭子	蛇—长虫	乌鸦—骚鸦儿、老鸹
喜鹊—野雀子	大雁—咕噜雁	山鸡—野鸡
鸽子—鹁鸽儿	石鸡—嘎啦鸡、尖鸡儿	戴胜—包包吃、洋师公
啄木鸟—啄木虫	猫头鹰—夜鸽子、恨吼	鹞鹰—鹞子
老鹰—恶老鸹、萝卜叫	蝙蝠—夜别虎	蜘蛛—罗网、蟢蟢儿、蛛蛛
蚂蚁—蚍蜉蚂蚂儿、蚂蚂蛆	蛆虫—蛆	蜗牛—蹈蹈牛
屎壳郎—屎爬牛	蜈蚣—蚰蜒	蚯蚓—曲蟮
毛虫—老毛搓蛆	蚜虫—旱蛏	臭虫—壁虱
潮虫—壁虱板子	跳蚤—虼蚤	蝗虫—蚂蚱子
牛虻—麦赞	马蜂—狗头蜂	灯蛾—打灯蛾儿
瓢虫—花花公儿	甲鱼、乌龟—王八	蛙类、蟾蜍—癞瓜子、癞蛤蟆
蟾蜍—旱蛤蟆		

6. 房舍

影壁—照壁	正房—客房	楼房—洋楼
土楼房—高房	小房子—岁房	屋梁—檩子
柱下石—柱顶石	灶—灶头、锅台	厕所—溷圈
猪窝儿—猪圈	草垛—草摞	

7. 器具、用品

凳子—板凳	土炕—炕	床单—褥单儿
马桶—尿盆儿	暖水瓶—电壶	风箱—风匣
火柴—洋火	烟瓶—旱烟瓶、烟锅子	烟囱—烟洞眼
火锅—锅子	鏊—鏊锅儿	锅铲—铲锅刀
羹匙—调羹儿	坛子—坛坛儿	罐子—罐罐儿
菜刀—切刀	砧板—切菜板儿	蒸笼—笼幢
粗箩儿—马尾箩儿	墨斗—墨斗子	钉子—洋钉儿
钉锤—掌锤儿	抹子—泥抹子	理发剪—推子

熨斗—烙铁　　　　　　　香皂、肥皂—胰子、洋碱　　　手巾儿—毛巾
蜡烛—洋蜡　　　　　　　油灯—灯盏　　　　　　　　　钱包—片夹子
糨糊—糨子　　　　　　　鸡毛掸子—打子　　　　　　　拐杖—拄棍儿

8. 称谓

男人—男人家　　　　　　女人—婆娘家　　　　　　　　婴儿—月里娃
小孩—娃娃、岁娃娃　　　老头儿—老汉、老爷爷　　　　老太婆—老奶奶、老太太
坏蛋—瞎(hā)俫　　　　　乡巴佬—乡棒儿　　　　　　　自己人—各家的人、各人的人
乡下人—乡里人　　　　　单身汉—光棍汉、光棍　　　　厨师—厨子
乞丐—叫花子、要口的、要馍馍的　道士—道人　　　　　警察—公安局的、派出所的
骗子—骗子手　　　　　　贼—贼娃子　　　　　　　　　生意人—做买卖的
摊贩—摆摊子的　　　　　吝音鬼—小气鬼　　　　　　　医生—大夫、先生
司机—开车的　　　　　　手艺人—匠人　　　　　　　　屠户—屠家

9. 亲属

辈分—辈里　　　　　　　长辈—大辈儿　　　　　　　　曾祖父—太爷
曾祖母—太太　　　　　　祖父—爷、爷爷　　　　　　　外祖父—外爷
外祖母—外奶奶　　　　　父亲—大大、大、爸爸　　　　岳父—姨父、丈人
岳母—姨娘、丈母娘　　　公公—阿公　　　　　　　　　婆婆—阿家
继父—后大、后爸　　　　继母—后妈妈、后娘　　　　　伯母—大妈、大娘
伯父—大大、大爸、大爸爸、大爷　转亲戚—走亲亲　　　　婆家—阿家舍
舅母—妗子　　　　　　　二叔父—二大、二爸　　　　　丈人家—丈人舍
舅父—舅舅、阿舅　　　　二叔母—二妈、二婶婶　　　　姑妈—姑姑、阿姑
姨妈—姨姨、姨娘、阿姨　晚辈—小辈　　　　　　　　　平辈—一辈的
丈夫—男人　　　　　　　妻子—婆娘、老婆　　　　　　大伯子—阿伯子
妻兄—妻哥　　　　　　　妻弟—妻兄弟　　　　　　　　大姨子—妻姐姐
妯娌—先后　　　　　　　小姨子—妻妹子　　　　　　　子女—儿女
儿子—后人　　　　　　　大儿子—大后人　　　　　　　干儿子—干后人
干女儿—干女孩儿　　　　养子或养女—抱下的娃娃
儿媳妇—媳妇子　　　　　连襟—挑担　　　　　　　　　亲戚—亲亲

10. 身体

光头—秃头　　　　　　　秃顶—旋顶　　　　　　　　　后脑窝子—燕燕窝
前额—额头　　　　　　　辫子—毛角子　　　　　　　　脸面—脸脑
腮帮子—䐉子　　　　　　眼眶—眼圈儿　　　　　　　　眼珠儿—眼仁珠子
眼泪—眼雨　　　　　　　黑眼珠—黑眼仁儿　　　　　　眼睫毛—眼杂毛
鼻子眼—鼻孔眼　　　　　鼻梁儿—鼻梁瓜　　　　　　　嘴唇—嘴皮子
唾沫—唾唾　　　　　　　口水—涎水　　　　　　　　　龋齿—蛆吃牙
耳朵—耳刮子　　　　　　耳聋—耳朵背　　　　　　　　喉咙—嗓子

肩膀—胛骨、胛子	胳膊—胳臂	腋窝—隔夹瓜
手指—手指头	指头关节—指节儿	拳头—锤头子
膝盖—磕膝盖	屁股—沟子	肛门—屁眼门
踝骨—骨拐	赤脚—精脚子	脚背—脚面
脚心—脚底里	胸脯—胸腔子、腔子	肋骨—肋子
乳房—奶头	腹部—肚子	小腹—小肚子
肚脐眼—脖屁眼	脊椎骨—腰节骨	肝脏—肝子
胆—苦胆	脾脏—腮脾	肾脏—腰窝、腰子

11. 疾病、医疗

病愈—病行了、病好了	治病—看病	请医生—叫先生、叫大夫
切脉—捉脉	偏方—捷方	买药—取药、抓药
煎药—燉药、熬药	发汗—出汗	泻火—下火
着凉—受凉	腹泻—跑肚、拉肚子	胸口疼—心口子疼
上吐下泻—上吐下疴	头晕—头昏	腮腺炎—肿脖子
雀斑—黑干青	痣—魇子	近视眼—近看眼
甲状腺肿大—大脖子	抽风—羊羔风	瘫痪—瘫了
瘸子—跛子	驼背—背锅儿	兔唇—豁豁儿
口吃—结子、结巴儿	瞎子—麻眼儿	傻子—瓜子
左撇子—左拿挂		

12. 服饰、穿戴

棉衣—裹衻儿、著腰儿	领—领窝	衬衣—汗褟儿
短裤—衩裤儿、裤衩儿	裤腰带—系腰儿	兜肚—兜兜儿
口袋（衣服上的）—插插儿	纽扣儿—纽子、纽疙瘩	拖鞋—靸鞋
雨鞋—泥鞋儿	长袜—长腰子袜子	瓜皮帽—小帽子
短袜—短腰子袜子	镯子—手框儿	戒指—手箍子
围裙儿—护裙儿	手帕—手绢儿	

13. 饮食

食物—吃的	夜宵—夜饭	剩饭—残汤、残饭
粥—米滚水、米汤	面条儿—长面	麻花—麻馓儿
饺子—扁食	肥肉—膘肉	猪脖子—猪项甬
荤菜—肉菜	猪腰子—猪腰窝	鸡蛋汤—蛋滚水
植物油—清油	红糖—黑糖	白砂糖—白糖
桂皮—树皮子	桂丁—桂籽儿	花椒—麻椒
豆瓣酱—豆酱	豆腐乳—糟豆腐	沏茶—倒茶、泡茶
白酒—辣酒		

14. 红白大事

做媒—当媒	男方相亲—照婆娘	订婚—装酒、占婆娘
彩礼金—礼钱	娶亲—引婆娘	出嫁—过门
拜堂—拜天地	新娘—新媳妇、新人	怀孕—怀娃娃、有了
孕妇—怀娃娃婆娘	小产—小月了	生孩子—养娃娃
胎盘—泥	满月—初月	一百天—百岁
头胎—头胜子	双胞胎—一对儿、双双	堕胎—打娃娃
吃奶—咂奶	祝寿—上寿、过寿	生日(老年人的)—好日子、寿
生日(年轻人的)—岁	过生日—过岁	去世—过世
死了(年轻人或未成年人)—槽蹋了、没了		守灵—跪铺
戴孝—吃孝	坟墓—坟孤堆	自杀—寻无常
尸骨—死骨头	招魂—叫魂	驱邪气—诧春气

15. 日常生活、交际

生火—引火、架火	应酬—应承	敬酒—看酒、看盅儿
干杯—碰杯	冤家—仇人	丢人—辱人、伤脸
奉承—巴结、溜沟子	串门—浪门儿	打火—合伙儿
答应—应承	撑出去—蹭出去	

16. 商业、交通

路费—盘缠	运气好—样益好	费用—开销、花销
纸币—票子	硬币—分分钱	秤星儿—准盘星
秤锤—秤砣	客车(指汽车的)—班车	货车(指汽车的)—卡车
小轿车—小卧车	摩托车—电蹦蹦	

17. 文化教育

放学—散学	放暑假—放麦学	土话—方言
不识字的人—白识字人	第一名—头名	写别字—写白字
抄袭作业—誊作业		

18. 动作、心理

看—照	流眼泪—淌眼雨	扶着—搊上、搊着
举起拳头—抟锤头	弯腰—躬腰	扔—撂、撇
擤鼻涕—擤鼻孔、擤鼻	选择—挑选	捡起来—拾起来
擦掉—揩下	丢失—撂了、撇了	找着了—寻着了
摞起来—码起来	回谢—答谢	说话—搞话、闲搞
聊天—谝传、办烂话	搭话—搭茬儿	不做声—不喘
骗—哄	抬杠—犟板颈	顶嘴—犟人
吵架—骂仗	打架—打锤	嘱咐—咋咐
啰唆—叨唠	嫉妒—咬牙	讨厌—日脸、肉脸
羡慕—吸眼	忌妒—不忿	怄气—赌气

憋气—胀气	生气—着气	疼爱—心疼
喜欢—爱	嫌弃—嫌残	知道—晓得
懂了—辨来了	学会了、懂了—会了	不认得—认不得

19. 代词、形容词等

咱们—曹	人家—伢	谁—阿是、阿啥
那个—兀个	那些—兀些	哪些—阿些
这里—这搭	那里—兀搭	哪里—阿来
兀么—那么（做）	怎着—怎么（做）	曹俩—我们两个、咱们两个
鸟俩—你们两个	伢俩—他们两个	坏、不好—瞎
凑合—能日鬼、能将就	坚固、结实—牢实	干净—青旋
不整齐—烂脏	疏（庄稼等）—稀	密（庄稼等）—稠
瘦—癯	舒服—宽快、宽舒、舒坦	难受—难挨
听话（小孩儿）—乖	吝啬—小气	刚来—将来
正好—将好、侃合适	也许—恐怕、怕	差点儿——后
趁早—闻早儿	故意—例故子、例故	被（表示被动）—招、遭、叫

第三节 普通话语法的特点

　　语法是指语言单位组合的规律和规则，是语言三个要素（语音、语汇、语法）中相对比较稳定的部分。语法是客观存在的，是人们约定俗成的。使用这种语言的人都必须遵循这种语言的语法。从古代汉语发展到现代汉语，语法没有发生根本性的变化。与印欧语系相比，现代汉语语法具有以下显著特点：

一、汉语没有严格意义的形态变化

　　（1）形态变化即词形变化，指一个词在句子中由于所表示的语法意义不同，而在形式上发生的变化。英语、俄语等印欧语言就有丰富的形态变化，用不同的形态来表示相应的语法意义。

　　（2）汉语没有印欧语言那样的形态变化，没有用词的不同形式来表示不同语法意义。同一个词处于不同的语法位置、表示不同语法意义时，词形本身并无任何变化。

　　（3）汉语中也有某些类似形态标志的成分，但数量少，普遍性差。如动词、形容词的重叠形式（商量—商量商量，干净—干干净净），"子"、"儿"、"头"作为有些名词的后缀（扣子、画儿、甜头），"们"用来表示复数（朋友们、同学们），"着"、"了"、"过"用来表示动作的不同过程等，但这类形态不仅很少，而且在表示一定语法范畴时缺乏普遍性，出现与否有一定程度的任意性，不像在有形态标志的语言中，表示不同语法意义时的形式变化是强制性的。

二、语序和虚词是汉语主要的语法手段

　　由于汉语不依赖严格意义的形态变化，于是语序、虚词就成为汉语表示语法和语义关系的主要手段。

（一）语序

语序是指语言单位组合排列的先后次序。

（1）语序不同，结构就不同。例如，"学习雷锋"是述宾结构，"雷锋学习"是主谓结构；"起来看"是连动结构，"看起来"是述补结构；"去迟了"是述补结构，"迟去了"是偏正结构。

（2）语序不同，表示的意义也不同。如，"来早了"指来得太早，"早来了"表明早就来了；"一会儿再谈"说的是现在不谈，"再谈一会儿"说的是现在谈得还不够；"不很清楚"和"很不清楚"表示的程度不同；"你能今天晚上来吗？"主要是问来的时间，"你今天晚上能来吗？"主要是问能不能来。

（3）语序不同，表达的重心也不同。比如曾国藩曾改"屡战屡败"为"屡败屡战"，"屡战屡败"重点在"屡败"，指每战皆败；"屡败屡战"重点在"屡战"，指虽遭失败而不气馁。

（二）虚词

虚词指的是连词、助词、介词、语气词这些词类。

（1）虚词的有无，会造成句法结构的不同。如，"修改书稿"为述宾短语，"修改的书稿"是偏正短语。

（2）虚词的有无会导致语义发生变化。如，"孩子脾气"指属性，"孩子的脾气"指"孩子"与"脾气"的领属关系。"孩子脾气"可以指淘气、撒娇、犟、使性子、急躁、没耐心等。如，"妈妈可以耍孩子脾气。"

（3）虚词不同，会造成句法结构的不同或语义发生变化。如，"他打了人"为主谓结构，"他打的人"属偏正结构。"把他打了"，打的是"他"，"他"是动作行为的承受者，是受事宾语；"被他打了"，"他"打了别人，"他"是动作行为的发出者，是施事宾语。

三、汉语中词类与句法成分之间不是简单的对应关系

词类指词以其在句法结构中的语法功能为依据而划分出来的，如名词、动词、形容词等。句法成分如主语、谓语、宾语、定语、状语、补语。在印欧语里，词类和句法成分之间有一种简单的一一对应关系：

```
主、宾语    谓语    定语    状语
  |         |       |       |
 名词      动词    形容词   副词
```

如下例：

（1）He criticized my taking risks.（动词谓语）

（2）His criticism doesn't worry me.（名词主语）

（3）I don't like to read his literary criticism.（名词宾语）

英语中，词会随着句法位置的不同而改变词的形式、改变词性。

在汉语中，词类和句法成分的关系不是简单对应的，而是错综复杂的，大致的情形是：名词常作主语、宾语、定语，也可作谓语，有的还可作状语等（如时间名词）；动词常作谓语，也可作主语、宾语、补语、定语；形容词常作谓语、定语、状语、补语，也可作主语、宾语。汉语名词、动词、形容词具有多功能性。下以动词"散步"、形容词"谦虚"为例：

他在散步。（动词作谓语）

散步是一种很好的锻炼。(动词作主语)
我喜欢散步。(动词作宾语)
路上有几个散步的老人。(动词作定语)
谦虚是一个人的美德。(形容词作主语)
他很谦虚。(形容词作谓语)
那人爱谦虚。(形容词作宾语)
老王是个谦虚的人。(形容词作定语)

四、汉语中词、短语和句子的结构方式基本一致

汉语由语素构成词,由词构成词组,由词和词组构成句子,其构造方式基本相同。例如:

并列: 语言(词)   学习讨论(短语)   学习讨论。(句子)
偏正: 气功(词)   好好学习(短语)   好好学习!(句子)
补充: 推翻(词)   听清楚(短语)   听清楚!(句子)
主谓: 胆怯(词)   大家休息(短语)   大家休息!(句子)
动宾: 管家(词)   接受批评(短语)   接受批评!(句子)

五、汉语里有丰富的量词和语气词

在西方语言里,数词可以直接修饰名词。现代汉语的数词不能直接修饰名词,中间要加上一个量词。如,英语:two books;汉语:两本书。汉语有丰富的量词,特别是个体量词,不同的名词往往要配用不同的个体量词。如,"一张床"、"两台电视机"、"一部电话"、"一匹马"、"一口猪"、"一把刀"等。

汉语里有不少语气词,并且位置既可以在句末,也可以在句中。如:
英语:What a beautiful flower it is!
汉语:这一朵花多么美啊!
她呀,什么都吃。(句中)
你去吧。(句末)
你去嘛。(句末)

第四节 方言语法辨正

一、构词法特点及其辨正

(一) 关于词的前缀和后缀问题

1. "阿"作为前缀

"阿"作为前缀,在普通话里的构词能力是很弱的,常见的有"阿姨"、"阿Q"。可是,在吴语、闽语、粤语里,它的能力很强,使用频率很高,通常用于亲属名称、人名、姓的前面,如:阿妈、阿婆、阿勇、阿芳、阿黄、阿张等等。方言的这些用法都带有亲昵的意味。

方言中的"阿"前缀既有较大的势力,又有一定的积极意义,有被普通话吸收的可能。

2. "儿"后缀在方言里和普通话里有类似的语法意义

"儿"后缀主要出现在北方话区、徽语区和浙江吴方言的地区。江淮话、湘语、客家话、赣语以及闽语、粤语都没有"儿"缀现象。没有"儿"缀的方言和有"儿"缀的徽语、浙江吴语,都没有像普通话一样的卷舌元音 er 韵母,因此,说这些方言的人,首先要学会 er 和儿化韵的读音,然后再逐步熟练"儿"缀词的运用。

3. "子"后缀的名词性语法功能在方言和普通话里大体一致

除了客家话、徽语、闽语和粤语"子"缀贫乏外,其他方言区的"子"缀都要比普通话丰富,使用范围也比普通话"子"缀大。如,西南官话的"蚂蚁子",江淮官话的"老鼠子",吴语的"学生子"、"前日子",湘语的"石头子"、"夜间子",赣语的"蚌壳子"、"侄女子"等等。普通话有些读"儿"缀的词,这些方言有读成"子"缀的,如赣语的"蚌壳子"、"侄女子";也有普通话不习惯读成"子"缀的词,方言却读成了"子"缀。如:江淮官话的"老鼠子"、吴语的"学生子"。

讲这些方言的人,应在正确使用普通话"子"缀词语的条件下,学会读那些普通话不带"子"缀的词和改为普通话说成"儿"缀的词。

4. 方言的"们"后缀比普通话的使用范围大得多

普通话的"们"后缀只出现在人称代词和指人的名词后面表示复数。如,我们、咱们、你们、同志们、孩子们等等。而河北藁城话中"们"后缀却还用于"树们"、"衣服们"、"鸡们",兰州话也可用于"米们"、"肉们"、"书们"等等。很显然,以上方言中用于各种物品名称后面的"们"后缀是与普通话不相符的,应加以改正。

(二)关于名词的重叠问题

普通话里的名词是可以重叠的,如"弟弟"、"妈妈"、"天天"等。在西北方言和西南官话里名词重叠的现象更多,如成都话有"瓶瓶"、"豆豆"、"盒盒"等说法,并可以带上"儿"缀说成"瓶瓶儿"、"豆豆儿"、"盒盒儿"。兰州话还可带"儿"缀或"子"缀,如"虫虫子"、"刀刀儿"等。这些重叠形式和用法,都是普通话所没有的。因此,讲这些方言的人也需要加以辨正。

(三)关于代词的问题

普通话的人称代词有单、复数之分,单数为"我"、"你"、"他",复数为"我们"、"你们"、"他们"。此外,还有一个包括式"咱们",如"你是上海人,我是兰州人,咱们都是中国人。"可是,有些方言对人称代词的说法与普通话大相径庭,如温州话的单、复数对应关系为:我—我来、你—你来、其—其来。

从全国来看,西南官话、江淮官话以及南方各大方言中基本上都没有包括式"咱们"的说法。说这些方言的人,在学习普通话单复数人称代词的同时,也应学会这种包括式的用法。

二、造句法特点及其辨正

(一)关于词语组合上的一些特点

(1)普通话的名量组合关系有两种:"数词+量词+名词",如:"一本书";"指示代词+量词+名词",如:"这个人"。可是,在闽、粤方言里,数词"一"却可以省略,如:

潮州话:只鸟歇在树上。　　　　　　　　普通话:一只鸟歇在树上。

讲这种方言的人应改变自己的说法,按照普通话的组词规律,补上"一"。

(2) 普通话表示可能的补语前面必须用助词"得",格式为"动词+得+补语",如:"我拿得动"。可是,在北方方言区的一些地方,常会把"得"省略,如洛阳话"我能拿动"。有的地方甚至把问句"你拿得动拿不动?"也说成"你拿动拿不动?"把助词"得"省略。

另外,普通话用"很"做补语表示程度的结构中,也要借助"得",如"好得很"、"高得很"。可是,在一些方言区,如合肥话却习惯不用"得",如"生活好很"。

这些省略助词"得"的说法,不符合普通话的语法规则,应予以纠正。

(3) 某些方言中单音节动词重叠后可以连带补语,而普通话不习惯这样。如吴方言和徽方言中的"看看清楚"、"听听明白"、"洗洗干净"等,在普通话里说成"看清楚"、"听明白"、"洗干净"等。因此,这些方言区的人应该改成符合普通话表达习惯的说法。

(4) 普通话中"不知道"是偏正词组,"不"是状语。"知道"一词在普通话里是不能拆分的,"不"可置前置后,如"不知道"、"知道不"(表疑问)。但在北方话中却有"知不道"的说法,习惯说"知不道"的人应改为说"不知道"。

(二) 关于词语次序上的一些特点

1. 关于状语的位置

状语在普通话中通常置于谓语之前,而在一些方言中,却存在着状语后置的现象。如:

(1) 表数量的状语:

普通话:多考虑几个问题。

潮州话:食加半碗饭。(多吃半碗饭。)　　　梅县话:着多一件衫。(多穿一件衣服。)

(2) 表频率、范围的状语:

普通话:再看一会儿书。

广州话:买两斤香蕉添。(再买两斤香蕉。)　　潮州话:伊食一碗定。(他才吃一碗。)

(3) 表时间的状语:

普通话:你先走吧。

广州话:我行先,你等阵间来。(我先走,你等一会儿来。)

2. 关于双宾语、补语"不过"的位置

普通话里双宾语中的第一个宾语多用来指人,第二个多用来指物。可是,有些方言却存在着与普通话词序相反的现象,如,普通话:给他一支笔。金华话(吴):分支笔佢。

"不过"在普通话里作补语时,通常置于谓语动词之后宾语之前,如,"我打不过他"。可是,在闽、粤、客家等方言中却习惯置于宾语之后。如苏州话"我讲伊勿过(我说不过他)。"

所以,以上说法与普通话相比,是不规范的。说这些方言的人应按照"主语+谓语(动词)+不过+宾语"的格式进行辨正。

(三) 关于句子结构上的特点

1. 比较句

比较句分为相等式和不等式两种。相等式的结构在各方言里基本一致,如"我跟你一样

高"。不等式的说法各个方言差别较大,如:

广州话:坐飞机快过火车。(坐飞机比坐火车快。)
四川省大过广东省。(四川省比广东省大。)
福州话:伊高我。(他比我高。)

普通话不等式比较句的格式是:甲+比+乙+形容词。例如:小张比小王能干。因此,说这些方言的人应改正自己的表达习惯。

2. 被动句

普通话的被动句主要是用介词"被"来表示的,有时也用"让"、"叫"、"给"来表示。但是,从方言来看,大都习惯采用既能当动词用又能当介词用的类似普通话"给"一样的词来表示。如方言中的"互"、"分"、"把"等词就具有这样的双功能。如:

厦门话:伊互我一本新册。(他给我一本新书。主动句)
伊互人拍一下。(他被人打了一下。被动句)

3. "来"、"去"句

"来"、"去"这两个动词作谓语时,普通话一般这样说:主语+动词("回"、"上"、"到")+宾语+"来"或"去"。如,"我上街去。""你到上海来。"等等。可是,南方各方言却习惯说成:主语+"来"或"去"+处所名词。如:

上海话:我去温州。(我到温州去。) 侬啥辰光来上海?(你什么时候到上海来?)

目前,这种不规范的说法影响很大,不仅出现在口头语言里,而且在书面语言里也经常可见。这应该引起重视。

4. 正反问句

普通话有正反问句,如"你看不看电影?""你愿意不愿意去?"可是,在吴、赣方言及北方话中却不这样表达。这些方言习惯在谓语前加上表疑问的副词"阿"、"可"等来表达正反疑问句的意思。如:

上海话:侬阿要看电影? 昆明话:你可认识我? 合肥话:你可看电影?

这些说法也是不符合规范要求的。

三、甘肃方言的语法特点及其辨正

(一)重叠

1. 名词的重叠形式

名词在普通话里很少以重叠形式出现,在甘肃方言中除了"AA儿"和"AABB"两种形式以外也不多见。

(1) AA儿,这类重叠形式最多。如:

鸟鸟儿	蛐蛐儿	虫虫儿	棍棍儿	竹竹儿	树树儿	叶叶儿	线线儿
褂褂儿	兜兜儿	桌桌儿	柜柜儿	箱箱儿	桶桶儿	腿腿儿	嘴嘴儿
手手儿	眼眼儿	门门儿	橡橡儿	盖盖儿	帘帘儿	锅锅儿	碗碗儿
锤锤儿	铲铲儿	水水儿	山山儿	湾湾儿	窝窝儿	盂盂儿	沟沟儿

墙墙儿　豁豁儿　房房儿　菜菜儿　汤汤儿　绳绳儿　头头儿　把把儿

(2) AABB，这类形式并不多，有数量较多之意。如：

锅锅碗碗　盆盆罐罐　沟沟岇岇　山山水水　里里外外　前前后后　老老小小

2. 动词的重叠形式

(1) 单音节动词重叠形式主要有"A一A"和"A不A"两种，前种表肯定语气，后种表选择疑问语气，普通话里的"AA"式在甘肃方言中很少见。如：

尝一尝　睡一睡　看一看　闻一闻　笑一笑　称一称　试一试　舔一舔　跑一跑
忍一忍　写一写　坐一坐　想一想　学一学　翻一翻　滚一滚　爬一爬　唱一唱
要不要　走不走　喝不喝　想不想　说不说　成不成　行不行　弄不弄　疼不疼
请不请　尿不尿　吐不吐　像不像　能不能　听不听　长不长　种不种　割不割

(2) 双音节动词重叠形式有"AABB"和"ABAB"两种。如：

吃吃喝喝　说说笑笑　打打闹闹　刷刷洗洗　哭哭啼啼　哭哭嚷嚷
拉拉扯扯　推推搡搡　休息休息　研究研究　讨论讨论　认识认识
耍子耍子　拉扯拉扯　动弹动弹　上心上心

3. 形容词的重叠形式

形容词在甘肃方言中的重叠现象很普遍，形式也最多，大部分和普通话的重叠形式相同，作用和意义也基本相同。但有个别形式普通话没有。

(1) 兰州话"AA儿"，平凉、庆阳话"AA的"，通渭、会宁话"AA个（的）"，洮岷话"AA儿个"，秦安话"AA儿咃"，多含轻松意味。如：

美美儿　甜甜儿　香香儿　快快儿　慢慢儿　热热儿　凉凉儿　欢欢儿　正正儿
好好的　亮亮的　饱饱的　苦苦的　蓝蓝的　红红的　软软的　稀稀的　冷冷的
端端个（的）　园园个（的）　扁扁个（的）　滑滑个（的）　粗粗个（的）　多多个（的）
咸咸个（的）　少少个（的）　高高个（的）　低低个（的）　亮亮个（的）　平平个（的）
真真儿个　对对儿个　酸酸儿个　像像儿个　厚厚儿个　油油儿个
高高儿个　油油儿个　实实儿咃　饿饿儿咃　大大儿咃　薄薄儿咃
宽宽儿咃　绿绿儿咃　窄窄儿咃　甜甜儿咃

(2) AABB，有夸张色彩。如：

高高兴兴　热热闹闹　欢欢喜喜　清清楚楚　认认真真　漂漂亮亮　精精神神
明明白白　大大方方　实实在在　孽孽障障　可可怜怜　痛痛快快　干干净净

(3) ABB，含程度加深之意。如：

黑沉沉　麻忽忽　绿争争　红酥酥　白瞪瞪　乱麻麻　整刷刷　亮晴晴　雾次次
肥愣愣　瘦鬼鬼　硬邦邦　软兮兮　油沉沉　水兮兮　老甘甘　大愣愣　嫩洋洋

(4) A里AB，含贬义。如：

土里土气　洋里洋气　妖里妖气　糊里糊涂　老里老气　古里古怪

(5) A不BB，含程度较轻之意。如：

冷不次次　热不沓沓　瓜不兴兴　甜不丝丝
酸不兮兮　醋不沓沓　冻不清清　咸不唧唧

(6) A不哪唧（也作"A不啷唧"）。如：

尽不哪唧　　油不哪唧　　甜不哪唧　　麻不哪唧　　酸不哪唧
苦不哪唧　　粘不哪唧　　软不哪唧　　湿不哪唧

4. 副词的重叠形式

这类词的重叠很少，有两种情况：

(1) 单音节副词的重叠形式为"AA(儿)个"。如：

刚刚(儿)个　　将将(儿)个

(2) 双音节副词的重叠形式有"AABB"、"ABAB"两种形式。如：

的的确确　　确确实实　　非常非常　　特别特别

（二）"儿"、"子"、"头"、"家"、"们"的特点

在普通话里，"儿"、"子"、"头"、"家"、"们"五个语素的一项重要语法功能是作词的后缀，即放在其他词根（基本成分）之后构成附加式的合成词，在甘肃方言中它们除此功能之外还有其他用法，下面分别举例说明。

1. 儿

(1) 放在词根之后作词缀。如：

鸟儿　　花儿　　歌儿　　盖儿　　鸡儿　　画儿　　鱼儿　　猫儿　　兔儿

(2) 放在叠音名词或形容词之后作词尾。如：

凳凳儿　　匣匣儿　　兜兜儿　　腿腿儿　　手手儿　　树树儿　　天天儿
高高儿　　远远儿　　肥肥儿　　胖胖儿　　饱饱儿　　空空儿　　厚厚儿

(3) 和"个"、"咂"等语素构成复合词尾，放在叠音形容词之后。如：

近近儿个　　底底儿个　　短短儿个　　黄黄儿个　　酸酸儿个　　紧紧儿个
轻轻儿咂　　重重儿咂　　松松儿咂　　细细儿咂　　黑黑儿咂　　饿饿儿咂

2. 子

(1) 放在词根（名词、动词、形容词）之后作词缀。如：

名＋子　　刀子　　锯子　　凳子　　椅子　　缸子　　框子　　箱子
动＋子　　聋子　　哑子　　瘸子　　骗子　　疯子　　扳子　　打子
形＋子　　傻子　　瓜子　　呆子　　胖子　　瘦子　　小子

(2) 放在叠音名词之后作词尾。如：

饼饼子　　桶桶子　　罐罐子　　盆盆子　　毡毡子　　钮钮子　　带带子
门门子　　房房子

(3) 和"娃"构成名词词尾"娃子"。如：

蛋娃子　　鸡娃子　　狗娃子　　猪娃子　　驴娃子　　猫娃子　　牛娃子

(4) 与"求"、"皮"构成词尾放在动词或形容词之后，其作用相当于句末语气词，表祈使或肯定语气。如：

滚求（皮）子　　弄求（皮）子　　用求（皮）子　　下求（皮）子　　整求（皮）子
欢求（皮）子　　揣求（皮）子　　囊求（皮）子　　热求（皮）子　　冷求（皮）子

3. 头

(1) 放在词根(名词、动词、形容词)之后作词缀。如：

名(代)+头　　石头　木头　镢头　斧头　日头　手头　奶头　前头　外头　这头

动+头　　　　看头　念头　说头　吃头　尝头　唱头　拿头　哭头　笑头　来头

形+头　　　　甜头　苦头　香头　难头　高头　大头　小头　好头　热头　冻头

(2) 有些方言(如通渭话)"头"后加"叽"相当于方位词"上"。如：

嘴头叽　　脚头叽　　山头叽　　树头叽　　墙头叽

房头叽　　锅头叽　　案板头叽　　电视头叽

4. 家

(1) 放在词根(名词、动词性)之后作词缀。如：

酒家　庄家　东家　娘家　外家　上家　王家　孝家　耍家　打家

赢家　输家　作家　写家　画家　唱家　好家　教育家　小说家　美食家

(2) "家"后加"子"作词尾。如：

好家子　唱家子　写家子　爱家子　败家子　谝家子　耍家子　懂家子

5. 们

(1) 放在词根(名词性)之后作词缀，且为复数形式。如：

爷们　　哥们　　老师们　　同学们　　朋友们　　女士们　　先生们

(2) 放在"我、你、他(她、它)"等代词之后构成复数形式的人称代词。如：

我们　　咱们　　你们　　他们　　她们　　它们

(3) 有些方言(如兰州、武威话)在"那"后加"们"，"那们"相当于普通话中的"他们(她们)"；有些方言(如临洮话)在"家"后加"们"，"家们"相当于"人家"或"他(她)们"。如：

那们已经吃过饭了。　　　　家们都看电影去了。

(4) 有些方言(如临洮、会宁话)在"阿"后加"们"，"阿们"表示疑问语气，相当于普通话的"干啥"。如：

阿们哩？(语气强硬)　　　你阿们着哩？(语气和缓)

(三) 词尾"娃子"

"娃子"一般作名词词尾，放在表示人或动物的部分单音节名词(极个别动词)之后，含有小的意味，有的含有贬义。

(1) 表体小而可爱。如：

人娃子　蛋娃子　鸡娃子　狗娃子　猪娃子　驴娃子　猫娃子　牛娃子　鸟娃子

(2) 表年小而活泼。如：

耍娃子

(3) 表小看、轻蔑之意。如：

贼娃子　　溜娃子(义同"贼娃子")

(四) "个"的广泛用法

"个"在普通话中主要充当量词，常常跟数词组成数量短语作句子成分。但在甘肃方言里"个"不仅可以作量词,还有许多其他语法意义和用法。

1. 作量词

(1) 与基数词组成数量短语,放在名词之前表示人或事物的数量。如:

一个人　　两个馒头　　五个房子　　十个萝卜　　一百个羊　　八千个鸡

(2) "个"可以重叠,表示"每一个"(在有些方言里还相当于名词"个头")。如:

个个都好　　个个都美　　个个都行　　个个都笑　　个个都哭

2. 作助词

(1) 放在单音节及物动词与名词之间,有轻松、随便的意味。如:

吃个饭　　喝个水　　睡个觉　　杀个羊　　上个街　　发个誓　　捣个鬼

(2) "个"后加"求"或"屁"并放在动词或形容词之后,表示不满或否定。如:

吃个求(屁)　　说个求(屁)　　害怕个求(屁)　　好个求(屁)

香个求(屁)　　紧张个求(屁)

3. 附着在其他词之后构成代词

(1) 在"阿"、"哪"、"谁"、"啥"、"什么"等疑问代词之后:

阿个　　哪个　　谁个　　啥个　　什么个

(2) 在"这"、"那"、"兀"、"这些"、"那些"、"兀些"等指示代词之后:

这个　　那个　　兀个　　这些个　　那些个　　兀些个

4. 作词尾

放在叠音形容词之后构成"AA 个"或"AA 儿个"的重叠形式,例见"形容词的重叠形式"。

（五）助词

甘肃方言中的助词大致可分为四种类型,除普通话里的结构助词、动态助词和语气助词以外,还有音节助词,它不表示实在意义,只起衬托音节的作用。

1. 结构助词

表示词与词或短语与短语间的结构关系,有"的、地、得"三个,普通话除此之外还有"所、似的"。

(1) 定语后带"的"。如:

我的书包　　明天的事情　　聪明的孩子　　爱动脑筋的学生　　曹雪芹写的《红楼梦》

(2) 状语后带"地"。如:

慢慢地看　　款款地放着　　万分地高兴　　爽快地答应了　　一个跟一个地走来

(3) 补语前用"得"。如:

吃得美　　玩得痛快　　哭得泪汪汪　　高兴得跳起来　　打得他头破血流

2. 动态助词

这类助词和普通话里的一样,附着在动词或形容词之后表示动作、行为、形状的发展变化的情况,主要有"了、着、过、开"四个。

(1) "了"表示动作已完成,或某种状态已经出现。有的方言(如定西话)还在"了"前加语气词"哈"。如：
① 他已经喝了药。　　　　　② 他吃了大亏。
③ 我吃哈了。　　　　　　　④ 水倒哈了。
(2) "着"表示动作或状态正在持续。如：
① 妈妈手里端着一碗饭。　　② 天上飞着一个鸦儿。
(3) "过"表示曾有过某种动作或状态。如：
① 我太爷年轻的时候见过毛主席。　② 这个戏我早的时候看过。
(4) "开"在有些方言里（如天水、定西、武都）表示某种动作或状态开始。如：
① 雨下开了。　　　　　　　② 天冷开了。

3. 语气助词

甘肃方言中的语气助词要比普通话的丰富得多，而且各地方言差别非常大，尤其是句末语气词。

(1) 句首语气词，如临洮话里的"阿咄"放在句首既表示不同语气，又起加强语气的作用。如：
① 阿咄好着啦思。(不肯定语气)　② 阿咄对着啦？(反问语气)
③ 阿咄就是他。(肯定语气)　　　④ 阿咄成不成？(追问语气)

(2) 通渭话中的"嚼"、秦安话中"奘"放在句首，表示不得已或不如意。如：
① （你弄不过伢，）嚼还是算了。　② （整整两个月没落一点雨星子，）嚼揣着来！
③ 奘完（完蛋）了！　　　　　　　④ 奘干脆不行了！

(3) 句中语气词，如"思、哈、嘛"等，放在句中表示舒缓语气或其他辅助意义。如：
① 我说思这个事情很不好。(舒缓语气)
② 他哈人打死了。（被动意义，相当于"他被人打死了。"）
③ 你爱吃面条嘛面片？(表选择疑问语气)

(4) 句末语气词，表示陈述语气的有"的"、"了"等，表示疑问语气的有"嘞"、"吗"、"哩吗"、"阿吵"、"哩吵"、"啥叨"、"啥呀"、"哈啦"、"吵嘞"、"阿嘞"、"阿哒（吵哒）"、"阿门"等，表示祈使语气的有"吵"、"吧"等，表示感叹语气"哟"、"呀"、"啦"等。如：
① 你妈妈肯定会想你的。(通说)　　② 天下开雨了。(通说)
③ 你爱你的家乡吗？(通说)　　　　④ 你爸爸嘞？(洮岷、通渭、会宁等)
⑤ 你爷爷身体好着哩吗？(同上)　　⑥ 来的人是阿吵？(通渭等)
⑦ 这几年你好着哩吵？(洮岷等)　　⑧ 你将说的啥叨？(通渭等)
⑨ 院子里晒的勿(那)是啥呀？(临洮等)　⑩ 吃哈啦？(临洮等)
⑪ 你从吵嘞来？(通渭等)　　　　　⑫ 你阿嘞去嘞？(同上)
⑬ 你家在阿哒(吵哒)嘞？(同上)　　⑭ 你阿门着嘞？(临洮等)
⑮ 走吵！(天水、洮岷、通渭、会宁等等)　⑯ 吃吧！(临洮等)
⑰ 我的大大哟！(通渭、会宁、临洮等)　⑱ 真的是他呀！(岷县等)
⑲ 今年庄稼好得很啦！(兰州等)

4. 音节助词

如甘肃方言中的"个",放在动宾或形补之间没有实际意义,只起增加音节的作用,把它看作音节助词。如:

跳个舞　　说个话　　笑个屁　　美个屁　　打个电话
买个包子　好个垃垃　漂亮个屁　好看个蛋

(六) 补语

1. 结果补语

吃饱　　骂死　　打得美　　要得多　　说清楚　　气糊涂
打扫干净　疼得昏过去　收拾得整整齐齐

2. 趋向补语

坐下　　骑上　　飞过　　端来　　掏出　　放进　　滚出去
笑起来　掉下去　爬进去　走过来

3. 程度补语

想得很　　爱得很　　憎恶得很　　好得很　　美得很　　香得很
高兴得很　伤心得很　饱极了　　漂亮极了

4. 数量补语

吃一顿　　走一趟　　要两下　　看几遍　　高一头　　瘦一点
快一些　　等了半天　　忙了几个月

5. 特殊补语

走求子　　美求子　　吃皮子　　好皮子　　闲个屁　　香个蛋
要子个屁　漂亮个求　饱个垃垃　好个腿子

6. 不用补语

快吃　　直走　　很想　　特别热　　大声说　　快点走　　赶紧跑
好好地想　认真学习　跟他一样高

(七) 句式

1. 比较句

甘肃方言里的比较句大致有两种类型:

(1) 和普通话一样,用表示比较的介词"比""跟""和""(不)及"等,如:

① 我生得比你早一个月。　　② 他的学习不比你的差。
③ 你的个子比不上你兄弟的高。　④ 你敢跟我比?
⑤ 我爷爷跟你爸爸同岁。　　⑥ 我的成绩和你一样高。
⑦ 我还不及你的身体好。

(2) 不用介词,但仍表示比较,如:

① 今年的庄稼没有往年的好。　② 我哪里有你的精明?

③ 今年的菜价高过肉价了。

2. 被动句

甘肃方言里的被动句和普通话里的一样,基本上可分为结构上的被动句与意念上的被动句两大类型,但用来表结构上的被动句的介词要比普通话多。

(1) 结构上的被动句。用表示对象的介词如"被""让""叫""着(遭、倒)"等引出动作行为的发出者(施动者),即用"受事者+被(让、叫、着等)+施事者+及物动词"的结构形式。如:

① 王刚家的粮食被人偷了。　　② 好机会让伢(人家)抢走了。
③ 他先人叫人欺负了。　　　　④ 贼娃子遭警察抓住了。
⑤ 你着别人骂一顿咋办?　　　⑥ 今天倒霉死了,倒狗咬了一口。

(2) 意念上的被动句。不用表示对象的介词引出动作行为的发出者(施动者),但仍表示被动意义,即用"受事者+及物动词"的形式,有的方言(如临夏话)还在"受事者"与"动词"之间加语气助词。如:

① 米饭已经蒸熟了。　　　　② 院子扫干净了。
③ 电影票早都买完了。　　　④ 饭哈吃光了。(临夏话)

3. 把字句

在甘肃方言中,把字句的结构和意义与普通话基本相同,由表示对象的介词"把"引出动作行为的承受者(受事者),即用"施事者+把+受事者+及物动词"的形式,表示对人或事物的处置与影响,只是有些地方把"把"读"麻"。

① 你把(麻)你先人都亏光了!　　② 尕张把(麻)事情办完了。
③ 他把(麻)嗓子挣哑了。　　　　④ 你把(麻)你的酒喝干!

(注:括号中的"麻"指实际读音)

4. 疑问句

甘肃方言中疑问句的类型和普通话大体一样,但表达方式有的与普通话不同。

(1) 特指问句。有时用疑问代词表示疑问,句尾可用语气词,也可不用;有时不用疑问代词,但也是特指问句。这种问句要求对所提的问题作具体的回答。如:

① "对面过来的那个人是谁?"——"王平妈妈。"
② "这话是阿吵(谁)说下的?"——"是他妹妹说下的。"
③ "你啥时候到北京去?"——"礼拜一早上八点。"
④ "你到阿哒(哪里)去哩?"——"学校里去哩。"
⑤ "你大大的病怎么开到(怎么样)?"——"比前一向好些了。"
⑥ "他的书包嘞(呢)?"——"在位空里。"
⑦ "如果他不同意嘞(呢)?"——"那就没办法了。"

(注:括号中的是普通话说法)

(2) 是非问句。句中不用疑问代词来发问,可只用语调表示,也可在句末用语气词。是非问句常常用"嗯"、"就是"、"是的"、"对"、"不是"、"不对"、"不"等单纯表示同意或不同意的词语回答。如:

① 你真个考上研究生了？　　　　　② 张大爷身体好吗？
③ 谁都晓得吗？　　　　　　　　　④ 你有啥事情吗？

（3）选择问句。并列几个项目，让回答的人选择一种，中间常用"还是"，有时用语气词"嘛"。如：
① 今天咱们吃火锅，还是吃炒菜？　② 你去，还是我去？
③ 你坐火车嘛坐汽车？　　　　　　④ 你喜欢学语文嘛学数学？

（4）正反问句。这类问句一般用肯定和否定相叠的方式提问（有的方言用更简单的"动词＋语气助词"的形式，如临洮话），要求听者作肯定或否定的答复，可用单纯表示同意或不同意的词语回答。如：
① 你是不是想睡觉？　　　　　　　② 他和你有没有亲戚关系？
③ 你奶奶心疼不心疼你？　　　　　④ 你吃哈啦没有？
⑤ 睡哈啦？（同"睡了没有？"）　　⑥ 水你喝啦？（同"水你喝不喝？"）

（5）反诘问句。用疑问的形式表达某种确定的意思，答案就在其中。一般是用否定的形式表示肯定的意思，用肯定的形式表示否定的意思。如：
① 这电视剧还不好吗？　　　　　　② 这么漂亮的裙子你还看不上吗？

（八）语法例句

① 一块钱给你了。（双宾句，远宾语提前）
② 你快点过来看一下。（连动句）
③ 伢叫我打水去嘞。（兼语句）
④ 我想看他一下。（"他"，为虚指，不专指某一个人）
⑤ 我先头里来。（"先头里"指时间不长，名词作状语）
⑥ 我吃哈了。（"哈"相当于动态助词"过"，表示曾经有过某个动作或动作已完成）
⑦ 驴价大过马价了。（比较句，意思是驴价比马价高了）
⑧ 他过罐过了一大杯子酒。（被动句，第一个"过"相当于介词"被"）
⑨ 他哈人打了。（被动句，"哈"有表示被动意义的作用）
⑩ 这句话我有说过。（"有"起强调作用）
⑪ 这件事我晓不得（的）。（主谓谓语句）
⑫ 洋芋一块钱两斤。（名词谓语句）
⑬ 他哎哟了一声，就跌倒了。（叹词谓语句）
⑭ 我的天大大哟！（名词非主谓句）
⑮ 下开了。（动词非主谓句）
⑯ 胀零甘了！（形容词非主谓句）
⑰ （你看人家钱多不多？——）阿呲！（叹词非主谓句）
⑱ 快点走吵，你！（倒装句，主谓倒置）
⑲ 我看见了一个鸟儿，死的。（倒装句，定语后置）
⑳ 我越想越气人。（紧缩句）
㉑ 匠人一来咱们就动弹。（紧缩句）

第四编
一般口语交际能力的训练

第一章　一般口语交际能力的初级训练

　　一般口语交际能力的初级训练即凭借文字材料的口语交际能力训练,指在单向表述或双向交流中凭借一定的文字材料来作说话练习或口语交际的媒介,一般是以现成的文字材料或自己拟订的说话提纲或写好的讲稿为依托,是准备口语交际的一个重要环节。

　　凭借现成的文字材料,不需要费多大力气,而且表述也比较准确。但缺点是难以做到自然、生动、活泼,表现不出学生个人的说话风采,也不能根据听众的反应和情绪变化做出灵活积极的调整。凭借文字材料的口语训练,极易出现背书式地再现原原本本的文字材料,这种凭借自己的记忆,像背书那样一字不差地背出来的口语训练,不仅听起来语调不自然,而且局限了学生的思维,还常有忘词、卡壳的危险。这样的表达效果不太佳。要做到自然流畅、条理清晰地进行口语表达,这里需要强调的一点是必须通过反复诵读,把文字材料的书面语言转换成自己的口头语言。一般来说,书面语言规范、严谨。但由于句式较长,修饰语较多,且太干巴,缺乏口语表达所需要的节奏与活力。这样的语言,讲起来不自然,记忆起来更困难。口头语言的句子修饰成分少、自然句多、短句多,更贴近日常生活、更通俗,一般较少用生僻词、术语,而常用俗语、谚语、歇后语等,语气词用得也较多。只有花时间精力把文字材料的书面语言变成自己的口头语言加以理解和记忆,表述起来才会自然随意而不失个人风格,也符合了口语交际训练中的语言要求。

　　从凭借文字材料到不凭借文字材料,是个逐步过渡、循序渐进、熟能生巧的口语交际过程。只有经过反复练习、多次锻炼,才能逐步掌握不凭借文字材料的口语交际技巧。所以,凭借文字材料的口语表达训练是提升口语交际水平的必经之路。

第一节　凭借文字材料的口语交际能力训练

一、凭借文字材料的口语交际能力训练的必要性

　　凭借文字材料的口语交际能力训练属于复现性口语表达,即运用口头语言再现文字材料的内容,是口语交际训练的初级阶段。其必要性是:

　　(1)语言具有口语与书面语两种不同形式,语言一产生就是有声的,就具备现代语言的交际功能。口头语言比书面语言具有更直接、更广泛的交际作用。书面语是文字产生以后在口语的基础上形成的。有了书面语以后,口语也经常受到书面语的影响。所以,从书面语与口头语的关系来看,书面语源于口头语,反过来,书面语又对口头语的规范化施加正面影响。凭借文字材料的口语交际能力训练,就是要使口语表达能力的形成接受书面语中具有表现力的词汇、表达模式等方面的正面引导,使人们逐步树立口语表达的规范意识。

(2) 从语文能力构成的四要素之间的关系来看,听、说、读、写四种能力之间迁移、同步、互补的本质联系,反映了语文能力必须协调发展、互相促进、整体提高的规律。因为,口语交际中的听、读是对语言的感知,必然会迁移为说、写,转化为表达能力;听、说是口头语言,必然会迁移为读、写,形成书面语的能力。听、说、读、写对语言互为吸收和运用,螺旋式推进语文能力的提高。

(3) 思维科学原理表明,人的思维活动是与语言紧密相连的。语言既是人们交际的工具,也是人们思考的工具。口语训练与思维活动之间呈同步发展的关系,具有同步性。当说话者通过对某一命题发表自己的思考和见解,将无声的内心思维语言(内部语言)转换成有声的口头表述语言(外部语言),这种限定了说话者的思维模式的有声表述将同时显现出其思考过程,即思维轨迹。所以,从内部语言转换为外部语言的思维轨迹来看,由于思维活动在人脑中是看不见、摸不着的,但又是确确实实存在的思维运动,至今人们对语言的这一"转换"规律,还不十分清楚,使得内部语言转换为外部语言的推进速度过于缓慢,口语表达能力的提高受到了阻碍。因此,提供文字材料进行口语表达训练,既看得见,又摸得着,使得"说"有依托,"评"有根据,这就给快速的语言编码提供了便利条件,为边想边说的无文字材料依托的表达能力的形成设置了一个中介训练环节,而且由于凭借文字材料进行口语训练,难度相对降低,学生容易较快地体验到训练的成效,训练过程就可能进入良性的推进轨道。

二、凭借文字材料的口语交际能力的训练要求

对于凭借文字材料的口语交际能力训练,如复述、解说、命题演讲等,结合学生口语训练中的实际表现,如口语表述中声音太小且口齿不清,上台后的局促不安、拘谨,口语表达流程的结结巴巴、语无伦次,表达内容空洞无物、干巴巴,缺乏情感等,综合这些问题和不足,特地提出以下具体要求,这是从每堂课的系统化训练和自觉掌握的角度来看所要达到的最低、最起码的要求。

(一) 声音洪亮

说话音量大小、高低、强弱的程度,是受气息支配和控制的。一般情况下,我们对口语训练时的声音要求为音量适中即可,能叫人听清楚。但是,针对大部分学生初次登台时由于胆怯、缺乏自信等导致的声音太小、叫人听不清楚的实际情况,我们强调声音要洪亮。学会调控自己的声音,做到不要过低、也不要过高。声音的大小、高低要以说话人所在场所中坐在最后一排的人听清为宜。即口语表达首先叫人要听清楚,其次才能让人听明白,接着是理解和反馈。有的人在说一句话时,后半截弱化、虚化,甚至最后的字音消失,这是吐字归音的问题,虽然自己不易觉察,但听者却不知所云。另外,从心理素质的角度来看,说话声音洪亮的人多半是很自信的人。因此,强化声音洪亮这一要求,不仅有利于口语交际的成功,而且对培养学生的自信心有着不可忽视的作用。

(二) 语音标准

这一要求主要侧重于普通话语音的标准与否而言。口语交际训练要突出其交际功能，就不能不重视对语言规范的严格要求，就不能不强调对普通话的运用。由于口语交际训练的基础是普通话训练，交际中使用普通话才能有利于人们之间交流和沟通。口语交际实践证明：大部分来自方言区的人所讲的普通话都带有或浓重或轻微的方言口音，这在一定程度上影响了交际的畅通，口语交际的效果不佳。针对来自方言区的学生，我们提出这一要求，主要目的是促使学生对普通话的学习和掌握。近些年来，普通话随着社会经济的发展已得到广泛应用，作为专门的口语表述和交际的训练更应注重对普通话的学习和推广，更应注重对普通话应用水平提高的明晰要求。

(三) 言之有物

这一要求主要侧重于学生口语表述中话题内容是否具体而言。"言之有物"，指口语表达的内容具体而充实，有实质性的东西，有鲜明的形象感，有真实感，重点突出，详略得当。它和"言之无物"是相对的，即与那种由于内容缺乏具体性、针对性，表述显得啰里啰唆、不知所云，甚至空洞无物、苍白无力的口语表达相对。

要做到言之有物，首先要对话题进行周密构想，这一要求主要侧重于对话题的思考能力的训练。口语交际训练与日常生活中的交际表述的区别之一是，前者更注重于对话题全面深刻的理解与把握，训练中一般不允许信口开河、东拉西扯、漏洞百出，这就要求在正式表达前必须对话题进行周密地构想。其次，要对话题思考以不落俗套和立论的新颖别致取胜。口语交际的主要功能之一在于人们之间的信息传递与交流，而且更注重有价值的新信息的交流，因此，在日新月异的今天，观点落后贫乏，甚至庸俗陈腐，是不受欢迎的。再次，要对话题的表意准确到位。这一要求主要侧重于口语表达中的语法修辞训练。口语表达是叙述、说明、描述、议论、抒情等多种表达方式的综合运用，因此，它要求叙事要生动、说明要清晰、描述要形象、论证要周密、抒情要贴切，总而言之，我们可以将之称为"表意准确"。在这一要求下，口语表达训练要力避含混不清、似是而非、词不达意等不良现象的出现。

只有经过以上严格的训练，口语交际才能真正做到"言之有物"，口语交际的交际价值也就得以体现了。

(四) 自然流畅

这一要求主要侧重于发声系统在语言表述时运动的协调性。常言道："知而能言，言之能顺。"它反映在两个方面：一是说一段相对完整的话时，要说得自然、顺畅，不拿腔拿调、矫揉造作；二是口语交际时，要应对敏捷，说得流畅。自然、顺畅的语流一般具有词能达意、冗余度小、句与句或层与层之间能体现依存关系的特点。不顺畅的语流特点是：选词时有"卡壳"，急不择语，时常吞吞吐吐、言不达意，表达时有"断档"现象，接对质询迟钝缓慢，说话冗余度高，口头禅多。因此，提高口语表达的流畅度，要从提高思维品质和内部言语的瞬间组织能力入手，同时要在实践中增强对动态语境的适应能力。

(五) 富有情感

这一要求主要侧重于学生的口语表述是否具有吸引力、感染力，给人印象深刻。口语表达过程不仅是信息传递的过程,也是感情交流并引起共鸣的过程。可是,在口语交际训练中,学生说起话来常常呆板无趣、干瘪无力,缺乏生动性、感染性,为了改善这一状况,我们要求学生在口语表述时要"富有情感",要尽量做到声发于情、意寓于情、理融于情,以增强口语表达的吸引力和感染力。

在口语训练中教师应不失时机地诱发学生的真情。学生也要对所说话题赋予自己的真情实感。在人世间,没有什么比人的真情更能打动人心的了。英国著名政治家丘吉尔是一个非凡的演说家,在第二次世界大战期间,他凭着他的胆量、真情和出色的演说才能,唤起了英国人民坚决抗击法西斯德国的决心。尼克松在评价他的演说时说:"他的演讲之所以激动人心是由于其本人也被他为之奋斗的理想所激励。"澳大利亚前总理罗伯特·戈登·孟席斯爵士认为丘吉尔的演讲之所以那样扣人心弦,其原因是他"懂得一个伟大的真理,这就是,讲演者或领导人要想打动别人,首先得打动自己,他脑海中的一切都应该是栩栩如生的"。任何真情都源自心灵的深处,源自对生命和人生的最深刻的理解和体验。因而,要深深地打动观众,赢得观众,不是靠美丽的辞藻和做作的表演,因为这些产生不了真情。只有你付出了真情,才能换回观众的真心。

(六)仪态大方

这一要求主要侧重于面部表情、眼神和态势动作等体态语在口语交际中的有机配合训练,是强化语言表述效果的非语言因素的重要成分。"表情自然,态势得体"是仪态大方的明确体现。在日常口语交际过程中,人们总是自觉或不自觉地调度着面部表情、眼神,选择合适的位置和身姿态势,并辅以适当的手势动作,以配合自己的有声语言,增强其感染力。口语交际训练(尤其是口语表述)对这一方面的要求可一分为二:一是如何学会自觉地运用;二是表述中对这些体态语的"度"的把握。即不仅要求语言表述中表情、眼神等的自然而不做作,更要求在调度表情、眼神、手势等作"感情投入"时的"度"的把握的自觉性和准确性。

总之,只要我们有意识地从以上几方面严格要求自己,约束自己,自觉地强化、调控某一方面,成功的口语表达就离我们不远了,理想的口语交际境界就会到来。

第二节　凭借文字材料的口语交际能力训练的主要方式

凭借文字材料的口语交际训练的主要方式有:复述、描述、解说、评述、命题演讲等,下面将逐一介绍这几种口语交际训练方式的特点、要求和技能。

一、复述

(一)复述及其特点

复述就是通过视觉或听觉将语言材料消化理解存储在大脑中,然后转化为口头语言表达出来。即把所获得的材料在头脑中重新组合,灵活调整,根据需要改造原材料的语言的过程。

复述的特点是，复述者组织内部语言的基础是理解吸收原语言材料，因此，复述的内容是现成的。复述的重点是按现成内容组织内部言语和外部言语的转换。转换中可凭借原文来实现语词编码。所以，复述对丰富学生的语言，体会内部言语的组织，体会语词编码的思维训练有很大作用。

复述的方法多种多样。可详述，也可简述；可摘要复述，也可重点复述；可交换角度复述，也可变换结构或变换体裁复述；可发挥想象力，扩展原材料的某些内容来复述，也可在复述基础上进行评论或有感而发，而成为评述；不仅可复述叙述性的语言材料，也可对说明性、议论性的材料进行复述。

复述在现代社会生活中有广泛的应用价值，是各种媒体传播信息的主要手段，如电台、电视台开办的各种读报、播报节目，就是一例。

（二）复述的分类

复述主要有以下三种形式：

一是详细复述，指把原语言材料的内容原原本本地重述出来。这种复述训练，有助于推动规范而富有表现力的书面语向口头语的迁移，也是对口语表达具有条理性的一种强化训练。作详细复述的要求是细而不乱，准确反映原貌。

详细复述的训练要领是：

(1) 要对原材料进行认真阅读和理解。

(2) 要对原材料在阅读和理解的基础上进行详细而缜密的记忆，不仅要有框架记忆，更要有具体、详细的细节记忆，要做到条理清晰、细节分明、内容完整。为了记住原材料内容，可以先进行记忆、背诵，然后自言自语地试述一遍。

(3) 详细复述不必追求字字与原材料相符，但内容必须原原本本地复述出来，即要尽量完整地保留原作的观点、情节或内容，并且不改变原作中材料的顺序。

二是概要复述，是对原材料的加工或再创作。它和后面提到的扩展复述在难度上比详细复述要大一些，需要调动复述者已有的知识经验、语言组织能力、思维品质等方面的知识储存。概要复述的要求是：把握整体，理清线索，舍枝去叶，反映原貌的轮廓。即删去次要的、解释性的和修饰性的内容，并对内容进行必要的抽象，再用自己的语言加以组织和概括。

概要复述的训练要领是：

(1) 要对原材料进行认真阅读和理解。

(2) 注意记忆技巧：既要有框架记忆，又要有细节记忆；阅读过程中要留意能揭示原材料主旨的重点语句；为了疏通语流，可以先自言自语地试述一遍。

(3) 概要复述要防止取舍不当、偏离中心。

三是扩展复述，是对原材料作适当扩充、展开的叙述。对不同的材料作扩展复述，其侧重点各不相同。对议论文作扩展复述，主要是增加有理性论证的层次，补充论据材料，作更深入的剖析；对说明文作扩展复述，主要是对所述内容增加更具体、更鲜明的细部描述或说明；对记叙文作扩展复述，主要是通过合理想象补充细节，使讲述的内容更生动、更充实、更完整。

扩展复述的要领是：

1. 根据原有材料展开合理的想象,或作有理性的拓展和延伸,但不能背离原意和基本框架。

2. 不要面面俱到,根据原材料的中心思想来确定待扩展的重点。

3. 根据口语表达的需要,可综合运用解说、论证、描述以及比喻、对比、夸张、拟人等多种方法。

(三) 复述训练

【训练要求与提示】

① 对原材料认真阅读两三遍。

② 区别对待不同问题的复述材料。

③ 先进行详细复述,在此基础上进行概要复述。

1. 详细复述训练

阅读数遍后,将内容作保持基本原样的流畅复述。

【示例1】

担 夫 争 道

张旭,字伯高,一字季明,汉族,唐朝吴县(今江苏苏州)人。

善草书,性好酒,世称"张颠",与李白、贺知章等人共列"饮中八仙"。其草书与当时的李白诗歌、裴旻剑舞并称"三绝",诗亦别具一格,以七绝见长,与贺知章、张若虚、包融号称"吴中四士"。传世书迹有《肚痛帖》《古诗四帖》等。

据记载,张旭有一次见到公主与担夫在羊肠小道上相遇,各不相让,僵持了一阵后,又相互闪避着走了过去。这本是一件平常的小事,张旭却从中领悟到书法结构布白和偏旁组合应进退、参差有致的道理。

这就是"担夫争道"这一典故的由来。它的意思是,在狭窄的空间书写时,部件要注意相互穿插、避让,使各部分协调,成为一个整体。

(选自《语言文字报》书法·教材版第727期)

【示例2】

名人演讲如何备稿

法国总统戴高乐发表演讲从来不用讲稿。1969年,他在为来访的美国代表团举行的国宴上,即席发表了热情流畅的祝酒辞。尼克松的秘书大表赞叹。戴高乐坦率地说:"这没什么,把讲稿写了记在脑子里,然后把稿纸扔了。"

有人将它归纳为备稿演讲三步曲:写,记,扔。

关键是"扔"。扔掉讲稿,就是既依据演讲稿又不受制于讲稿,而用自己的现场语言作详细复述,并根据现场需要作适度调整,这样效果更佳。

比如美国前总统布什有一次到匈牙利访问,按照日程安排要发表广场演讲。演讲那天雨下个不停,国会大厦前的广场已是一片伞的海洋。布什走上讲台,先挥手致意,然后从衣袋里掏出讲稿,双手举过头顶,嚓嚓几下撕成碎片。他说讲稿太长了,为让大家少淋雨,讲短些,不按讲稿讲了。他这一"扔",人群中爆发出热烈的掌声和欢呼声。

名人演讲备稿非常认真,有时到了字斟句酌的地步。1863年,美国总统林肯要在葛底斯堡国家烈士公墓落成典礼上发表演讲。尽管他的演讲只有10个句子,600余字,2分多钟就可以讲完,但他准备了很久。先是构思,起草以后几经斟酌,还念给白宫里的佣人听,请他们提出意见。直到演讲前一天晚上,住在葛底斯堡的旅馆里,他又作了仔细地修改。

林肯的这篇演讲被后人评价为一次"完美无缺的演讲",他的讲稿堪称"一篇誉满全球的演说词"。林肯在葛底斯堡国家烈士公墓落成典礼上发表的演讲手稿,现在仍珍藏在美国国会图书馆,而且讲辞被铸成了金字文,放在牛津大学,作为英语演讲的最高典范。

2. 概要复述训练

对原材料读数遍,强记梗概,有人将这种方法称为"记意法"。概要复述前请运用"记意法",复述时可以用文章中的句子,也可以用自己的话表述,但一定要句式完整,句句连贯,不改原意。

【示例1】

床罩的故事

床罩的历史可以追叙到14世纪的法国,据记载,发明者是一个普通的法国高卢人,一个红脸颊,满脸雀斑的姑娘,名叫迪迪。

迪迪与同村的马夫路易幽会了3个月以后正式举行了婚礼。不幸的是,一直到新婚后的第一个早晨,年轻的妻子才发现这位马夫有遗尿的毛病——他把婚床和被褥都当成尿布了。这时,祝贺新婚的客人已陆续来到。在门外,他们大声笑闹,捶打木门,眼看更换床褥已经来不及了。聪明的妻子望着神情沮丧的丈夫,忽然灵机一动,从衣橱里取出一块白色的大号床单,迅速地铺在臊臭潮湿的被褥上,然后开门迎客。

客人们按惯例为新郎、新娘祝福,并参观这对新人的新居室。突然客人中有个人指着床单惊奇地叫道:"多么奇妙的布置呀,这洁白的'床罩'!它一定是巴黎上流社会的新玩意儿吧!"新娘看了新郎一眼,微微一笑,不置可否。客人们发出啧啧的赞叹:"哦!这多么时髦,多么漂亮!"

于是,在他们离开之后,由近及远,一种崭新的铺床法就迅速在法国各地传播开来。3年之后,法国宫廷正式采用这种方法,按那位客人所说的那样命名它为"床罩",并且把它载入《宫廷起居事典》。几个世纪以后,随着法国军队的步伐的加快和法国文化的传播,床罩这个发明走向世界了。

【示例2】

马航客机消失的可能原因

据美联社报道,飞机起降之时最为危险,飞机在距地面7英里(约11千米)上空飞行时,很少会发生事故。

2014年3月8日,马航一架客机在飞越南海上空时失踪,事故发生得时间很短暂,航空专家不禁推测,到底是什么原因导致飞行员来不及发送求救信号。

要调查清楚这架由马来西亚最大城市吉隆坡飞往北京的波音777飞机究竟发生了什么事情,即使不用几年,也得数月时间。

"在目前事故的早期阶段,我们正在集中精力弄清未知事实。"波音公司前安全工程师托德·柯蒂斯(Todd Curtis)说道,他曾参与建造波音777宽体式客机,现任 Airsafe.com Foundation 的负责人。

如果出现了小的机械故障,或者出现像飞机双引擎熄火这样严重的问题,飞行员很可能还来得及用无线电呼救。飞机没有发出求救信号"表明突然发生了很剧烈的事情。"威廉·瓦尔多克(Willian Waldock)说道,他在亚利桑那州普勒斯科特安柏瑞德航空航天大学(Embry-Riddle Aeronautical University)教授事故调查。

最初调查显示要么飞机突然解体,要么有东西导致飞机突然急速俯冲。一些专家甚至提出这是一起恐怖主义事件,或者飞行员故意撞机事件。

"要么发生了灾难性事件导致飞机解体,要么是一起犯罪。"斯科特·汉密尔顿(Scott Hamilton)说道,他是航空咨询公司 Leeham 的总经理,"事故发生得太突然,飞行员无法呼救。"

不管推测有多荒谬,现在排除任何一种可能性都为时过早,专家警告称。只有找到飞行数据和语音记录,并对飞机残骸进行一番检查后,才能得到最可靠的线索。

空难通常发生在飞机起飞、爬升、离开机场或着陆之时,如2013年韩亚航空一架客机在旧金山降落时发生致命事故。据波音公司关于商用喷气式飞机事故的统计概要显示,只有9%的致命事故发生在飞机位于巡航高度之时。

约翰·考克斯(John M. Cox)机长在美国航空公司执行飞行任务达25年,现任 Safety Operating Systems 总裁,他表示马航客机失事肯定发生在很短时间内。飞机肯定出现了很严重的问题,以致于飞机上应答机无法发送坐标,当然也可能有人故意关闭了驾驶舱内的应答机。

要弄清真相首先可以看飞机残骸现场的规模。如果现场面积大,延伸好几十英里,飞机很有可能是在高空解体。也就意味着发生了爆炸或者机体严重损坏。如果现场面积较小,飞机可能是从35 000英尺(约10.67千米)处下坠,机身完整无损,触水时方才解体。

"我们只知道飞机坠毁了。除此之外,还有很多事我们尚不清楚。"考克斯说道。

波音777是航空史上最安全的飞机之一。1995年6月波音777第一次载客,连续18年没有发生一起致命事故,直到2013年7月韩亚航空坠机事故,这个记录才被打破。机上307个人中有3人遇难。2014年3月8日失事的这架马航客机搭载了239名乘客和机组人员,其中中国乘客154人,这将是该机型发生的第二大致命事故。

"波音777是有史以来制造的最可靠的飞机。"约翰·葛戈利亚(John Goglia)说道,他曾是美国国家运输安全委员会的成员。

飞机失事的可能原因有:

——飞机机身或罗尔斯·罗伊斯的遄达700双引擎出现灾难性结构损坏。大多数飞机由铝制成,长时间易受腐蚀,在高湿度的地区尤为如此。但是鉴于该飞机悠久的历史和非凡的安全记录,专家表示这一原因站不住脚。

对飞机机身完整性威胁更大的是起降时需要持续增减舱内压力。2011年4月,美国西南航空公司波音737在凤凰城起飞后不久紧急降落,原因在于飞机机身裂开,出现5英尺(约1.52米)长的裂痕。机上共有118个人,飞机最终平稳着陆。机身裂开对马航客机来说不大可能。航空公司让波音777飞长航线,起降次数减少,对机身的压力减少。

"马来西亚航空公司不像美国西南航空公司那样一天有10次航班。"汉密尔顿说道,"尚无证据证明马航失事客机使用过于频繁。"

——天气恶劣。按照设计,飞机是可以穿过最猛烈的暴风雨的。然而,2009年6月,法国航空公司从里约热内卢飞往巴黎的A330客机在飞越大西洋时遭遇暴风雨坠毁。客机的航速测量仪结冰,显示错误的读数。再加上飞行员判断失误,导致飞机失速,坠入海底。288名乘客和机组人员全部遇难。飞行员自始至终并未发出呼救信号。

就3月8日失事的马航客机而言,所有迹象显示当时天气晴朗。

——飞行员迷航。柯蒂斯表示飞行员有可能关闭自动驾驶仪,脱离了航线而没有意识到,直到一切来不及。飞机在最后一次与地面联系后,可能又飞行了5到6个小时,偏离航线可达3000英里(约4828千米)之远。如此一来,飞机很有可能会被其他地方的雷达监测到,所以这个可能性不大。但是现在要排除它还为时过早。

——引擎失灵。2008年1月,英国航空公司波音777客机在距离伦敦西斯罗机场跑道约1000英尺(约304.8米)处坠落。当时飞机正准备着陆,但是燃油系统结冰,引擎动力全失。万幸没有人死亡。

马航客机双引擎有可能失灵了,但是汉密尔顿称飞机仍可以滑翔20分钟,飞行员有足够的时间进行呼救。2009年1月美国航空公司A320客机在纽约拉瓜迪亚机场起飞后双引擎失灵时,所处高度相比马航客机低很多。但是在飞机坠入哈德逊河前的6分钟里,机长切斯雷·苏伦伯格(Chesley B. Sullenberger)还是和空中交通管制员取得了足够的联系。

——炸弹爆炸。好几架飞机因此坠毁,包括1988年12月飞伦敦至纽约一段的泛美航空103号班机。1985年6月飞蒙特利尔至伦敦一段的一架印度航空班机也是如此,1989年9月法国联合航空公司的一架客机在飞越撒哈拉沙漠时爆炸。

——劫机。传统意义的劫机看上去不太可能,因为劫机者通常会降落在某一机场,且有所求。但是类似"9·11事件"的劫机是有可能的,恐怖分子会迫使飞机坠海。

——飞行员自杀。20世纪90年代末发生了两起重大空难,即来自胜安航空和埃及航空的两架班机,飞机的坠毁疑似飞行员有意为之。政府空难调查员没有正式宣布这些空难是自杀行为,但是研究空难的专家都一致认为这些事故是飞行员故意造成的。

——遭军队意外击中。1988年7月,美国"文森斯"号导弹巡洋舰意外击落伊朗航空公司一架客机,导致200名乘客和机组人员丧生。1983年9月,韩国大韩航空公司一架客机被前苏联战机击落。

(据中国日报网站资料改编,2014年3月10日)

提示:马航客机失联事件牵动着国人的心,也牵动着世界人民的心。这则材料对马航客机失事的可能性进行了种种推测。在概要复述时,对文中出现的时间、地点、人名、客机情况等信息需要交代清楚,尽量做到条理清晰、表述准确、主要观点明晰。

3. 扩展复述训练

【示例】

清平乐·村居
辛弃疾

茅檐低小,溪上青青草。

醉里吴音相媚好,白发谁家翁媪。

大儿锄豆溪东,中儿正织鸡笼;

最喜小儿无赖,溪头卧剥莲蓬。

扩展复述如下:

一条清澈见底的小溪,终年潺潺地环绕着小村庄。溪的两边,长满了绿色的青草和荷叶。荷叶挨挨挤挤的,像一个个碧绿的大圆盘。一阵风轻轻地吹过,荷叶翩翩起舞。瞧,溪里倒映着一个高大挺秀的身影,那是谁呢?原来是溪前的一棵大柏树呀!柏树旁,一座低矮的茅屋,藤条爬上了房顶,结了许多个大南瓜。屋后是一片郁郁葱葱的松树林。眺眼望去,茂密的树林旁边还种植着一大片绿油油的庄稼呢!

屋里,满头白发的老爷爷和老奶奶正借着酒意说着悄悄话。老爷爷笑着对老奶奶说:"你哟,可真是越来越年轻,越来越漂亮了哟!"老奶奶一听,可乐了,说:"甭说这个,是不是今天又做错了什么事,回来巴结我呀?"

这时,太阳已当空高照。

大儿子十分勤快,在溪边的田间地头锄豆。望着刚发芽的豆苗儿,大儿子甩了一把汗,高兴地说:"今年一定是个大丰收,到了秋天,我要给爹娘和弟弟们一个惊喜!"

二儿子正坐在大柏树下编织着鸡笼呢。他一边编织一边想:等到鸡笼编织完后,小公鸡便可以住进来,这可是它们既安全又舒适的家呀!

小儿子趴在溪边剥莲蓬吃,还喃喃自语地念叨着:"人间的佳肴,我给爹娘和哥哥们带个去!"瞧,他正忙得不亦乐乎呢!

【训练话题】

(1) 根据下面诗歌所提供的情节和意境,展开想象的翅膀,合情合理地扩展成一段话复述出来。

①《蚕妇》:昨日入城市,归来泪满巾。遍身罗绮者,不是养蚕人。

②《江雪》:千山鸟飞绝,万径人踪灭。孤舟蓑笠翁,独钓寒江雪。

(2) 扩成语成小故事训练。

① 完璧归赵

② 纸上谈兵

③ 朝三暮四

④ 韦编三绝

(3) 把古文《与朱元思书》扩展成现代文,介绍富春江"自富阳至桐庐"的景色。

风烟俱净,天山共色。从流飘荡,任意东西。自富阳至桐庐一百许里,奇山异水,天下独绝。

水皆缥碧,千丈见底。游鱼细石,直视无碍。急湍甚箭,猛浪若奔。夹岸高山,皆生寒树。负势竞上,互相轩邈;争高直指,千百成峰。泉水激石,泠泠作响;好鸟相鸣,嘤嘤成韵。蝉则千转不穷,猿则百叫无绝。鸢飞戾天者,望峰息心;经纶世务者,窥谷忘反。横柯上蔽,在昼犹昏;疏条交映,有时见日。

(4) 请将下面的新闻扩展成一个有趣的故事。

录音驱野猪

东北某地野猪损害庄稼很厉害,群众叫苦不迭,有个青年想了个办法:用录音机在电视里录下狮虎的吼叫声,然后通过电线杆上的高音喇叭播放,以吓唬野猪。开始还有些效果,后来野猪绕电线杆转了几圈,又用身子靠靠,最后用嘴巴把电线杆拱倒了。

群众说,唱高调,说空话,连野猪也骗不了。

4. 变式复述训练

(1) 加工性复述训练

下面是两则著名节目主持人的加工性复述示例,请你仿照示例对下列话题作变式复述。

【示例1】

原节目台本:"语言是人类交流的基本工具,但是对于那些因患喉癌做了手术的人来说,他们最大的痛苦就是有口难言。"

敬一丹的加工性复述:"观众朋友,在我这样说着,你这样听着的时候,我们的交流就开始了,这在我们看来很平常的交流方式,对于那些因为患喉癌做了手术的人来说,却不可能,他们最大的痛苦是有口难言……"

【示例2】

原节目台本:"邻居是什么?邻居是互相帮助的朋友,是在你困难的时候可以向他求援的伙伴,是你生活中不可缺少的友情,邻居是你生活中相互给予的人们。"

倪萍的加工性复述:"邻居是什么?是你正在炒菜,发现酱油瓶子是空的,于是你就敲门要点酱油的那家儿;是你出差了可以让他帮你看看门锁是否被人撬开的那家人;是你家房子冒烟了能第一个去打119的那些人……"

【训练话题】

① 在这春光明媚的四月,在这万物复苏的季节里,春向我们走来了,让我们踏着春天的昂然的脚步,走向新生活!

② 最近,一只"苏门羚"闯进海丰县一位居民的家中。有人愿高价收买,遭到这位居民的拒绝。目前,这只"苏门羚"已被省有关部门收养。汕尾市林业局呼吁市民保护野生动物,发现不明动物切莫宰杀或卖给不法商贩。

(2) 请用倒叙方式复述《桃花源记》。

提示:变换顺序要注意衔接、前后过渡照应以及内在的逻辑关系。

桃 花 源 记

(东晋)陶渊明

晋太元中,武陵人捕鱼为业。缘溪行,忘路之远近。忽逢桃花林,夹岸数百步,中无杂树,芳草鲜美,落英缤纷。渔人甚异之。复前行,欲穷其林。

林尽水源,便得一山,山有小口,仿佛若有光。便舍(shě)船,从口入。初极狭,才通人。复行数十步,豁(huò)然开朗。土地平旷,屋舍(shè)俨(yǎn)然,有良田美池桑竹之属。阡(qiān)陌(mò)交通,鸡犬相闻。其中往来种作,男女衣着(zhuó),悉如外人。黄发垂髫(tiáo),并怡然自乐。

见渔人,乃大惊,问所从来。具答之。便要(yāo)还家,设酒杀鸡作食。村中闻有此人,咸来问讯。自云先世避秦时乱,率妻子邑(yì)人来此绝境,不复出焉,遂(suì)与外人间隔。问今是何世,乃不知有汉,无论魏晋。此人一一为(wèi)具言所闻,皆叹惋(wǎn)。余人各复延至其家,皆出酒食。停数日,辞去。此中人语(yù)云:"不足为(wèi)外人道也。"

既出,得其船,便扶向路,处处志之。及郡(jùn)下,诣(yì)太守,说如此。太守即遣(qiǎn)人随其往,寻向所志,遂迷,不复得路。

南阳刘子骥(jì),高尚士也,闻之,欣然亲往。未果,寻病终。后遂无问津者。

二、描述

(一) 描述及其特点

描述是显示事物形状、再现某种场景的表达方式。对客观事物作口头描述,有的是当场观察后立即进行描述;有的是对曾经的所见所闻进行描述。描述常常要通过丰富的想象,运用传神的描摹,塑造栩栩如生的听觉形象,以增强口语表达的生动性、直观性和审美性。

一般而言,口头描述要经过"看"—"想"—"说"三个阶段。利用所有的感知器官,通过观察,把现场的人、物、事、景等表达对象的特征及形态,用形象的语言即兴表达是口语训练的重要一环,重在培养学生的观察能力和感受能力。

1. 观察能力的训练

"看",即观察,观察是口头描述的基础和起点。

描述的目的和要求不同,观察的方法可以十分灵活。观察,无论是由上到下或是由下到上,由远及近或是由近及远,由人到物或是由物到人,由整体到局部或是由局部到整体,都需要注意以下要求:

(1) 观察要具体

如下面这则材料是我们非常熟悉的:

"不必说碧绿的菜畦,光滑的石井栏,高大的皂荚树,紫红的桑葚;也不必说鸣蝉在树叶里长吟,肥胖的黄蜂伏在菜花上,轻捷的叫天子(云雀)忽然从草间直窜向云霄里去了。单是周围的短短的泥墙根一带,就有无限趣味。油蛉在这里低唱,蟋蟀们在这里弹琴。翻开断砖来,有时会遇见蜈蚣;还有斑蝥,倘若用手指按住它的脊梁,便会啪的一声,从后窍喷出一阵烟雾。何首乌藤和木莲藤缠络着,木莲有莲房一般的果实,何首乌有臃肿的根。有人说,何首乌根是有像人形的,吃了便可以成仙,我于是常常拔它起来,牵连不断地拔起来,也曾因此弄坏了泥墙,却从来没有见过有一块根像人样。如果不怕刺,还可以摘到覆盆子,像小珊瑚珠攒成的小球,又酸又甜,色味都比桑葚要好得远。"

(鲁迅《从百草园到三味书屋》)

作者通过仔细观察,具体描写了百草园中形形色色的动植物,为读者展现了百草园生机勃勃的大环境和"周围的短短的泥墙根一带""有无限趣味"的小环境,富有儿童情趣,生活气息很浓。

(2) 观察要深入

观察人、事、物、景时,要善于抓住人、事、物、景的外在主要特征,突出重点,以形传神,不要求面面俱到。尤其在观察人物外貌的主要特征时,要多角度、多侧面地进行观察,反映出人物的思想、品格、性格的特点。

下面是一段描述人物的范例:

"鸡鸣外欲曙,新妇起严妆。著我绣夹裙,事事四五通。足下蹑丝履,头上玳瑁光,腰若流纨素,耳著明月珰,指如削葱根,口如含朱丹,纤纤作细步,精妙世无双。"

(《孔雀东南飞》)

作者通过对刘兰芝的外貌装扮的精细描绘,充分表现刘兰芝的美,并以此衬托出她离开焦家前的无比悲伤之情。

2. 感受能力的训练

面对人、事、物、景等观察对象,如果不能感之于外,受之于心,就不能深入地理解观察对象,也就更谈不上迅速、有条理地组织好内部语言和词语序列。

感受,包括形象感受和逻辑感受。在描述训练过程中,重点要加强形象感受的能力。

【示例】

东晋臣相谢安喜欢吟诗。一天,窗外纷纷扬扬下起了大雪。谢安与侄儿侄女一道欣赏雪景,不由得诗兴大发,他指着窗外的大雪问道:"白雪纷飞何所似?"侄儿谢朗马上脱口而出:"撒盐空中差可拟。"谢安听了直摇头:"不好,谁有那么大的力气把盐撒得满天都是?用盐作比喻,不够准确。"侄女谢道蕴道:"未若柳絮因风起。"谢安听了,拍手大笑:"好个风吹柳絮,恰如雪花飞舞,絮白如雪,雪轻若絮,这个比喻真好!"

这则材料中对大雪的描摹,用盐比喻雪或用柳絮比喻雪都未尝不可,可以取其"白"的相似性,但是盐沉重,且平时是不在空中的,谢朗用盐来比喻雪显得生硬且不符合实际。相反,如果比喻的不是骤起的飞雪,而是地上的积雪,可能盐的比喻就更贴切一些了。而谢道蕴用柳絮作比,因为春天柳絮本来就是漫天飞舞,飘飘洒洒,所以用来比喻雪更为贴切,既有颜色上的相似,也有形态动感上的相似。谢道蕴形象的比喻源于她对雪和柳絮两种景物的细致的观察和深刻的感受能力——二者的相似性,因此才有对雪如此形象贴切的描述。面对此情此景,仅仅一句话的描摹就彰显了她卓尔不群的文学才华。

(二) 描述的分类

从描述方法的角度,描述可分为白描和细描。白描是写意式描述,多用对话,寥寥几句就把事物活生生地勾勒出来;细描是工笔式,多角度地作细致描绘。

例如,鲁迅先生在《藤野先生》中关于藤野先生的一段描述就使用了白描方法:

"其时进来的是一个黑瘦的先生,八字须,戴着眼镜,夹着一叠大大小小的书。一将书放在讲台上,便用了缓慢而很有顿挫的声调,向学生介绍自己道:'我就是叫作藤野严九郎的……'"

这里,作者抓住了人物的主要特征,并以简洁的语言勾画出人物形象,就是典型的白描写法的运用,读后给人印象深刻。

关于细描,如阿累的《一面》写鲁迅就比鲁迅写藤野先生更细一些:

"他的面孔黄黑带白,瘦得教人担心,好像大病新愈的人,但是精神很好,没有一点颓唐的样子。头发约莫一寸长,显然好久没剪了,却一根一根精神抖擞地直竖着。胡须很打眼,好像浓墨写的隶体'一字'。"

这里,作者运用细描的方法对人物进行了一笔一画的精雕细刻,使得人物形象跃然纸上,形象逼真。

从描述对象的角度,描述可分为描述人物、描述景物。

1. 描述人物

描述人物,要把人物的外貌、声音、行动、心理等几个方面用语言生动地描绘出来,让听的人感到如闻其声、如见其人。下面的两个例子,虽然出自作家手笔,但都是用规范化的口语写的,可以作为口头描述的范例。

【示例 1】

水生笑了一下。女人看出他笑得不平常。

"怎么了,你?"

水生小声说:

"明天我就要到大部队上去了。"

女人的手指震动了一下,想是叫苇眉子划破了手,她把一个指头放到嘴里吮了一下。

(孙犁《荷花淀》)

【示例 2】

……

我吃了一惊,赶忙抬起头,却见一个凸颧骨,薄嘴唇,五十岁上下的女人站在我面前,两手搭在髀间,没有系裙,张着两脚,正像一个画图仪器里细脚伶仃的圆规。

(鲁迅《故乡》)

示例 1 是水生和水生嫂的对话和动作的一段描述。通过短短的几句话,活生生地表现了两个人的思想感情和性格特点,表现了他们的爱国情和夫妻情。口头描述时,声音不要高,应饱含感情,语气果断、温柔而亲切。示例 2 是鲁迅先生在《故乡》一文中描写曾被誉为"豆腐西施"的杨二嫂的今日形象。昔日的杨二嫂因为美丽、端庄、文静,豆腐生意兴隆,被人们誉为"豆腐西施",今日的杨二嫂却变成了细脚伶仃的"圆规",而且说起话来世俗至极,刻薄自私。鲁迅在描写人物时,总是寥寥几笔,便勾勒出杨二嫂的巨大变化:"豆腐西施"—"圆规",这样的描写不无讽刺意味,但人物的轮廓鲜明而生动。

2. 描述景物

景物描摹分静态描摹和动态描摹两种。例如:

"最妙的是下点儿小雪呀。看吧,山上的矮松越发的青黑,树尖上顶着一髻儿白花,好像日本看护妇。山尖全白了,给蓝天镶上一道银边。山坡上有的地方雪厚点儿,有的地方草色还露着;这样,一道儿白,一道儿暗黄,给山们穿上一件带水纹的花衣;看着看着,这件花衣好像被风儿吹动,叫你希望看见一点儿更美的山的肌肤。等到快日落的时候,微黄的阳光斜射在山腰上,那点儿薄雪好像忽然害了羞,微微露出点儿粉色。就是下小雪吧,济南是受不住大雪的,那些小山太秀气。"

(节选自老舍《济南的冬天》)

这段是老舍先生关于济南的冬天的景物描述。作者采用静态描摹和动态描摹相结合的描写手法,充分展现出济南雪后如诗如画的美丽景色。

(三) 描述训练

描述训练的最好形式是讲故事。

"讲故事"是一种复现性表达,即把看到的、听到的情节用完整的语言文字材料描述给别人听。"讲故事"需要将上述几种复述方式结合起来运用,同时,根据需要也可以不受原材料的限制。有的地方可详述,有的地方可概述,有的地方可扩展,有的地方可变序、变角度、变表达的形式,这样,对原材料的改编、加工就是一种再创作了。其一般规律是:

第一,根据需要,确定一个有积极意义的主题,确定故事的主要人物和情节主线;

第二,通过删节、充实、调整,使故事紧凑、生动,既有形神兼备的细节描述,又有反映人物性格的对话,并且要突出故事的高潮;

第三,故事要完整,设计一个有吸引力的开头,并要安排一个让人回味的结尾。

讲故事的语言要用通俗易懂的口语,尽量淡化书面语色彩,尤其要避用文言词汇。叙述时要从容不迫地把环境、情节、人物关系交代清楚;描述时要正确表达感情倾向;对话可适当运用拟声造型手段,做到"言如其人"。还要把握好语速、节奏的变化,并适当运用表情、手势、姿态辅助表达。

讲故事分为"文讲"和"武讲"两种。"文讲"动作幅度比较小,语调适中,表情含蓄一些。"武讲"动作夸张,语调表情也可"火"一点。如:

武松打虎(片断)

"……这时,武松酒醒了,环顾四望,只觉一阵凉风吹过,说时迟,那时快,只见一只老虎呼的一声半空中扑了过来,武松一个闪让,哗——就闪到了老虎的背后;那老虎呢,身子重,扑了个空一下转不过身来,就把前爪搭在地上,腰胯向后腾空猛的一掀,只见武松抽身往后一缩,躲在一边。老虎眼见掀不到武松,甩头大吼一声,就像半天空响起一个炸雷,震得山岗也摇晃起来。

老虎双眼圆睁,寒光闪闪,尾巴慢慢地倒竖起来,像一根铁棒,又直又硬,只听嗖的一声,尾巴一剪,顺地抽了过来。武松又窜身一闪,蹬!跳过一边站定。这老虎眼见一扑、一掀、一剪竟抓不住人,气性先自没了一半,仰天怒吼一声,哗啦啦,树叶给震落了一大片;老虎一步一步地又将身子兜转了过来。武松见老虎冲着他转身掉头,立马大喝一声,双手高高抡起哨棒,尽平生力气蹿向半空中,对准老虎的脑袋劈了下来……"

这则故事有述有表,生动活泼,不仅用动听的语言叙述故事情节,而且运用不同的语气、语调及拟声和表情动作,把故事中的人物、环境、情绪和气氛绘声绘色地表现出来。

【示例1】

风雨见真情(片断)

那是一个夏天的晚上,我骑着自行车带孩子出门,不巧下起雨来了,我们只好躲在一家商店的屋檐下。这屋檐下原本已经有了几个人,我们进去避雨,地方已经不宽裕了,只能勉强容身。雨哗哗地下着,为了不让孩子淋到雨,我只好替她用身子遮挡风刮过来的雨。

这时,旁边一位中年男子突然把自己的自行车推出去,啪的一声横在了雨里,然后示意我们母女往里面靠。我已经不记得当时说了什么感谢的话,只记得心里的沮丧和风雨带来的坏心情一下子就消失了。于是,这雨夜里的一份温情,便一直保留至今。

我想,可能谁都会有这样的温情回忆。它不只是一种感觉,而是一种需要。这种温情调节着我们疲惫的身心,使我们感到生存的尊严,生存的价值,感到生存的美好。

示例1把过去经历过的事情描述得如眼前正在发生的事一样,属于回忆性描述。听的人虽然没有看到所描述的景象,但是由于生动传神的描绘,就诱发联想,调动了想象力,给人身临其境之感。

【示例2】

大街上发生的事情

早晨,喧闹菜市场的一角。

一位身穿笔挺西服的时髦男子手里捏着几根大葱,在人丛中潇洒地走过来,突然一枚1元硬币从他的指头缝儿里当啷掉在地上,蹦了两下,连转了几个弯儿之后一头扎进街边的阴沟泥里。西服男子随即追到沟边,只见硬币直愣愣地在黑乎乎的淤泥上嵌着。他暗暗转过脸快速扫视周围,见无人注意,便迅速屈膝俯身,对准沟里的硬币伸出两根长长的手指插了进去。不料插得不准或是用力过猛,反而将硬币推进污泥里,糊了满手的臭泥。西服男子咬咬牙低声怒骂了一句,索性又开五指直插下去,力图一举将硬币擒获。然而如此围剿了几次均未成功,他只得立起身,刮掉手上的污泥,悻悻而去。

西服男子刚一离开,旁边卖豆腐的妇女赶忙回家提来一把锄头,小心翼翼地把沟里的淤泥一锄一锄地掏到沟沿上,用手细细地揉捏。原来,西服男子刚才的举动都被她冷眼看个清楚,她从那男人的衣着举止,神情气韵上看出,掉进沟里的必是金戒指之类无疑,但"金戒指"却深藏不露,妇人下了狠心,拓宽挖泥范围,大有深挖不止,不达目的誓不罢休的气势。

很快,两个在旁边瞧出蹊跷的妇女,不约而同地回家,心照不宣地提来铁锹来了;又有几个妇女互视两眼,神秘一笑也上阵向污泥开战了。

围观者越来越多,都伸着脖子不解地研究臭味扑鼻的污泥,心眼活络的人忽有所悟,悄悄回家拿来工具,挽起裤腿跃进沟中。下沟掏泥的人越来越多,虽然人们并不知道要找什么,但大家都认准了:要找的东西一定很值钱。

买菜人中有一位报社记者。他听说那边干得热火朝天地掏阴沟的人,并不是环卫站的职工而是附近居民,立即敏感地意识到自己碰上了一个好材料,于是上前看了几眼,菜也不买了,赶回家写了篇"现场目击新闻"。新闻很快见报,并加了一段"编者按",号召人们学习这种可贵的"奉献精神"。

人们看了这篇报道都将信将疑。因为人们从来没有觉得阴沟堵塞,更没见谁发扬什么"奉献精神",而阴沟边沿东一堆,西一堆的污泥也没人运走,至今还被烈日暴晒着,在那里发出阵阵臭气。

这是一则现场目击新闻的描述,读后让我们犹如耳闻目睹,身临其境一般,诱发我们的想象,刺激我们的"内视觉",有很强的艺术感染力。

【训练话题】

1. 描述训练:说×,不说"×"

我们说话时如果有意识地避开特定的惯用词或概念词,而用其他的同义、近义的词或短语去描述某一事物,比如说到"冷"偏不出现"冷"这个词,说到"热"偏不出现"热"这个词,那样说出的话就会生动具体得多。我们将其简称为:"说×,不说'×'"。如:

说冷,不说"冷"

冬天一大早,西北风打着呼哨很刺耳,寒气凉飕飕扑面吹了过来,直往我衣领的缝隙里面钻,浑身感觉彻骨的寒。风吹在脸上,像针刺,像刀割。鹅毛大雪纷纷扬扬下个不停,雪末儿飘到我脸上,冰凉冰凉的。屋檐下面挂着一尺多长的冰锥子;公园里的湖面结了冰如同一面镜子,闪着寒光……四处静悄悄的,我觉得整个世界都像给严寒冻凝固了似的。我浑身打颤,哈出的热气沾到眉毛上结了白花花的霜,眼睛冻得睁不开。地面到处是硬骨骨的冰凌冰碴儿,走在上面滑溜溜的,像踩上牛油一般——哎哟,一脚踩没留神儿,一个骨碌狗啃泥,我掉进了大雪坑,浑身颤抖,像泡进冰水,哎哟,我快成冰棍儿了……

仿照上例,描述一个事实片断,尽量不用概述方式和惯用的概念化词汇,尝试用"说×,不说'×'"的方式,说一段话:

（1）说热,不说"热";

（2）说好,不说"好";

（3）说坏,不说"坏";

（4）说苦,不说"苦";

（5）说富,不说"富"。

2. 下面是一则学生描述"冬天"的口语练习材料,请你也用描述的方式说说"春天"、"夏天"和"秋天"。

美丽的冬天

秋姑娘带着丰收的喜悦刚刚离去,冬爷爷又带着寒冷到来了。

一个冬天的早晨,我正在睡觉,突然听见妈妈在叫我:"孩子,下雪了,快来看呀。"我听了,穿好衣服,跑到窗子旁一看,呀,天正纷纷扬扬地下着黄豆般大的雪,天空中的电线也下成了一根根的绒线,屋檐下,几只麻雀饿得叽叽喳喳地乱叫,外面成了个银装世界。人们都穿着厚厚的衣服,弯着身子,还在瑟瑟发抖,围巾把脖子裹得严严实实的,两腮通红,赶着去上班,可是今天带了些小跑,耳边是呼呼的西北风,脚下踩着雪咯吱咯吱地响,只见在夏日茂盛的白杨树,只剩下几枝枯萎的枝干了,在一棵棵枯萎的白杨树旁边,有一棵翠绿的青松,在许多已枯黄的植物的衬托下,那棵青松显得更绿了,寒风似乎也成了青松的手下败将。

下午4点多,雪还在下着,太阳已收起它淡淡的光芒,好像怕冷似的,躲进了像棉胎一样的云层里了,路上的雪融化了许多,但刺骨的寒风仍在吹着。

入夜后,风停了,雪却下得更大了,在这无风的夜晚,小小的院子里宁静极了,只听见那绵绵密密的鹅毛大雪落在地上的沙沙声和行人过路时踩在雪上面咯吱咯吱的响声,一切都显得更加宁静。

冬天,我爱你。

3. 将你看到的雾霾天气进行一番描述。

4. 你能把下面的这两个故事扩展开来,说得哀婉动人吗?

故事1: 一个阿根廷13岁男孩得了癌症,在家觉得寂寞就上街闲逛,见商店里有个清纯的女孩,就进去买了张CD。后来他天天去,有一次给钱时将电话号码纸条给了女孩。不久女孩接到男孩的母亲的电话,母亲哭着说男孩刚刚死去。母亲打开衣橱见大堆崭新的CD,她拆开其中一张CD,见里面有张纸条:"帅哥,愿意同我去树林玩吗?"

故事2: 在一次战斗的间隙,一位军人到附近小镇的鞋摊修了一双鞋。后来他的一双腿在激烈的战斗中炸断了,住在医院一个多月。他请战友去为他付修鞋的钱,战友去后付了钱,对鞋匠说,鞋子就不要了,他不需要了。

三、解说

(一)解说

解说是对人们不明白的事物、事理作分解性的说明。它是日常生活中常用的一种口语表达方式,如"产品介绍"——介绍一件产品的性能、特点,"烹调介绍"——介绍一种东西的制作过程和方法,"自我介绍"、"使用说明"、"防火须知"……练习解说,有利于培养学生细致的观察能力和准确的口语表达能力。

"解说"可以从三个层面展开:

第一个层面:讲清"是什么"。

第二个层面:讲清"为什么"。

第三个层面:讲清"怎样做"。

为了增强即兴解说的易受性,作解说应注意以下几点:

第一,口齿必须清晰。即说话不能拖泥带水,吐字要字字清晰,让人听得明明白白。

第二,把握解说节奏。即语速不宜过快,要把握好表达的节奏,说到数字、地名、专业用语以及关键性的、难以理解的地方,要说得慢一些,有时甚至要一字一顿地说,或作必要的重复。

第三,注意重音停顿。即要注意用重音、顿连等表示强调、区分、提示,以增强表达效果。

(二)即兴解说原则

1. 诚信为本

第一,真实性原则。

第二,科学性原则。

第三,准确性原则。

【示例】

宋世雄解说中美排球赛

"现在是第三局,场上比分是4比2,中国队领先。现在梁艳发球,梁艳发勾手飘球,美国队打过来,单人拦网,好球!太漂亮了!美国队一传到位,排球比赛一传到位威胁很大,一传到位可以马上组织进攻。中国队预料到了,双人拦网拦住了,5比2……"

"现在场上比分是7比6,中国队教练袁伟民要求暂停。这场比赛中国队开始是4比2领先,接着被对方连续追了上来。我刚才说了,这场比赛关键是网上的竞争,看谁能封住对方的进攻,削弱或堵截对方的进攻,并且突破对方的拦网,谁在这方面占优势,谁就能取得胜利。一传到位也很重要,一传到位才能组织快速进攻。这场比赛一传到位率,中国队已经达到60%,但是一传失误或无功较多。什么叫无功?无功就是对方球过来,二传不能组织进攻……"

这则示例中,宋世雄的解说遵循了真实性、科学性、准确性的原则,用语及时、客观、准确,分析点评到位,具有很专业的解说水平。

2. 坚持专业要求

【示例】

黄健翔的"疯狂解说"

2006年6月世界杯足球比赛期间,原中央电视台主持人黄健翔的"疯狂解说"引起轩然大波——意大利足球队在补时阶段获得了一个有争议的点球,黄健翔兴奋地高喊:"意大利不要给澳大利亚机会了,他们早该回家啦!"后来意大利球员托蒂将点球罚进,黄健翔立即用"海啸音"狂呼"伟大的意大利!意大利万岁"……后来据黄健翔说,他十分讨厌澳大利亚足球队。

当晚,互联网上烽烟四起,不少球迷对"名嘴"滥用话语权的"渎职行为"十分不满。虽然第二天黄健翔就向全国球迷道歉,但将国家媒介当作自我宣泄的平台,如此"自作聪明"的"恶劣的个性化",在任何国家都是禁止的。

据报道,本次世界杯赛还出现了所谓"德版黄健翔"。当德国队对阿根廷比赛时,柏林奥林匹克球场解说员不停地重复:"女士们,先生们,德国需要你们支持……"以煽动现场气氛。虽然这样的"煽动"与黄健翔的"疯狂解说"不可同日而语,但是世界杯组委会立即提出严肃批评,因为国际足联早有明文规定:"球场播报员的解说立场必须是中立的。"第二天,柏林组委会新闻发言人召开记者招待会,宣布:"他将不再有机会在球场担任解说员了。"

此示例说明,解说不但要遵循真实性、科学性、准确性的原则,而且还需坚持专业要求,即不能以个人好恶来做主观臆断的点评,更不能借此机会宣泄个人的情绪。

(三) 解说的分类

解说作为一种表达形式,大量存在于我们的口语表达之中,我们可以作不同角度的分类。如从解说的详略、规模划分,解说可分为简约性(或纲目性)解说、阐明性(精细性)解说;从语言风格上划分,有平实性解说、形象性解说、谐趣性解说等。下面介绍几种常见的类型。

1. 简约性解说

简约性解说是指用比较凝练、概括的话说明事物、解释事理。在说话节奏日益加快的今天,简约性解说有助于提高工作效率,有时也被看作是精明、干练的表现。其特点是尽量省略繁琐的说明,只用简明扼要的话,就把事物的本质属性说得清清楚楚。在作简约性解说时,应注意说话前将表达内容作一番提炼,快速确定表达用语,这样才能做到话一出口就抓住了关键。

【示例】

例如，1998年9月2日《焦点访谈》中，主持人专访国家发展计划委员会主任李融荣，主持人的提问切中要害："一般来说，要启动国家经济让它迅速发展的话有三个手段，一个是扩大出口，一个是扩大国内需求，还有一个是靠政府向基础建设投资来带动。那么在现在的经济环境下，这三个手段各自情况怎么样？"在这里，主持人用简约性解说清晰地说明国家经济建设发展的一般规律，不仅一开始就切入问题的症结所在，也体现主持人的扎实功底。

再如"数学是什么"，这可以写成一篇论文，但用简约性解说可以是：

"华罗庚说'宇宙之大，粒子之微，火箭之速，化工之巧，地球之变，生物之谜，日用之繁……无一不可用数学来表达。'从这里我们知道，数学是科学的精灵，是科学王宫最神秘的宫殿。数学的内涵博大精深，数学的外延无所不在。数学是人们认识世界的工具，掌握世界的钥匙。在许多科学革命中，都是以数学为其先导，都是以数学理论为其支撑，都是以数学计算为其保障……"

再如，在说到缺水问题时："如果您听说北京市人均水资源只是国内人均水资源量的八分之一，缺水程度与沙漠地区的以色列相似，您会吃惊吗？如果您听说北京市去年洗车用水量相当于昆明湖蓄水量的总和，您会相信吗？节水和遏制北京市水资源的严重浪费是我们面临的迫切问题。"

【训练要求与提示】

① 简约解说，言简意明。

② 解释概念，要明确概括出事物的本质特征，作出唯一正确的解释。但是，在口语表达中有时不可能、也没有必要将其本质属性全部提示出来，这时可以用"释义"，及对其本质特征作部分的揭示。

【训练话题】

① 下面是《现代汉语词典》(第6版)收录的网络新词，快速给下列概念下定义：

如，什么是警句？警句是发人深思让人警醒的句子。

什么叫"雷人"？

什么叫"微博"？

什么叫"低碳"？

什么叫"给力"？

② 用一句话讲清一个时下热词或新词的含义或一部电视剧、一个重大案件的梗概。可反复作这个练习。

【示例】

网络打谣：2013年8月，全国公安机关在开展集中打击网络有组织制造传播谣言等违法犯罪专项行动中，抓获了一批靠制造谣言谋取利益的网络推手。

中国大妈：2013年金价大跌期间，市场上出现了疯狂抢购黄金的一群中国散户，他们中多数是以购买黄金首饰为主的大妈，对黄金寄予保值的崇高期望。由于黄金市场的难以预测性，这种盲目投资有一定的风险。

(以上两则示例均选自《语言文字报》素养·能力版块"月度热词"第727期)

③ 请用简约性解说,介绍汽车驾驶的要领。

2. 阐明性解说

阐明性解说是对一个事物、一种见解作详细的分析或说明。其方法很多,有作分解、举例子、讲特征、作比较、打比方等。运用这些方法,可以把抽象的道理说得具体、形象,把难懂的道理说得浅显明白,把专业性较强的知识说得通俗易懂。

【示例】

这里是北京

每一天都有人从外地来到北京。

在过去的十年里,北京增加了472.9万外来常住人口,平均每天增加1296人。这在北京增加人口中占了四分之三,使北京的常住人口总数达到2114.8万。

这让北京的政府官员感到头疼。上世纪八十年代初的目标是"把北京到2000年的人口规模控制在1000万人左右",但几年后,1988年北京市总人口已达1000万。北京目前执行的2004版人口规划要求到2020年将常住人口控制在1800万,但这一数字在2010年就被突破。

北京市副市长陈刚说,按照目前这个速度发展,意味着10年后的北京,需增加近500平方公里的土地;要建住房1.3亿平方米;要增加交通出行550万人次;每年要增加6亿立方米水;天然气需要增加50亿立方米;每天增加垃圾6000吨;要增加中学167所,增加小学208所。

到目前为止,没有有效的办法阻止这些外地人的脚步。靠户籍?没有用,最近四年,进京落户指标都没有超过1万。

为什么要去北京?

这倒是一个简单的问题,因为北京有其他地方没有的东西。

(节选自杂志《vista看天下》2014年第4期《这里是北京》)

这则示例运用作比较、讲特征等方法,具体而有力地说明近年北京人口剧增这一社会现象。文中运用大量数字,科学准确地阐述了外地人去北京后给北京带来的巨大压力。对比鲜明,用数据事实说话,有很强的说服力。

【训练要求与提示】

① 分解说明要在同一范围内进行,并力求全面,不可以偏概全。

② 举例要力求真实、典型。在解说时,对所举例子只作概述,力求简明扼要。

【训练话题】

运用分解、举例、比较、列数字等说明方法,就下列话题作阐述性解说。

① 近年来,跳广场舞风靡大江南北,广场舞成了全民舞蹈,但同时也给他人带来了一些负面影响,请说说跳广场舞的利弊。

② 近年来中国人为什么越来越爱看韩剧?

③ 向别人介绍自己。

④ 怎样解决食品安全问题?

3. 纲目性解说

纲目性解说,常用的说明方法是列举和分类。列举,是把解说对象的基本特点分条分项依次罗列并逐一说明,从而使人们对说明对象有清晰的认识。分类是通过明确概念外延来说明事物的方法,它便于解说头绪纷繁的事物。分类可一次划分,也可连续划分,但每次划分只能依据同一标准,不可随便改变。

纲目性解说有以下几种:

一是总分式解说。

二是分列式解说。

三是层递式解说。

【示例1】

你所知道的桥有哪些?

桥,不是没有生命的冷冰冰的建筑物,它体现着人类的智慧,并给人以美感。桥是充满魅力的,它集实用功能与审美价值于一身。

桥,又称梁桥,梁式又称梁柱式,是在水中立桥柱或桥墩,上搭横梁,连而成桥,有单跨多跨之分。梁桥有以下几种:

一是浮桥,用舟或其他浮体作中间桥脚的桥梁。

二是吊桥,古时设置在城壕上的桥,现在为悬索桥和斜拉桥的统称。

三是拱桥,用拱作为桥身主要承重结构的桥。

四是立交桥,线路(如公路、铁路等)交叉时,为保证交通互不干扰而建造的桥梁。在既有线路之上跨越者又称跨线桥,在地下穿过者又称地道桥。

【示例2】

我国古代桥梁的艺术风格

我国古代桥梁的艺术风格,首先表现在造型上,如曲线的柔和多变;其次,我国古桥十分重视与环境的协调,由于桥的存在又增加了环境的美;第三,我国古代桥梁的艺术风格还体现在附属建筑和石作雕刻上,许多古桥上都有桥屋、亭、阁、栏杆以及牌坊等。

【示例3】

如何摆脱无聊的纠缠

"如何摆脱无聊的纠缠",这个一时说不清的话题,有人这样说:

第一,对方迎面走来,不要主动同对方目光接触;

第二,坦白说你正忙着,手头事情必须立即完成,不能奉陪;

第三,对方不走,手上的事情千万别丢手;

第四,对方仍不走,可以说"你走以前,我想请你看一样东西"(如看花草,看小鸟)。看后就说"好,今天就到这里吧",顺势送出家门;

第五,也不要总是拒人于千里之外,让人不愉快,可以先发制人,明知对方喜欢纠缠,可以随时主动找对方聊几句,适时结束,抓紧走人。

【训练要求与提示】

① 纲目分明,易懂好记。

② 纲目性解说力求用语精确,一语中的。

③ 列举以分析、比较、综合为前提。可全部列举,也可摘要列举。列举出以后,一般不作阐述;如需要的话,也只画龙点睛地作几句解说。

【训练话题】

① 用连续划分法给文学作品分类。

② 大学生求职应聘应注意什么问题?

③ 说说现在交通事故增多的原因。

④ 说说食品安全问题产生的原因。

【示例1】

如何介绍自己

做自我工作情况介绍,以便让人们进一步了解自己在工作中取得的成绩和存在的不足,使他人能对自己做出公正的评价。在实事求是的基础上,必须注重语言技巧的运用。

一是控制语气、语调。语气是指说话时的口气,语调是指说话的腔调,主要指一句话里语音高低轻重的配置。在做"自我介绍"时,最好多用陈述语气。例如:"我×年×月×日在×校毕业,获硕士学位"等。这时一般不用感叹句和祈使句。在语调上,介绍者最好少用高亢、激昂的语调,宜用轻松而又平和的语调,给人一种自然谦逊的感觉。也不要像在课堂上朗读范文那样抑扬顿挫,富于表情。切忌被扣上"狂妄"的帽子或有"自吹自擂"之嫌。

二是提供的信息要适量。该说的话要说得充分,不该说的话就不要说。

三是掌握好时间。介绍自己往往要受时间限制,即使客观上无时间要求,介绍者自己也要有时间观念,不要使时间拖得过长让别人感到你是在借机表现自己,而引起反感。要在有限的时间内,将自己要说的内容说完,就得先对自己要讲的内容作周密的考虑,对语言逻辑乃至词语进行反复推敲,做到:条理清晰,重点突出,语言简洁明了,防止面面俱到。

四是必要的谦词。谦虚是一种美德。在自我介绍时尤需要谦虚。如在介绍情况前后,适当的谦词是必要的,如:"我介绍完了,或许有失片面,还请大家包涵和批评。"谦词也不宜过多,两三句即可。

(选自《语言文字报》素养·能力版第729期)

【示例2】

恰当表示感谢的4个建议

在接受别人的善意言行后,一般人都会产生一种发自内心的感激之情,情动于心,言出于外。一句平平常常的"谢谢",虽然语言不多,也不华丽,却是真诚情感的自然流露。人际交往是一个双方言行与感情互动的过程,你的善意行为必然引起对方的"酬谢"。这种"酬谢"又将进一步使对方产生好感,引发出新的善意行为。

许多人在接受别人的好意后,不喜欢说"谢谢"两个字。为什么呢?通常有两个原因:一是认为没必要说"谢谢";二是确实不会说"谢谢"。这两种情况,前者是主观认识上的问题,后者是技术能力上的问题,但都会对人际交往造成不良影响。

第一,在很多情况下,"感谢"就是对方的心理需求。不同的人有着不同的心理需求。或希望你对他的言行本身表示感谢,或希望你对他言行的效果表示感谢,或希望你对他个人表示感谢,等等。因此,感谢者应首先满足别人的这种心理需求。

第二,在向别人表达你的感谢时,还要针对对方不同的身份特点采取相应的感谢方式。生活中,老年人通常会相信自己的经验对年轻人的生活、事业有一定的帮助,年轻人在表示感谢时就应感谢对方言行的结果。比如,"谢谢您,您的这番话使我明白了许多道理"。这样贴切而真诚的感谢会使老年人感到满足,认为这个年轻人不错,孺子可教也。女人常以心地善良、体贴别人为自己独特的人格魅力,因此在感谢女士的帮助时,说句"你真好"就比"谢谢你"更好一些;说"幸亏你帮我想到了这点"就比"你想到这点可真不容易呀"的效果更好。

第三,在表达你的感谢时,说话的语调要欢快,切忌沉缓、喑哑;吐字要清晰,节奏应有抑扬,切忌含混不清,咕咕哝哝;同时,眼睛要看着被感谢的人。你需要避免两点:夸张与生硬。

第四,区别感谢的类型与渠道。从不同的角度分,感谢有不同的种类:有语言的感谢,有礼物的感谢;有对个人的感谢,也有对单位的感谢;有对行为的感谢,也有对人品的感谢;有个人之间的感谢,有群体之间的感谢;有口头的感谢,有电话感谢,还有信函感谢;等等。感谢起着调近双方距离的作用,但在一些特别的情况下,感谢反而会拉大双方的心理距离,比如在某些亲密的人际关系中,像恋人、亲人、密友之间,使用标准的感谢语,会拉大彼此之间的距离。当然,如果你因为关系过于亲密,想为自己留下一些私人空间与时间,不为他人的言行所左右,也可以用这种方式来显示自己的冷淡态度。

(选自《语言文字报》素养·能力第729期,作者:周欣然)

4. 平实性解说

平实性解说的语言常常是直截了当地说明对象。不描写、不夸张,没有弦外之音。平实性解说一般是用来解释科学原理,说明制作过程、步骤,或介绍建筑物等。这种解说适用于说明事物、事理的科学性及条理性,更多的是给读者以理性认识。所以,平实性解说在表达形式上的最大特点是极少修饰,用平平实实生活化的口语直截了当地把事物、事理说清楚。这样的解说,有时可能因为过于"平",不易调动人们的听觉兴趣,但也正因为它朴实无华,更贴近于生活,会使人觉得可靠、实在。

【示例1】

马的驯化

据说在甲骨文中,"马"是最好辨认的字之一。甲骨文象形,所以"马"字写出来——其实根本算是画出来的——是一匹马的侧面像,长脸,尖耳,两条腿,背上还有鬃毛,一条长马尾,可谓象形至极。后来,金文、大篆、小篆一路演变下来,"马"字慢慢变成了四条腿,头背融合,等到隶书时,基本形态固定成了"马"。

从"马"字形态的演变可见,中国人驯化马的历史相当早。但到底早到什么时候,却是历史上一个著名的谜。

(节选自杂志《vista看天下》2014年第4期)

【示例2】

宋英杰说天气

……其实我们都经常同冷空气打交道,不过,冷空气有强有弱,范围有大有小,有的冷空气小得在我们这样的气象图上都难以看清,但有的冷空气却是真正的庞然大物。现在我们看到的这股冷空气,它们占据的范围足足有几百万,甚至几千万平方公里。在这样大范围的高气压控制之下,天气现象就比较单一,尤其现在北方地区基本上都是比较晴朗的天气,但是南方呢,还有一些地区是偏东风,能够吹来充分的水气,所以通过今天的卫星云图我们就可以看到,南方地区上空还有一些降雨云系,不过以后这样的降雨将有所减少。

可能我们对温带气旋不是特别熟悉,但我们对它的同胞——热带气旋却是耳熟能详,因为热带气旋所带来的热带风暴,台风等都是我们经常说到的话题。热带气旋主要出现在夏季,而温带气旋是在春天活动……所以在春天,我们不妨记住这个名字——温带气旋。

上面两则示例运用平实性解说方式说明"马"字形态的演变和影响天气的冷空气与温带气旋两大因素的特征,语言朴素无华,贴近生活,说明事物事理清楚明白,具有科学性和条理性。

【训练要求与提示】

平实,不是做作出来的,这是一个人良好品质的流露。从社会交际上说,"立诚"是社交技巧的第一要则。在任何情况下,别人是不会同不可靠的人打交道的,所以,平实性解说的交际功能不可忽视。

【训练话题】

① 如果你是一名推销员,请用平实的解说方式向用户介绍某一种新产品的性能、特点,并讲讲这种产品的使用和保养方法。

② 朱自清先生的《背影》用朴素平实的语言描写了父爱,请你借鉴这种语言风格用平实性解说方式介绍你的父亲。

③ 用平实性解说方式介绍一道你的拿手菜。

④ 假如你是一名药店销售员,请向顾客详细介绍一种常用药品(包括此药品的主要成份、功能与主治、用法用量、不良反应、禁忌、注意事项、包装等)。

5. 形象性解说

形象性解说是用来说明事物,使被说明的事物具有具体性、生动性和形象性,易于引起读者的兴趣。能使形象性解说达到生动、形象、感人的效果的方法主要有:

(1) 使用比喻和拟人的修辞方法,使被说明的事物形象性加强。

(2) 适当运用叙述和描写,可使被说明事物栩栩如生,而不是枯燥无味。

(3) 现身说法,利用生活感受,解说者可以注入自己的主观感情,可使文章在准确性的基础上更添真实性和生活情趣,这样会更有感染力,易于让人接受。

【示例1】

我们知道,美国境内有几百万穷人,吃不饱,穿不暖,然而在尼亚加拉大瀑布这儿,却平均每小时浪费相当于 25 万条面包……每小时有 60 万枚新鲜的鸡蛋从悬崖上摔下去,在漩涡中制成一个大蛋卷。如果印花布不断地从一架像尼亚加拉河那样宽达 4000 英尺的织布机上织出来,那也就表示同样数量的布料被浪费掉了。如果把卡耐基图书馆放在瀑布底下,大约在 1 或 2 小时内就能使整座图书馆装满各种好书。或者,我们也可以想象,一家大百货公司每天从伊利湖上游漂下来,把它的各种商品冲落到 160 英尺下的岩石上。

【示例2】
　　游览者必然也不会忽略另外一点,就是苏州园林在每一个角落都注意图画美。阶砌旁边栽几丛书带草。墙上蔓延着爬山虎或者蔷薇木香。如果开窗正对着白色墙壁,太单调了,给补上几竿竹子或几棵芭蕉。诸如此类,无非要游览者即使就极小范围的局部看,也能得到美的享受。
　　苏州园林里的门和窗,图案设计和雕镂琢磨功夫都是工艺美术的上品。大致说来,那些门和窗尽量工细而决不庸俗,即使简朴而别具匠心。四扇,八扇,十二扇,综合起来看,谁都要赞叹这是高度的图案美。摄影家挺喜欢这些门和窗,他们斟酌着光和影,摄成称心满意的照片。
　　苏州园林与北京的园林不同,极少使用彩绘。梁和柱子以及门窗栏杆大多漆广漆,那是不刺眼的颜色。墙壁白色。有些室内墙壁下半截铺水磨方砖,淡灰色和白色对衬。屋瓦和檐漏一律淡灰色。这些颜色与草木的绿色配合,引起人们安静闲适的感觉。花开时节,更显得各种花明艳照眼。

(节选自叶圣陶《苏州园林》)

　　示例1是美国记者爱德文·史路森呼吁人们充分利用尼亚加拉大瀑布的能量的文章节选,是值得我们学习借鉴的典范。它表明高明的谈话者总是善于把干巴巴的数据转化为具体、生动的图景。
　　示例2是作者叶圣陶先生运用分类别、作比较的说明方法从园林的细部着眼介绍苏州园林的图画般的美,即讲究每一个角落的构图美,门窗的图案美、雕镂美,园内建筑的色彩美等。另外,作者巧妙地从游览者的角度,从苏州园林给游人留下的印象着眼,来描写中国园林如诗如画的美感,因此,作者的这种作为游览者的亲身感受是精当的、真切的,增添了说明的真实性和生活情趣,同时,也表明了作者深厚的艺术修养。所以,法国哲学家艾兰说:"抽象的风格总是差的。在你的句子里应该充满了石头、金属、椅子、桌子、动物、男人和女人。"

【训练要求与提示】
　　① 形象性解说需要描述。静态描述要说明其空间位置,讲清其形态、方位和结构;动态描述则要注意时间顺序和在不同时间中不同事物的状态。
　　② 在描述中,可适当运用比喻、描摹、拟人、借代等修辞方法,可使解说更生动、具体。例如用打比方作解说,它是用人们熟悉的事物作比较,使人们对不熟悉的事物或抽象的道理有具体、深刻的理解。
　　③ 作形象性解说前,可先阅读几篇文艺小品和科普读物,这类作品在给人知识的同时,又强调文章的生动性,然后借鉴这类作品的形象性表达方式。

【训练话题】
　　① 用形象性解说介绍你曾游玩过的名胜古迹或建筑园林。
　　② 用形象性解说说说反腐倡廉中怎样打"苍蝇与老虎"。
　　③ 用形象性解说讲一讲随地吐痰的坏处。

6. 谐趣性解说训练
　　在说明某问题或解说某事物的时候,让话语蒙上一层幽默诙谐的色彩,使得解说更有吸引力、感染力,这就是谐趣性解说。

要把话说得有趣,首先要能用"趣味思维方式"解释被说明的事物;另外择词用语避用陈词套话,适当用些民谚俗语,或来个欲褒虚贬、欲贬虚褒、大词小用、移用双关等。有时可以在"平实"的表达中点染成趣,含而不露地让人们在联想中感受其兴味。有时也可整段话妙语迭出,这样人们听解说就成了一种愉快的接受过程了。所以,谐趣性解说能够启发思维,使枯燥乏味的分析说理成为愉快的接受过程,引起心理共鸣。当然,要做到这一点,首先自己要理解深入,积累丰厚,而且表达心理宽松豁达,这样择词用语才可能俏皮有趣。

谐趣性解说方式虽然比较鲜明地流露出自己的情感或情趣,但这是次要的。谐趣是手段,把事物、事理说清楚是主要目的,因此,要浓淡相宜,不可将重点转移到"谐趣"上面。

【示例1】

毛泽东在井冈山讲游击战术(片断)

"现在白军强大,红军弱小,我们以弱斗强,只能采取游击战术。什么叫游击战术?简单扼要地说,就是'敌进我退,敌驻我扰,敌疲我打,敌退我追',十六个大字。从前井冈山有个山大王,叫朱聋子,他和当时的统治者斗了好些年,总结了一条经验:'不要会打仗,只要会打圈',朱聋子前一句话不对,后一句是对的。我们改它一下好了:既要会打仗,又要会打圈,这样,才能歼灭敌人,使根据地不断巩固,不断扩大。打圈子是为了避实就虚,迷惑敌人。强敌来了,先领着他兜几个圈子;看出他的弱点,抓准了就打。要打得干净利落,要缴到枪炮、抓到人。打得赢就打,打不赢就走,赚钱就来,蚀本不干。"

(1928年)

毛泽东妙趣横生地讲解游击战战术,先讲了一个有趣的故事,形象鲜明地证明了"兜圈子"的好处;接着讲怎么"兜",用的都是通俗的习惯用语,说的都是短小俏皮的句子,透出了诙谐与自信,显得轻松活泼。

【示例2】

著名艺人凌峰的自嘲

在下凌峰……这两年,我大江南北走了一趟,男观众对我的印象特别好,因为他们见到我就有点优越感,本人这个样子对他们没有构成威胁,他们很放心(大笑)。其实本人长得很中国(笑声),中国五千年的沧桑和苦难都写在本人脸上了(笑声)。一般说来,女观众对我的印象不太良好;有的女观众对我的长相已经到了忍无可忍的地步(笑声)。她们认为我是人比黄花瘦,脸比煤球黑(笑声)。但是我要声明,这不是本人的过错,实在是父母的错误,当初并没有征得我的同意就把我生成这个样子。(笑声,掌声)

但是,时代在变,潮流也在变,现在的男人基本可分为三种:第一种,你看上去很漂亮,看久了也就那么回事,这就像我的好朋友刘文正这种;第二种,你看上去很难看,看久了以后,是越看越难看,这种就像我的好朋友陈佩斯这种(笑声);第三种,你看上去很难看,看久了以后就发现,他另有一种男人的味道,这种就是在下我这种了(笑声,掌声),鼓掌的都表示同意了! 鼓掌的都是长得和我差不多的(笑声),啊呀,真是物以类聚,人以群分啊!(笑声,掌声)

凌峰的介绍诙谐幽默,很有特点。在轻松愉快的气氛中介绍了自己的个性特点,由于运用自嘲、调侃式介绍方式,容易与观众心理相容,所以会赢得观众热烈的掌声。

【训练要求与提示】
① 谐趣是手段,目的是解说,因此,谐趣应浓淡相宜,不可喧宾夺主。
② 谐趣性解说在人际交往中,有时是不动声色、含而不露、妙趣横生的。它启发思维,引起心理共鸣。要有这个口语表达技能,首先自己对事物要有较深理解,积累较丰厚,心理比较稳定,这样,择词用语才显得俏皮、有趣、含蓄、幽默。

【训练话题】
① 阅读下面的例子,然后以"趣说自己"为题,作谐趣性解说练习。

伟人这样趣说自己

毛泽东曾接待过一对美国夫妇。他们是美国前总统的亲属。

毛(毛泽东):你在看什么?

戴(戴维):我在看您的脸。您的脸,上半部分……很出色。

毛:我生了一副大中华的脸。我们中国人的脸演戏最好,世界第一。中国人什么戏都演得,美国戏,苏联戏,法国戏……因为我们鼻子短。外国人就不成,他们演不了中国戏,他们鼻子太高,演中国戏又不能把鼻子锯掉一截……

戴维后来深有感触地说:"十里之外,就可以呼吸到毛的个性……"

② 用谐趣性方式解说:如果我国不大力加强对食品安全问题的监管,将会出现什么样的后果?

③ 对"中国式过马路"现象作谐趣性解说。

④ 用谐趣性方式对大城市中的"蚁族"现象进行解说。

四、评述

(一)评述及其特点

评述是对客观事物发表自己的见解的表达方式。评述既有评又有述,与叙述、复述的不同点在于它不仅要述所见所闻,更重要的是还要有所感。现代社会信息传递迅速、物质生活丰富多样、人与人的交往更加密切,这一切都为学生提供了丰富多彩的生活素材。学生对新鲜事物十分敏感和好奇,他们乐于说见闻、评见闻。在课堂上开展评述见闻的活动,可以提高学生对新鲜事物的敏感度,培养他们的分析能力和论辩能力。

夹叙夹议,评述结合,是评述的主要特征。因此,评述是叙述和论证两种方式的结合运用。

(二)评述的分类和原则

从构成方式看,评述有先述后评、先评后述、边评边述等。评述必须遵循两个原则:

第一,评是目的,述是手段。

第二,述有选择,评有针对。

【示例1】

名人也有无知时

名人有时也很无知,学识渊博的恩格斯就闹过"请鸭嘴兽原谅"的笑话。那是1843年的事情了。恩格斯在曼彻斯特看到一枚不太多见的蛋,有人告诉他,这个蛋是鸭嘴兽下的,恩格斯听了哈哈大笑,说鸭嘴兽是哺乳动物,不可能下蛋,把人家也搞糊涂了。后来恩格斯心里不踏实,查阅了资料,他发现自己竟然在这个常识性问题上十分无知。后来他经常提起这件事,在给朋友的信中,他说他做了一件"事后不得不请鸭嘴兽原谅的事情"。

大千世界,无奇不有,人的认识永无止境。对于客观世界"无知"是绝对的,"有知"是相对的。恩格斯的不凡,在于他毫不掩饰自己的某些"无知",而且,有及时弥补自己某些知识空白的热情。对于现在有了一得之见便沾沾自喜,一窍不通也好为人师的人来说,恩格斯给他们上了一课。

示例1中,先简述鲜为人知的名人轶事,然后进行议论,指出恩格斯这样的名人也有"无知"的时候,赞扬他对待"无知"的态度,针砭时弊,显得简练而深刻。

【示例2】

失恋是块磨刀石

对于坠入爱河的青年来说,失恋是一件痛苦的事情。但是,一失恋,情人成路人,仇人,有的甚至痛不欲生寻短见,这就很不好。相爱是两个人的事情,不能一厢情愿。对于理智清醒的人,可以把失恋看作磨刀石,越磨越有生活的勇气,越磨生活的意志越坚定——恩格斯就是这样的人。

1841年,20岁的恩格斯在不来梅商行当练习生时,同一位姑娘的恋爱失败了。这给恩格斯的打击很大,他翻越阿尔卑斯山去意大利旅行,向美丽的大自然倾诉失恋的痛苦。几年后,恩格斯又与一位姑娘恋爱了,可几个月后又一次失恋。这一回,恩格斯变得坚强了,他用近于"疯狂"的热情撰写《英国工人阶级状况》一书,给后人留下了一部经典之作。

像恩格斯那样从失恋的痛苦中站起来朝前走的人很多。柴可夫斯基失恋后写成《悲怆》;舒伯特失恋后完成了《未来交响乐》;罗曼·罗兰失恋后创作了《约翰·克利斯朵夫》;歌德失恋后写成传世名著《少年维特之烦恼》……

我们要珍惜自己,也要尊重别人的选择。一时失去了爱,生命仍有光彩;在失恋这块磨刀石上打磨,人的生命可以迸发出更灿烂的火花!

示例2是先评后述,先评论不同的人对待失恋的不同态度,接着以名人轶事为例,有力论证了作者的观点——失恋是块磨刀石,越磨越有生活的勇气,越磨生活的意志越坚定。这样的评述方式,通过感人的叙述和逻辑的力量给人以启迪。

【示例3】

"神奇造词"为何难入词典

最近,网络上的语言越来越简练,比如"人生已如此艰难,有些事就不要拆穿"被简称为"人艰不拆","虽然不明白你在说什么,但是听起来感觉很厉害的样子"被称为"不明觉厉"。这些貌似成语的新型网络四字词让不少老网虫也大呼看不懂。

这套神奇的"造词"方式,引发了众多网友对网络语言环境的关注。曾有网友整理了一个"扫盲科普贴",称"这些都是已经流行起来的短语,看到它们流行太快并且没有什么规范可言,所以才汇总并查证了参考资料"。

面对这些层出不穷的"新词",不少网友建议将之收入词典:既然《现代汉语词典(第6

版)》曾收录了3000多个由网络产生的新词,那为什么不能把这些也收进去呢?

面对这些争论,中国辞书学会会长江蓝生曾表示,规范性的字典和词典收哪些单字要根据国家对文字的规范来决定,不能随意增加未经国家发布的字体。如果少数人使用的"汉字",词典都收录,就会造成用字上新的混乱。《现代汉语词典(第6版)》确实曾收录"给力""雷人"等网络词语,但也有部分很"红"的网络流行语并未收录在内。比如,词典中并未收录"囧"字。"囧"字可以看成是一张人脸,"八"就是两道下垂的眉毛,最下面是嘴巴,形象地表达一种无奈或极为尴尬的心情,但因为汉语中已有"窘"字,同一个概念没有必要用两个符号来表示。"囧"更侧重于直观的表意性,更像象形文字。类似的词还有"神马",这个词只是对"什么"的诙谐表达,并没有新的解释和含义,因此,入选词典也是没有意义的。

然而,或许是出于"与其失之于严,毋宁失之于宽"的考虑,也有专家赞成网络流行语应适当纳入词典。上海辞书出版社语词编辑室编辑徐俊超说:"转瞬即逝的新词若不进词典,也许很多年后,后人在理解我们所处时代的热词时,会产生词语理解障碍,而这无论是对于普通读者还是语言专家而言,都是种遗憾。"

不管怎样,判断一个新词有没有资格入选词典,第一要看它是否全民通用,第二要看它是否经历了历史和时间的积淀,现在谈"十动然拒""人艰不拆"等词是否能够选入词典,显然还为时尚早。

(选自《语言文字报》第727期,作者上官云系《北京晨报》编辑)

示例3中,作者结合新近出现的网络词语,运用先述后评、边述边评的方法,有理有据地论述了网络如此快速而神奇地"造词"的现象,以及这些"神奇造词"为何难入词典的理由。这则材料话题前卫、新颖,针砭时弊,观点明确,论据充分,富有说服力。

(三)评述训练

【训练要求与提示】

1. 评述时要将叙述和论证两种方式结合运用。

2. 叙述的基本要求

(1)事实必须准确;虽然叙述的内容没有限制,但必须是自己亲眼所见亲耳所闻的事情,包括事件、实物、影视、图像等。

(2)重点突出;叙述时要突出重点,详略得当。

(3)形象生动;叙述时为了避免平铺直叙的平淡,要求形象生动,还要强调对各种表达手段的运用,如比喻、拟人、对比、问询、追加等修辞方式在叙述中运用的技巧,通过这样的叙述,使人如临其境、如闻其声、如见其人。

3. 论证的基本要求

(1)实事求是。

(2)由表及里,由浅入深;使抽象的道理具体化、深奥的道理浅显化。

(3)见解独到。

【训练话题】

1. 随着互联网的大力普及和人们对其普遍高效的运用,网络成了人们发表观点、抒写心情的主要表达渠道。但是,近年来,网络上人们的各种随意自由的表达给他人带来了很多负面影响:诈骗、威胁、侮辱、诽谤、谩骂、捏造……请以"网络表达应正当合法"为题对这种社会现象进行评述。

2. 有人说聊天不好,浪费时间,说那是"闲得太无聊了才干的事"。请以"聊天的好处"为话题,作"先评后述"的练习。

3. 请以"把话说得简练些"为话题,运用下面材料作"先述后评"的练习。

有人问美国第 28 任总统伍德·威尔逊,准备一份 10 分钟的演讲得花多少时间,他说,至少需要两个星期;问准备一个小时的演讲需要花多少时间,他说需要一个星期;那人问:"那么,如果请你讲两个小时呢?"威尔逊立即回答:"不用准备,马上就可以讲。"

4. 阅读下面的材料,进行评述。

陈蕃是东汉时的名人。他少年时独居一室而庭院龌龊不堪。他父亲的朋友薛勤见状批评说:"孺子何不洒扫,以待宾客?"他回答说:"大丈夫处世,当扫除天下,安事一屋?"薛勤当机针锋相对地反问:"一屋不扫,何以扫天下?"

5. 阅读下面的材料,请你以"大学也要重视语文学习"为题进行一番评述。

从小学到中学,语文一直被摆在各学科的重要位置。然而,到了大学,就有了这样的怪现状:刚毕业的历史系大学生不知道《三字经》的作者籍贯何地;拥有本科以上学历的电视台主持人、播音员错字常挂嘴边;在大学,每逢考试前文科学生才会熬夜死记硬背,实在不行,一抄了之。

2009 年中国人民大学一项调查显示:在一份名为"给导师的自荐信"的作业调查表中,74 名研究生上交的作业中有 49 份存在格式问题,占总数的 66.2%;表达语气与自荐信文风不符的也超过了八成。研究生尚且如此,本科生、专科生的情况就更是不容乐观。近些年,大学生的阅读量逐年下降,如果没有网络,很多大学生写份简单的材料都困难,错别字和格式方面的错误就更是司空见惯。

(节选自《语言文字报》2013,9)

五、命题演讲

(一)演讲的特点及作用

演讲,又称讲演、演说。它是就某个问题面对听众说明事理、发表观点的一种口语交际活动,是有声语言和态势语言紧密配合表达思想感情的一种宣传方式。演讲与复述、解说、评述等说话方式不同:演讲不可以冷静地传授知识、说明事物、剖析事理,而是必须充满激情,具有强烈的鼓动性,起到宣传作用。可以说,演讲由于要说明事理、发表观点而具有"说理性",由于说理是以充满感情的语言进行的而具有"抒情性",由于演讲的说理和抒情,其意都在鼓动对方而具有"鼓动性",所以,演讲具有"说理性"、"抒情性"、"鼓动性"三性合一的特点。因此,演讲在革命年代是进行革命斗争的有力武器,在今天,是各种竞争场合常用的说话方式和竞争手段。

成功的演讲不仅要有好的口才,而且要有敏锐的思维,独特而出色的思想观点和广博的知识,演讲是一个人各种才能综合表现的一种艺术。因此,演讲训练不但能锻炼口才,也能磨炼思想,拓展知识,使学生从多方面得到提高。演讲训练对学生的全面发展和提高都有益处。

（二）命题演讲的主要特点

演讲分为命题演讲和即兴演讲两种主要形式。命题演讲是根据预定的题目事先写好讲稿的演讲,是凭借文字材料进行口语交际训练的重要方法。命题演讲的主要特点是:

1. 讲稿语言的通俗性

演讲是面对大庭广众的口语表达,因此,语言必须通俗易懂,具有标准化口语特点。演讲稿应力求口语化而不是文绉绉的书面语。由于演讲是讲出来的,而不是念或者背诵出来的。讲稿语言的口语化决定了演讲的口语化特色。演讲的口语化,主要指演讲中应使用生动活泼的大众语言,语句力求简短、有力;也可以适当地插用一些能上口的书面语,这样会使演讲的语言更为简练有力。

为适应口语表达"口传"、"耳收"的特点,演讲应多用双音节或多音节词。比如,说"当我走上演讲台时"就不如说"当我走上演讲台的时候"顺口入耳;说"因我未受专门的演讲训练"就不如说"因为我没有接受过专门的演讲训练"舒缓清晰。演讲过程中要注意话语中词语音节要搭配匀称,一般单音节词与单音节词相配,双音节词与双音节词相配,或四音节词组与四音节词组相配。如毛泽东在《改造我们的学习》一文中的一段讲话,就很注重词句音节的搭配,读起来上口,听起悦耳,富有韵律美:"无实事求是之意,有哗众取宠之心。华而不实,脆而不坚。自以为是,老子天下第一,钦差大臣满天飞。这就是我们队伍中若干同志的作风。这种作风拿了律己,则害了自己;拿了教人,则害了别人;拿了指导革命,则害了革命。"除声音要配合匀称外,演讲时还可多用些俗语、歇后语等,以便达到生动活泼的效果。

演讲语言虽然强调口语化,但是,演讲的口语与日常口语有着许多不尽相同的地方:

一是演讲的口语是经过加工的口头语,而日常口语是随意状态的口头语;

二是演讲的口语有一定的书面语色彩,而日常口语无书面语色彩;

三是演讲的口语是有准备的边想边说,而日常口语是无准备的边想边说;

四是演讲口语的表达内容有严格的规定,而日常口语无严格的规定;

五是演讲口语信息密度较高,而日常口语信息密度不高。

从以上比较可以看出演讲用语的口语化区别于日常口语的明显特征。为了表达更通俗易懂,还应注意:

词的运用:择词应避难就易,多用常用词和双音节词,慎用文言词语和容易混淆的同音词,做到说得顺口、听了顺耳,让人一听就懂。

句的运用:采用口语惯用语序,难以听懂的长句要换成短句说,修饰成分过多的要分成几句说。

所以,演讲中注意运用适合于口语表达的句式。例如:闻一多先生在《最后一次演讲》中的一段话:"今天,这里有没有特务?你站出来!是好汉的站出来!你出来讲!凭什么要杀死李先生？杀死了人，又不敢承认，还要诬蔑人，说什么桃色事件，说什么共产党杀共产党，无耻啊！无耻啊！这是某集团的无耻，恰是李先生的光荣！李先生在昆明被暗杀，是李先生留给昆明的光荣，也是昆明人的光荣！"在这里，闻一多先生用反问句式、感叹式的小短句如连珠炮弹，频频射出，淋漓尽致地吐出了演讲者的胸中块垒，喊出了人民的愤怒声音。短句表达简洁有力、明快晓畅的特点，由此可见一斑。

2. 演讲主题的针对性

演讲是就某个问题发表自己的看法，这就决定了它的主题必须具有鲜明的针对性。毛泽东同志的《改造我们的学习》这篇演讲稿的首句开宗明义地提出："我主张将我们全党的学习方法和学习制度改造一下。"这样的开头，观点鲜明，能够很快把听众的注意力集中起来。恩格斯的《在马克思墓前的讲话》围绕"马克思不仅是一个伟大的思想家，而且是一个伟大的革命家，他的英名将永垂不朽"这一主题，开头简要叙述了马克思逝世的情景，接着从理论建树、伟大的革命实践等方面展开论述，最后推出"他的英名和事业将永垂不朽"的结论。演讲内容紧紧围绕主题，观点统帅材料，材料证明观点，具有鲜明的针对性。

演讲主题的针对性，指围绕主题对所持观点进行充分的阐述。不仅要紧扣演讲主题的限定范围——力求从生活中发掘一个最佳论题，而且要切合自身——自己或有过深刻体验，或比较熟悉，也就是说，演讲主题的针对性应当落在主观（自身）和客观（限定题目）的交叉点上。

演讲内容针对听众的问题，解决他们的问题，使他们从中得到启发，受到教育，那么演讲才有可能成功。

3. 演讲叙述的情感性

演讲要有充沛的情感。世界上没有什么能比情感更能打动人心的了。不带情感的演讲是没有感染力的，也不会起到鼓动、宣传和教育听众的效果，更不能激起听众的共鸣。例如，我们非常熟悉的闻一多先生的《最后一次讲演》，就是充满情感的。它语句简短，语气铿锵，感情激愤；用了许多语气词，完全口语化，因此能打动听众的心，得到在场听众的热烈呼应。他的演讲可以说是演讲的一个典范。当然，演讲者注重情感抒发的同时，自始至终都不能忘记自己所承担的"宣传道理"的责任，不能忽视身边的听众，所以，演讲中的情感抒发即抒情是说理的辅助手段，是为了强化其感染力的"催化剂"，需要恰当把握。

4. 演讲要有魅力

作为一名演讲者，总想让自己的演讲受到听众的欢迎，总想让自己慷慨激昂的、滔滔不绝的演讲打动听众、感染听众，引起听众的共鸣，使演讲生辉、收到预期的效果。这就是演讲的魅力。演讲的魅力是指在演讲中，演讲者如何充分展现自己的魅力，把演讲发挥到极致，让演讲的效果达到最佳状态，从而使演讲产生最大吸引力和影响力，是真正演讲"艺术"的完整体现。演讲的魅力包括演讲者笑的魅力、声音的魅力、眼神的魅力、身体的魅力、性格的魅力、人格的魅力……人的魅力可以无所不在，包括发怒、忧伤、哭泣等负面情绪也会成为魅力的源泉。所以，演讲不仅是口语表达的艺术，而且是演讲者的品格修养、知识经验、思想情操和风度仪态的综合体现。演讲中只有通过对有声语言和态势语的恰当处理，使演讲内容具有时代特色,才会产生易感染的艺术魅力。

首先,演讲中,不可忽视有声语言语音语调的表述作用。演讲中必须借助普通话标准悦耳的语音,适当运用抑扬顿挫的语调,使听者乐于听下去。例如,反常停顿这种语音表达方式就深受演讲家的青睐,因为极具表现力,有时会收到出人意料的表达效果。

其次,由于演讲要求演讲者站着大声地演说,要求仪态大方,并能恰当地运用表情、姿态、手势等表情达意,所以,平时练习中,要有意识地纠正有伤大雅的小动作,如有的人演讲时常无意识地抓抓耳朵、挠挠头皮,或摸摸纽扣、扯扯衣角,应该去除那些多余的动作。

第三,演讲内容要有强烈的时代特色

能否吸引和征服听众,是演讲是否具有效力的关键所在。演讲是社会宣传的有力工具,也是人们自我教育的一种有效形式。要想让自己的演讲充满魅力,成为前进的鼓点、时代的号角,就应该反映出强烈的时代特色。

(1) 要始终把握时代的脉搏,在演讲内容上狠下功夫。要使演讲闪耀出时代的光彩,内容是关键。首先,要使演讲的主题富有时代特征。白居易曾说过:"文章合为时而著,歌诗合为事而作。"演讲也不例外。演讲者应充分考虑当今时代的新要求、新任务、新特点、新思潮,要始终站在时代前列,敏捷地追踪时代信息,提炼出合乎社会发展方向的、具有深刻时代性的主题。其次,要用贴近现实的新例。我们在演讲中要使用新鲜的实例和数据等材料,做到贴近现实、贴近听众,可利用报刊、广播、电视、互联网等现代化传播工具提供的信息,尽量使用"前不久"、"昨天"、"刚才"所获知的实例,使我们演讲的内容始终具有时代气息。

(2) 要选用符合当代听众接受习惯的恰当的演讲形式。首先,要密切注意词汇的变化。当今社会新生词不断出现,原有的词赋以新意时有所见。演讲者应及时准确地把握这些变化,运用最能贴近现实,能引起同代人共鸣的"现代语"、"习惯语"。要把握演讲语言的总体节奏变化。现代人的语速、节奏较以前快了很多,从宏观上讲,适当地加快语速,结构上来点有跨度、有跳跃的安排,对突出演讲的当代特色不无裨益。其次,要注意态势语言的更新。如食指拇指弯曲如"o"状(ok!)以示满意,食指中指斜立如"v"状以示胜利等动作,在今天的演讲中适时运用,对于体现其时代性,自然有其作用。

如果我们在演讲中再加上一些幽默的语言,就会使我们的演讲更具渗透力、感召力和凝聚力,使演讲锦上添花,更加精彩迷人,更具魅力。

(三) 命题演讲训练指导

初次进行命题演讲训练时,学生的演讲极易出现随意性、盲目性,甚至有些应付差事,对于成功的演讲(除了写好有质量的讲稿外)还应具备什么条件,学生心中没底。因而课堂演讲出现的问题主要有:语音问题,普通话发音不准确;声音太小;语速太快或太慢;语调不自然;缺乏情感;不会使用态势语;等等。为此,有必要为学生的演讲训练提出几项明确的要求,即演讲必须达到的基本要求,有了这些要求,学生的演讲就有了明确的努力方向和目标,演讲就会取得事半功倍的效果。这些基本要求有:

(1) 普通话要准确,切忌使用方言。

(2) 声音要洪亮,切忌像蚊子哼哼似的声音。

(3) 语速适中,语调自然。

(4) 有感情地演讲。

(5) 恰当使用一定的态势语。

以上这五项基本要求,是针对学生演讲过程中出现的问题而提出的。课堂上的演讲是面对全班同学进行的演讲,首先要让每一位同学都能听见、听清、听懂,从而受到感染和鼓舞,所以,要求学生必须使用普通话,声音要洪亮,语速适中,语调自然,而且要有感情地演讲,并能使用态势语。以上这五项是要求学生必须完成的最基本最低的要求。

在演讲训练要求方面,要达到的训练目标是"通过命题演讲训练,掌握这种口语表达形式的特点、要求和技能"。这个目标的提出简单而模糊,对于演讲这种实实在在的口语训练来说显得太大、太高,没有切实的指导意义,而且通过几节课的训练是很难达到这个要求的。因此,命题演讲训练要求的提出,一定要从最低要求(目标)着手,着眼于学生的实际演讲水平,着眼于学生课堂演讲的实际情况来定。我们的学生,大多来自偏僻的农村,封闭、贫困、保守的农村生活环境,使得这些学生进入大学后沉默寡言,自卑感强,不善于表现自己,不敢在公众场合发表演讲,等等;另外在大力推广普通话的今天,要求他们由长期操方言突然向普通话转变,在这个转变过程中,他们存在严重的心理障碍,这些实际情况导致了他们的演讲能力较低,表现为方言障碍严重,不敢当众发表观点和看法,即便当众说话或演讲也显得紧张结巴,声音很小,没有感情,或不能大方地使用态势语来表情达意等。鉴于此,提出以上五项训练要求(目标),要求学生从最基本的能力进行训练,逐渐过渡到较高水平的训练目标。如果我们把演讲的要求定得过高、过于成人化,对学生是不太现实的,不但使学生在课堂日常训练中不容易做到,反而会使他们丧失演讲的信心。相反,如果在训练中以最低要求来要求学生,并进行扎实的训练,就容易扬长避短,收到良好的教学效果。

下面结合学生的演讲训练对这几项要求进行一定的说明:

(1) **普通话方面**,由于普通话训练是口语交际的基础训练,所以,在演讲这一口语表达活动中必须使用标准或比较标准的普通话,这是最起码的要求,是演讲训练的基础。演讲中切忌使用方言,南腔北调的演讲不但听起来别扭,而且让人费解,增加了理解的障碍。

(2) **声音方面**,要求学生用洪亮的声音进行演讲,以让教室每一位同学听得清楚为原则。在这一原则下,演讲时音量的调控应以演讲内容的表达需要来确定,该高亢时则不能低沉,以致于含糊不清,该低沉时则不能太高亢,以致于让听众听觉疲劳。洪亮的声音可以树立自信,可以培养稳定的心理素质。演讲中切忌发出像蚊子哼哼似的声音,或者像和尚念经般让人听不清你讲的是什么。

(3) **语速语调方面**,要求学生语速应适中,语速的快慢应以所讲内容来定,强烈的抒情语速可快一点,平常的讲述语速可适中一些,回忆式的叙述语速可慢一些;演讲中切忌语速千篇一律,贯穿始终。"文似看山不喜平",阐述事理、发表观点的演讲也如此,语速也忌"平"。以表情达意的需要为原则,语速应有所变化,有时甚至可以有明显的落差,以显示口语表达的层次感。如果语速过快,似乎说明学生对演讲稿记忆得很熟练,这样的演讲虽像背书或念书一样流利,却谈不上是真正的演讲;因为演讲是口语化的表述,它必须是讲或说出来的。如果语速过慢,除了说明学生对讲稿不太熟练外,演讲中常会出现结巴、不断重复、卡壳等不良现象,好像演讲者在冥思苦想演讲的内容,最终导致不能顺畅地演讲下去。

语调方面,应亲切自然。演讲过程,从根本上说,是讲、听双方的思想和情感的交流过程,从这一点而言,演讲的基本语调应该是亲切感——如同是与朋友谈心式的亲切感。演讲的语调切忌做作或无动于衷,呆呆板板地说下去。因此,演讲的语调应在把握基本语调的前提下要求富于变化,切忌千人一腔。

(4)需要强调"有感情地演讲"。演讲是面对听众阐明事理,发表自己的观点和看法的口语交际活动。而演讲能否取得成功,关键问题就是能否打动观众、感染观众。所以,带着你的满腔激情上台演讲,以情感人,与观众产生强烈的情感共鸣,这样,你的观点和看法才能得到观众的认同和理解,从而观众会与你一起同呼吸、共命运。做到这一点,你的演讲就有可能是成功的。俗话说,要想打动别人,首先得打动自己。"情动于中而形于言",只有自己全身心投入演讲,只有自己真正被演讲内容所感染、所打动,自己真情实感地自然流露,才能感染听众、打动听众。演讲中切忌干巴巴的毫无情感的背诵或念书式的演讲,这样的演讲不仅没有生机与活力,没有感召与鼓舞,没有激情与感染,而且容易让听众产生烦躁不安、没有耐心听下去的不良情绪。

(5)演讲过程中使用一定的态势语。态势语是口语交际活动中传递信息的重要手段,是通过身姿、手势、表情、目光等配合有声语言传递信息的一种形式。演讲中恰当的态势语能强化有声语言所表达的思想感情,所以也是演讲成功的必要条件。演讲训练中,我们不难发现,学生要么由于紧张而忘记使用态势语来表情达意;要么先声夺人,语未出而态势语先到;要么不该用态势语时却画蛇添足地使用;甚至个别同学在演讲即将接近尾声时,非常突然甚至有些夸张地来一个幅度较大的手势作结束,这也许是即将讲完后全身心的完全放松与舒畅的表现,也许是自我满足的情绪的抒发。其实,我们应该明白:态势语仅仅是演讲中的一个辅助手段,演讲应以表情达意为主;演讲者使用的态势语应该是其内心情感的真实流露,要学会恰当使用态势语。恰当地使用态势语能为你的演讲起到锦上添花的作用;如果使用不当,则有多余、做作、突兀之感,甚至让人产生啼笑皆非的感觉。所以,态势语的使用要得体、自然、适度,要与有声语言的内容、语调、响度、节奏等协调,要同演讲者的心态、情感相吻合。

总之,演讲是口语表达的艺术,听众不仅听其声、解其义——听其标准悦耳的普通话、洪亮的声音,并通过其适中的语速和亲切自然的语调理解演讲者所要表达的意思,还要观其形、悟其情——展现恰当而得体的态势语,通过演讲者的情绪感染来体味其所传达的情感,因此,我们要明确这五项要求中,普通话的训练是基础,洪亮的声音、比较适中的语速、亲切自然的语调是语言语音的外在表现形式,是演讲训练不可缺少的外在条件,"有感情地演讲"是演讲获得成功的关键,而恰当的态势语也是演讲成功的重要条件之一。在准备高质量讲稿前提下,只有对以上五点要求进行反复强调和坚持不懈的训练,我们的演讲才会产生感人的艺术魅力,我们的演讲水平才能迈上一个新的台阶。

(四)命题演讲训练

1. 引导学生学习演讲范例,进行模拟训练

学习演讲范例,是学好演讲的前提。因为学习首先是从模仿开始的。演讲训练之初,让学生朗诵古今中外名人的演讲辞,观摩演讲录像,都可以提高学生对演讲的认识。古希腊的演讲家德摩斯梯尼、英国首相丘吉尔、美国总统林肯等著名政治家的演说,都给世人留下了深刻的印象;我国古代的孔子、孟子,现代著名的政治家毛泽东、孙中山、闻一多、曲啸等都是闻名的演说家。他们的演说曾经吸引和教育了亿万人民群众,特别值得我们学习。

【训练话题】

(1) 模拟训练

训练时,先观看一小段精彩的演讲录像,要求当场默记,然后进行模仿。注意模仿的目的不是为了背出这段内容,而是为了学习口语和态势语处理的技巧。

(2) 仿说训练

仿说前应根据演讲的类型,定好演讲的基调。演讲一般分为叙事性演讲、抒情性演讲、议论性演讲。分清材料的演讲类型,然后处理口语与态势语,要把人物当时的心境、演讲的思想内容表现出来。

训练材料:下面是革命者秋瑾言简意赅地紧扣当时现实,充分说理并宣传了演讲的好处的一段话,进行仿说。

……演说有种种利益:第一样好处是随便什么地方,都可随时演说。第二样好处:不要钱,听的人必然多。第三样好处:人人都能听得懂,虽是不识字的妇女、小孩子,都可听的。第四样好处:只须三寸不烂的舌头,又不要兴师动众,捐什么钱。第五样好处:天下的事情,都可以晓得。

2. 指导学生写演讲稿

写演讲稿的前提是演讲资料的搜集。所以,要完成演讲稿的书写,要经过以下阶段:

首先,搜集材料,确定演讲内容。材料的来源不外乎所见所闻、调查访问、书本等。

其次,拟订演讲提纲。演讲一般由开题、主体、结尾三部分组成。

开题部分,要求初学者根据听众的情绪、场合的特点,设计开场白的方式,或开宗明义、或由近及远等,其目的都是抓住听众的心。无论采取何种方式,都要以能与听众沟通,调动听众的积极性为原则。

主体部分是提纲的中心,要体现出演讲的主体内容,具体讲哪几个问题,分几个层次讲。由于演讲的过程是用连贯而较迅速的口语来传播信息的,听众无法像看书、读报那样回头细细品味,所以,听众如果无法把握说话的层次结构,那么,演讲的效果就会打折扣。所以,必须精心构思,追求逻辑性和条理化。

结尾部分,应该是演讲的高潮。美国作家约翰·沃尔夫认为"演讲最好在听众兴趣未尽时戛然而止"。如能在达到高潮时果断"刹车",不仅能强化听众的最佳印象,而且能概括、深化演讲的主题思想。结尾的方法多种多样,应根据演讲的主题和内容而定。一般有总结式、启发式、抒情式、引用名诗名句式、鼓动号召式等等。

最后,依据提纲写出演讲稿。

3. 指导学生练习演讲

写好演讲稿或演讲提纲后,演讲就有了一定的基础,演讲就有所凭借,心理上可以消除一些紧张情绪。但写好演讲稿,并不意味着就一定能讲好,对于初学者来说,必须要经历扎实的练习阶段,演讲才有可能获得成功。练习得怎样,直接关系到演讲的效果;演讲的才能,往往是在反复的练习过程中获得的。

练习演讲,首先要熟记讲稿,然后抛弃讲稿自由讲说。只有离开演讲稿的演讲,才能挥洒自如,发挥出演讲的作用。否则,完全依赖讲稿,只能表现为冥思苦想、不断重复、结结巴巴、语无伦次的口语表述。

练习演讲的重点是训练口语表达能力。即在反复练习过程中,能把讲稿的书面语言化为自己的口头语言,做到自然、流畅、准确地表达,符合自己的语言表达习惯;还能根据所表达的思想感情的需要,设计表达方式,确定语调、语速、语气、顿连、重音等,同时要对态势语进行设计,确定一些必要的动作、手势等。

【训练话题】

(1)下面是两则著名的演讲材料,一则是闻一多先生的《最后一次演讲》,另一则是维克多·雨果的《纪念伏尔泰逝世一百周年的演说》,按照前面的演讲训练相关要求,练习演讲。

材料1: 闻一多先生是著名诗人、学者、爱国民主战士。1946年7月11日,著名的爱国民主战士李公朴先生在昆明遇害。7月15日,云南大学召开追悼李公朴先生的大会,闻一多先生主持了这次大会,会上由于混入了国民党分子,在李公朴夫人血泪控诉的过程中,他们毫无顾忌,说笑取闹,扰乱会场,使人们忍无可忍。李夫人刚刚离开讲台,闻一多先生就拍案而起,满腔悲愤地发表了这篇演讲。会后闻一多先生又参加了记者招待会,在他离社返家途中,被特务分子暗杀了。这篇演讲就成了他的"最后一次演讲"。

为争取民主和平,反对独裁和内战,闻先生进行了坚决的斗争。面对会场上特务的凶焰,义愤填膺,"拍案而起",他挺身走上讲台,义正词严地当众揭露、痛斥反动派的罪恶和卑劣,表现出一位爱国民主战士的英雄气概。他把自己的生命献给了争取民主和平、为真理正义而战的崇高事业。

练习这则演讲材料,一定先要了解其历史背景。由于文中多用短句和口语,很适于演讲练习,因此,练习时根据文中括号内的提示应激情澎湃地模拟出当时的情景——痛恨、痛斥、揭露反动派的罪恶行径,这种"对敌人的恨就是对同志的爱"的情感要鲜明、真诚、有力。

最后一次演讲
闻一多

这几天,大家晓得,在昆明出现了历史上最卑劣最无耻的事情!李先生究竟犯了什么罪,竟遭此毒手?他只不过用笔写写文章,用嘴说说话,而他所写的,所说的,都无非是一个没有失掉良心的中国人的话!大家都有一支笔,有一张嘴,有什么理由拿出来讲啊!有事实拿出来说啊!(闻先生声音激动了)为什么要打要杀,而且又不敢光明正大的来打来杀,而偷偷摸摸的来暗杀!(鼓掌)这成什么话?(鼓掌)

今天,这里有没有特务?你站出来!是好汉的站出来!你出来讲!凭什么要杀死李先生?(厉声,热烈的鼓掌)杀死了人,又不敢承认,还要诬蔑人,说什么"桃色事件",说什么共产党杀共产党,无耻啊!无耻啊!(热烈的鼓掌)这是某集团的无耻,恰是李先生的光荣!李先生在昆明被暗杀是李先生留给昆明的光荣!也是昆明人的光荣!(鼓掌)

去年"一二·一"昆明青年学生为了反对内战,遭受屠杀,那算是青年的一代献出了他们最宝贵的生命!现在李先生为了争取民主和平而遭受了反动派的暗杀,我们骄傲一点说,这算是像我这样大年纪的一代,我们的老战友,献出了最宝贵的生命!这两桩事发生在昆明,这算是昆明无限的光荣!(热烈的鼓掌)

反动派暗杀李先生的消息传出以后,大家听了都悲愤痛恨。我心里想,这些无耻的东西,不知他们是怎么想法,他们的心理是什么状态,他们的心是怎样长的!(捶击桌子)其实很简单,他们这样疯狂的来制造恐怖,正是他们自己在慌啊!在害怕啊!所以他们制造恐怖,其实是他们自己在恐怖啊!特务们,你们想想,你们还有几天?你们完了,快完了!你们以为打伤几个,杀死几个,就可以了事,就可以把人民吓倒了吗?其实广大的人民是打不尽的,杀不完的!要是这样可以的话,世界上早没有人了。

你们杀死一个李公朴,会有千百万个李公朴站起来!你们将失去千百万的人民!你们看着我们人少,没有力量?告诉你们,我们的力量大得很,强得很!看今天来的这些人,都是我们的人,都是我们的力量!此外还有广大的市民!我们有这个信心:人民的力量是要胜利的,真理是永远存在的。历史上没有一个反人民的势力不被人民毁灭的!希特勒,墨索里尼,不都在人民面前倒下去了吗?翻开历史看看,你们还站得住几天!你们完了,快完了!我们的光明就要出现了。你们看,光明就在我们眼前,而现在正是黎明之前那个最黑暗的时候。我们有力量打破这个黑暗,争到光明!我们的光明,就是反动派的末日!(热烈的鼓掌)

反动派故意挑拨美苏的矛盾,想利用这矛盾来打内战,任你们怎么样挑拨、怎么样离间,美苏不一定打呀,现在四外长会议已经圆满闭幕了,这不是说美苏间已没有矛盾,但是可以让步、可以妥协,事情是曲折的,不是直线的。

李先生的血不会白流的!李先生赔上了这条性命,我们要换来一个代价。"一二·一"四烈士倒下了,年青的战士们的血换来了政治协商会议的召开;现在李先生倒下了,他的血要换取政协会议的重开!(热烈的鼓掌)我们有这个信心!(鼓掌)

"一二·一"是昆明的光荣,是云南人民的光荣。云南有光荣的历史,远的如护国,这不用说了,近的如"一二·一",都是属于云南人民的。我们要发扬云南光荣的历史!(听众表示接受)

反动派挑拨离间,卑鄙无耻,你们看见联大走了,学生放暑假了,便以为我们没有力量了吗?特务们!你们错了!你们看见今天到会的一千多青年,又握起手来了,我们昆明的青年决不会让你们这样蛮横下去的!

反动派,你看见一个倒下去,可也看得见千百个继起的!

正义是杀不完的,因为真理永远存在!(鼓掌)

历史赋予昆明的任务是争取民主和平,我们昆明的青年必须完成这任务!我们不怕死,我们有牺牲的精神!我们随时像李先生一样,前脚跨出大门,后脚就不准备再跨进大门!(长时间热烈的鼓掌)

解析:

这篇文章是闻一多先生的一次震撼全国的即席演讲稿。

演讲中,闻一多先生在严厉声讨反动派的无耻罪行和卑劣行径的同时,也高度颂扬了李先生为民主与和平而献身的伟大爱国主义精神,而且还号召广大人民群众站起来,一起与反动派作坚决的斗争。其无论是在演讲的思想内容还是在演讲的语言技巧上,都可以说是一次杰出的演讲,是值得探讨的。

首先,开门见山、别致新奇。既然是悼词,一般来说,开始是致哀或者述亡者的生平。但闻先生却别出心裁,一反常规,采取"开门见山"的手法,先声夺人,直奔主题。"这几天,大家都晓得,在昆明出现了历史上最卑劣最无耻的事情!"演讲者一开始便义正辞严地痛斥国民党反动派的无耻罪行。"最卑劣最无耻"、"失掉良心的中国人"、"偷偷摸摸地来暗杀"更是表现演讲者当时义愤填膺的愤怒,表明了演讲者的立场和态度是支持革命的。其中接连的发问,问句中又夹带着感叹句,如山崩水泻,势不可挡,一开始就把演讲推向了高潮。

其次,对比手法的应用。演讲者把不同的人物置于明暗对比鲜明的角度,故意拉大两者距离,并赋予不同的情感色彩,从而达到更佳的表达效果。如在第二段中,"这是某集团的无耻,却是李先生的光荣!"把反动派与李公朴置于对比的立场,以反动派的"耻"衬托李先生的"荣",又以李先生的"荣"反衬反动派的"耻",两者互为作用。在强烈的对比中,表现了对反动派的愤怒与蔑视,和对李先生的赞扬,充分表达出闻一多先生大义凛然,爱憎分明的爱国主义情感。

第三,心理战术的运用。心理的描述通过心理的剖析,往往可以知道某些行为举止的真实意图。心理战术的抨击,往往是最直接、最有杀伤力、最易致敌人于万劫不复的战术。演讲者巧妙地运用了这一点。如在第四段中:"不知他们是怎么想法,他们的心理是什么状态,他们的心是怎样长的!其实很简单,他们这样疯狂的来制造恐怖,正是他们自己在慌啊!在害怕啊!所以他们在制造恐怖,其实是他们自己在恐怖啊!"他们"制造恐怖",根本原因是"他们自己在恐怖",心理的剖析,一针见血地戳穿敌人的虚弱本质,向时代证明敌人不过是只"纸老虎",给敌人以压力,给人民以动力。

第四,运用举例、引证和俗话,事实胜于雄辩。用事实说理,可以让反动派的把戏不攻自破,加强说服力。文本第三段中列举了"一二·一"事件和李公朴被害惨案,在赞扬李先生和昆明青年的伟大献身精神的同时,揭露反动派反革命、反人民、搞谋杀的险恶企图。第五段中,列举希特勒、墨索里尼的例子,证明反动派必败、人民必胜的真理。

第五,运用丰富的口语化语言。一是感叹句的运用。闻一多先生的这次讲演最大的一个特色是多用感叹句。用感叹句表达强烈的感情,是对反动派的无耻和卑劣行径的怒不可遏的血泪控诉,是对李先生殉难的悲痛和对李先生爱国主义精神的高度的赞扬,是情感的喷发,是心灵的怒吼。感叹语句,短促而有力,表达效果强烈。二是反诘句的运用。例如:"你们看着我们人少,没有力量?告诉你们,我们的力量大得很,强得很!""希特勒、墨索里尼,不都在人民之前倒下去了吗?"运用反诘句,加强了肯定的语气,使感情表达更强烈、更震撼人心。

第六,结语写得铿锵有力。一般说来,好的文章必然会有好的开始和好的结局。闻一多先生在结束语中,把主题升华到另一个高度,"我们不怕死,我们有牺牲的精神,我们随时像李先生一样,前脚跨出大门,后脚就不准备再跨进大门!"以发出号令的形式向敌人发出一战到底的挑战,也在向世人宣告,不仅他闻一多,还有千千万万的中国人将会站立起来,与反动派一决雌雄,同时表达了广大人民抗战到底的决心和信心。

纵观全场演讲,可谓感情强烈,到了激昂之处,其感情以肢体语言进行表达和发泄——捶击桌子(这是演讲者的体态语,是无声语言表达的一种方式,这是一种情感愤怒到极点的声音),可以说,闻一多先生说的每一个字、每一句话都在表达一种感情,一种思想。语言简洁明了,通俗易懂,多用口语,但又没有使演讲流于空乏、累赘。

这是一次非常成功的演讲!是一篇激励的战斗檄文!是一个唤起人民觉醒的施号令,同时也是爱国民主人士的战斗宣言!

材料2:下面是维克多·雨果的一篇著名的演讲稿。维克多·雨果是19世纪前期积极浪漫主义文学运动的领袖,法国文学史上卓越的资产阶级民主作家。贯穿他一生活动和创作的主导思想是人道主义、反对暴力、以爱制"恶"。

1778年,"教导人们走向自由"的"法兰西思想之王"伏尔泰与世长辞了。一百年后,另一位伟大的人道主义斗士——维克多·雨果站在纪念伏尔泰百年冥诞的讲坛上,发表了这篇激情澎湃的演讲。1878年的法国,拿破仑三世王朝已经被推翻,建立了共和国政府。作者也早已结束了19年的流亡生活。但是,德国对法的战争没有停息,因为政治派别纷争激烈。尤其对巴黎公社社员的杀戮,到处弥漫着血腥。"野蛮还在,刀剑猖狂"。作者本人代表左派,同情巴黎公社,不断受到排挤。于是,雨果这位从伏尔泰思想汲取力量的人道主义斗士,在这样的时代背景下发表了这篇富有战斗激情的演说。

请以这则材料为凭借,感情充沛地练习演讲,体会雨果充满激情、富于浪漫主义色彩的演讲语言。

纪念伏尔泰逝世一百周年的演说

雨 果

一百年前的今天,一颗巨星陨落了。但他是永生的。他走的时候有长寿的岁月,有等身的著作,还挑起过最荣耀的、也是最艰巨的责任,即培育良知,教化人类。他受到诅咒、受到祝福地走了:受到过去的诅咒,受到未来的祝福。先生们,这是荣誉的两种美好的形式。在他弥留之际,一边有同时代人和后代的欢呼和赞美,另一边有对他怀有深仇大恨的旧时代洋洋得意的嘘叫和仇恨。伏尔泰不仅是一个人,他是一个世纪。他行使过一个职能,他完成过一项使命。很显然,他生来就被选定从事这件借助他在命运的法则和自然的法则中最高尚的愿望所完成的事业。他活过的八十四年,经历了登峰造极的君主政体和曙光初现的革命年代。他出生的时候,路易十四还在统治,他死的时候,路易十六已经戴上了王冠。所以,他的摇篮映照着王朝盛世的余晖,他的灵柩投射着大深渊最初的微光。(鼓掌)

各位先生,在大革命前,社会的建筑是这样的:下边,是人民;人民的上面,是由神职人员代表的宗教;宗教的一边,是由法官代表的司法。

而在那个阶段的人类社会,人民是什么?是无知。宗教是什么?是不宽容。司法是什么?是没有公正。

于是,伏尔泰啊,你发出厌恶的呐喊,这将是你永恒的光荣!(爆发出掌声)

于是,你开始和过去打一场可怕的官司,你为人类的诉讼案辩护,驳斥暴君和凶神,你胜诉了。伟大的人物,你要永远受到祝福!(新的掌声)

伏尔泰直接面对这种轻薄无聊而又凄惨忧郁的社会,独自一人,眼前是各种力量的联合,宫廷、贵族、金融界;这支不自觉的力量,是盲目的一大群人;这批无恶不作的法官,他们媚上欺下,俯伏于国王之前,凌驾于人民之上(喝彩);这批虚伪、狂热、阴险兼而有之的神职人员,伏尔泰,我再说一遍,独自一人对这个社会一切丑恶力量的大联合,对这个茫茫的恐怖世界宣战,他接受战斗。他的武器是什么?这武器轻如和风,猛如雷电——一支笔。(鼓掌)

他用这武器战斗,他用这武器战胜敌人。

伏尔泰战胜了敌人。他孤军奋战,打了响当当的一仗。这是一场伟大的战争,是思想反对物质的战争,理智反对偏见的战争,正义反对非正义的战争,被压迫者反对压迫者的战争,是仁慈的战争,温柔的战争。伏尔泰具有女性的温情和英雄的怒火,他具有伟大的头脑和浩瀚无际的心胸。(喝彩)

他战胜了古老的法典、陈旧的教条。他战胜了封建的君主、中世纪式的法官、罗马天主教式的神甫。他把人的尊严赋予黎民百姓。他教导人、安抚人、教化人。他为西尔旺和蒙巴伊斗争,如同他为卡拉斯和拉巴尔斗争;他承受了一切威胁,一切侮辱,一切迫害,污蔑,流亡。他不屈不挠,坚定不移。他以微笑战胜暴力,以嘲笑战胜专制,以讥讽战胜宗教的自以为是,以坚毅战胜顽固,以真理战胜愚昧。

我刚才用过两个字,微笑,我说一下。微笑,就是伏尔泰。

各位先生,我们要这样说,因为,平静是这位哲学家伟大的一面,平衡的心态在伏尔泰身上最终总会重新确立。不论他正义的愤怒多大,总会过去,恼羞成怒的伏尔泰总会让位于心平气和的伏尔泰。于是,从这深邃的双目里露出了微笑。

这是睿智的微笑。这微笑,我再说一遍,就是伏尔泰。这微笑有时变成放声大笑,但是,其中蕴含有哲理的忧伤。对于强者,他是嘲笑者;对于弱者,他是安抚者。他使压迫者不安,使被压迫者安心。以嘲笑对付权贵;以怜悯安抚百姓。啊!我们应为这微笑感动。这微笑里含有黎明的曙光。它照亮真理、正义、仁慈和诚实;它把迷信的内部照得透亮,这样的丑恶看看是有好处的,它让丑恶显示出来。它有光,有催生的能力。新的社会,平等、让步的欲望和这叫作宽容的博爱的开始,相互的善意,给人以相称的权利,承认理智是最高的准则,取消偏见和成见,心灵的安详,宽厚和宽恕的精神,和谐,和平,这些都是从这伟大的微笑中出来的。

各位先生,只有希腊、意大利和法兰西享有以人物来命名时代的特权,这是文明最高的标志。在伏尔泰之前,只有以某些国家领袖的名字来命名时代的先例;伏尔泰比国家领袖更重要,他是思想的领袖。到伏尔泰,一个新的纪元开始了。我们感到,从今以后人类最高的统治权力将是思想。文明过去曾服从武力,文明以后将服从思想。权杖和刀剑已告折断,光明将取而代之,也就是说权威变成自由。再也没有别的最高权力,人民只有法律,个人只有良心。对于我们每个人来说,进步的两个方面很清楚的显示出来,这就是:做一个人,我们要行使自己的权利;做一个公民,我们要恪尽职守。

让我们转身望着这个死者,这个生命,这个伟大的精神。让我们在这令人肃然起敬的墓前鞠躬。让我们向这个人讨教,他有益于人类的生命在一百年前已经熄灭,但他的作品是不朽的。让我们向其他强有力的思想家讨教,向这些光荣的伏尔泰的助手们讨教,向卢梭、向狄德罗、向孟德斯鸠讨教。让我们与这些伟大的声音共鸣。要制止人类再流血。够了！够了！暴君们。啊！野蛮还在，好吧，让哲学抗议。刀剑猖狂，让文明愤然而起。让18世纪来帮助19世纪；我们的先驱哲学家们是真理的倡导者，让我们乞求这些杰出的亡灵；让他们面对策划战争的君主王朝，公开宣布人的生命权，良心的自由权，理性的最高权威，劳动的神圣性，和平的仁慈性。既然黑夜出自王座，就让光明从坟墓里出来！（全体一致的经久不息的欢呼。从四面八方高呼："维克多·雨果万岁！"）

（1878年5月30日）

（2）今年，国家计划放开生育"二胎"的政策已出台，请你就其利弊发表一番演讲。要求：先学写演讲稿，题目自拟，然后反复练习，最后脱稿演讲。时间不少于3分钟。

（3）命题演讲训练题目

① "苍蝇老虎都要打"——反腐倡廉小议

② "官员流行开通微博"之我见

③ 我心目中的食品安全问题

④ 浅议"大学生愿意留在大城市"现象

⑤ 空气污染应急预案莫停留纸上

⑥ 扶跌倒老人不只是道德的事

⑦ 我的中国梦

【资料链接1】

巧用流行语　演讲更给力

在演讲中巧妙运用网络流行语，不仅会使演讲具有时代性、现实针对性，而且会更有亲和力。下面来举例说明。

华中科技大学校长李培根在一次学校毕业典礼上演讲，在谈到要关注未来科技发展时说："这些技术可绝不是浮云，相反的，能够很好地运用它们、驾驭它们，你们或许会真如'神马'，能驰骋在天际，遨游于云端。""神马都是浮云"的意思本是什么都不值得一提的自怨自艾。李培根巧妙化用"神马"，使其有了新奇的积极意义。在社会流行"拼爹"的现实面前，李培根对学生们说："未来的幸福在自身的安宁，在自身的和谐。堂堂正正做人，踏踏实实做事，你就能守住内心的安宁，依靠自己的努力和拼搏，不需要在别人面前说你爸是谁。"在他演讲过程中，台下平均1分钟响起1次掌声，演讲结束后，千余名学生起立连续高喊了20多声"根叔"。

广东外语外贸大学校长仲伟合在学生毕业典礼上的演讲也是妙语连珠："今天我们吹响了毕业的集结号，明天你们将背上行囊，各自天涯……在神马都是浮云的年代，要多一点耐心，不妨让子弹再飞一会。"最后，仲伟合寄语："多年以后，你们来，或者不来，母校就在这里，不舍不弃；见，或者不见，我们的心永在一起，不分不离！"

"集结号"因电影《集结号》的热播迅速在网络走红，这里使用更激发了学生毕业之后到社会冲锋陷阵的激情。"让子弹再飞一会"也巧妙化用电影名，对耐心作出了新鲜、生动的诠释。最后的寄语模仿了因《非诚勿扰2》受到关注的仓央嘉措《见与不见》中的诗句，但发自内心的演说使这种模仿更加煽情。

可以看出,流行语的出处使其具有特定的含义,使用时要与内容协调得体,巧妙使用会使演讲更给力。

(选自《语言文字报》素养·能力版第721期,作者:孙延喜)

【资料链接2】

马云作为CEO的最后一次演讲(实录)

【中国企业家网】 4月23日下午,阿里巴巴董事局主席马云出席"保护知识产权 打击假冒伪劣"的新闻发布会,这被他形容为"离任CEO之前最后一场新闻发布会"。在发布会上,马云表示,我相信互联网是打假最好的手段之一,电子商务互联网我上次讲,电子商务本身不产生假货,电子商务本身是一个对假冒产品最佳的镜子,把镜子扔了,但不等于假货可以扔掉。此外,马云表示,阿里巴巴将给各执法机构提供准确的情报,只要网上出现,我们一定把这些情报提供给执法机构,共同把后面的黑势力,把制造业基地挖出来,只有这样,才能给中国社会未来经济发展的毒瘤挖掉。

以下为发布会马云演讲全文:

尊敬的各位媒体朋友,尊敬的各位合作伙伴,今天我特别兴奋,我想了很久,这是我离开CEO这个职位之前最后一次新闻发布会,因为我一直在想什么事是我离开CEO以后会非常遗憾、后悔,该做没有做的事情,大家知道作为一个公司CEO,经常要考虑的问题是未来这个公司将会怎么发展,而我觉得阿里巴巴很幸运,这么多年来,淘宝十周年,阿里巴巴十四年,发展得这么迅猛、这么顺利,我不担心去年的一万亿到未来可能会成为八万亿、十万亿,但我担心的是什么东西是我们今天关注到,但是我们没有加以防范,什么东西会成为这家公司将来成长发展过程中的癌症、肿瘤,不可拿掉的东西,这是我随时担心的,也考虑最多的。所以我觉得知识产权,打击假冒伪劣产品,这个工作假如不做好,我一定会后悔,因为我们的浙江省是市场大省,全中国建市场的地方都是来得很迅猛,倒得也很快,而倒得很快的其中主要原因之一就是假冒伪劣。

淘宝快成立十年了,十年来让我最痛心、最难过的是每次买家说我们在上面买到了假货,卖家说我们的产品在你们这儿受到了侵权,其实淘宝是最大的受害者。所以这几年来,阿里巴巴集团一直想各种各样的方法,我们怎么可以做得更好,但是确实来讲,自己的能力、经验,就像中国的发展,前三十年,我前两天在云南讲,中国的发展前三十年,一切以发展为主,政府也好,各企业缺乏很多的经验。但是未来三十年,假如我们不能总结前面的经验,不能总结西方发达国家走过的路,我们将会在未来三十年会有更大的挑战。所以对于阿里巴巴来讲,前面十年、十四年的发展,我们最大的艰难,我们需要解决的问题是把假货、知识产权,把这个问题处理好,所以我觉得今天我们的新闻发布会在我看来,是阿里巴巴历史上一个里程碑的新闻发布会,也是我们在中国打击假冒伪劣产品、保护知识产权的一个里程碑的行为。

所以,我特别感谢五部委联合一起行动,我们真正把这一个变成为一个行动小组,其实对我来讲,如果社会上有黑势力和恶势力,网络上的黑势力和恶势力,那就是假冒。我记得两年以前,2011年、2012年,整个淘宝全力开始打击假冒伪劣,可能中国打假的公司里面,我们算全中国公司配置人最多了,那一年我们打掉的假货加起来有1800亿左右,当然反弹力量也非常厉害,假货势力、知识产权势力是非常厉害的,他们团结起来,他们有钱,因为他们获得钱的速度太快,太容易,所以这批人想了各种办法,包括到公司来游行示威,包括去香港给我开追悼会。

我一直在想有什么办法可以跟他们打到底,对我们这些人来讲,我们不希望淘宝今天给人们带来生活方便的同时,也为这个国家、为这个社会种下毒瘤,所以我们必须采取行动,刚才公安部高政委跟我讲,假冒伪劣是经济上的毒品,麻醉心灵,虚假繁荣,扼杀创新,丧失活力,我们不希望在淘宝上面得到的口碑说假货很多,造成了虚假繁荣。我们不希望影响每个家庭,所以今年年初在阿里巴巴集团内部每年年度考核过程中,我特别兴奋,我差点流下眼泪,从来没有过,有些年轻人,很年轻的一些淘宝人提出我们必须严肃对待假货,必须采取所有政策、所有方法去打击假货,我们必须做一些行动,今天我们看到年轻人意识到,他们觉得不这么做,对不起我们的未来,对不起他们的未来。

所以我们公司提出了双百万战略,那天讨论未来怎么实现双百万战略,就是帮助中国诞生一百万年销售额过一百万的这些小卖家,我们希望诞生更多的小而美,让这些小企业感觉到有幸福感,如果我们想正确的实施双百万,如果真心想帮助这些小而美的企业成长,那么假冒伪劣、知识产权的侵权将是我们在实现这样的过程中最大的障碍所在。我们必须高度认识到这个问题。

所以,这一次是难得整个公司上下所有的同事,也难得我们五部委联手来处理,这不是我要求你,你要求我,而是我们这些人实实在在的打击。刚才在跟各部委领导交流过程中,我发现我们这一次是把打击假冒的一些勇士、一些专家、一些第一线战斗者团结在一起。我相信互联网是打假最好的手段之一,电子商务互联网我上次讲,电子商务本身不产生假货,电子商务本身是一个对假冒产品最佳的镜子,把镜子扔了,但不等于假货可以扔掉。所以我们将给各执法机构提供准确的情报,只要网上出现,我们一定把这些情报提供给执法机构,共同把后面的黑势力,把制造业基地挖出来,只有这样,才能给中国社会未来经济发展的毒瘤挖掉。

这次是真正采取一个有效的措施和机制,刚才孟局长的讲话我也非常感动,肯定了阿里巴巴,同时我们共同打造一个全球可能首创,也是最行之有效的打假措施,一种合作的机制。我们阿里集团将会全心全意在资金上面,邵晓锋刚才讲,我们上不封顶,需要多少钱,我们拿多少钱,这是一个长期的工作。

但这个工作过程中,不是一朝一夕,不是一个部门、一个单位、一个个人可以解决,美国碰上过这个问题,日本碰上过这个问题,欧洲碰上过这个问题,所有假冒伪劣、知识产权侵害最大的时候,是人均 GDP 在 3000 到 5000 美金之间,是最大的时候,中国目前正处于这个阶段。我相信中国会迎来真正创新的一天,我相信中国一定有自己知识产权,自己的品牌起来的一天,我相信我们今天这些人的努力一定会有结果。

谢谢大家。

(文章来源:中国企业家网,作者:马云,2013 年 4 月 24 日)

第二章 一般口语交际能力的高级训练

第一节 不凭借文字材料的口语交际训练

不凭借文字材料的口语交际训练属于原发性口语表达，它的特点是，说什么、怎么说，完全由说话人临时据情酌定，人们日常的交谈、论辩、即兴演讲等一般都属这种表达形式。这种表达形式有社会交际的实践价值，在人们口语交际能力结构中，占有相当重要的地位。今天，随着科技的快速发展，现代社会以高效率化、高信息化和高社交化为特征，不仅使人们的生活内容、思维方式发生了根本性的变化，也对人们的口语交际能力提出了更高的要求，即要求人们注重口语反应的速度和效率，要求在没有文字材料凭借的情况下，及时准确地对所要说的意思作规范化的表达。这就是口语交际训练的高级阶段。

由凭借文字材料的口语训练到不凭借文字材料的现想现说的口语交际，这个过程中存在着一个"过渡"阶段，即在经过口语交际训练的初级阶段后，由于先是凭借文字材料的口语表达，一旦当他们离开文字材料，口语表达则会显得无所适从、辞不达意、思维混乱、不知所云。所以，这是一个难度较大的转变，要完成这个"转变"，到达口语交际训练的高级阶段，需要付出艰辛的努力。为了降低训练的难度，在这两个训练类型之间可设置一个"过渡"阶段，即带提纲、半脱稿方式的口语表达训练，这是完全必要的。

第二节 不凭借文字材料的口语交际训练的主要方式

一、即兴演讲

（一）即兴演讲及其特点

演讲是就某个问题面对听众说明事理、发表意见的一种口语交际活动。演讲是晓之以理、动之以情、授之以知、导之以美的心灵的碰撞。在说服人、感染人、引导人与改变人的思想和行为方面起着积极的作用。演讲分为命题演讲和即兴演讲。命题演讲是根据预定的题目事先写好讲稿的演讲，是凭借文字材料进行口语表达训练的重要方法。即兴演讲是在特定环境和主题的诱发下,或者是自发或者是别人要求的立即进行的演讲,是一种不凭借文字材料进行表情达意的口语交际活动。即兴演讲与命题演讲相比,无法事先拟就讲稿,也不允许反复修改、反复试讲、反复排练。所以,即兴演讲比命题演讲的难度相对大一些。在学校开展演讲多采用命题演讲的形式,这既符合学生的口语交际的实际,又符合口语训练遵循由初级训练向高级训练渐进的规律,而且有利于他们的口语向更高的水平迈进。

即兴演讲的特点是:

一是即兴发挥。即兴演讲大多只有两三分钟的时间打腹稿,是全凭迅速组合头脑中的既存材料,边想边说,边说边想,力求巧妙地挖掘题意,讲出一点新内容,是靠"临阵磨刀"即兴发挥的。

二是篇幅短小。由于即兴演讲是临时准备、即兴发表的一番说话,很难构思出长篇大论来,所以即兴演讲一般具有主题单一、篇幅短小、时间短暂的特点,有的两三分钟,有的甚至寥寥数语。

三是使用面广。即兴演讲在日常生活中使用面很广,如小范围的社交聚会中的欢迎、欢送、哀悼、竞选、就职、答谢、婚礼、寿庆等场合下的发言或讲话。对于教师而言,即兴演讲也有广泛的运用,如迎新仪式、主题班会、毕业典礼、节日联欢等场合。由于在这些场合,演讲者只要言简意明,当场表示某种心意即可,不宜作过于冗长的演讲。

(二)即兴演讲的技巧

一般而言,学生在演讲时基本上能做到:文稿口语化,主题比较鲜明,叙述条理清楚;但在体现"演讲的魅力"这点上,学生还有待于提高。针对学生演讲中存在的主要问题,如,普通话不标准,让人听了很别扭;对有声语言的重音、停顿、节奏、语调等技巧的处理不当;情感干瘪乏味,没有声情并茂的感人效果;不注重态势语的运用;容易出现怯场、出现意外不知如何应对等问题。然而,这些问题关系到能否体现演讲艺术的魅力、关系到演讲的成败。同时,演讲不仅是口语表达的艺术,而且是演讲者品格修养、知识经验、思想情操和风度仪态的综合体现。听众不仅听其声、解其义、还要观其行、悟其情。所以,只有通过对有声语言和态势语的恰当训练,演讲才会产生感人的艺术魅力。下面谈谈演讲的技巧问题。

即兴演讲虽然是在特定场合下的临时发挥的口语交际活动,但它并不是"无任何准备的演讲"。即兴演讲仍然是需要有些准备的,即可以进行预测性准备,也可以进行临场性准备。下面从准备(选材、构思)的角度来介绍即兴演讲的技巧:

1. 即兴演讲的选材

即兴演讲的选材常用"选点"法。所谓"选点",是指选好沟通演讲者与听众心灵的人或物。由于即兴演讲事先无法精心构思演讲稿,所以在演讲时,必须临场选择听众所熟悉的或易于理解的人、事、物作为媒介物来传递信息,才能激发听众的共鸣。同时,所选的人、事、物又必须与演讲的主题和谐一致,也只有这样,才能充分表达演讲者此时此地的特定的思想感情。

【示例】

有位教师应邀参加迎新大会,会上主持人要求他代表教师说几句话。他巧妙联系新生刚到一个新环境,一切对他们而言都是新的,抓住一个"新"字进行了发挥,对新生寄予了良好的祝愿。

亲爱的新同学,你们好!

　　大家带着父母新的希望,带着朋友新的祝愿,也带着自己新的理想,来到了一个新的地方。在这新的学期里,衷心希望大家以新的语言、新的行动、新的风貌、新的一切去适应新的环境,开始新的学习,展示新的生活以掌握新的知识,增加新的技能,取得新的成绩。相信大家三年之后,将以新的姿态、新的风采站在父母、朋友、社会的面前,那时你可以骄傲地说:"新的生活又开始了。"

解析:

这段即兴表达发之于心,一气呵成,格式新颖,得到了师生热烈的掌声。

下面是几种常见的选点方法:

(1) 以"物"为点。这种方法要求抓住某物在特定场合、特定时间下的象征意义,借题发挥。

(2) 以"环境"为点。此方法是以会场的环境或某种氛围为点,点明其象征意义,从而表现演讲主题。

(3) 以"前者讲的内容"为点。这种方法要求当场从前面演讲者的演讲里捕捉话题,加以引申、发挥,讲出新意来,从而给人以启迪,所以难度相当大。

2. 即兴演讲的构思

即兴演讲的构思一般常用"连缀"法。所谓"连缀",是指通过联想,把已经选好的点——看似孤立的人、事、物有机地联系起来。并设法将这种"联系"上升到某种高度,以表现演讲的主题。这种"连缀"(联想)绝不是点与点的简单罗列、相互关系的简单陈述、华丽词句的简单堆砌,而应严密地构思、创造性地思维、有机地联想,从而把它们组织在一起,形成一个和谐的统一的整体。

下面是中央电视台主持人大赛中两位选手的即兴讲述。

在中央电视台举办的"荣士达杯主持人大赛"复赛中,一位选手抽到一道题:请在2分钟内用"鲜花、警察、风车"讲一段故事。

她说:"在所有故事当中最吸引我的是爱情故事,可能此刻我正陶醉在热恋当中,所以我一听到要讲故事,我觉得应该讲个爱情故事。讲个什么样的爱情故事呢?我想,可能在大时代下发生的,一个小人物的爱情故事才是最感染人的。这个故事,该是如何发展呢……其实这个故事,我讲的是一个我们大时代可能我们……现代经济的快速发展出现了一个下岗的现象,我今天要讲的是有个下岗职工,他们两个人之间的爱情故事,现在,那就从最早开始吧。他们都是从这个,从知青回到城市的,那么知青谈对象的时候呢,是他们非常怀念的日子呢……就是那个男生采一朵鲜花给女生送去……因为在那一刻鲜花是最值钱的,也是他们的爱情……"

现场提示:"时间到!"选手尴尬地说了最后一句话:"可能讲故事不是我的特长……"

另一位名叫许可的安徽选手被要求用"数学、春节、护照"三个词当场说一个故事。这位选手是这样说的:

"这是一个文学成绩很好、作文写得很好的高中生,可是她的数学成绩非常差,但是这个女孩呢,在高三那一年发生了师生恋,她的数学老师爱上了她,她觉得非常烦恼,不知道该怎么办。就正在这个时候——在春节那时候,她的父母从澳大利亚回来了,告诉她,已经给她办好了出国的护照,她就带着这些烦恼和麻烦事儿离开了这个……因为她的外语学得不错,而澳大利亚是个英语国家,有利她的生活,于是她就离开了这个烦恼的学校到澳大利亚一所大学读她的大学,在今年的奥运会上,她还为中国运动员加油呢!"

上面两段即兴表达的优劣很分明:第一段对三个词的连缀很失败,那么多话语只出现了一个词"鲜花";而且话语前后不连贯,语言啰唆,没有形成相对完整的"语言链"即语流;第二段将三个毫不相关的词顺理成章地连缀成一个和谐的整体,做到"知而能言,言之能顺",语流通畅、自然,中心明确。

所以,演讲构思中的"连缀"必须进行创造性思维和有机的联想,然后形成具有一定主旨的相对完整的语流,做到"知而能言,言之能顺"。

(三)即兴演讲训练

1. 即兴演讲的训练要求

(1)要以积极的心态对待即兴演讲。要相信自己的演讲会对大家有所启发。自卑心理是即兴演讲最大的心理障碍,必须消除。

(2)要善于抓住即兴表达中闪现的"灵感"。由于即兴演讲成功的关键在于即兴发挥,在边说边想的过程中,一有"灵感"就要抓住,可以突破一点,可以逆向求新,言人之所未言。切记不要跑题。

(3)要重视培养"即兴意识"。由于即兴演讲能力的高低并非单纯的技巧问题,很大程度上取决于演讲的实践。因此,在各种会议或某种活动中,要注意培养自己的"即兴意识",即让我说,我该怎么说。只有抓住时机进行实践,即兴演讲的能力将有望较快提高。

2. 散点连缀法训练

训练内容:小组抽条散点连缀法练习

训练方法:小组活动,每人在三张小纸条上各写一个词,然后混在一起。练习时,每人任意抽三张,然后将这三个似乎毫不关联的词用几句话连缀起来,组成一段有意思的话,开始时可以给几分钟,以后则应逐步减少时间,达到拿到题目就能讲的地步。

【示例】

三个词是:"春天、衣服破了、环境保护",有人是这么回答的:

人的衣服破了,可以补,也可以处理掉,换新衣服。地球母亲的衣服是臭氧层,现在也破了一个洞。这件衣服补起来很难,更无法处理掉再换新的。所以我们必须注意环境保护,不然再让臭氧层破坏下去,地球必然受到严重的伤害,地球上将永远没有春天。

(1)仿照上面的示例,试用下面的连缀物件说一段话:

①"啤酒"、"花园"、"葡萄干"

②"手机"、"暴风雪"、"香烟"

③"头发"、"身份证"、"饼干"

（2）请围绕"环境保护"和"废物利用"的主题，将"废电池"、"易拉罐"、"塑料袋"、"一次性木筷"连缀起来，说一段话。

3. 扩句成篇训练

【训练话题】

（1）大学生的攀比心理严重影响了其身心健康。

（2）青少年追星现象存在着误区，追星不能只追日韩的影星、歌星，应正确引导。

（3）勤工俭学，有利于提高学生素质，应该提倡。

注：以上练习，与命题的口头作文不同，所谓"命题"，仅仅提供了一个题目，所以围绕着题目，可以多侧面、多角度地确定论点。而"扩句成篇"练习所给的题目，往往就是中心论点，或者包含了中心论点。所以一定要细细品味后，再组织内容，不要跑题。

4. 下面是几段即兴讲述的开头，虽然只起了个头，但话题已经提出，请接着往下讲，使其成为完整的语段或语篇。

（1）幸福是一个诱人的字眼，古往今来多少人追求、探求，但是大千世界，茫茫人海，对幸福的理解，对幸福的追求是不尽相同的……

（2）谁能用一个字来概括我们青年和祖国的关系？我认为这种关系概括起来，就是一个"根"字……

（3）男人的视野是宽阔广袤的，他可以为了治水而三过家门而不入，他可以征战疆场，马革裹尸而无悔……

5. "选点"法训练

（1）借事发挥。面对10来岁的孩子抽烟这件事，请以"向小烟民们进一言"作即兴讲述。

（2）借物发挥。在上海市"钻石表杯"业余书评授奖会上，《书讯报》主编将"钻石"、"表"与"读书"联系在一起，来了一段即兴演讲，既有贴切的象征和准确的推理，又揭示了读书求知、读书成才的道理，也切合会议宗旨。请设计一下，这个即兴演讲该怎么说。

（3）借名发挥。一位叫李怀争的学生，在学生会干部竞选时发表讲话，从自己的名字说起："……我的名字叫李怀争。我不安心无声无息的生活，不安心死水一潭，'怀'着'争'的热情，想创造一个丰富多彩，无限美好的生活……"你能借你的名字，作一段即兴讲话吗？

（4）借境发挥。设想你为了一件忍无可忍的事发了一通脾气。有人批评你说，虽然"理"在你一方，但不该发脾气。于是，你在这个特定的语境中，以"人不能没有一点脾气"作即兴讲述。

6. 话题训练（即兴演讲）

【示例1】

尊敬的评委老师，亲爱的同学们：

大家下午好！

马，只有跑过千里，才能知其是否为良驹；人，只有通过竞争，才能知其是否为栋梁，我很高兴今天能够站在这里同大家参加竞选。我感到非常荣幸，同时也感谢在座的各位评委对我的相信与支持。

  流年似水,转瞬即逝。大学三年,青春不在。蓦然回首,愧色袭来。有人说:"不同的大学有着各自的辉煌。"的确,记得三年前刚迈进这所大学的校门时,我便感受到,历史的悠久让校园散发着浓浓的书香气,花红草绿又为我们平添了一份温馨。学者鸿儒往来于此,更让学校有了一层厚重感。在这里生活、学习,我感受到了淡定与执着。新的面孔,新的道路,一切都是陌生。陌生即未知,然而我有信心,用自己的努力,创造一个辉煌,打造一个奇迹。今天,在此掂量掂量自己:专业知识只称得上八两,修养素质勉强及格。掐指一算,不到一年。想想吾辈,尚需努力。在最后一年的时光里,为了让自己的能力在质和量上都加上一码,经过权衡利弊的选择,我决定加入数学系学生会主席团,成为其中的一员。关于竞选主席团,我不想再给大家更多的承诺,因为承诺在付诸实践之前都只是一纸空文。我更希望能有机会用实践来证明一切。当然,学生会的发展,还需要大家的共同努力。人无完人,金无足赤。我也承认,自己身上还有很多缺点和不足。我不忌讳别人提我的缺点,也真诚地希望大家能够指出我的不足,这对我自己同样也是一个帮助,我相信,只要通过努力,我的缺点和不足一定会一天天减少。

  作为一个团队的领头羊,他自身的能力,对待工作的责任心及热爱这个工作的程度,以及自身的素质与修养都将会影响到整个团队的发展与未来。因此,干好这份工作的重要性也就不言而喻了。不过,凭借我在校团委一年的工作经验,我认为自己有信心,有能力,有勇气来干好这份工作。既然是花,我就要开放;既然是树,我就要长成栋梁;既然是石头,我就要去铺出大路;既然是学生会主席,我就要成为一名出色的领航员!

  我认为,我能行!我相信自己的实力,也相信自己的能力,更加相信我可以把学生会主席一职做好!俗话说:一个好汉三个帮。所以,我需要大家的帮助与支持。而那些言语的巨人,行动的矮子,是多么的可悲!所以,说的好不如做的巧。再多的客套话,也只不过是一瞬间的智慧与激情罢了。我最喜欢的一句话是"一切机会都是留给有准备的人的"。现在,大家不如给我一个机会,我更需要的是各位同学的信任与支持,相信我——可以!梦要靠自己去追,路要靠自己去走,既然选择了远方,就要风雨兼程。没有最好,只有更好,相信我可以做得更好,让我用奇迹回馈给你我的精彩!各位评委老师,请相信我,你们的选择是不会错的!

  谢谢大家!

【示例2】

尊敬的评委、老师、亲爱的同学们:

  大家晚上好!

  首先,对大家给我一次充分展示的机会,表示衷心的感谢。

  我是来自×××班的学生,名叫××,今天来竞选的职位是我院学生会的"把门人"——学生会主席。

  进入大学后,我才明白,大学与过去的任何一个时期都不同,它并不是要求我们必须要一板一眼的学习,而是要求我们还要积极参加各种校内校外活动,所以我会去尝试,挑战自己的极限,挖掘自己的潜能。我认为,大学生活可以平凡但不可以平庸!于是,通过我的努力,我成了一名学生会干部。在我担任学生会干部期间,曾成功组织过院系大型文艺活动,这培养了我较强的办事能力和组织协调能力,以及驾驭复杂局面和把握大局的应变能力。另外,勤学苦干的精神,适应性强的个性及与广大同学间的友好关系,这些正是我的优势所在,而所有这些正是造就一个出色的学生会主席所需要的。我深信,一切真知的产生都是来源于成功的实践,我所拥有的,正是学生会主席所需要的;学生会主席所需要的,正是我所拥有的。

在此,在我对本次竞选怀有热情、自信和希望的同时,我想,最现实、最实际的还是我个人对未来开展工作的几点想法:

首先,由于我院学生众多,居住分散,作为学生干部应深入群体,收集信息,反馈信息。及时把握学生的最近思想动态,确保学生身心健康与安全。

第二,把握全局,加强学生会团队建设,树立一个良好的组织形象,接受广大同学的监督,处事做到团结一致,同舟共济。

第三,加强与兄弟院系,乃至与社会组织的交流,以便探索社会活动新思想,新理念。营造一个最佳学习氛围,促进我院学生会工作的顺利开展。

最后,我以为,时代以奉献为荣,进步以参与为时尚,生活在于主动,生活在于投入,相信只要给我一个验证的机会,我将一定做到人尽其才,才尽其力,还大家一个出色的学生会。

谢谢大家!

上面两则示例是大学生竞选学生会主席的精彩演讲稿。仿照上面两则示例,发表一番竞选系团委书记的演讲。

【训练内容】

题目:《竞选系团委书记的演讲》

素材:

◆ 为什么要竞选系团委书记。

◆ 我的条件。

◆ 我的目标:

  形成一个团结的集体;

  提高全班的学习成绩;

  主动与学生会合作;

  搞好与兄弟班级的关系;

  丰富同学们的业余生活。

◆ 我的希望。

【训练方法】

可先按上述思路开展即兴演讲,然后扩展到其他方面,乃至竞选校学生会主席、班长、寝室长之类。

附:演讲比赛评分表

(1)命题演讲比赛评分表

命题演讲比赛评分表

表一(总表)

编号	姓名	演讲题目	得分			合计	简评
			内容50%	表达40%	风度,仪表及其他10%		

表二(分表)

编号	姓名	演讲题目	得分			合计	备注
			内容50%	表达40%	风度,仪表及其他10%		

评委(签名):

注:总表由评委自己掌握;分表由评委填写、签名后,由记分员随时收集、统计。表中的"内容"指演讲的主题、材料、结构等;"表达"指口语和态势语等;"风度,仪表及其他"中的"其他"是指是否超时,是否卡壳等。

(2)即兴演讲比赛评分表

即兴演讲比赛评分表

表一(总表)

编号	姓名	演讲题目	得分				合计	简评
			内容30%	反应30%	表达30%	风度,仪表及其他10%		

表二(分表)

编号	姓名	演讲题目	得分				合计	备注
			内容 30%	反应 30%	表达 30%	风度,仪表及其他 10%		

评委(签名):

注:表中"反应"是指思维是否敏捷,反应是否迅速。具体表现是指能否迅速立意,迅速组织材料、语言,表现在是否机智灵活,能否善于发现和利用现场的情况。

二、辩论训练

(一) 辩论及辩论赛的特点

从一些大学生辩论赛的实况来看,不难发现,大学生对辩论的知识了解较少,甚至不知道什么是辩论,如何辩论,以及辩论时应注意什么,怎样才能做到成功的辩论;同时辩论赛中也反映出学生口语表达的一些不足,如知识积累不够,辩论中有理屈词穷之感;有时被对方驳得无言以对、不置可否;辩论前的准备不充分,对辩论技巧掌握得不够;思维的灵敏度较差,不善于逻辑推理;等等。

那么,什么是辩论?如何才能做到成功的辩论呢?

辩论是一种常见的语言交流形式。对一些大事情的争辩,法庭上的讼争,工作中出现的争执,甚至买卖中的讨价还价等,都涉及辩论。通过辩论,可以澄清事实,使问题得到解决,还可以沟通思想,形成正确的认识,维护合法权益等。辩论一般分为专题辩论和自由辩论两种,这里主要谈专题辩论。

辩论具有驳诘性,辩论双方对同一问题的观点是相互排斥、互不相容的;辩论具有应对性,辩论不仅要阐明自己的观点,驳倒对方观点,而且还要不断地应对来自对方的质问与反驳。此外,在辩论过程中,辩论双方还要表现出一种相互激发、相互牵制的关系;辩论双方言辞激烈但又出语严谨,尽可能不给对方可乘之机。

敏捷的才思、广博的知识和流畅的表达是辩论取胜的前提,而准备是否充分则是辩论胜败的关键。

辩论赛是不凭借文字材料的口语表达方式,是指两支辩论队在事先规定人数、规定程序、规定题目、规定时间的情况下,按抽签所选定的各自立场,通过交替发言,论证本方观点、攻击对方的观点,最后通过评委打分,来决定胜负的一种训练口语交际能力的方法。辩论赛是一种短兵相接的言语对抗,也是机敏应变能力的较量。在辩论赛中,辩论双方随时都可以从各个角度向对方发难,双方必须面对一些意想不到的难题,还要做到随机应变、快速应对。所以,来言对去语的快速问答便是辩论赛的显著特点。

所以,自信、机智、幽默、丰富的知识等便是辩论者应具备的条件。

在此,针对辩论中常常出现理屈词穷、词不达意的现象,特别强调要注意日常综合知识的积累。由于辩论的主题丰富多彩,一个人即便有辩论的热情,如果其知识底蕴很差,可供调动的东西很少,那就会陷入"巧妇难为无米之炊"的窘境,纵有再高的热情,也无法取得理想的效果。知识好比一座金字塔,不了解宽泛的知识背景,只对本专业知识了解较多或者比较丰富,想在辩论中运用自如、应答如流也是不可能的。

由于辩论比较尖锐、激烈,是非、正误鲜明,对辩论双方要求比较高,因而对学生的锻炼很大。辩论前,要做充分的准备,深入研究论题,搜集资料,明确我方观点和理由,预测对方论点和论据,做到知彼知己。教师要引导学生学习辩论范例,我们曾学过一些论辩性很强的文章,如《邹忌讽齐王纳谏》、《触龙说赵太后》、《曹刿论战》等,从中可以学到论辩的方法;还可阅读一些辩论纪实,观看录像和电视上辩论比赛实况,进行论辩术的指导等。

(二) 辩论训练

1. 辩论的原则

(1) 正确对待辩论的胜负。辩论中没有胜负之分,因为辩论的话题本身往往没有一个绝对正确的结果,所以,决定辩论胜负的不是双方谁掌握了或者坚持了真理,而是看谁能够在理论上自圆其说,能够表现出高超的辩论技巧、令人尊重的个人魅力、更高的人气以及风趣幽默的语言等口语交际能力。

在辩论时,应像我们上网的目的一样,辩论也是为了"释放生活压力、抒发个人情怀、交结天下朋友、享受轻松人生",因而,没有必要进行恶意的攻击和谩骂,这才是辩论的真正意义。最后取得胜利的必然是大家。

(2) 尊重辩论对手的人格。如果当辩论的结果明显不利于自己的时候,要采用种种诡辩的手法进行辩论。但是,如果掌握不好分寸,往往演变成双方的谩骂和攻击,甚至对对方进行人格的蔑视乃至否定。如果你不尊重对方的人格,自然对方也不会尊重你。要想使自己的人格得到尊重,必须首先尊重他人的人格。

(3) 诡辩不等于胡搅蛮缠。由于辩论双方是为自己所"信奉"的真理在辩,往往明知道自己的观点不对,也不愿意认输,在辩论中进行某种诡辩是很正常的,但诡辩不等于胡搅蛮缠。所谓胡搅蛮缠,就是当对方把问题阐述得清清楚楚时,自己却不理会对方的观点,继续把自己所"理解"的观点强加到对方的身上,对别人进行无目标的攻击。

2. 辩论应注意的事项

(1) 指导学生选好辩论题

教师应留心搜集生活中值得学生辩论的题目,从中挑出有意义的、学生比较感兴趣的问题来让他们辩论。

(2) 安排辩论人员

辩论赛要安排好三方面的人员:

首先,要有辩论人,论辩双方一般各设四人,其中一位是主辩人。主辩人要事先拟好主辩提纲,辩论时由双方主辩人先发言。

其次,要有一位主持人,主持人安排双方人员依次发言,并负责掌握时间。
第三,要有评判员,负责裁决胜负和评论优劣。
以上三方面人员在比赛时都可以由学生轮流担任,使他们每个人都能得到充分的锻炼。

(3) 辩论的程序

① 研究和确定论题。

② 研究双方的论点和论据。先研究自己一方的立场和主张,通过阅读大量的材料,搜集充足的根据。进而研究对立一方的主张,预测对方可能怎样提出论点,摆出哪些论据。如何批驳:哪些重点批、哪些稍带批;哪些先批、哪些后批。只有做到知己知彼,才能百战不殆。

③ 正面陈述我方主张。大体由三部分组成:立论、证明、结论。由主辩人先发言,其余人与他配合,从一些关键处展开或作补充。

④ 反驳对方主张。

⑤ 辩论结束。通常情况下,经过辩论,双方的观点可能一致了。对于共同的认识,可以作为这次辩论结论的主体。有些观点接近了,可以加进来。总之,通过辩论,要形成双方可以完全接受或基本上可以接受的意见。

3. 辩论训练的要求

(1) 不论什么辩论,都要求参与者头脑要冷静,思路要开阔,考虑问题要全面。

(2) 在证明中,要求立论要正确而适中,论据要真实而充分,论证要科学而严密。

(3) 进行反驳时,不必面面俱到,可从对方的论点、论据、论证中的任何破绽入手,抓住本质,痛击要害。

4. 辩论方法训练

(1) "假言法"

【示例】

早晨,去集市的路上,一位老农妇牵着两头驴,两位贵族骑着马,不期而遇。

贵族:你早,驴妈妈!

农妇:你们早,我的孩子们。

"假言法"论辩是指以假言推理为主的论辩。这里,老农妇的回答看似平淡,却是一个非常厉害的"假言法"论辩。其推理是这样的:假如我是驴妈妈,那么你们就是驴的孩子;假如你们不是驴的孩子,那么我就不是什么驴妈妈了。

(2) "以子之矛攻子之盾"

由于辩论双方队伍往往由四位辩手组成,在辩论过程中出现观点的矛盾是不可避免的,即使是同一个人,在辩论中,也往往会出现自相矛盾的现象。一旦出现这样的情况,就应当马上抓住,竭力扩大对方的矛盾,扩大对方的观点裂痕,迫使对方陷入窘境。使之自顾不暇,无力进攻自己。"以子之矛攻子之盾",使之于急切之中,理屈词穷,无言以对。

【示例】

蒋子龙巧解怪题

1982年秋天,在美国洛杉矶举行了一次中美作家会议,在一次宴会上,美国诗人艾伦·

金斯伯格请我国作家蒋子龙解个怪题:"把一只五斤重的鸡,装进一个只能装一斤水的瓶子里,您用什么办法把它拿出来?"蒋子龙略加思索,边回答说:"您怎么放进去,我就怎么拿出来。您显然是凭嘴一说就把鸡装进了瓶子,那么我就用语言这个工具再把鸡拿出来。"金斯伯格说:"您是第一个猜中这个谜语的。"

这里,蒋子龙既顺应了对方的辩词,假设对方"把一只五斤重的鸡'装进了'一个只能装一斤水的瓶子里",又从对方的辩词中分析出对方是"凭嘴一说"就把鸡装进去的内涵,指出对方辩词与事实之间的悖谬之处,以"以子之矛攻子之盾",使对方束手就擒。

(3) 后发制人法

后发制人法是故意迂回而行,落后于他人,迟一步行动,而结果却能先期到达目的地,收到别人意料不到的效果。这就是后发制人的内涵。论辩中,特别是遇到敌强我弱、敌优我劣的情况,运用后发制人的谋略,可以避免在对己不利的情况下仓皇迎战。一旦时机成熟,便可全力反击、灭敌威风、壮我气势。后发制人法,就是先不动声色,在静待战机中了解对手,判断敌情,酝酿战胜对手的辩解,避其锐气,以静制动,择机进行反攻的技巧。

【示例】

在我方和悉尼队辩论"艾滋病是医学问题,不是社会问题"时,对方死守着"艾滋病是由HIV病毒引起的,只能是医学问题"的见解,不为所动。于是,我方采取了"后发制人"的战术,我方二辩突然发问:"请问对方,今年世界艾滋病日的口号是什么?"对方四位辩手面面相觑,为不致于在场上失分太多,对方一辩站起来乱答一通,我方立即予以纠正,指出今年的口号是"时不我待,行动起来",这就等于在对方的阵地上打开了一个缺口,从而瓦解了对方的坚固的阵线。

在辩论中,当对方死死守住其立论,不管我方如何进攻,对方只用几句话来应付时,如果仍采用正面进攻的方法,必然收效甚微。在这种情况下,要尽快调整进攻手段,采取迂回的方法,从看来并不重要的问题入手,诱使对方离开阵地,从而打击对方,在评委和听众的心目中造成轰动效应。

(4) 示"误"诱敌法

辩论中,有时故意把话说错,设置陷阱,蓄势布阵,待引起敌方注意后,再借题发挥,顺势反击。这时候,"错"似乎成了诱敌上钩的圈套。

【示例】

辜鸿铭先生轶事

近代著名学者辜鸿铭先生一次乘公共汽车外出办事。他倚窗而坐,叠这脚欣赏着窗外的景色。途中上来几个外国人,对辜先生身穿长袍马褂、留着小辫的形象评头品足,很是不恭。见此情景,辜先生不动声色地从怀里掏出一份英文报纸从容地看起来,那几个洋人伸长脖子一瞧,不禁笑得前仰后合,连声嚷道:"看这个白痴,不懂英文还要看报,把报纸都拿反了!"待他们嚷够了,笑够了之后,辜先生才慢条斯理地用流利纯正的英语说道:"英文这玩意儿实在太简单了,不倒过来看,还真没意思。"一言既出,几个洋人大惊失色,面面相觑,汕汕地离开了。

辜鸿铭先生是学贯中西的近代著名学者,面对洋人的取笑,他没有拍案而起,而是装出愚蠢的样子,故意将报纸拿错,通过显示自己过人的聪明才智来与洋人形成强烈的反差,最终将洋人折服。

所以,故意示错是一种语言的衬托艺术。示"误"是为了托"正",这类"错误"自然成了无价之宝。

(5) 归谬反攻法

在"唇枪舌剑"的论辩中,措词激烈但并不轻率,为了防止对方抓住把柄,语言分寸感的把握很慎重,有时到了字斟句酌的地步,所以,"据理力争,力排众议"是智慧的较量。思维的缜密程度和语言驾驭能力的高低,直接影响论辩的成败。

【示例】

切斯特·朗宁驳斥血统论

加拿大前外交官切斯特·朗宁在参加议员竞选时遭到许多人的反对,原因是他出生在中国,是喝中国奶妈的乳汁长大的,因此反对派认定他的身上具有"中国血统"不能算是加拿大人。切斯特·朗宁毫不畏惧,据理力争,力排众议,勇敢地同反对派展开了激烈的争论。

切斯特·朗宁说:"我喝中国奶妈的乳汁长大,这是事实。但是请问我喝了中国奶妈的奶就一定具有中国血统吗?诸位女士,诸位先生,你们喝过加拿大的人乳就具有加拿大血统了吗?如果喝什么奶就具有什么血统,你们喝的牛奶是加拿大的牛奶就具有加拿大牛的血统了吗?可是,加拿大的牛有许多是来自国外的,有的是杂交才生产出优质牛奶的,请问,你们的加拿大血统怎么判定呢?而且你们长大以后,不仅'喝'牛奶、羊奶、马奶,而且还'吃'的很杂,吃鸡脯、吃羊腿,这样,你们的血统究竟怎么认定呢?"

切斯特·朗宁"据理力争,力排众议",得到了选民的支持。他运用类比推理的"归谬法",将反对派驳斥得哑口无言。

(6) 以退为进法

辩论中,有些提问者语气咄咄逼人,对此,可以采取以退为进的方式回答,即先把话承认下来,然后再适当回敬对方。如:

"你这么漂亮,怎么还没有结婚呀?"

"是的,因为我挑得比你仔细。"

(7) 围魏救赵法

不取"头痛医头"的做法,而是绕过提问,以奇兵突袭,使对方陷入窘境,从而为自己解围。

【示例】

当年,台湾海峡一度出现紧张局势,在记者招待会上,一名外国记者故意发难:"请问,对台湾问题,贵国政府所采取的最后措施是什么?"我国外交官冷静作答:"请阁下相信,我们最终会解决这个问题的。而我倒真是有点担心,如果贵国反政府运动继续发展下去,贵国政府是否能具有维持现状的能力?"

这个妙答把一个带刺的球抛给对方,令其自顾不暇。

(8) 釜底抽薪法

刁钻的选择性提问,是许多辩手惯用的进攻招式之一。通常,这种提问是有预谋的,它能置人于"两难"境地,无论对方作哪种选择都于己不利。对的做法是,从对方的选择性提问中,抽出一个预设选项进行强有力的反诘,从根本上挫败对方的锐气,这种技法就是釜底抽薪。

【示例】

在"思想道德应该适应(超越)市场经济"的论辩中,有如下一轮交锋:

反方:……我问雷锋精神到底是无私奉献精神还是等价交换精神?

正方:……对方辩友这里错误地理解了等价交换,等价交换就是说,所有的交换都要等价,但并不是说所有的事情都是在交换,雷锋还没有想到交换,当然雷锋精神谈不上等价了。(全场掌声)

反方:那我还要请问对方辩友,我们的思想道德它的核心是为人民服务的精神,还是求利的精神?

正方:为人民服务难道不是市场经济的要求吗?(掌声)

第一回合中,反方有"请君入瓮"之意,有备而来。显然,如果以定势思维被动答问,就难以处理反方预设的"两难":选择前者,则刚好证明了反方"思想道德应该超越市场经济"的观点;选择后者,则有悖事实,更是谬之千里。但是,正方辩手却跳出了反方"非此即彼"的框框设定,反过来单刀直入,从两个预设选项抽出"等价交换",以倒树寻根之势彻彻底底地推翻了它作为预设选项的正确性,语气从容,语锋犀利,其应变之灵活、技法之高明,令人叹为观止!

当然,辩场上的实际情况十分复杂,要想在论辩中变被动为主动,掌握一些反客为主的技巧还仅仅是一方面的因素,另一方面,反客为主还需要仰仗于非常到位的即兴发挥,而这一点却是无章可循的。

(9) 顺水推舟法

所谓顺水推舟法,指在辩论过程中,当发现敌方的意图后,因势顺从,先巧妙地"顺"敌方逻辑之"水",引诱其孤军深入,然后再借敌之力,顺势反驳,"推"出己方观点之"舟",从而达到折服对方目的的一种辩论技巧。

【示例】

在"愚公应该移山还是应该搬家"的论辩中:

反方:……我们要请教对方辩友,愚公搬家解决了困难,保护了资源,节省了人力、财力,这究竟有什么不应该?

正方:愚公搬家不失为一种解决问题的好办法,可愚公所处的地方连门都难出去,家又怎么搬?……可见,搬家姑且可以考虑,也得在移完山之后再搬呀!

神话故事都是夸大其事以显其理的,其精要不在本身而在寓意,因而正方绝对不能让反方迂旋于就事论事之上,否则,反方符合现代价值取向的"方法论"必占上手。从上面的辩词来看,反方的就事论事,理据充分,根基扎实,正方先顺势肯定"搬家不失为一种解决问题的好办法",既而提出"愚公所处的地方连门都难出去"这一条件,自然而然地导出"家又怎么搬"的诘问,最后水到渠成,得出"先移山,后搬家"的结论。如此一系列理论环环相扣,节节贯穿,以势不可挡的攻击力把对方的就事论事打得落花流水,真可谓精彩绝伦!

5. 辩论训练题

(1) 先阅读下面的材料,然后分组辩论:我看克隆。

关于克隆的争议

《奇妙的克隆》一文中说,"科技进步是一首悲喜交集的进行曲。科技越发展,对社会的渗透越广泛深入,就越有可能引起许多有关的伦理、道德和法律等问题"。最近,关于人、兔细胞融合研究就引来激烈争议。

反对者说,这是对生命伦理的践踏。从人和动物杂交克隆的"人类胚胎"所得到的胚胎干细胞,培植出来的各种人类组织器官,如果移植到人体,将会把动物的某些遗传特性或遗传疾病带入人体。万一被居心叵测者搞出一个人兔杂交种,更是亵渎人类尊严。

支持者说,克隆器官,造福人类。研究者已经采取防范措施来避免人兔杂交可能带来的异种的疾病(如兔子的"艾滋病"),而"人头兔身"的怪物则根本不可能产生,因为这种胚胎99.999%的DNA来自人类。目前所有的异体器官移植除了同卵双胞胎之外,都会或多或少地发生移植排斥反应,严重的可致死。而使用病人自己的细胞克隆出的器官就不会发生移植排斥反应。因此,克隆器官可以挽救病人生命。

这场辩论要求做到以下几点:
① 设正反双方,各选出主辩1人,助辩2~4人;
② 辩论前精心组织准备,围绕辩题查找资料,了解、掌握辩论的方法与技巧;
③ 观点明确,论据充分,表述清楚,论辩得体;
④ 辩论结束时,同学之间交流辩论体会,每人做出自我评价,同学之间相互评价,教师可做适当点评与指导。

(2) 阅读下面一段对话,然后回答问题。

一位又渴又饿的旅行者走进一家小商店,问:"老板,有面包吗?"

老板:"有,先生,两角钱一个。"

"请拿两个。"

"两个四角,请拿着。"

"啤酒多少钱一瓶?"

"四角钱一瓶,你要吗?"

"现在我感到渴比饿还厉害,我想用这两个面包换一瓶啤酒,可以吗?"

"当然可以,请稍等,先生。"

旅行者接过一瓶啤酒一饮而尽,然后背起背包就要出门。老板忙说:"先生,你还没付啤酒钱呢?"

"可我是用面包换来的啤酒呀。"

"可是你的面包钱也没有付啊!"

"我没有吃你的面包,为什么要付面包钱呢?"

店主无言以对,旅行者扬长而去。

① 这段话中,旅行者用的是哪种辩论方式?
② 你用什么办法可以驳倒旅行者?
③ 旅行者的辩词中有几点错误,都是什么?

(3) 参考辩题
① 大学生谈恋爱利大于弊还是弊大于利?
② 在校大学生校外兼职利弊孰大?

③ 竞争与合作哪个更重要?
④ 老人摔倒到底是扶还是不扶?
⑤ 相爱容易相处难还是相处容易相爱难?
⑥ 仁者是否无敌?
⑦ 青年成才的关键是自身能力还是外部机遇?
⑧ 个性是否需要刻意追求?
⑨ 大学生上网利大于弊还是弊大于利?

辩论比赛评分表

表一 个人评分表

参赛方	得分\项目	内容资料 20%	语言表达 25%	美感风度,机智、幽默 20%	辩驳能力 20%	综合印象 10%	总分	备注
正方	一辩							
	二辩							
	三辩							
	四辩							
	合作分 5%							

表二 团体评分表

参赛方	得分\项目	内容资料 20%	语言表达 25%	美感风度,机智、幽默 20%	辩驳能力 20%	综合印象 10%	总分	备注
正方	一辩							
	二辩							
	三辩							
	四辩							
	合作分 5%							

评委(签名):

注:"内容资料"主要指论据内容是否充实,引述资料是否恰当;"语言表达"主要看辩论人的语言水准,即层次性、条理性、流畅度、自然度等;"美感风度、机智、幽默"方面,"美感风度"主要看辩论人的自然大方、回答从容自如、尊重对方、评委及观众;"机智、幽默"主要指语言幽默、合乎逻辑、紧扣提问、从容应对;"辩驳能力"主要依据个人在自由辩论中的反驳能力:说服力、逻辑性和针对性,提问深刻有力。"综合印象"指整体意识、整场辩论赛的表现。

三、交谈训练

(一) 交谈的特点

交谈是一种古老的口语交际形式,也是人际间最直接、最广泛、最简便的言语交往形式。

我国经典著作《论语》就是一部关于孔子与其学生、学生与学生以及孔子与路人之间的交谈实录的集子。

交谈又具体表现为谈话和讨论。

其特点是：

（1）对象明确。交谈的对象是固定的、明确的，是面对一个或若干个人进行的交谈。无论参与交谈的人是多是少，交谈的形式总是固定的双向或多向的交流式。

（2）话题灵活。交谈必须围绕话题进行，可以就一个共同话题展开，也可以随时提出新的话题。交谈双方的思想都要随着交谈的进程而向前展开，临场发挥，天南海北，想到哪里说到哪里，所以，交谈同独白性讲话相比，要灵活得多。

（3）听说兼顾。交谈是双向或多向信息传递活动，说与听须互相配合，才能保证交谈的进行。

（4）口语化。交谈时所说的话一般不作刻意的修饰，随想随说，有自然明快的口语特点。

（5）语句松散。从语用角度而言，交谈与语言环境有直接关系，常常不需要把话说得很完整，使用零散句反而更亲切、自然，更能表情达意，因此，交谈的语言结构要比独白式语言松散。

（二）交谈的基本要求

1. 注意对交谈对象的了解

同陌生人交谈的最大困难就在于不了解对方，因此同陌生人交谈的前提是尽快熟悉对方，消除陌生感。可以先做自我介绍，再去请教他的姓名、职业，要特别表现出对他的职业、性格、爱好的兴趣，然后试探性地引出彼此都感兴趣的话题。

可以设法在短时间内，通过敏锐的观察初步地了解对方：他的发型、服饰、领带及他随身带的提包，还有他说话时的语调和眼神，等等。这些都会提供了解对方的线索。如果去拜访某人，那么通过屋子便可了解对方：墙上挂的画，橱柜里的摆设，台板下的照片，书橱里的书，等等，这一切都会自然地向你坦露关于对方的情趣、爱好和修养。

交谈不是一味地发泄自己的感想和情绪，而是一种合作的程序。不同年龄、职业、地位的人都有各自不同的趣味，都有不同的语言和习惯。因此，在交谈中选择什么样的话题，采用什么样的语言和口吻应当有所不同，这样大家才能感到都是"自己人"，否则便会产生无形的隔阂。如，不要对未婚青年谈育婴问题，不要和艺术家谈理财，不要和残疾人谈运动，等等。

总之，对交谈对象的了解，至少要在三方面做到心中有数：一是对方的职业或文化水平；二是对方的性格特点、兴趣爱好和对方对自己的看法或态度；三是对方的处境、心境或思想动向。

2. 注意对交谈地点和交谈时机的把握

交谈的环境和地点影响着交谈对象的心理。另外，客观情境所提供的时机是否有利于交谈，也应在交谈前做出正确判断。

3. 注意交谈的体态、语调

体态语往往表达着丰富的无声语言信息。与人交谈时的眼神很重要。不要边讲话边环顾四周,也不要在听话时东张西望。与人交谈时,要注视对方,不是紧紧地盯着,而是一直看着,这样,交谈的对方会明白你没有分散注意力。另外,在交谈时不要出现傲慢轻率的体态——跷二郎腿、足尖击地、乃至指手画脚,或斜靠在沙发上,这些体态都可能使对方产生逆反心理。还有,交谈的语调也很重要。交谈的第一句话至关重要,如果是用亲切委婉的语调说话,就给交谈定下了一个和谐的基调。

(三)交谈训练指导

1. 交谈的态度问题

与人交谈,要注意自己的态度。一是要讲礼貌,交谈的对象不同,对对方的称呼也应有所不同,如果与长辈交谈,应称"您",表示尊敬;如果与同辈交谈,应称呼"大哥"、"大姐"、"同志",表示亲切、友好;如果与小辈交谈,应称呼"孩子"、"小朋友"、"宝贝"等。二是与人交谈,要诚恳,态度诚恳,会使交谈双方关系融洽,容易达到默契。三是交谈时要专注,交谈时心不在焉、应付别人是最不礼貌的表现。四是交谈过程中应表现出热情和兴趣,这是使交谈得以继续下去的保证。如果交谈中自己的态度冷淡,表现出漠不关心的样子,交谈就无法进行下去。

2. 交谈的开头问题

良好的开端是成功的开始。但人们常说万事开头难,所以,交谈如能有一个好的开头,就会比较顺利地进行。下面给大家提供一些交谈开头的方法和范例:

(1)"就地取材"法

访友拜客或有求于人时寒暄是很必要的。开门见山、单刀直入会给人以无事不登三宝殿之嫌。如果场合适宜,说几句"今天天气真好"之类的话当然不错,但若不论时间、地点一味说天气如何则未免有些滑稽。交谈开始时,如果能结合所处的环境顺手牵羊,就地取材来引出话题,交谈就会比较顺畅进行了。如果拜访一位朋友,不妨赞美一下其室内的陈设,比如问问电视机的性能如何,谈谈墙上的画如何出色,等等。这样的开场白并非实质性的谈话,但却能使交谈气氛融洽,为后面的顺畅地交谈打下良好的基础。

(2)"攀亲认友"法

【示例】

以下是两位素不相识的人的对话:

甲:你是苏北人吧?

乙:你怎么知道的?

甲:听你的口音听出来的。你家乡在哪里?

乙:扬州。

甲:啊!我是南京人,老家在六合,咱们是老乡哩!

上面一段对话,语句简单,问答顺畅。甲和乙双方通过一问一答搭上了同乡关系,顿时亲近起来,话也就多起来,交谈就没有什么隔阂了。

(3)"一见如故"法

与人交谈,必须在缩短距离上下功夫,力求在短时间内了解对方,缩短彼此的距离,力求在感情上融洽起来。孔子说:"道不同,不相为谋。"志同道合,才能谈得拢。我国有许多"一见如故"的美谈。要使交谈谈得投机,要在"故"字上做文章,变"生"为"故"。

【示例】

一位经理接待著名京剧艺术家梅葆玖,经理迎上前去握手,同时开了腔:"令尊的《洛神》给我留下了深刻的印象啊!"

梅葆玖吃惊地问:"你也知道我父亲?"

经理答:"《洛神》我看过四遍!"

梅葆玖长时间地握着经理的手,充满激情地注视着他,似乎一见如故。

经理所说的话讲的是对方父辈的巨大成就,表达了对其父的热爱之情。听话人的话语和握手,表现他心灵的震动。

(4)"扬长避短"法

俗话说:尺有所长,寸有所短。每个人都有所长,也都有所短。而交谈实践告诉我们,人们一般不希望别人谈自己的短处,而更喜欢听赞扬或肯定的话语,其实,日常生活中,我们都喜欢别人的赞美,并因此而感激对方。在对方谈话过程中,不时地插入一两个小问题,或由衷地表示你的赞叹、感慨:"啊,这太有意思了。""真想不到,会是这样的吗?"让对方觉得你很愿意听他的谈话并因此在第一次谈话时就把你看成他的知己。所以,交谈中如果以直接或间接的方式开口赞扬对方的长处,就会给对方带来愉快,交谈就会更顺利。

3. 交谈话题的提出、展开、控制和转换

与人交谈,要善于提出话题、寻找话题。有人说:"交谈中要学人没话找话的本领。"所谓"找话"就是"找话题"。写文章,有了好题目,往往会文思泉涌,一挥而就;交谈,有了好话题,就能使谈话融洽自如。所以,好话题,是初步交谈的媒介,是深入细谈的基础,是纵情畅谈的开端。好话题的标准是:至少有一方熟悉,能谈;大家感兴趣,爱谈;有展开探讨的余地,好谈。

那么,怎样提出话题呢?

(1)话题的提出

话题集中反映交谈的动机,限制着交谈的内容和范围。根据交谈时不同的语言环境,话题的提出可以有三种选择:一是迂回切入,即先不入正题,而是从对方感兴趣的方面谈起,创设良好的气氛,然后入题;二是引而不发,即耐心地用与话题相关、相近的题外话,启发对方提出话题;三是直截了当地提出来,很快进入深入的交谈。

提出话题常用的方法如下:

一是即兴引入。巧妙地借用彼时、彼地、彼人的某些材料为题,借此引发交谈。有人关于借助对方的姓名、籍贯、年龄、服饰、居室等等,即兴引出话题,常常取得好的效果。"即兴引入"法的优点是灵活自然,就地取材,其关键是要思维敏捷,能作由此及彼的联想。如:

甲:您高寿啦?

乙:57。

甲：57比我大4岁,看上去比我年轻多啦。看来各有养生之道,又各有巧妙不同啊!

乙：您就是头发早白了点儿,瞧您身子也还硬朗。

甲：硬朗啥呀,高血压。

乙：上了岁数也难免。我也高血压,后来好了。

甲：怎么好的呀?

乙：做气功呀。

甲：我也做气功,您做哪家气功,这么见效?

乙：我做的是……

甲：啊,这么说……

这番交谈通过询问对方年龄来引出话题。所谓沟通之道重在平和,素不相识的人们由于心态平和,即使偶然碰到一块,也能沟通顺畅成为朋友。

即兴引出话题,首先要留心观察。从一个人的服饰、举止、谈吐可以看出他的心情、精神状态和生活习惯。其次要"求同存异",如,他和你都穿了一双相同款式的运动鞋,你可以以此为话题开始你们的谈话。

二是投石问路。向河水中投块石子,探明水的深浅再前进,就能有把握地过河。与陌生人交谈,先提一些"投石"式的问题,在略有了解后再有目的地交谈,便能谈得更为自如。如,在聚会时见到陌生的邻座,便可先"投石"询问："你和主人是老乡呢还是老同学?"无论问话的前半句对,还是后半句对,都可循着对的一方面交谈下去;如果问得都不对,对方回答说是"老同事",那也可谈下去了。

三是以动作开场,随手帮对方做点事,如,帮对方推推行李箱等,顺便跟对方攀谈。

四是留意对方的口音特点,打开口语交际的局面。如,听出对方的广东口音,说："广东人吧?"以此话题便可展开。

提出话题后,下一步就是如何将谈话进行下去。

(2) 话题的展开

展开话题,首先要会说,用自己的话,诱发对方的谈兴。另外,要会看、会听,及时作出反应。当自己说得过多,对方兴趣不浓时,可以用商榷的语气交谈,进行情绪感染;对方表述不全,可作补充完善;对方表述抽象,可以补例证;对方谈锋甚健,可鼓励赞扬;对方表述简单,可以设疑探究;对方有意回避,可暂时搁置。洗耳恭听的姿态、热情的情绪和眼神,都有利于在感情沟通的情况下使交谈深入下去。

(3) 话题的控制

话题的控制是指话题出现偏移时进行及时的调整和控制。如果有人重复你至少听了两遍的故事,你可以这样说："哦,是的,我记得当那个人倒下的时候,您是如何让每个人都靠后的。您一定救了他的命。"然后转换话题。

话题的控制方法有：一是委婉提醒,二是间接引入,即提出相应或相关的话题,渐渐过渡到正题。控制话题要因人制宜,因时制宜,尊重对方。

(4) 话题的转换

当原话题由于意想不到的原因无法深入下去,或交谈中出现了新的必须一议的话题,或原话题已达到了交谈目的,此时,用适当的方式转换话题是必要的。话题的转换要自然,常用方法有:一是先归纳前面交谈的内容,然后明确提出新话题。这期间,需要沉默片刻,再提出新的话题;二是淡化或冻结前一话题,很快过渡到新的话题,引起交谈者的兴趣。可用过渡性语句,从旧话题转到新话题,或直接说:"我们换个话题吧。"

4. 倾听

善于倾听,是谈话成功的一个要诀。倾听对方谈话时,应注意以下几点:

(1) 与人交谈要善用目光交流,适当地点头或做一些手势动作,表示自己在专注倾听。

(2) 听者应轻松自如,在听的过程中,应不时用"哦"、"嗯"等词语应和,以引起对方继续谈话的兴趣。

(3) 适时插语和提问,暗示对方,你确实对他的话感兴趣,或启发对方,以引出你感兴趣的话题。

(4) 善于从别人的话里找出他没有能明白表达出来的意思,避免产生误解。也可用一两个字暗示对方:你不但完全理解他的话,甚至和他趣味相投。

(5) 不要急于下结论,过早表态会使谈话夭折。

当然,如果你对对方的话不感兴趣,且十分厌烦,那你就应想方设法地转变话题,但不要粗鲁地说:"哎,这太没意思了,换个题目吧。"

5. 提问

提问是引导话题、展开谈话或话题的一个好方法。提问有三种功能:一是通过发问来了解自己不熟悉的情况;二是将对方的思路引导到某个要点上;三是打破冷场,避免僵局。

发问首先应注意内容,不要问对方难于应对的问题。如超乎对方知识水平的学问、技术问题等;也不应询问人们难于启齿的隐私,以及大家都忌讳的话题等。

其次是注意发问的方式。查户口式的一问一答只能窒息友善的空气。提问者应注意发问方式。比如家中来了一位上海客人,你若这样问:"你是上海人吧?""你刚到北京吧?""上海比北京暖和吧?"对方恐怕只好一次又一次地重复回答"是"了。这不能怪客人不健谈,而是这种笨拙的发问也至多能回答到这个程度。如果你换一个问法:"这次到北京有什么新的感触?""上海现在变化挺大吧?有什么新闻?"等,这样的话,对方不但可以介绍一些你所不了解的新鲜事,还会使客人能充分叙述自己的感受而使交谈气氛自然融洽。

如果你所提问题对方一时回答不上来,或不愿回答,不宜生硬地追问或跳跃式地乱问,要善于调换话题。可先问点与此无关的事,等紧张的气氛缓和了,再把话题纳入正轨。

6. 课堂上的交谈训练指导

课堂中的交谈训练形式主要指谈话和讨论,谈话和讨论不仅可以精研学业,磨砺思想,而且可以有效地培养学生的口语交际能力。因为在切磋论辩之中,不仅有着情感与思想的交流,心理的沟通,而且不时会闪现智慧的火花,心灵的碰撞,而这一切又都在动态的口语交际语流中得以展现。交谈时,不光要善于倾听,还要随想随说,深谙谈话技巧,有利于双方言语和情感的沟通;而且交谈的口语表达要自然明快,对所说话语不做刻意修饰。所以,交谈是训练口语交际能力的最好时机。

课堂上进行这种口语交际训练,显而易见的效果是:学生的表现非常积极,有强烈的表达欲望——乐于开口,放得开,不紧张,能够自由地表达自己的情感与观点;课堂气氛非常活跃,口语交际氛围良好。对于课堂中的交谈训练指导,教师要有所为也要有所不为。"有所为"即指教师对自己角色定位为引导者、参与者,在交谈中对学生的话语起调控和促进作用;"有所不为"指交谈话语的主体是学生,话语权的行使者是学生,教师不能过多主导话语,进行过多干预。从培养学生口语交际能力的角度,教师的"有所作为"具体指:

　　第一,交谈训练指导中,教师应有明确的训练口语交际能力的意识,既要关注学生交谈的内容,还要关照学生口语表达和听别人口语表达的能力与素养。如因遣词造句不当而未能准确表达,或随意插话、打断别人的谈话等都要及时因势利导,引起学生对口语交际能力的关注。

　　第二,交谈方法的指导上,教师要重视训练学生迅速进行言语编码的能力,即边想边说的能力。要求学生迅速想好交谈的"要点",形成内部言语的"语点"、"信息点",以便在交谈中展开词语编码。

　　第三,教师要注意提高课堂交谈的艺术性,不要使交谈教学流于形式和走向偏误。交谈应是思辨逻辑言语艺术的享受,是一种绝妙的精神享受。为了追求这一境界,我们非下工夫不可。

　　因此,课堂教学中教师要注意以下几点:

　　(1) 教师要巡回指导或引导,避免学生扯到不着边际的话题,或进行无意义的谈笑、打闹,如果这样,离我们的课堂目标要求太远,不能达到明确的训练目标。因此,要强化听话意识,要求学生不间断围绕话题展开说话。

　　(2) 教师要强调口语交际态度的重要性,即"文明礼貌"的交际态度。在一方讲话时,另一方不要随意打断,而是自然而然进行言语性反应和非言语性反应,使得谈话顺利进行下去,从而达到交际目的。

　　(3) 教师对个别性格内向的学生要引导他(她)加入到口语交际活动中,使其善于倾听别人说话和有意识地参与说话。

　　(4) 教师在巡回指导时,要面带笑容,亲切和蔼地融入学生口语交际的氛围中,不要使学生因你的出现或加入而中断话题,或显得突兀,或使学生感到紧张,无所适从,从而打破这种融洽的交际气氛。

　　(5) 注重课后总结与反思。

　　交谈实践表明:大部分学生用方言交谈时能够自然流畅、应对自如、信手拈来,用普通话交谈时虽然沉着自如,但思维的灵敏度不够,而且在力求讲好普通话的过程中语速显得过慢,有点结结巴巴,影响了口语表达的流畅度。

　　交谈训练中常出现的问题有:① 方言区学生多用方言进行交谈。虽说教师有明确的要求,但在谈话的过程中学生会不由自主地回到方言语调上,这不利于学生对已学过的普通话语音的巩固。② 参加交谈的人数不宜太多,两三个为宜。如果人数太多,学生间偶尔随意的多方插话会影响说话者的思路,打断其积极的思维状态。③ 在交谈中要重视听话者的反应:有时是言语性反应,有时是非言语性反应,学会两者的交互使用。听话的一方,要学会倾听。因为倾听表达着听者的态度,体现着听者的修养,更加表现了对别人的尊重。所以,交谈中要善于倾听,乐于倾听,最终学会倾听。

【训练话题】

(1) 交谈前,要求学生首先确定明确的话题,力求避免漫无边际的闲聊,比如,春节刚过,新学期到来,同学们度过了一个愉快的寒假,这期间,有许多有趣的、有意义的新鲜事都值得你去回味,去说给同学听。

(2) 一天,小王家里来客人了,是妻子的两位女同学。妻子在厨房忙得不可开交,由小王"坐"陪。由于是第一次见面,两位女士显得有些紧张和不自在。小王怎样才能打开这种局面呢？想一想,请写出书面语言。

(3) 李伟同学的学习成绩一直不错。可是今年开学以来,由于受他人影响迷上了电子游戏。李伟平时与同学大谈游戏,学习上投入少了,上课有时也想着游戏。结果,期末考试成绩大大下降。这时,他才猛醒,心理很难过,在家里闷闷不乐,有时还乱发脾气。面对这种情况,他的妈妈和同学准备开导他,怎样开导才能产生效果呢？请你替他妈妈和同学写几句开导的话。

(提示:此类题提供特定情境,角色转变,对象可能相同也可能不同。最后一个话题中,开导时要注意话语符合各自的年龄、角色与身份。另外,话语要紧扣话题,跟情境相称。此题角色为妈妈和同学,对象为李伟,由于目的是开导,故话语既要有安慰,又要有鼓励,还要委婉指出问题所在。)

(四) 交谈的形式、特点及其训练

交谈的形式主要有:拜访、采访、劝说、洽谈、求职等。

1. 拜访

拜访是联络感情、拓宽社交范围的礼节性交谈形式。这种交谈要注意运用礼貌语言和热情谦虚的姿态,使交谈从一开始就形成愉悦的气氛;交谈过程中要坚持"以对方为中心"的原则。以听为主,答语简明热情而有分寸;谈自己的见解可以以对方的某些话为起点,先顺承,然后转向自己的认识,争取认同。拜访交谈切记争论,要注意话题的选择和控制。

【拜访训练】

去拜访你的一位久未联系的年长的朋友或老师,除了礼节性的目的外,最好想一个副目的,在拜访中请实践如下要则:

① 进门前调节情绪;

② 进门热情问候、寒暄,出语有较浓的情绪色彩;

③ 莫先坐下,维持热情,继续说关切对方的话;

④ 主动开口,让对方了解拜访目的;

⑤ 注意聆听,不插话,保持对对方话题的相应热情和理解;

⑥ 适时赞美对方;

⑦ 理出头绪,准确、有分寸地对答;

⑧ 适时自省:语调是否适当？姿态是否恰当？优越感是否外露？……

⑨ 不争论,如有争执,及早告退;

⑩ 告别彬彬有礼。

拜访归来,请对以上各条作反思评价。

2. 采访

采访是使被采访对象接受提问达到了解某种情况的目的的过程。采访不是随便的交谈,其针对性、目的性很强,应当对被采访对象有多方面的了解,即要了解被采访对象的经历、兴趣、性格、成就等。为了达到采访目的,必须建立彼此的信任。前提是以自己的坦诚和热情感染对方,这样才能获得信息。采访中的提问,可先拟一个提纲,注意所提问题的可答性,尽量将问题大化小,整化零,联成串。

(1) 即兴访谈的准备训练

选定一个人物或一个事件进行一次访谈活动。并按照下述问题顺序,做好各项准备、搜寻、记录、整理的工作。

思考:为什么要采访这个人或这件事?与其他人或同类事相比,被采访对象哪些特点是值得采访的?你想通过采访了解什么?这个人能满足你的采访目的和需要吗?谁可以满足你的采访需要?为什么?通过对这个人或这件事的了解,你想提出哪些问题?你的采访希望给人提供怎样的信息和启迪?

撰写《访谈报告》,内容包括:① 访谈理由;② 采访对象背景和特色;③ 访谈基本结构;④ 访谈主要问题。

(2) 即兴访谈提纲和提问训练

采访提纲是采访问题设计的依据。美国内华达新闻学教授拉鲁·吉尔兰德曾对采访问题提出了"GOSS"的设计思路:

G(goal,目标)——要实现的目标是什么?

O(obstacle,障碍)——会遇到什么难题吗?目前阻力是什么?

S(solution,解决)——怎样对付这些难题?解决矛盾的计划?

S(start,开始)——这一设想何时开始的?根据谁的意见提出的?

① 确定两位采访对象。一位是有名的,如电视节目主持人、体育明星等;一位是身边熟悉的某位老师、同学或邻里。按照三个步骤写出访谈提纲。

分组讨论:可以通过什么途径了解到对方的个人信息?整理分析采访对象的资料,包括:成长背景、好恶习惯、心理个性等,制定出各自的访谈提纲;为各自的访谈提纲设计问题。

② 预先设计一套"一问就灵"的问题。

即兴采访中可供选择的提问方式:

A. 限制性提问:是……还是……

B. 选择性提问:……好不好……是不是……

C. 直接性提问:为什么……是什么……怎么样……

D. 婉转性提问:也许……可能……是吗……

E. 假设性提问:如果……假如……

F. 祈使性提问:那就……能不能……

G. 反诘性提问：……不是吗……难道……怎么……呢……
H. 商榷性提问：是不是，可不可以……呢……
I. 推进性提问：步步为营，提问层层递进；
J. 潜在性提问：陈述句形式，但隐含问意，期待回答。

【示例1】

华莱士的"硬性采访"

美国CBS《60分钟》主持人迈克·华莱士的即兴采访气势咄咄逼人，刨根问底，精于将采访引向纵深。他的采访之道，一是提关键性的问题，二是在适当的时候提出。比如他发现里根竞选总统时有意回避他的种族主义倾向，他盯上了，在里根说到他的竞选班子时，华莱士马上发问："里根先生，你的竞选班子里有多少黑人职员？"

里根愣了一下："这个问题，我不能告诉你。"

华莱士激问："你的这句话已经说明了问题。"

里根急了："不对，我不能具体告诉你多少……我们有……"

华莱士："你应该说清楚是白人还是黑人。"

里根："哦，对，我的意思是我们有……我们有志愿者和职员。"

华莱士："我的意思是竞选班子里的高级黑人职员。"

里根："这个……我们这么来谈这件事情……"

华莱士打断："我们不要绕圈子了。"

里根："那好吧……"

华莱士："很明显，你的竞选班子里没有黑人。"

里根："不，我不这样认为，我的意思是不能……不能同意你说的。"

……

【示例2】

华莱士采访邓小平

迈克·华莱士是CBS《60分钟》著名主持人。他的采访单刀直入，咄咄逼人，被称"硬派采访"的领军人物。1986年9月，他采访了邓小平，看见邓小平掏出香烟，他要了一根，看了一下。

华莱士：你的香烟过滤嘴怎么比香烟还长？

邓小平：这是专门对付我的。我抽烟的坏习惯改不了啦。

华莱士：我刚从马萨诸塞州的小岛度假……

邓小平：我也刚从北戴河回来，在海里游泳。

华莱士：每次游多少时间？

邓小平：一个多小时……

华莱士：你休息的时候打桥牌，是吗？

邓小平：有时打。

华莱士：听说你与同事打桥牌，谁输了就钻桌子。

邓小平：没那回事。那样太不礼貌了。

华莱士：你每天工作多少时间？

邓小平：每天工作两小时。

华莱士：其他时间干什么？

邓小平：与孙儿们玩，也看些书。

华莱士：你有几个孙儿？

邓小平：有四个，最小的才一岁零两个月。

接着，邓小平坦率地谈了中美关系和中国的现行政策等问题，华莱士眼看约定的一小时已经过去，要求延长一、二十分钟。

邓小平：我又犯了一个错误，违反了只谈一小时的协议。

……

迈克·华莱士是美国享有盛名的一流电视记者，素以硬性采访、提问尖锐著称。他的采访风格是准备精心、提问尖锐、注重深度、穷追猛打。示例1就是"硬性采访"之一，在采访竞选总统的里根时，华莱士没有拘泥于事先设计好的问题，而是把话题引向纵深，而且有不达目的誓不罢休的精神。由此可见，华莱士的"硬性采访"很讲究语言表达艺术，提问尖锐泼辣，语言锋芒毕露，直刺对方。

示例2是华莱士成功采访邓小平的片段。1986年9月2日，华莱士在北京中南海独家采访了中共中央顾问委员会主任邓小平，成为第一个采访邓小平的西方电视记者。面对说实话不爱讲空话的邓小平，华莱士当时有点紧张，他找邓小平要了一支烟，以便帮助自己放松一下。华莱士说，邓小平给他的感觉是平易近人，对他的问题回答得很精彩，既直截了当，又合情合理，他很清楚他要讲什么，邓小平是一位英明的伟人。他的智慧，他的务实精神，他那种豁达的态度，都令西方人着迷。

【采访训练】

（1）做一番努力，争取对你所在地区近年取得一定成就的企业家、科技人员或文艺工作者都进行一次采访。采访前要做好充分准备，制订好采访方案；采访时，最好能带上采访机；采访后复听，与朋友一起评议。如有条件，可以将这次采访写成文章，给当地报纸发表。

（2）英语考试结束不久，张洁同学作为学校广播站一名小记者去采访一位英语考满分的同学，原先设想的问题是：你的父母是否具有辅导你学英语的能力？但看到他的父母也在场，她发现这个问题不合适，就改变了原先设想的问题。

① 原先设想的问题不合适的原因是什么？

② 怎么问才比较恰当，请你替张洁重新设计这个问题。

（提示：此案例主要是考查学生采访他人的能力。要回答此类题需要注意以下几点：① 在采访前要做好充分的准备，要明确采访的主题、所采访的对象以及所提问题等；② 要让被采访者敞开心扉，努力搭建心灵沟通的桥梁；采访者也要打开自己的心扉，以心换心，以诚换诚，以情换情；③ 提问要委婉、得体、有礼貌，不要让人有反感情绪。）

（3）案例研究：请分析下面这位青年记者采访失败的原因。

一次失败的即兴采访

我国女科学家修瑞娟教授研究人体微循环系统成就斐然，出国领奖，讲学归来，一位青年记者在机场对这位中年女科学家进行了即兴采访：

记　者：请问，您毕业于哪一所大学？

科学家：啊，对不起，我没有进过大学，没有大学学历，我搞科学研究全是靠自学和求教名师。我以为，自学也能成才。

记　者：(愣了一下)我听说您成果累累，成功完成了一个一个项目，请问，您现在研究的新课题是什么？能谈谈吗？

科学家：(笑)看来您并不了解我的工作。我一直致力于原来微循环的项目研究，目前，只在这个项目的某些课题上有了一些小小的突破，远远没有成功，所以谈不上有什么新项目，新课题，对不起。

记　者：(想转移话题缓和气氛)您取得令人羡慕的成绩，一定有一个支持您专心致力于科研的和睦家庭，请问，您有孩子吗？在哪儿读书？

科学家：您大概不太了解我，我早已决定把毕生的精力贡献给自己所从事的科学事业，所以一直独身至今。请原谅，这个问题我不愿多谈。

记　者：(语塞)啊……对不起……

科学家：好吧，我工作也很忙，恕不奉陪了。

(4) 著名主持人访谈案例分析

在下面的采访片断中，鲁豫的访谈存在什么问题？

① 在某期《鲁豫有约》中，台湾名主持蔡康永坦率地说起他的同性爱人，这时鲁豫立即追问了一句："那你的父母现在知道你的性取向了吗？"话音刚落，蔡康永愕然看着鲁豫，节目在这一刻陷入难耐的尴尬。

② 在某期《鲁豫有约》中，鲁豫问周华健的数学成绩好不好，周华健顺口说了句"不好"，鲁豫信以为真说："我在学校时数学成绩也不好……"节目播出后，很多观众在凤凰网论坛和天涯社区发帖评论此事，嘲笑鲁豫。

3. 劝说

劝说是通过交谈说服对方改变立场、观点、态度的口语交际活动。成功的劝说不是理性的征服，而应当是晓之以理、动之以情、导之以行的过程。劝说者要平等地、不急不躁地与对方交流，从观点接近的话题入手，避实就虚地逐步迁移到正题，有时可以不从正面接触敏感的内容，而用模糊语言交流或作间接的暗示，以促其自省；有时也可以适当刺激对方，促其自觉地对自己原有观点、立场和态度做出否定性评价。

【劝说训练】

(1) 运用一定的劝说技巧，劝说你的一位朋友或同学改掉一种不良嗜好(如酗酒、上网成瘾等)。

(2) 运用劝说技巧，尝试排解一次同学间的纠纷。可先观察，然后对明显失理的一方进行规劝。

(3) 劝说别人赞同或支持你的一个想法或行动。下面是江苏省泰州市的一道口语交际试题，原题如下：

在菜市场调查时发现，仍有一些卖菜者在热情地帮顾客用塑料袋装菜。一位同学问：

"不是禁送塑料袋了吗?"卖菜者指着旁边的摊位说:"大家都在送,我不送,你会买我的菜吗?"如果你在现场,你会怎样劝说这位卖菜的人?(注意话语的简明、连贯、得体)

(这是一道典型的劝告类口语交际题,解答此题要注意以下两方面要求:第一要在准确了解事情前因后果的基础上,有的放矢吐露心声,以理服人,以情动人,文明得体;第二要符合语体要求,根据具体情况确定使用口语还是使用书面语。答案示例:① 菜卖得好不好,关键在于菜的质量、价格和服务;② 带头执行"限塑"是每个公民的义务;③ 有偿提供竹篮子、无纺布袋等,增加收入。)

【资料1】

从《邹忌讽齐王纳谏》看如何劝说

《邹忌讽齐王纳谏》讲的是战国时期邹忌借自己家里的事讽喻齐威王虚心纳谏的故事。邹忌在说服齐王时,充分运用了类比、讽喻、暗示等方法,这对我们如何在工作中有效劝说自己的上级,或许会有些启发。

首先,说话要看对象。邹忌不过是个小小的相国,要说服的是刚愎自用、自以为是的君王,因此,他在提意见时采用了迂回战术,充分运用了类比、暗示等方法。邹忌在说服齐王时,充分考虑了说话对象的身份地位以及性格特点,这是他成功的关键。我们要根据不同对象的不同身份、不同性格爱好来确定说话的方法、内容。比如,说话对象是长辈,我们说话就要有礼貌,要对他们表示尊敬;说话对象是自己的同学或朋友,我们说话就可以亲切一点、随便一点,但也不能说一些有损人格的话。

其次,向别人建议时,要讲究方式方法。邹忌为了说服齐威王接受自己的建议,以自己的家事作比,以家比国,以小比大,采用了类比、暗示的方法。这启示我们,在向别人提意见时,就应该采取一定的方式和方法,讲究一点策略。例如向老师或领导提意见时,态度要诚恳,而且所提意见不能无理取闹;注意语言要礼貌得体,不能目无尊者;注意用语要委婉;要掌握好提意见的时机和场合。

最后,说话要委婉,避免直接。邹忌不是直接说"大王,你要怎么怎么样",而是借自己家里妻妾对自己的袒护和偏私,来比喻大臣们对齐王的态度,继而说明齐王在朝廷之上深受蒙蔽,委婉告诉齐王要明辨是非、虚心纳谏。这启示我们,说话时切忌直来直去。委婉指出别人的错误,更能使人容易接受。在说服别人接受自己的提议和观点时,也应该委婉劝说,才能达到理想的效果。总之,用语的委婉,会让你在人际交往中如鱼得水、左右逢源,减少许多不必要的摩擦,保持良好的人际关系,从而有助于你的工作和学习。

(选自《语言文字报》第729期,作者:李唐)

【资料2】

把伤父母心的话换个说法

近日,网上做了一个"最伤父母心的9句话"调查,其排名结果如下:

1. 好了好了,我知道了,真啰唆。2. 有事吗? 没事我挂了。3. 说了你也不懂,别问了。4. 说多少次不要你做,做又做不好。5. 你那一套早过时了。6. 叫你别收拾我房间,东西都找不到了。7. 我吃什么我知道,别给我夹。8. 说了别吃剩菜,怎么老不听。9. 我有分寸,别说了,烦不烦。

调查显示,有90%以上的年轻人至少说过这9句话中的一句或是几句。这引发了人们的反思。年轻人往往任性、叛逆,不懂得顾及父母的感受,常会说出一些让父母伤心的话。父母当然不会因为这些话记仇,但有一天,年轻时的意气用事、对父母乱发脾气、让他们伤心的话却终会让人悔恨不已。

语言是有温度的,更何况面对的是我们最亲的人。罗曼·罗兰在长篇小说《母与子》中写道:"严厉的话像烧红的铁,深深地打下烙印。"我们怎么可以让自己的语言成为烧红的铁块、寒冷的匕首,伤害最亲近的人?我们的语言应当是一抹阳光、一片绿荫,让父母寒冷时感受到温暖,炎热时感受到清凉。如果你还是想表达上面的9句话的意思,不妨换个说法:

1. 好的,我记住了。2. 还有别的事吗?您说吧,我听着呢。3. 事情是这样的,……4. 我来教你怎么做,……5. 时代在变,人也在变,您这一套在今天可不一定能派得上用场哦。6. 您收拾房间时看到我的那个什么了吗?哎,都这么大了还让您帮我收拾房间,好惭愧啊!7. 小时候您老给我夹菜,现在我大了,轮到我给您夹菜了,呶,您快点吃。8. 科学研究表明吃剩菜不健康,以后咱们吃多少做多少,尽量别留剩菜。9. 我会权衡利弊,做出恰当选择的,您放心吧!

(选自《语言文字版》第721期,作者:周红照)

4. 洽谈

洽谈是向对方提出要求,通过交谈期望得到协作或支持的口语交际形式。洽商性交谈的目标明确,在良好的气氛中提出要求后,关键是突破障碍,诱导对方认可,以取得洽谈的成功。这里有几个可供选择的技巧:

(1) 作假设。用商量的口吻交谈,提出要求时,以假设为前提,如"如果可能的话……就……";

(2) 讲前提。先提出自己准备承担的义务,或准备给对方的补偿,然后提出具体的要求;

(3) 顺势推。先摆出对方无可退避的事实,当对方做出肯定以后,再提出要求;

(4) "登门槛"。这是社会心理学中的一项小技术,即"得寸进尺"。先提出对方不易推脱的低要求,然后利用对方"帮人帮到底"的惯性心理,将要求提高一点,争取洽谈的成功;

(5) "门面"技术。先提出一个大得会被拒绝的要求,然后利用对方维护公众形象的心理,将要求降低,促使洽谈的成功。

【洽谈训练】

请选择下列话题,设计一个洽商方案,作假设洽商的交谈练习。话题如下:

① 要在某大学院校门口摆设书籍摊点。
② 借用某单位礼堂进行文艺演出。
③ 要在某要道口设立一个大型公益广告牌。
④ 借某单位的电视录像器材一用。

5. 求职

求职过程中的交谈是求职者对某一职位的企求,也是用人单位对求职者形象仪表、品质素养、业务能力等方面的直观性检测。对求职者来说,这是一种被动的交谈,但对这样的交谈可以作一些预测。主试者要了解的一般是三个方面的情况:一是你对这份工作热爱、向往的程度;二是你是不是适合做这份工作;三是你是否有能力做好这份工作。因此,求职者面对任何情况,在作应答时都应把这三个方面作为重点说清楚。

求职交谈中,要注意答问技巧。例如:
(1) 听清招聘者的提问,根据当时的情况迅速确定表述的侧重点,从容不迫地作答;
(2) 珍视认同点,创造良好气氛;
(3) 答语真诚而客观,不故作谦虚,也不故意卖弄、夸饰;
(4) 多从对方的表述中引申作答,而不节外生枝与对方争论;
(5) 适度赞美对方所提供的工作环境,表达求职的诚意。

【示例】

一位大学生的应聘经历

美国环球广告代理公司中国办事处由于业务需要,准备紧急招聘4名高级职员。报名人数众多,竞争异常激烈。

某位大学毕业生荣幸地成为进入最后10位入围者中的一员。当他听说终结面试主持人是美国环球广告代理公司的董事长、总经理贝克先生时,心里很紧张。面试前一连几天从英语日常口语、广告业务知识到仪表穿戴都做了精心的准备,盼望能顺利"推销自己"一举成功。

单独面试在一个小会议客厅进行。当这位大学生走进来时,贝克打量了许久,慢慢站起来,同他握手,激动地说:"是的,就是你,我找你很久了。"贝克一脸惊喜地回过头,对在座的几位老外嚷道:"先生们,这位青年就是救我女儿的人。"贝克热情地把青年拉到沙发边坐下来说道:"我划船技术太差,女儿掉进了昆明湖,手攀着船帮,要不是这位青年人帮忙就麻烦了。真抱歉,当时我只顾及我的女儿,没来得及向您表示谢意。"

青年大学生讷讷地说:"您的女儿得救了,我真为您高兴。但是我很抱歉,贝克先生,我以前从来没有见过您,更没有救过您的女儿。"贝克一把拉住青年的手,说:"嗨,你忘了吗?4月2号,昆明湖公园……肯定是你,我记得,你脸上有一块黑痣,就这儿,年轻人,你骗不了我!"

青年人站起来:"贝克先生,我想,您肯定是搞错了,我可能同那个救您女儿的人有点儿像,但那不是我。我没有救过您的女儿。"

青年人说得很坚决。贝克先生为之一愣,然后笑着说:"是不是你已经不重要了,年轻人,我欣赏你的诚实,我决定你免试加入我们的团队。"

这位诚实的大学生终于顺利成为美国环球广告代理公司的高级职员。但是他仍心存狐疑,究竟是谁救了他的女儿?一天,他同资深职员戴维先生闲聊,戴维很神秘地说:"贝克先生的女儿?这是一个美丽的故事。现在有七位应试者因为贝克的女儿被淘汰了。贝克先生有两个儿子,没有女儿。"

由此可见,求职应聘"诚实为上策"。求职者当然应当讲究修辞,但"修辞立其诚",说话要诚实。诚实的品格是人才录用的先决条件。

【求职交谈训练】

招聘者通过对应聘者一次或多次面试谈话,从应聘者的行为举止、形象仪表、思维能力、谈吐应对、业务能力、品德修养等方面了解是否符合他们的需要。所以,求职应聘是一种检测性的被动交谈。招聘者的提问,看似漫无边际,但如作一些了解,我们可以归纳为如下几个常见问题,开列如下,并附分析和回答提示,作为练习。

【训练内容】

(1) 请介绍一下你自己,或说说你是一个怎样的人。

(分析:这是自我介绍。自我介绍是推销自己形象和价值的一种方法与手段。自我介绍的成功与否,常常决定着深层次的人际交流是否能够实现。恰当得体、别具一格的自我介绍会给对方留下深刻、良好的印象,而平淡无奇的自我介绍如过眼云烟,对方留不下任何可供回忆的痕迹。开头几句就要给人以良好印象。要简练,不要过多涉及其他方面。讲三四分钟。)

(回答提示:求职应聘的自我介绍只说姓名、年龄、爱好、学历、简历、工作经验等来回答这个问题过于平常,这些简历上都有。公司最希望知道的是能否胜任工作;包括最强的技能、最深入研究的知识领域、个性中最积极的部分、做过的最成功的事、主要的成就等。这些都可以和学习有关,也可以和学习无关,但要突出积极的个性和做事的能力。说得合情合理,公司才会相信。公司很重视一个人的礼貌,求职者要尊重考官,每回答完一个问题后都要说句"谢谢",公司喜欢有礼貌的求职者。)

(2) 说说你的家庭。

(回答提示:企业面试时询问家庭问题不是非要知道求职者的家庭情况,探究隐私,企业不喜欢探究个人隐私,而是要了解家庭背景对求职者的塑造和影响。企业希望听到的重点在于家庭对求职者的积极影响。企业最喜欢听到的是:我很爱我的家庭,我的家庭一向很和睦,虽然我的父母都是普通人,但是从小,我就看到我父亲起早贪黑,每天勤劳地工作,他的行动无形中培养了我认真负责的态度和勤劳的美德。我母亲生性善良,勤俭持家,为人热情,特别乐于助人,她在单位的人缘很好,她的一言一行一直教导着我做人的道理。企业相信,和睦的家庭关系对一个人的成长有潜移默化的影响。)

(3) 最能概括你自己的三个词是什么?

(回答提示:人们经常用的三个词是:适应能力强、有责任心和做事有始终。结合具体例子向主考官解释。)

(4) 你欣赏哪种性格的人?

(回答提示:诚实、不死板而且容易相处的人,有"实际行动"的人。)

(5) 你为什么要到我们这里求职?或你为什么愿意到我们公司里来工作?

(回答提示:对这个问题,你要格外小心。如果你已经对该公司做了研究,你可以回答一些详细的原因,像"我认为贵公司能够给我提供一个与众不同的发展道路。""我同公司出生在同样的时代,我希望能够进入一家与我共同成长的公司。""你们公司一直都在稳定发展,近几年在市场上很有竞争力。""公司本身的高技术开发环境很吸引我。"这都显示出你已经做了一些调查,也说明你对自己的未来有了较为具体的远景规划。)

(6) 你来我们这里能干些什么？或你工作经验欠缺，如何能胜任这份工作？

（分析：事先作调查，做到心中有数，并且适当透露自己"一专多能"的优势，显示信心。）

（回答提示：如果招聘单位对应届毕业生应聘者提出这个问题，说明招聘公司并不真正在乎"经验"，关键看应聘者怎样回答。对这个问题的回答最好要体现出应聘者的诚恳、机智、果敢及敬业精神，如，"作为应届毕业生，在工作经验方面的确会有所欠缺，因此在读书期间我一直利用各种机会在这个行业里做兼职。我也发现，实际工作远比书本知识丰富、复杂得多，但我有较强的责任心、适应能力和学习能力，而且比较勤奋，所以在兼职过程中均能圆满完成各项工作，从中获取的经验也让我受益匪浅。请贵公司放心，学校所学和兼职的工作经验使我一定能胜任这个职位。"点评：这个问题思路中的答案尚可，突出自己的吃苦能力、适应能力和学习能力（不是学习成绩）为好。）

(7) 你的同学或朋友对你有何评价？

（分析：想从侧面了解一下你的性格和与人相处的问题。）

（回答样本一：我的朋友都说我是一个值得信赖的人。因为，我一旦答应别人的事情，就一定会做到；如果我做不到，一定不会轻易许诺。回答样本二：我觉得我是一个随和的人，与不同的人都可以友好相处。在我与人相处时，我最能站在别人的角度考虑问题。）

(8) 你的能力如何？

（分析：指的是业务水平、工作态度、办事能力、学术业绩、自信心和创造力等，最后能简述事例加以说明，给人深刻印象。别过度吹嘘自己的能力，或信口开河地乱开支票，如一定会为公司带来多少业绩等，这样很容易给人一种爱说大话、不切实际的感觉。）

（回答提示：根据我对贵公司的了解，以及我在这份工作上所累积的专业知识、经验及人脉，相信正是贵公司所找寻的人才。而我在工作态度、EQ上，也有圆融、成熟的一面，和主管、同事都能合作愉快。）

(9) 你觉得你个性上最大的优点是什么？

（提示：沉着冷静、条理清楚、立场坚定、积极向上、乐于助人、关心他人、适应能力和幽默感、乐观和友爱，在某专业机构有一两年的培训和实践，加上实习工作，使我适合这份工作。）

(10) 你的缺点是什么？（或有什么不足？）

（回答提示：这个问题企业问的概率很大，通常不希望听到直接回答缺点是什么等，如果求职者说自己小心眼、爱嫉妒人、非常懒散、脾气大、工作效率低等，企业肯定不会录用你。绝对不要自作聪明地回答"我最大的缺点是过于追求完美"，有人以为这样回答会显得自己比较出色，殊不知，他已经岌岌可危了。企业喜欢求职者从自己的优点说起，中间加一些小缺点，最好再把问题转回到优点上，突出优点的部分，企业喜欢聪明的求职者。）

(11) 谈谈你对薪资的要求。

（回答提示：如果你对薪酬的要求太低，那显然贬低自己的能力；如果你对薪酬的要求太高，显然分量过重，公司受用不起。一些雇主通常都事先对求聘的职位定下开支预算，因而他们第一次提出的价钱往往是他们所能给予的最高价钱，他们问你只不过想证实一下这笔钱是否足以引起你对该工作的兴趣。）

（回答样本：我对工资没有硬性要求，我相信贵公司在处理我的问题上会友善合理。我注重的是找对工作机会,所以,只要条件公平,我则不会计较太多。)

(12) 谈谈你对跳槽的看法。

(回答提示:① 正常的"跳槽"能够促进人才合理流动,应当支持。② 频繁的"跳槽"对单位和个人双方都不利,应该反对。)

(13) 您喜欢什么样的领导?或你希望与什么样的上级共事?

(分析:这个问题比较好的回答是:希望我的上级在工作中能够对我多指导,对我工作中的错误能够立即指出。总之,从上级指导方面谈,不会有太大的纰漏。)

(回答提示:① 通过应聘者对上级的"喜欢"、"希望"可以看出应聘者对自我要求的意识,这既是一个陷阱,又是一次机会。② 最好回避对上级具体的希望,多谈对自己的要求。如,"我作为刚步入社会的新人,我应该多要求自己尽快熟悉环境,适应环境,而不应该对环境提出什么要求,只要能发挥我的专长就可以了。"③ 回答样本:"这样的领导我喜欢:他有能力,办事果断,给我以效力的机会,指导我、教导我,当我办错事时能严格批评我,帮助我。")

(14) 你最大的成就是什么?(或你做过的哪件事最令自己感到骄傲?)

(分析:重点讲近5年来自己的各项引以骄傲的例子,注意顺序,并尽量出示证明材料。)

(回答提示:这是考官给你的一个机会,让你展示自己把握命运的能力。这会体现你潜在的领导能力以及你被提升的可能性。假如你应聘一个服务性质的单位,你很可能会被邀请去午餐。记住:你的前途取决于你的知识、你的社交能力和综合表现。)

临别时,再次概述适合此项工作的理由,以表明自己的诚意,并加深印象。

【资料1】

沟通的艺术

沟通是信息、思想和情感在个人之间或群体间传递,并且达成共识的过程。它有三大要素,即:一是要有一个明确的目标;二是达成共同协议;三是沟通信息、思想以及情感。沟通的要素包括沟通的内容、沟通的方法、沟通的动作。就其影响力来说,沟通的内容占7%,影响最小;沟通的动作占55%,影响最大;沟通的方法占38%,居于两者之间。沟通的模式有语言和肢体语言两种,语言更擅长沟通的是信息,肢体语言更善于沟通的是人与人之间的思想和情感。

1. 人际沟通的原则

(1) 充分尊重对方的内心秘密或隐私;

(2) 会话交谈时,目光要注视对方;

(3) 在听到对方的内心秘密后不要把内容泄露给他人;

(4) 不在背后批评别人,保住对方的面子。

2. 人际沟通的技巧

(1) 了解人和人性。人首先对自己感兴趣,而不是对其他事物感兴趣,换句话说,一个人关注自己胜过关注别人或别的事物一万倍。

(2) 巧妙地与别人交谈。与别人交谈时他们最感兴趣的话题是他们自己,因此,要学会引导别人谈论他们自己。尽量使用这些词——"您"或"您的",而不是"我"、"我自己"、"我的"。

(3) 明白说话的内容。开口之前先想清楚说什么。如果根本不知道想说什么,那就不要开口。说话时要注视听众,观察听众的反应,谈论听众感兴趣的话题。

(4) 让听的一方觉得很重要。赞许和恭维他们,在回答他们的话之前,稍加停顿,并表现出专注倾听并认真思考的样子。

3. 培养良好的沟通品质

(1) 站在他人的角度设身处地地为他人着想,在接纳和谅解的基础上去适应他人。

(2) 要注重自己的能力培养和人格塑造。在与他人接触的过程中要热情、真诚、坦率、友好、有责任感、真诚地赞美他人,同时在抓紧学习的前提之下施展才华,表现特长,获得别人的接纳、信任和尊重。

(3) 在交往中要学会做个有心人,善于体察他人的心境,主动关心他人,采取不同的方式使他们感受到你的善意和温暖。在承认、理解、接纳和尊重他人基础上,才能赢得他人的承认、理解、接纳和尊重,所以以换位思考、将心比心、以诚换诚的心态和行为来与他人相处,这样才能达到心灵的沟通和情感的共鸣。

(4) 向他人学习。观察周围的人,特别是那些交往能力和沟通能力强的人,看他们是如何与人相处的。通过观察和模仿来提升自己的沟通能力。

(5) 赞同别人。学会赞同和认可。当赞同别人时,一定要说出来。当不赞同时,万万不可告诉他们,除非万不得已。

【资料2】

换位思考

法国著名教育家卢梭说:"人在心中应该设身处地想到的,不是那些比我们更幸福的人,而只是那些比我们更值得同情的人。"理解在于沟通,能以同情心替他人着想,学会换位思考,会很好地帮助你去理解他人,这样能化解很多矛盾,使很多问题迎刃而解。

所谓换位思考,其实就是理解别人的想法、感受,从对方的立场来看问题。一位智者曾经说过四句话:把自己当成别人;把别人当成自己;把别人当成别人;把自己当成自己。其中第一句话和第二句话讲的就是人与人之间要相互体谅,在把自己当成别人的同时也要把别人当成自己。这实际上就是一种换位思考。对于别人的苦衷要能够体谅,对自己的行为也要站在别人的角度来考虑。

【训练1】

尝试沟通

人与人之间要达到相互理解,最有效的方法之一是沟通。带着你最关心的问题或心中的困惑走出座位,与在座的老师进行一次面对面的交流,你会有意想不到的收获。

(要求:有礼貌;提问尽量不偏离话题、清楚、简洁;注意倾听老师的发言,记住老师说话的要点。)

1. 反馈收获

你和老师就什么问题进行了交流?是怎样交流的?通过与老师的对话,你有何收获?

(根据学生发言,总结提示:在我们的生活中,多一些理解就少一些隔阂、摩擦,多一份理解就多一份阳光和温暖。)

2. 吐心声

以"理解"为话题,每人说一句或一段发自内心的话。

(学生按座次发言。由于时间有限,没有发言的学生把心里话写成纸条,交给相应的人,也许彼此会走得更近。)

【训练2】

尝试换位思考

【模拟情境】

情景1:星期六,你完成了各科的家庭作业,于是就打开了电脑……妈妈回来了,看见你正在玩电脑,上前关掉了电脑,并开始指责你……你很想得到妈妈的理解,你该怎么对妈妈说?

情景2:你和小强是一对好朋友。在校运动会上,由于小强的失误,本来到手的4×100米第一名结果变成了倒数第一名,不少同学责怪他,原本活泼开朗的他变得沉默了。你作为他的好朋友,想找他谈一谈,你该怎么说?

思考这两个案例,请回答:

① 如果你碰上了这样的场景,你该怎么对妈妈和小强说?

② 然后换位思考,把自己换成妈妈和小强,你又该如何解释?

③ 站在两个不同的角度发表意见,你有没有发现什么困难?

④ 为什么会出现困难?如何解决这个困难?

第三章　一般口语交际能力的相关技能训练

一番成功的口语交际,不仅得力于良好的心理素质和思维品质,更得力于出色的有声语言,以及必然伴随有声语言的和谐而得体的体态语。可见,具备良好的心理素质和思维品质是一个人成功进行口语交际的基础。同样,和谐而得体的体态语是口语交际活动中传递信息的重要手段,具有不可忽视的作用。

关于心理素质和思维的详细论述,在第一编的章节中已进行了阐述,这里,将从训练的角度来谈谈如何获得一定的技能。所以,本章关于一般口语交际能力的相关技能训练,主要指体态语(态势语)训练、心理素质训练和思维训练。

第一节　体态语训练

一、体态语及其作用

人类交际是语言交际和非语言交际的结合,而体态语(Body Language)是非语言交际中最丰富的一种。它是由人的面部表情、身体姿势、肢体动作和体位变化而构成的一个图像符号系统,是人们在长期的交际中形成的一种约定俗成的自然符号。体态语又叫态势语,其包括手势、头部动作、面部表情、眼睛动作和装饰用品等。

对体态语进行系统研究的人要首推美国宾夕法尼亚大学的 Birdwhistell 教授,他在 1952 年出版了《体语学导论》(Introduction to Kinesics),正式提出了身势学理论。Birdwhistell 对同一文化的人在对话中语言行为和非语言行为做了一个量的估计,认为语言交际最多只占整个交际行为中的 30% 左右。美国还有一些研究表明,在表达感情和态度时,语言只占交际行为的 7%,而声调和面部表情所传递的信息多达 93%。

【示例】

列宁的体态语

一提起列宁,人们也许会想起他那个性化的体态动作——他站在火车站边的装甲车上,或者站在会议大厅的讲台上,穿着短大衣,一手叉腰,身子前倾,头上仰,一手向空中用力地挥动,他的声音在上空回荡……他的一个手势,一个动作,立即会引起雷鸣般的掌声和狂热的欢呼。但是,由于社会革命党人的暗害,精力充沛的列宁越来越衰弱了,1923 年,他第三次战胜了病魔,但右肢麻痹,并且失去了说话的能力,但他仍顽强地坚持工作。

有一天《真理报》报道了列宁接见工人代表并进行"亲切交谈"的消息:

"……伊里奇坐在硬背圆椅上,轻轻地向坐在软垫圈上的来访者倾斜着身子,他带着机智和友谊的微笑,开始亲切的谈话……"

人们奇怪,列宁怎么能说话了?其实列宁并没有恢复说话的能力,他完全是用体态在"说话"。他的手势,眼神,表情使他的表达仍是那么富有魅力,以至于来访的工人代表没有觉察到,这时列宁已经是一个不能说话的人了。

(据 P. 凯尔任采夫《列宁传》)

这则示例介绍了列宁富有个性的标志性体态语,以及即便在身患重病失去说话能力的情形下,仍借助体态语来表情达意,同工人代表进行"亲切交谈"的场景。这则示例有力说明体态语在人际交往中不可或缺的重要作用。

体态语的作用主要有以下三方面:

(一)强调、补充口语信息

口语交际过程中,说者的举手投足、神情容貌、身姿体态始终伴随着有声语言,传递着各种信息。通过动态的、直观的形象,与有声语言协调统一,同时作用于人们的视觉和听觉,拓宽了信息传递渠道,补充和强化了有声语言的信息,使有声语言的表现力和感染力得到升华。

(二)沟通、交流情感

体态语是无言的心声。人们可以通过体态语表情达意,也可以通过观察体态语,分析对方说话的内容是否表达了真情实感,从而达到双方交流思想、沟通情感的目的。

(三)修饰、渲染气氛,调控口语交际活动

口语交际过程中的体态语往往具有暗示作用。说者或听者有意识地通过手势、表情、目光、身姿等手段传递信息,可以调动或影响口语交际对象的情绪,启发或引导对方的思路,调节口语交际的气氛,使口语交际中的主动权掌握在自己手中。通过体态语辅助有声语言调控口语交际活动,可以化不利的、被动的局面为有利的、主动的局面,以达到口语交际的目的。

二、体态语训练

由于体态语是对有声语言的交际效果能产生一定影响的非语言因素之一,所以它与口语交际中的话题主旨也有一个相互协调和吻合交融的问题。也就是说,口语交际中的体态语如果运用得当,就会对口语交际效果的增强起促进作用,反之,则会对其效果产生某种干扰或破坏作用。口语交际活动的不同形式,如演讲、交谈、朗读、辩论等对体态语的要求是不同的。演讲与交谈的要求相对比较严格一些,而朗读和辩论的要求相对比较宽松一些。同时,又因话题的不同,人际关系及语境的不同,对体态语的要求会出现具体而细微的差别,因此,对体态语的训练有时很难提出一种统一的模式,下面结合教师在课堂教学中的体态语(态势语)运用情况对态势语训练提出一些原则性的要求和建议。

(一) 课堂教学中教师如何恰当使用态势语

关于课堂教学中教师的态势语,俄国教育家马卡连柯说了一番具体而实在的话,他说:"我认为,高等师范学校应当用其他的方法来培养我们的教师们。如怎样站、怎样坐、怎样从桌子旁边的椅子上站起来、怎样提高声调、怎样笑和怎样看等等'细微末节',在我的实际工作中,对于我和对于你们这些有许多经验的教师一样,是具有决定意义的……如果没有这些技巧,那就不能成为一个好教师。"那么,要成为一个好老师怎样才能获得这些技巧呢?马卡连柯说:"只有在学会用15种至20种声调来说'到这里来!'的时候,只有学会在脸色、姿态和声音的运用上能作出20种风格韵调的时候,我就变成一个真正有技巧的人了。"可见,教学中的态势语是需要教师经过反复训练逐渐掌握的一种教学技能。它是课堂教学活动中传递信息的重要手段,是通过身姿、手势、表情、目光等配合有声语言传递信息的一种形式。态势语在课堂教学中具有不可忽视的作用,它是进行成功的教学活动不可缺少的条件。比如,教师在运用有声语言进行讲述的同时,再辅以优美而恰当的态势语,二者相得益彰,能使教师的口语显得生动有力而顿然生辉。教师在教学中有效地利用态势语,对准确恰当地表达教学内容,渲染情感气氛等,都有语言所不可替代的作用。因此,态势语又被称为"第二教学语言"。

1. 教师的态势语对课堂教学的重要作用

首先,态势语可以传递更为丰富的知识信息,加大教学信息的密度。态势语最大的功能和特点是可以辅助、补充、加强有声语言教学,另外,态势语有时还可以替代有声语言,独立地向学生传授信息,有声语言教学和态势语的合理结合,丰富了课堂教学的内容,增大了课堂教学的信息量。

其次,态势语能使学生获得形象的感受。有声语言作用于人的听觉,而态势语则作用于人的视觉。这两种信息同时传递,不仅可以使学生获得绘声绘色的讲授,还可以使学生通过丰富多彩的表情、姿态、手势动作获得形象的感受。

第三,态势语能吸引学生的注意力,有利于组织、优化课堂教学。

心理学告诉我们,教学过程是学生有意注意与无意注意交替运用、共同发挥作用的认识过程。课堂上仅靠有意注意支撑学生的学习会使学生感到疲倦,难以持久。教师必须根据学生的特点充分发挥无意注意的作用。如讲课中教师的那种富于变化的表情、抑扬顿挫的语调、不断变换的节奏,配以指引性手势或加强性手势并自觉地变换身体姿态、视线、与学生的空间距离,可以悄悄地把学生的注意力吸引过来,从而起到组织优化教学的作用。因此,在教学过程中,教师的体态语对于集中学生的注意力,往往比用语言提示更为有效。

第四,态势语能促进师生双方的情感交流,使教学得以顺畅进行下去。课堂教学中,师生之间情感融洽,能使学生在愉快而又亲切的氛围中学习,充分调动学生的非智力因素,使他们认真思考,积极发言,成为学习的主人。体态语是交流中非语言因素的重要组成部分,教师体态语的无声诉说与有声语言相辅相成,共同对学生施加着影响。教育心理学研究表明,学生智力潜能的开发与发挥,受其学习过程中情绪状态的影响很大。学生在课堂上情绪的变化受教师体态语的制约。教师的表情、眼神、身姿、手势无不影响着学生的心境和态度,进而对学生的情绪产生极大的暗示性和感染力。教师积极的体态语会促进学生的智力活动,使学生产生一种轻松愉快、自然明朗的情感。积极的情绪和愉悦的心境有利于教学信息的传授、加工和储藏,并能激发学生的学习动机。教师一个信任的目光,一个赞赏的微笑都会给学生带来巨大的精神力量。教师和谐有度的教态必然会赢得学生的信任和尊敬,使其保持学习兴趣,发挥思维潜力,因而形成活跃的课堂气氛。活跃的课堂气氛无疑对整个教学信息的传授起着非常重要的作用。比如教师亲切的态度是对学生的一种奖赏和鼓励,老师在课堂上对学生的微笑、点头、赞许,能增强学生的信心,缩短师生之间的心理距离,让学生在获得情感满足的同时激发学习的兴趣,积极主动的学习。而且,学生因为从老师的体态语中读出了亲切和信任、肯定与欣赏、鼓励和赞许,也会对老师产生信任感和亲近感,促进了师生"心理相容",就能主动配合老师,与老师之间达成共同的默契。师生之间的和谐互动也就营造出了民主、平等的课堂气氛,有利于师生之间的教学相长。

2. 课堂教学中教师如何使用态势语来表情达意

曾听过一位教师执教苏轼的《念奴娇·赤壁怀古》一文,教师对文中个别语句朗读示范时,由于其声音的力度、面部表情和手势都与句子所描绘的情景、气势等特点不相吻合,让人看后感到极不舒服。这样使用态势语,不但不能帮助有声语言恰到好处的表情达意,反而让人觉得做作、多余,有哗众取宠之嫌。课堂教学是一门艺术,是教育艺术的重要组成部分,它体现了一个教师先进的教育思想、丰厚的知识积淀、娴熟的教育技巧和高超的语言运用能力,具有审美的特性。前苏联著名教育家苏霍姆林斯基对年轻教师说:"你将在自己的整个教育生涯中当一名教育者。而教育,如果没有美,没有艺术,那将是不可思议的。"因此,教师如何在课堂教学中恰当而得体地使用态势语来表情达意,使自己的教态富有美感,应从以下几方面考虑:

(1) 态势语的使用应建立在对文章内容的正确理解之上。对文章进行正确的理解是教学的前提,理解作者所传达的思想感情,理解文中所描绘的景与物的含义,把自己所挖掘的这些东西如何通过自己的有声语言和恰当的态势语准确而传神地传递给学生,是我们教师应具备的基本功。因此,只有对文章内容进行正确的理解,才能产生与之相匹配的恰当的态势语。比如教师的面部表情,在正确理解文章内容的基础上,应做到顺乎自然而富于变化,一颦一笑、一蹙一情,都要和所讲的内容和拍,而不能风马牛不相及也。如,朗诵苏轼的"大江东去,浪淘尽、千古风流人物"两句,首先要理解句子所描绘的画面:大江滚滚东流,浪花翻滚,从古到今,仿佛没有什么大的变化,但"千古风流人物"却湮灭荡尽,是被这浪花卷走了吗?奔流不息的江水,作为历史的见证,它目睹了多少时代的世事沧桑!这不能不令人感叹生命的短暂和宇宙的无穷!这两句笔力雄健,气势豪迈。理解了这些,朗诵时所使用的态势语——手势应是豪迈有力的,把长江雄伟的气势通过手势烘托出来;所发出的声音应是浑厚有力而略显低沉、略带回忆性的,把对时光一去不复返和多少风流人物的历史变迁以及对生命短暂的感叹体现出来。

(2) 态势语的使用还需符合教师的个性特点。俗话说"人心如面,性格各异",教师的性格是有差别的。课堂上态势语的使用应符合教师的性格特点。对于性情比较直爽、开朗的教师来说,使用的态势语应具有"演讲者的风格",即鼓动和宣传的风格。除了语言高亢响亮,如行云流水,浑厚雄壮,抑扬顿挫外,态势语的幅度和力度应大一些,以显得舒展、洒脱、豪放;对于性情是温柔细语型的老师来说,除了语言清脆柔美,娓娓动听外,上课时的表情应丰富、亲切、和谐、朴实动人,一个手势、一个眼神,无不体现对学生的关怀,因而态势语的幅度应小一些,以显得柔和、优美。心理学告诉我们,不论哪种性格,都有其一定的优点。因此,教师具有哪种性格特点,还是应尽力去体现这种性格内在的真实自在的美,而不能为了达到某种效果或目的去表演、做作,这样反而显得不自然,使用的态势语也有哗众取宠之嫌。

(3)态势语的使用应该是教师内心情感的真实流露。不能为赋新诗强说愁而矫揉造作地使用。"情动于中而形于言",体现在态势语上也是如此,只有自己全身心投入课堂教学,只有自己真正被文章内容所感染、所打动,发自内心而不露痕迹地自然而然地使用态势语来表情达意,这就是一位教师真实情感的自然流露,是最真实、自然的美的行为。因此,教师使用态势语应当随情所致、自然大方,切忌矫揉造作、放任随意。

3. 运用态势语应遵循的原则

态势语是教师在课堂教学中经常使用的一种手段。运用得当,会使有声语言增色生辉,但运用不当,也会削弱或破坏有声语言的表达效果。因此,教师课堂态势语的运用应该讲究技巧,注意方法。概括地说,运用态势语应该适度、自然、协调。

(1)态势语的使用应适度。适度,指运用态势语的幅度、力度、频率等要受到有声语言、语境等因素的制约,要注意把握分寸。动作幅度不宜过分夸张,形式不宜复杂;力度和频率要适中,要有助于口语表达,而不要喧宾夺主、哗众取宠。下面以手势和表情为例来说明:

手势是口语交际中(如演讲、朗诵、辩论等)最常用的态势语之一。运用手势要讲究艺术性,必须明确、精炼、自然、活泼。所谓明确就是教师要使自己的手势有内在的根据和清楚的用意,对语言表达能起到补充和强调作用。精炼就是教师运用手势不能过多过乱,要用比较少的手势动作衬托关键性的语言,实现高精度、高效率的交流。自然就是不做作,随心所欲,与教学内容和谐一致。活泼就是不死板,要符合学生的心理特点。

表情是情感的表象。学生往往能通过教师表情的变化,捕捉某些难以或不宜用语言表达的微妙、复杂、深刻的思想感情。因此,蕴含着丰富信息的教师的面部表情常常是学生最为关注的目标。一般情况下,教师的表情受到两种情况的制约:一是对学生的态度、情感;二是所表达的教学内容。就对学生的态度情感来讲,教师的表情基调是微笑,因为微笑是一种具有强烈感染力的体态语,它可以融洽师生关系、活跃课堂气氛;就所表达的教学内容来讲,教师的情感就不能是单一的微笑了,不同的教学内容,应该有不同的表情,要做到自然适度,恰到好处,以期达到最佳的表达效果。

(2)态势语的使用应自然。教师课堂态势语是教师内心情感的自然流露,这要求态势语的运用不能故作姿态。无论是从审美的角度还是从表达的角度,态势语的运用都要自然得体,既要符合美的原则,给人以美的享受,又要是内心情感的真实流露。一方面,不要虚张声势,因为夸张的态势语只能使有声语言表达失真,丑化自己的形象;另一方面也不要做作,做作的态势语总是给人以虚假的形象,会招致学生反感,必须加以避免。

(3)态势语的使用应协调。教师课堂态势语必须服从教学内容表达的需要,并与教学内容融为一体,切忌生搬硬套、矫揉造作。一方面各种态势语之间的动作要互相配合,另一方面态势语要与有声语言表达的内容和谐统一。态势语是为表达内容服务的,它应该与表达内容有机地结合起来。教师在课堂上运用态势语必须注意这一问题,否则就难以发挥其应有的功效。

如果说"言为心声",态势语则是无言的心声,是课堂教学中师生双方心理状态和情感的自然流露或有意识的表现。教师通过态势语表情达意,达到师生双方交流、沟通的目的。如果课堂教学中对态势语使用不当,不仅不能达到师生双方交流和沟通的目的,反而会有多余、做作、突兀之感,甚至让人产生啼笑皆非的感觉。如果恰当使用态势语,则会为课堂教学起到锦上添花的作用:比如,教师的表情随着教学内容和教学情境的变化而变化,或喜悦、或惊讶、或愤怒、或激昂、或恐惧,随文而变,通过自己的情绪感染,从而调动学生的情绪,使学生深刻理解教学内容;恰当运用目光和手势,不仅可以起到集中学生注意力,而且还能起到增加口语表达的力度、进而强化讲授内容等作用,为教学口语增添亮色和活力。

一个优秀的教师,不仅要具备丰富的知识,还必须具备艺术地传授知识的才能。态势语的运用,也是教学艺术的一个方面。在教学流动的过程中,教师的举手投足,都是在与学生交流。所以,善用态势语,对文章的理解、教学氛围的营造以及教学艺术能力的提高都是有很大作用的。态势语在课堂教学活动中占有不可忽视的重要地位,应引起每位教师的高度重视。一个教师要想有较高的态势语艺术,首先必须具有较高的思想境界、高尚的道德品质、渊博的学问知识和优良的文化教养。离开这些,只会是忸怩作态,整个教学效果会适得其反。

(二) 态势语训练

在口语交际中,学生的态势语使用不当的表现主要有:背台词式的动作,生硬、别扭;口语和动作不同步,口语在前,动作迟缓;忘词、卡壳时搔头、挤眼、皱眉、仰视或绞衣角;忘了事先设计的动作,想起来又补上……下面对态势语训练进行分解说明:

1. 身姿语训练

身体姿态是一种处于静止和无声状态的非语言交流,可分为坐姿和站姿两种。自古以来中国人就重视对身姿语的强调:所谓"站有站相,坐有坐相","站如松,坐如钟",这些俗语都表达了人们对身姿语的重视。由此可见,身姿语在一定程度上能够反映一个人的精神状态和文化修养。人们常常通过观察他人的姿态来衡量其文明程度,甚至会据此在交谈之前对对方形成肯定或否定的印象。

头是人身体上最突出的部位,其表达情感、传递信息的作用很明显。现代诗人徐志摩1924 年 7 月随印度诗人泰戈尔访问日本,临别回国时,日本侍女的一个低头动作,给他留下了很深的印象。他感到这一低头,传递给他的是无比的温柔与娇羞:"最是那一低头的温柔,像一朵水莲花不胜凉风的娇羞。"日本侍女的动人之处,他感受到的,不是明亮的眼睛、雪白的肌肤、婀娜的身姿、艳丽的和服,而是那夺人心魄的温柔的一低头。今天,人们读起这首诗,展开想象的翅膀,也会为那"一低头"的温柔而感触万端。

授课过程中,教师的姿态可以表明教师的精神状态和风貌,教师上课时的姿态有别于平时的状态。教师的姿态应呈现出教师的"精"、"气"、"神"——精神集中、情绪饱满、心情愉快、神采奕奕的精神状态。如教师走上讲台时的身姿,要能显现沉着、充满自信,稳健有力、大方自然,上身要挺拔向上,抬头挺胸,给人一种冷静、胸有成竹之感。教师的站姿和坐姿应当自然、放松,两腿平衡分立,应避免身体重心在两腿间频繁交替,不应瘫坐或仰坐在椅子上,亦不宜趴在讲台上。

【训练话题】

(1) 端正身姿训练:坐如钟——正襟危坐;立如松——挺身直立;行如风——步履稳健。(提示:注意克服驼背、塌腰、凹胸、垂肩等毛病。)

(2) 渗透训练:有意识地在日常生活中随时端正自己的坐姿、行姿和站姿。

(3) 你是否注意过你说话时的习惯性动作(包括头部、手、臂的动作)?让你的好朋友指出来,你的哪些动作语应该发扬,哪些应该规避?

2. 手势语训练

手势实际上是体态语的核心。因为手势最多,也最细腻生动,运用起来也更自如。通常情况下,人们通过手的接触或手的动作可以解读出对方的心理活动或心理状态,同时还可将自己的意图传达给对方。

教师的手势共有三个作用:一是澄清和描述事实;二是强调事实;三是吸引注意力。手势的效果在于是否用得恰当、适时、准确。所以,教师讲课应伴以适当的、准确无误的手势,以加强表达效果,并激发学生的听课情绪。但次数不应过于频繁,幅度也不能过大。切忌不停地挥舞或胡乱地摆动,也不要将手插入衣兜或按住讲桌不动。手舞足蹈会令人感到轻浮不稳重,过于死板又会使学生感到压抑,总之应以适度为宜。另外,还应注意各种消极的手势,如用食指指人,用黑板擦不停地敲击桌子,掷粉笔头打学生的头,玩弄粉笔或衣扣等。

【训练话题】

(1) 列举并评析人们说"你"、"我"、"他"时的各种手势,选用你认为最合适的手势进行自练。

(2) 手势观察训练:观察并收集人们说"你好"、"再见"等常用语句时的各种不同手势,说说这些手势同说话者的性格或交际双方的人际关系有什么联系。

3. 表情语训练

人的面部表情与人的情感活动密不可分。人的基本情感,如喜、怒、哀、欲、爱、恶、惧都可以通过面部表情反映出来。所以,面部表情的内涵很丰富。心理学家 Albert Mehrabian 认为:信息的总效果 7% 来自文字,38% 来自音调,55% 来自面部表情。由此可见,面部表情在人际交流中占有相当重要的地位。口语交际中的面部表情内涵的丰富性使得交际者一定要注意面部表情的含蓄性。比如,满面春风、喜笑颜开,表示内心的喜悦与兴奋;和颜悦色、笑容可掬,表达出对人的热情与友好;面如死灰、目瞪口呆表示出内心的惊悸与恐惧。惊讶时张大嘴巴,困惑不解时张口结舌,痛恨时咬牙切齿,无可奈何时长呼一口气,等等。

微笑是口语交际中最能促成彼此沟通交流的表情语。微笑好似和煦的春风,使人感到温暖、亲切和愉快,容易营造出融洽和谐的交际氛围。《诗经·卫风·硕人》中的"巧笑倩兮,美目盼兮",就揭示了这种作用。有人说,微笑是交际的灵魂,这话很有道理。达芬奇的名画《蒙娜丽莎》画了一位几个世纪以来令世人为之倾倒的女人,成为人们心目中最美好的形象。

按照东方民族的审美观,蒙娜丽莎算不上漂亮,而且多少还显得有些臃肿。可她的惊人之处,正在她那永恒的微笑。欣赏这幅画,总会让人觉得心里舒畅、愉悦、产生好感,令人回味无穷、浮想联翩。

表情语的运用要注意以下几点:
(1) 要真诚,忌矫饰;
(2) 要灵敏,忌呆滞;
(3) 要鲜明,忌晦涩;
(4) 要适度,忌夸张;
(5) 要丰富,忌单调。

教师的表情应和蔼、亲切、充满工作热情,授课应富有感情,这也易于产生情感共鸣,激发学生参与课堂的意识和热爱学习的兴趣。教师不应是呆若木鸡、冷若冰霜的人,否则师生沟通起来都很困难,哪里还谈得上什么教学效果。

【训练话题】

(1) 教师对表情语运用不当的表现有这么几种:一种是"麻木式"表情,面部呆板,毫无生气,喜怒哀惧不形于色;另一种是"僵化式"表情,表情单一,缺少变化;还有一种是"虚假式"表情,笑不由衷,皮笑肉不笑,好像把"笑容""冻"在了脸上;对学生冷笑、嘲笑等。这些表情不仅不能恰到好处地与学生交际,而且在表情达意方面毫无感染力。你作为未来教师,打算如何预防这些不当的表情?

(2) 表情语情境训练:根据下列词语所提示的表情,设计不同的口语情境,先自己对镜细心体味、练习,然后在班上模拟表演。

训练材料:开怀大笑、微微一笑、抿嘴而笑、莞尔一笑等。

(3) 对着镜子看看你说话时的各种表情。要学会在表情上"扬长避短"。

4. 眼神语训练

人们常说:"眼睛是心灵的窗户。"在与人交际交往中,要学会让眼睛配合自己的语言表情达意,与对方发生积极的交流。比如,当对方提问时,要以亲切、热情的鼓励目光看着对方,而不要将目光移往别处(如看窗外,或与别人交谈等);听众水平不高,不要流露出鄙视的目光;所提问题有刁难性,不要有反感的目光;提问者因紧张而一时语塞,甚至辞不达意,不要有讥笑的目光。

课堂上,眼神是体现师生的非语言思想的关键点。教师讲课时,不能昂首望天、目中无人,也不能东张西望、若有所失,更不能死盯着教案讲义,照本宣科。实践证明:教师的目光和学生的目光接触的时间越多,获得学生信赖、激发其兴致的可能性就越大(据心理学家测试,这种接触的时间,应达到整个讲课时间的60%—70%)。教师讲课时,应以敏锐而亲切的目光有意识地关注每一个学生,使他们感到没有被冷落。当然,整个目光还要随着教学内容的进行、学生的情绪等自然地变化。

【训练话题】

(1) 下面列举的不同眼神有可能反映出说话人或听话人的哪些心情?

正视: 俯视: 斜视:

凝视：　　　　　　环视：　　　　　　漠视：
点视：　　　　　　虚视：　　　　　　仰视：
（2）视觉的长短软硬透出的信息可能是：
① 长而硬的视线（直视）一般表示（　　）
② 长而软的视线（虚视）一般表示（　　）
③ 短而硬的视线（盯视）一般表示（　　）
④ 短而软的视线（探视）一般表示（　　）
⑤ 视线忽然消失（短暂闭目）一般表示（　　）
（3）试揣摩下列神态提示，将答案写在括号内。
下面的神态可能透露了什么？
① 听着听着，目光凝滞住了。（　　）
② 听着听着，眼睛忽然湿润了。（　　）
③ 听着听着，身子不停地扭动起来。（　　）
④ 听着听着，忽然眼睛闪动了一下，向别处看去。（　　）
⑤ 听着听着，眼珠转动，不自觉地搓着双手。（　　）
⑥ 听着听着，一面点头，一面打起哈欠来。（　　）
（4）目光语导练：结合示例，学会用眼神来"说话"。

【示例】

"会说话"的眼睛

　　任老师有一双漂亮而明媚的眼睛。那是炯炯有神的眼睛，清秀的黑色眉线之下，仿佛一口明汪汪的水井，蕴含着波澜不惊、从容淡定；也宛若一轮皎洁的明月，虽光华纤弱，却真诚地映照于我们的心灵。

　　当你成功时，她用赞许的目光注视你，此刻她的眼皮迅捷翻起，晶莹的黑色瞳仁深处，饱含着欣赏与感动，这一瞬，她曾教育我们的所有情景都历历浮现，在她幽深的眼神中，只能用"爱"才能得到最完美的书写。当你失败时，依旧是那种熟悉的眼神，只是这眸子深处多了几份理解与包容，这一刻，她的眼睛是那样的柔和，视线之中分明能看到她的坚定、坚持与执着。这眼神是深刻的，亦是明朗的，它注视你的一刹那已经告诉了你很多东西：坚持，坚持，再坚持！你会成功的！因为这是一种博大的爱，它虽无声，却可以用眼神来交流。她嘴角微微的浅笑，已然同眸子深处复杂的情感合成一体，这就是老师的眼神。它是洁净纯澈的一汪水井，也是明亮柔和的一轮明月，但是它温柔中有刚毅，坚定中有执着，责备中有赞许，这种熟悉的眼神教会了我们很多东西。

　　任老师有一双明亮又会说话的眼睛。有一次上课的时候，我不由自主地把小飞机拿出来玩儿，不料被任老师看见了。她用严厉的目光望着我，好像在说："你手里拿着什么呢？"我明白了老师的意思，赶紧把小飞机收起来，重新专心听讲。还有一次，下课的时候，我看见地上有张废纸，就随手拣起来扔到簸箕里。当时，教室里没人，谁也不知道这是我干的。过了一会儿，上课了，老师发现地上的纸没有了，很奇怪。我一边笑，一边看着老师。老师发觉了，眼睛弯得月牙似的，微笑着把目光投射到我身上。老师的眼睛像一面镜子，能够照出我们一丝一毫的过错。老师的眼睛又像妈妈的眼睛一样,充满了对我们的关心和慈爱。

(5) 下面是《高山下的花环》中雷军长的一段台词。请设计态势语并试讲。

"我的大炮就要万炮轰鸣！我的装甲车就要隆隆开进！我的千军万马就要去杀敌,就要去拼命！就要去流血！可刚才,有个神通广大的贵妇人,竟有本事从千里之外,把电话打到我这前沿指挥所。她来电话干啥？她来电话是要我给她儿子开后门不上战场,让我关照关照她的儿子！哼！走后门,她竟敢走到我这流血牺牲的战场上！我在电话里臭骂了她一顿！我雷某人不管她是天老爷的夫人,还是地老爷的太太,走后门,没门儿,谁敢把后门走到我这流血牺牲的战场,我雷某要让她儿子第一个扛上炸药包去炸碉堡！去炸碉堡！"

5. 衣着服饰

人们讲究衣着和饰品,既是出自追求美的本能,更是为了达到交际的目的。服装和饰品除了能满足一定的心理需求,还能表明人的身份、地位和职业,改善人的社会环境和人际关系。"以貌取人"固然不对,但服装饰品确实可以改变一个人的面貌,从而改变他(她)在别人心中的形象。比如,公安、司法工作者身穿制服能够强化其行使国家权力的庄严性,以增强对罪犯的震慑力量。教师作为一名教育工作者,其服装应以整洁、大方为原则,切不可穿奇装异服,过分打扮,如果穿戴过于时髦的服饰,有时会使自己在对方眼中失去庄严感,进而使其指导教诲失去份量。当然也不能肮脏邋遢,不修边幅。

【训练话题】

你喜欢什么样穿着打扮的教师？设想你第一次登上讲台时的服饰,并说明你希望向你的学生传递什么信息。

提示:穿着打扮这一无声语言所传递的种种信息,常会使学生形成一定的印象。因为,教师一登上讲台便会无声地向学生表明:"我是随便的"(假如他穿休闲服),"我是严肃的"(假如他穿中山装、西装),"我是富有的"(假如他穿的是名牌、高档的衣服,戴的是贵重的饰物),"我是浪漫的"(假如他穿着奇异、扮相特别),"我是新潮的"(假如他穿时髦衣服或涂脂抹粉),"我是简朴的"(假如他穿的是普通、价廉的衣服)。

第二节　心理素质训练

在口语交际过程中,由于交际双方的心理处于互动互变状态,心理因素对口语交际的成功与否起着极为重要的作用。口语交际实践表明,大部分人在口语交际过程中都或多或少存在一定的心理障碍,尤其是面对大庭广众时,而这也必然会影响到口语交际的效果。所以,克服心理障碍,具备健全的心理素质,懂得心理沟通的方法,是人际交往和学生口语交际获得成功的前提条件。在此,从训练的角度提供一些心理素质训练的方式与方法。

一、自我暗示训练

自我暗示法主要是通过内心积极的自我暗示,消除胆怯、紧张、恐惧等心理障碍。自我暗示法主要针对存在口语交际心理障碍的人。

【训练内容】

主持班会。具体内容有:布置周末文艺活动,主要事项有介绍活动项目,活动时间地点,活动要求;会场布置由哪些同学去做,服务工作由哪些同学去做,征求同学对活动安排的意见。

【训练方法】

(1) 在上台前3—5分钟,闭上眼睛,扩张胸腔,深呼吸数次。

想好活动安排方案,开头、结尾的关键词句。设定暗示信号,如:"我有把握讲清楚,会表现得比同学想象的好。"

(2) 走向讲台的速度可比平时稍慢。登上讲台时可深呼吸一次。

(3) 目光向前平视或仰视。自我暗示:"只要我不慌,紧张一会儿就消除"……说话语速慢一点,语调坚决一点。

二、默想脱敏训练

默想脱敏训练主要用于消除学生对紧张、恐惧的心理体验,降低造成心理障碍刺激强度,帮助学生恢复自信心。

【训练内容】

由老师组织学生讨论引起心理紧张、恐惧的原因,讨论题目是:引起学生紧张、恐惧的主客观原因都是什么?

【训练方法】

(1) 由老师组织学生共同讨论,分析原因,然后按主客观因素分类。

(2) 将引起口语表达紧张、焦虑的诱因根据刺激的强弱、严重程度,把它们由低到高逐级排列、分类。提示如下:

一般诱因有:

客观消极刺激因素:

① 说话对象的目光、表情;

② 说话对象交头接耳、嬉笑、鼓掌、怪声;

③ 说话对象的职业或文化水平具有特殊性;

④ 对说话对象陌生;

⑤ 对场地陌生,气氛紧张;

⑥ 出现偶发事件。

主观消极刺激因素:

① 对口语表达的效果没有信心;

② 对口语表达的效果有较高的期望值;

③ 认为出现语塞、失误,肯定会影响自己形象;

④ 自认为说话对象不满,源于自己讲得差劲,他们在嘲笑我;

⑤ 自己有生理缺陷,形象欠佳。

其他因素:略

(3) 舒适地坐在椅子上或躺在床上,微闭双眼,想象引起最初高度紧张的最弱刺激诱因,直到紧张感接近消失。

(4) 升级想象引起较强紧张的较严重刺激因素,直到紧张、焦虑完全消失为止。

三、目光接触训练

在指导学生试讲时,我们常会发现:大多数学生讲课时,只顾盯着讲桌、教案讲,不敢抬头看学生,即不敢与学生进行目光接触,这是心理素质欠佳的表现。因此,对学生进行目光接触训练,增强与人交际的自信心是很必要的。

【训练内容】

(1) 说说你在口语表达时,害怕与对方目光对视的原因是什么?

(2) 谈谈说话者与对方目光接触时,说话者目光应该发挥什么作用?都有哪些含义?

【训练方法】

(1) 情境模拟训练:在一面镜子前,一边看着自己的眼睛,一边想,一边说:现在,我应该用柔和、信任的目光去与听众交流,感谢他们注意听我的发言;现在,我应该用平和、企求的目光去征询听众的意见:"听懂了吗?""我讲得清楚吗?";现在,我应该用坚定、自信的目光告诉听众:"对于这一点,我坚信不移。"现在,我应该用火热、亲切的目光与听众交流,表达我们感情上的共鸣。

(2) 话题训练

【训练内容】

话题一:任何人都是独一无二的

话题二:战胜怯懦,战胜自己才能成功

话题三:我的怯场心理正在发生改变

【训练方法】

① 在一个正式场合,对上面的话题从容地发表讲话。

② 请先阅读下面的示例,然后找几位志同道合的朋友"侃"下面的话题。大家大胆地"侃",饶有兴味地"侃",互不相让地"侃",一人说一段话,语段必须完整。

【示例】

侃爷话"侃"

甲:北京这地界挺怪,不管什么人都可以称"爷"。蹬三轮的称"板爷",腰缠万贯的称"款爷",能说会道的称"侃爷",真是"爷儿们"何其多!

乙:是啊,"爷"再多也没"侃爷"多。大概是做"侃爷"比较容易,什么都不要,只两张嘴皮儿,咱俩今天碰一块儿也都成了"侃爷"啊!

甲:"侃"是闲谈,聊天,看似东拉西扯,漫无边际,其实相互补充见闻,既可以消磨时光,又可以打开眼界。

乙:是啊,听说名人也爱"侃",他们一"侃"就点着思想火花了,不留神就酝酿出新的见解。鲁迅的《门外文谈》最初就是炎炎夏日的夜晚在"门外"同几位邻居"对侃",后来他回到房间就有了想头,这样就写出来了。

甲:对啊,"门外"侃了回家就成了文章,听说爱因斯坦的一些重要科学观点,是同朋友在瑞士伯尔尼的"奥林比亚"咖啡馆聚会时,一边吃简便的晚餐一边无拘无束地"对侃",有了灵感,然后经过深入思考提出来的。

乙:不过能像鲁迅、爱因斯坦那些名人那么"侃"的人是太少了,咱们侃不了。所以要说"侃爷",那也是分层次的。

甲:是啊,有的人碰到一起就喊喊喳喳、叽叽咕咕、胡吹乱侃,说的都是背后损人的话,那种"侃爷"最叫人生厌了。

乙:还有的不"侃"便罢,一"侃"准带点"荤腥味儿",什么下三流的打情骂俏,桃色新闻黄段子,"侃"得眉飞色舞、口沫横飞、不堪入耳,我看八成儿有过几分体验……那是"荤"侃,不是咱俩的强项。

甲:我想,现在社会环境宽松了,"侃"的范围很广泛,干嘛要"侃"那些无聊的东西,太没意思了,简直是闲扯淡!

乙:所以"侃"有"侃"的品位,高品位的"侃"益智明理,增长见识,也训练了口才;低级的"侃",污言秽语,出口成"脏",摇唇鼓舌,浪费时光,最后一事无成,那还不如不"侃"!

甲:对,有品位的"侃",才能称得上"爷"!

话题1:电视节目的克隆现象

话题2:"网恋"之我见

话题3:"山寨现象"之我见

【训练要求】

运用前面的心理调节技巧进行话题讲述,并及时总结在这方面的进步。

【训练提示】

训练时不要去探究别人目光的含义,你只管去用自己的目光同别人交流,并尽量体会自己的目光是否体现出友好的交流感情;如果你仍然紧张,可以用虚视或扫视。

四、快说脱敏训练

一个人之所以能从口讷到大胆讲话,做到"目中无人",想说什么就说什么,这是心理调节的结果。目中无人,就是尽量把注意力集中到想什么说什么上,这样,紧张、恐惧的刺激反应就会逐渐变弱。有了想什么说什么的流畅表达,久而久之,便敢大胆地说了。

【训练要求】

面对大庭广众,不管听众的反应如何,只管想什么就说什么,直到紧张、恐惧感消失。

【训练方法】

(1)试对下列论题作出快速的有说服力的反驳。

①"你的爸爸当海员,死在海里;你的爷爷当海员,也死在海里。我看你就不要再当海员了。"

②"我男人好歹是个科长,你男人是什么东西?扫垃圾的!扫垃圾的老婆,你不害臊,我倒替你害臊!"

③"我是能人,能人不是完人,我用公款吃喝旅游是不太好,不过只算是个小缺点。我当厂长,还掉了几亿外债又盈利几千万,报纸上夸我一个人救活一个厂,我让你们几百号人不下岗,我吃点儿喝点儿用点儿不要不服气。社会主义初级阶段嘛,不可能尽善尽美,这些

事多得很,不要大惊小怪。"

(2) 故意同别人就某问题的观点唱反调,作"抬杠"练习。

所谓"抬杠"是一种通俗的说法,指两个人为了一个问题作短兵相接的争论。"抬杠"可以作为快说脱敏训练的一种形式。请以下列论题作"抬杠"练习:

① 正方:不要这山望着那山高
   反方:应当"这山望着那山高"
② 正方:好汉不吃眼前亏
   反方:好汉爱吃眼前亏
③ 正方:有志者,事竟成
   反方:有志未必事竟成
④ 正方:文人不言利
   反方:文人应当言利

【训练提示】

围绕题目中心内容,只管目中无人地讲,如果出现语塞,就立即换个角度接下去;如果同学鼓掌、交头接耳、发出噪音时,声调可升高,用目光接触对方或听众,聚焦要虚,也可视而不见地说下去。

第三节　思维能力训练

思维能力包括理解力、分析力、综合力、比较力、概括力、抽象力、推理力、论证力、判断力等能力,它是整个智慧的核心,参与、支配着一切智力活动。概念、判断和推理是思维的基本形式,思维的过程是通过分析、综合、概括、抽象、比较、具体化和系统化等一系列活动,对感性材料进行加工并转化为理性认识及解决问题的过程。无论是学习活动,还是人类的一切发明创造活动,都离不开思维能力,思维能力是学习能力的核心。

思维能力的训练体现在五个方面:

① 创造性。创造性指思维活动的创造意识和创新精神,不墨守成规,求异、求变,能够创造性地提出问题和创造性地解决问题。突出表现在独立性、分散性、新颖性。

② 系统性。系统性指善于抓住问题的各个方面,又不忽视其重要细节的思维品质。考虑问题,总是要从整体出发,能够很好地处理整体与局部的关系。

③ 深刻性。深刻性指思维活动的抽象和逻辑推理水平,表现为能深刻理解概念,分析问题周密,善于抓住事物的本质和规律。

④ 敏捷性。敏捷性是指思维活动的反应速度和熟练程度,表现为思考问题时的快速灵活,善于迅速和准确地作出决定、解决问题。

⑤ 灵活性。思维的灵活性指能从不同的角度按不同方法解决问题,能恰当运用分析和综合等思维方法,具有概括和迁移能力,善于运用规律,触类旁通,获得合理而灵活的答案。

语言是思维的外壳,思维是语言的内核。口语表达的过程实际上就是把思维的结果表述出来的过程;而口语训练对思维也有着加工、提高的作用。因此,通过思维方式与思维品质的训练,有助于从根本上提高口语交际的质量。

一、思维方式的训练

(一) 发散思维与集中思维

发散思维是指思路从某一中心向不同层次、不同方向辐射,从而引出许多新的信息的思维方式。训练发散思维能使说话者思路流畅、长于联想发挥、善于应急变通。集中思维是将许多新的信息围绕中心进行选择、归纳和重新组合。发散思维与集中思维可以同时训练。

(二) 正向思维与逆向思维

正向思维是指常规的思维方式,逆向思维是指与常规思维反向的一种思维方式。"司马光砸缸的故事"很多人都耳熟能详,按常规思维,救人应先让人离开水,但由于缸太高,小伙伴们无法把缸里的孩子救出来。这时,司马光运用逆向思维:难道就不能让水离开人吗?于是他砸缸救了人。所以,善于逆向思维,可以使人在口语交际中新意迭出。

【训练方法】

1. 请发挥想象力,说出下列物品的至少10种用途。

饭碗　　被单　　绳子　　自来水　　窗户　　眼镜

2. 扩展话语训练

分别用"家里很温暖"、"教室里很安静"、"公园里很热闹"做开头,各说一段话。要求:每段分别不能重现"温暖"、"安静"、"热闹"等词;每段必须分别围绕"温暖"、"安静"、"热闹"为中心组织语言;准备时间为3分钟。

3. 参照范例,对下列词语作发散思维的练习。

粉笔:色彩——洁白　　　形体——短小　　　原料——纯净
　　　质地——坚硬　　　属性——易碎

路灯　　黑板　　茶壶　　天平　　春天　　微笑

4. 将学生分为正方、反方,对下列成语,正方同学按正向思维方式作3分钟阐述,反方同学按逆向思维方式作3分钟阐述,然后展开辩论。

知足者常乐——不知足者常乐

愚公移山赞——愚公移山质疑

只要功夫深,铁杵磨成针——即使功夫深,铁杵未必能磨成针

二、思维品质的训练

(一) 思维条理性的训练

思维条理性的训练,又叫思维品质的条理性的训练。条理性是思维品质最基本的要求。思路清晰,才能保证语流清晰畅达。它是关于思维活动的准确性与条理性的训练。

为了使思维有条理,说话有条理,要注意适时留下"思维路标"。常用的方法有三:

一是恰当使用插入语——"首先"、"其次"、"再次"、"总之"、"可是"、"总而言之"等;

二是正确使用关联词语——"由于"、"从而"、"因此"、"因为"、"所以"、"但是"、"然而"等；

三是话语中必要的称代重提或词语重复，如，"一位老师走了进来。这位老师……"

1. 用100字左右口头诠释下列词语（不查字典、不动笔，限时3分钟。）

语文　　微博控　　草根　　蚁族　　粉丝

2. 用几句话说明下列物件的结构、功能和使用方法。

烟灰缸　　筷子　　手机　　电脑　　茶几

（二）思维开阔性训练

思维开阔性训练，也叫思维品质的开阔性训练。思维的开阔性指思维的广阔、新颖、灵活。

1. 请把下面互不相干的20个单音节词语，经过想象快速组合成一首诗，或说一段描写景物的话。20个字要全用上。如：

日　鹤　萋　空　白　人　乘　愁　楼　返　云　悠　晴
江　树　草　暮　烟　乡　载

2. 成语想象训练

【示例】

塞翁失马

边塞上一个老头丢了一匹马，别人来安慰他，他说："你怎么知道这不是一件好事呢？"后来，这匹马竟带着一匹好马回来了。

这个成语故事告诉我们：

(1) 暂时吃亏可以得到更大好处。

(2) 在一定条件下，坏事可以变成好事。

(3) 安慰别人要注意一分为二，免得自讨没趣。

参照示例，请你说说下列每个成语可以从不同的角度引出哪些不同的旨意。说得越多越好。

东施效颦　　大海捞针　　刻舟求剑　　四面楚歌　　滥竽充数
邯郸学步　　请君入瓮

（三）思维敏捷性训练

思维敏捷性训练，也叫思维品质敏捷性训练。它指思维活动的正确而迅速的特点，正确是前提，迅速是关键。

1. 快速归类训练：表示或描述"手"的动作的词有哪些？说得越多越好。如，打、提、写、砍、抽……

2. 限时答问：请按照下面的例题，设计一组常识性或"脑筋急转弯"的问题，双方限时性作快速提问，快速回答的练习。（100秒为净答所需用的时间。问句语速稍快，以训练听辨的反应力。回答基本正确即可。）

题例："雷鸣电闪"和"电闪雷鸣"哪个说法更合理？

什么话说了自己不知道？

什么动物代表澳洲？

处于困境又遇生路可用什么成语表达？

鸟都是会飞的,马都是会跑的,对吗？

两个父亲两个儿子去打野兔,每人打了一只,怎么只有3只？

话不投机,投机取巧,两个"投机"的意思相同吗？

3. 迅速判断下列成语解释哪些是对的、哪些是错的。

(1) 其貌不扬:事物的真实面貌还没有宣扬出来。

(2) 不刊之论:报刊上没有公开发表过的观点和言论。

(3) 满城风雨:全城到处都在刮风下雨。

4. 积累词语训练

(1) 试用 ABB、AABB 结构迅速说出表达喜悦、欢乐的词。如：

笑呵呵　　笑哈哈　　高高兴兴　　蹦蹦跳跳

(2) 迅速、正确地说出带"马"和带"好"的成语。如：

马到成功　千军万马　指鹿为马　花好月圆　好事成双　好自为之

5. 限时快速接对相近或相反的成语。

"寸步不离"相反的成语是——

"阳奉阴违"相近的成语是——

"不翼而飞"相近的成语是——

"门庭若市"相反的成语是——

"唯我独尊"相近的成语是——

"祸不单行"相反的成语是——

"时来运转"相近的成语是——

"不足为奇"相反的成语是——

6. 接对成语

这是思维和语言的反射性训练。方法是:先就某个成语的意思作简明概括的解释,说后要求对方快速说出相应或相近的成语。两个人一组各组配一套题,互问互答。

题例:事物消亡前的表面辉煌(回光返照)

　　　按自己的需要引用别人的话(断章取义)

——行动出没无常,不可捉摸(　　　　)

——不管到什么环境,都安然自得(　　　　)

——在即将成功的时候失败了(　　　　)

——一下子解开心结,明白了某种道理(　　　　)

——以空想代替现实,以自我安慰(　　　　)

——羞愧得下不了台,就发脾气(　　　　)

——行动和目的相反,背道而驰(　　　　)

——不需攻击,自己就失败了(　　　　)

——治平乱世,恢复正常(　　　　)

——力量很小却想撼动强大的事物(　　　　)

7. 妙对成趣:用对偶句训练择语反应力,是我国传统语言教学中行之有效的方法。对偶句也可以增添情趣。请快速完成下列民谚的接对。接对的评定尺度可放宽。不一定要工对,对已流行的俗语也可作改动,但要能自圆其说。如:

虎不怕山高——鱼不怕水深;

嘻嘻哈哈喝茶——叽叽咕咕谈心;

粪堆里长不出灵芝草——狗窝里养不出金钱豹。

(1) 千军易得,_____

(2) 尺有所短,_____

(3) 鱼怕离水,草_____

(4) 抓鱼要下水,伐木_____

(5) 明里一把火,暗里_____

(6) 生姜老的辣,笋子_____

(7) 甘蔗老来甜,辣椒_____

(8) 路不走长草,刀_____

(9) 宁吃鲜桃一口,不吃_____

(10) 菜刀越磨越快,文章_____

(11) 人勤地出宝,人懒_____

(12) 柿子拣软的捏,山芋_____

(13) 好花不浇不盛开,小树_____

(14) 稗草长不出稻穗,狗嘴_____

(15) 一锹挖不成井,一笔_____

(16) 大河有水小河满,大河_____

(17) 云彩经不住风吹,露水_____

(四) 灵活性的训练

思维灵活性即思维的灵活变通,指言语交际者根据具体情境与临场变化随机应变地作出切合情境的巧妙反应。这种思维方式也叫"语境生智"。

【示例】

董卿的"语境生智"

2009年春晚彩排前,央视主持人董卿在大理主持节目摔下石阶,后来她来到央视彩排现场,走路稍有些蹒跚,笑着自我解嘲说她"为大理的景色'倾倒',倒在了三塔寺下"。春晚彩排中,青年美声歌手王莉在上场的时候也不慎摔倒,单膝跪地。虽然没有影响到声音的效果,但现场气氛未免显得尴尬。面对王莉的摔倒,董卿说了这样一段话:"刚才歌手王莉不小心摔倒,好在没影响到她的演出。其实春晚就是这样一个舞台,能站在这里的都是最优秀的演员,大家都是摔倒了又爬起来才走到这里的!"

两个"摔倒",语境不同,董卿运用幽默和"别解"巧妙化解尴尬气氛,这就是"语境生智"的功夫。

突破惯性需要语境生智。处变不惊,就可能说出几句奇智妙语。如果心情过于紧张,思维难以聚合,表达变得迟钝起来,就可能落入思维惯性的陷阱。"语境生智"就是让思维处于积极状态,来个"急中生智"。

思维灵活性品质的训练表现在表达方式的灵活运用上,如"凡是人,都是有情的"这一思维结果,可以根据不同语境的需要予以多样化的表述。

所有的人都是有感情的。

人世间不存在没有感情的人。

没有感情的人是不存在的。

哪里会有没有感情的人?

作为人,怎能会没有感情呢?

难道会有没有感情的人吗?

没听说过,人会没有感情?

……

全班讨论后,以下面的命题,作灵活多样的表述。

1. 该来的人还没有来

2. 好男儿志在四方

(五) 思维新颖性训练

思维的新颖性是指由于习惯使然或受他人思维方式的影响,自己的思维趋于定势,口语交际中总会重复别人说过的话,缺乏个人独到的见解。

1. 突破思维惯性的训练

题例:教师问:"猪的用途有哪些?"孩子们踊跃回答,最后大家说不出来了,一个孩子站起来回答说:"猪,还可以用来骂人。"

(1) 人们总认为"老鼠"是害人精,偷吃粮食,损坏衣物。请你说一段话,讲讲"老鼠的贡献"。

(2) 人们都讨厌"狗仔队",请你为狗仔队"讲几句公道话"。

2. 就以下命题,试着从"我"的角度说说你的见解,要从新角度来阐发。

(1) 知足者常乐

(2) 大学生上网的利与弊

3. 对下列论题作"反常合道"的思辨,并作言之成理的讲述。

题例:天平最公平——天平是最不公平(谁给多点就倾向谁)

(1) 班门弄斧——"弄斧"必到"班门"前

(2) 良药苦口——"良药"应当"爽口"

(3) 想入非非——"想"必须入"非"

(4) 知足常乐——知"不足"者常乐

(5) 敝帚自珍——"敝帚"何须"自珍"

(6) 忠言逆耳——"忠言"应当"顺耳"

(7) 愚公移山——"愚公"不该"移山"

(8) 自以为是——自以为"非"很可怕

第四章 口语交际能力测试

第一节 衡量大学生口语交际水平的基本标准

衡量一个人口语交际水平的高低,我们常用下列词语来描述。如用"口若悬河"来表达其讲起话来的滔滔不绝的情形;常用"妙语连珠"来赞扬其话语的巧妙风趣,字字如玑珠,很有文采;常用"听君一席话,胜读十年书"来感慨其话语的深刻性、独到性;也常用"笨头笨脑"、"笨口拙舌"、"理屈词穷"等词语来描述一个人没有口才,不善言辞;用"语无伦次"来形容一个人的说话缺乏条理性,用"吞吞吐吐"来描写其说话结结巴巴,表达不顺畅;用"闪烁其词"来说明其话语的表意模糊,叫人听不明白,理解不了;常用"对牛弹琴"来表达其话语不分交际对象的盲目性,缺乏鲜明的交际效果。以上词语都从不同角度(如思维的敏捷性、表意的深刻性、话语的条理性、针对性等方面)来衡量了一个人口语交际水平的高低,在此基础上,本节主要阐述口语交际水平的衡量标准,即目的性标准、逻辑性标准、准确性标准、针对性标准、通俗性标准、真切性标准。依据这些标准来衡量我们口语交际的得失将有助于实现交际动机与效果的统一,合规律性与合目的性的统一,使我们的口语交际水平的提高尽可能由必然王国迈入自由王国。

一、意图鲜明的目的性

无论是在日常生活还是在工作中,口语交际都有一定的目的性,口语交际目的的明确与否,会直接影响到交际效果。英国哲学家奥斯汀提出了说话行为的理论,认为交际的基本单位不是句子或其他什么语句,而是完成某一言语信息传输收受的一定类型的行为。如,肯定、请求、提问、命令、道歉、致谢、祝贺等,将研究的注意力放在说话行为及意图和效果上。这对于口语交际水平的研究很有启发作用。

交际目的的实现有赖于说话行为的自我调控。人们的言语交际是一个相当复杂的过程,当表达的一方按照预期的目的发出话语信息,或因措辞不当,或对交际对象的不了解,引起对方的误解和反感,这时就需要加以控制和调节,使对方易于理解,乐于接受。还有一种情况是,交谈的开端是按原定目的进行的,可说到中途,或因对方及周围情况的反应变化,或因兴之所致,走了题,偏离了原定的交际目的,这时,同样需要自觉控制,调节说话行为,以便回到原定话题上来。这是言语交际中贯彻目的性原则和最优化原则的控制手段。例如，一位年轻的人口普查员问一位农村大娘："你的配偶呢？"大娘不知所云。人口普查员连忙调节说话形式："就是你的老伴嘛！"大娘笑了："你说老伴不就是了？"这才达到预定的交际目的。

除了上述调控方式之外，言随旨遣的方式还有针锋相对、步步引导、投其所好、将计就计、委婉含蓄等。例如在委婉含蓄方面，一位家长问老师："我孩子成绩怎么样？"老师回答："要是能抓紧点，他成绩不会差。"显而易见，这个学生成绩不算好，但这位老师没有真话实答，而是委婉地用对学生的希望作答，既避免家长没面子，又能避免家长迁怒于孩子。

总之，人们运用话语进行交际时，总是想尽一切办法，采取一切有效手段，来调控自己的说话行为，组织相应的说话形式来表达话语意图，以期达到预期的交际目的。

二、条分缕析的逻辑性

"条分缕析的逻辑性"主要针对话语条理性、逻辑性的清楚而言。

衡量一个人说话水平的首要因素便是准确、清晰、明白。为达此目的，话语必须将话题、观点、材料等纳入一定的思路中，最终条分缕析地呈现话语的内在联系。理清思路的方法有：一是组织一定的表达形式，按一定的顺序展开，从头到尾，都要符合事物的发展规律，符合事理推演的逻辑顺序。二是将问题分门别类，观点排列有序，即先说什么，后说什么，在头脑中要有全盘考虑，这样才能使要表达的内容有条不紊。

要使口语交际条理清楚、头头是道，就必须安排好表达时的话语语义组合。口语交际要承前启后，一句接着一句，这是由言语陈述的线性特点决定的。对人说话时，每个句子都有自己的话语起点，即陈述对象，也叫"主位"，代表旧信息；后边的话是对话题起点的陈述，也叫"述位"，传递新信息。句子的表述过程就是由旧信息到新信息的表述过程。在完成一个由许多句子组成的言语行为过程中，人们说完一句话后，就要考虑下一句话的表述应选择什么样的主体作为新信息的起点，是仍然以上一句话的主位作为下一句的主位呢，还是将上一句的述位做下一句的主位呢？每说完一句话，人们都面临着同样的选择，直至表述完毕。捷克学者丹纳斯把这种过程中的主位关系称作"主位推进程序"。这种"主位推进程序"既体现出思维路线之魂，又体现出话语框架之形，很值得我们借鉴。如颇具中华民族思维特点和语言表达特色的时空排列方式："从前有座山，山里有座庙，庙里有个老和尚，老和尚给小和尚讲故事……"这种表述推进程序以时空坐标点为主位，引出一个述位，然后不断变换成新的主位和新的述位。

这种在语义上的逻辑性，或按时间顺序，或以空间线索，或依据事理关系，等等，都是围绕着一个中心，顺着逻辑线索展开，因而能使话语中心突出，条理明晰。

三、表情达意的准确性

准确性是大学生运用语言进行口语交际的基本要求。表情达意的准确性主要指语言运用的准确性、知识储备和掌握知识的准确性。

语言运用的准确性，主要指正确地使用语言。正确地使用语言，就是语言运用的最大技巧，是每个人驾驭语言的基本方式和方法，在语言驾驭上每个人都有自己的特点。按照标准性要求来说,一般要具备这样几个条件:一是要认识明确。对自己所要表达的东西不熟悉或一知半解,其语言的运用也必然暧昧不清。二是要建立宏大的"词汇库"。口语交际中如果词汇贫乏,语言单调,表达就会苍白无力,这是不受欢迎的。三是要有感情色彩。感情色彩主要指褒贬语词的正确使用,这样使用语词是对内心世界的真实表达。四是对古语、现代新词和优秀的外来语的使用。在语言运用中,如果恰到好处地使用一些有生命力的古代语言文字、现代社会出现的新词、热词以及国外的一些优秀语言,除了大大丰富自己的语言外,还能增强语言运用的文化底蕴、新颖性、时代性和民族性。五是语言要精练。即尽量用最少的词句准确地表达自己所要表达的意思。清代画家郑板桥有诗云:"削繁去冗留清瘦。"可见,言不在多,达意则灵。语言的精练就是长话短说,言简意赅。

大学生在口语交际中对语言的准确运用,首先要求要掌握丰富的知识,如果没有丰富的知识,语言的运用就会表现得浅薄、空泛、苍白无力而缺乏吸引力。有了丰富的知识储备,还要使知识的掌握趋于准确性,否则,似是而非、模棱两可、含糊不清都是口语交际中语言表意的大忌。21世纪是知识经济时代,现代社会是知识型社会。大学生应努力学习各种文化知识,不断充实自己。大学生要掌握的知识既包括社会科学内容,又包括自然科学内容。只有将社会科学和自然科学有机地结合起来,才能使自己的知识更加完善。

四、因人而异的针对性

口语交际的针对性标准在前面章节我们已谈过。指大学生口语交际时要针对交际对象的不同年龄、不同性别、不同性格、分清个人好恶、考虑心境状态等,切合实际,有的放矢。

针对不同年龄。如对老年人说话,由于老年人的人生阅历丰富、体验深刻、经验丰富、智力水平很高,心理状态相对稳定,这是首先需要考虑的。其次要了解老年人喜欢与厌恶的话题。喜欢的话题,如对当前国际国内形势的看法,对社会风气的评价,对青年一代的愿望及其退休后的生活与健康等做到了解;反感的话题,如与生老病死有关的话题是老年人最敏感最忌讳的,应慎之又慎。只有了解老年人的爱憎情感,我们所说的话才能适应其生理、心理特点,口语交际才会取得成功。如,遇上一位老人去换煤气罐,如果你说:"老大爷,您没气啦!"老人家肯定会不高兴的。因此,口语交际的针对性很重要。由于老年人喜欢热情、稳重、平实、幽默的话语,所以,我们应该用尊敬、庄重、谦和、亲切的态度同他们交际与交流。

针对不同性别。男女性别的不同决定了其担负的社会职能的不同,这就形成了男性和女性不同的心理和习惯。一般来说,男性较自信、大方、果断,有较强烈的主动性、批判性和坚韧性,不太拘泥于细枝末节;女性则比较文静、柔弱、感情细腻、善良、富有同情心,具有较强的敏感性、依赖性、脆弱性和易受暗示性,心理比较复杂。所以,男性之间的交谈一般是海阔天空,自由随意,坦诚直爽,但应注意控制冲动,克服盲目乐观;女性之间的交谈多是家长里短、柴米油盐,丈夫儿女,温馨自然,但应注意认识的新颖、深切和防止过于敏感。男女性之间的交往,男性应注意用坦诚、热情的言辞平等对待女性,以取得女性的认同;女性应排除自卑心理,敢于大胆发表自己的独立见解。

口语交际的针对性标准还体现在对交际对象的不同性格的把握上。性格,是指人对现实的态度及习惯化的行为方式,它是最能表现个性差异的心理特征。对于性格豪爽者,要求说话耿直爽快、褒贬鲜明、淋漓尽致，厌恶言不由衷、转弯抹角、遮遮掩掩；对于性格拘谨者，要求言辞坦诚真挚，恳切明晰，对出言不逊、绵里藏针非常反感。脾气暴躁者往往喜听温和婉转之言，胆小怯懦者一般厌恶粗暴强悍之语。

分清个人好恶。爱好，是指个人对某种事物具有浓厚的兴趣。由于个人的爱好不同，对话语的"兴奋点"也不相同。如果对一位潜心学问的学者大谈"股票"、"生意经"，他定会嗤之以鼻；相反，若对一位经商之人大谈"治学之道"，他也会味同嚼蜡。不同的爱好有不同的"兴奋点"，爱好相同的人聚在一起交谈，可以激发出话题焦点的"火花"，进而产生思想感情的共鸣，使交谈者彼此在口语交际能力上得到共同提高。

考虑心境状态。所谓心境，是指一个人的一种较微弱、持久而具有感染性的情绪状态。在良好的心境下，主体对一切都感兴趣，会以亲切平和的态度待人接物，在人际交往中，心与心容易沟通；相反，在不好的心境下，主体对一切都感到枯燥无味，容易被激怒，在人际交往中，心与心很难沟通，这时的说话要注意，不能"哪壶不开提哪壶"。所以，口语交际中，我们必须把对方当时的心境作为一个基本的前提加以考虑。

五、明白晓畅的通俗性

通俗性即指"明白如话"，让听者明白，易懂，使人乐于接受。口语交际中的"通俗性"，主要指在口语交际活动中要说生动形象的大众话和朴素平易的实在话。

生动形象的大众话，指在口语交际中准确使用俗语、谚语、歇后语等来自老百姓的口头语，能增强说话的感染力。俗语是通俗而广泛流行的定型语句，简练形象。恰当引用俗语，可以增强说话或演讲中的幽默感和说服力。如，"当家才知盐米贵，出门才晓路难行"。谚语是劳动人民在长期的生产生活实践中总结出来的语言，经历了千百年的传诵，千锤百炼，凝结着劳动人民丰富的思想感情和智慧。谚语具有寓意深长、语言精练、朗朗上口、便于记忆的特点。恰当使用它，可以为语言增色。如有关生物反应与天气的谚语："燕子低飞要落雨"，"蚂蚁搬家早晚要下"，"天上鱼鳞斑，晒谷不用翻"，等等。歇后语是为老百姓所喜闻乐见的语言，在群众中广为流传。歇后语一般由前后两半截组成，前半截形象的比喻，像谜面，后半截是解说，像谜底。在口语交际中恰当运用歇后语，可以增强谈话的趣味性，增加语言的表现力。如，外甥打灯笼——照舅(旧)，锦上添花——好上加好，孔夫子搬家——净是输(书)，等等。

又如，《红楼梦》六十五回中，兴儿向尤二姐介绍王熙凤的为人时所说的一段话：

"她说一是一，说二是二，没有人敢拦她……如今连她正经婆婆都嫌她，说她'雀儿拣着旺处飞，黑母鸡一窝儿，自家的事不管，倒替人家去瞎张罗'。……我告诉奶奶，一辈子不见她才好呢。'嘴甜心苦，两面三刀'；'上头笑着，脚底下使绊子'；'明是一盆火，暗是一把刀'，都全占了。"

这段话中，兴儿使用了许多大众化语汇，形象地描绘了王熙凤心狠手辣、媚上欺下，"少说也有一万个心眼儿"的多面性格，可谓深入浅出，惟妙惟肖。

朴素平易的实在话，指在口语交际中要说符合实际的话，即心平气和，直来直去，实话实说，中肯实在，语言平易。大众喜欢的是有啥说啥，直来直去。对于那些空话、套话、大话、假话，不但不愿听，甚至觉得是受精神折磨，是浪费时间。

强调口语交际中语言的通俗性,还要注意避俗。通俗不是粗俗,通俗忌讳粗俗。通俗而形象的语言,给人以享受,容易打动人,叫人易接受。粗俗而低下的语言,使人嗤之以鼻,不屑一顾。所以,口语交际中的语言不是华丽辞藻的堆砌,不是文绉绉的书面语,而是充满生活气息的通俗质朴的语言。这样的语言,因为很受人欢迎,因此很有生命力。

六、情真意切的真切性

口语交际所传递的信息,除了理性信息外,还有情感信息。这种情感信息,内涵十分丰富。其功能不仅要诉诸人的理智,而且更要打动人的情感。所以,《毛诗序》云:"情动于中而形于言,"白居易说:"感人心者,莫先乎情,"说明口语交际时既要以理服人,又要以情感人,这才能表现出良好的口语交际水平。如果口语交际中对某一信息的传递缺乏影响人的情感的因素,那么这样的口语交际便是不成功的。情感在口语交际中的重要性可见一斑。"事实、情真、可信性"被认为是一番言语具有说服力的三大要素,有人称这种说服力为"充满激情的逻辑推理"。因此,口语交际水平与情真之间存在密不可分的关系。

这里"情真意切的真切性"主要指"以情感人"的语用效果和表达方法。要想达到理想的口语交际效果,情感的运用是必不可少的;要想达到"言者惓惓,听者潜潜"的效果,必须重视"情真意切的真切性"。下面是一则超市购物时的口语交际实例:

顾客:请问有白猫牌的柠檬红茶洗洁精吗?

导购:那上面不摆着吗?

顾客:多少钱一瓶?

导购:自己看嘛,那上面不写着吗?

这样的对话,顾客被噎得够呛,随即会掉头而去。这是极其不成功的口语交际。顾客虽然获得了准确的理性信息:有白猫牌的柠檬红茶洗洁精及其价格,但由于导购冷淡的服务态度,以反问句式传达的理性信息,使得情感信息受阻,顾客受了气,生意自然难成。

情感是打动听众的有力武器。说理可以服人,诉情可以感人。要想使听众真正被你的话感动,却不是一件容易的事。所以,"以情感人"的表达方法很重要。较常用的是推心置腹法。这里的推心置腹就是指话语的真诚。所谓真,是指不矫揉造作,言辞不虚浮,能够保持说话者的自我本色。例如,1860年,林肯与民主党候选人道格拉斯竞选美国总统。道格拉斯是个阔佬,为了推销自己,特地租用漂亮的专列,车后安放一尊大炮,每到一站就鸣放30响,配以乐队的喧闹,声势之大,为历史之最。并口出狂言:"要让林肯这个乡下佬闻闻贵族的气味。"而林肯则买票乘车,每到一站就登上朋友们为他预先准备好的马拉车。面对道格拉斯的强大挑战,他以退为进,沉着迎战。在一次演讲中,他说:"有人问我有多少财产?我有一个妻子,三个儿子,都是无价之宝。此外,还租有一个办公室,室内有办公桌子一张,椅子三把,墙角还有一个大书架,架上的书值得每个人一读。我本人既穷又瘦,脸蛋很长,不会发福。我实在没有什么可依靠的,唯一可依靠的就是你们。"林肯这番话的真诚首先在不讲排场,与选民的心理距离拉近了;内容上,贴近常人之心:谁没有妻室儿女?他却称他们是无价之宝。这是情感认同。办公室是租用的,摆设极其简单,但书架大,投合选民们理想中的总统形象:廉洁、勤奋、富有学识。这样的自我介绍,不乏幽默感,这是形象的心理认同。最后,不把自己当作选民的救星,而把选民当作自己唯一的依靠,予以得体恭维,从而获得心理的亲近认同,可谓真诚显魅力,林肯最终的一举获胜便在情理之中。

第二节 口语交际能力测试相关事项

目前,我国对大学生的口语交际水平的测试缺少测评体系,教师和学生对口语交际教学的重视程度必然也有所减弱,教师对学生在口语交际课程中的学习效果也没有依据来衡量,因此,我们要对大学生进行口语交际能力的测评,可以借鉴国外的测评标准,参考我国普通话水平等级测试的形式,这将对学生口语交际能力的提升有一定的促进作用。下面,谈谈大学生口语交际能力测试的相关事项。

一、口语交际能力测评原则

(1) 以《师范院校"教师口语"课程标准》关于一般口语交际的教学要求为依据,通过几种主要口语表达形式的出题考核,了解学生对一般口语交际技能的掌握情况。

(2) 激励性评价贯穿始终。激励性评价作为学生的精神刺激物,极大地激励了学生的进取精神,为学生积极行为的不断涌现起到潜移默化的作用。激励是学生不断提升口语交际水平的内驱力。因此,教师在口语交际教学过程中,对学生的口语交际表现,无论优劣,都要先给予肯定,适时做出激励性评价,与学生展开心理对话,满足学生寻找自我价值、寻找自我肯定的心理需求,引起更高层次的积极行为。及时调动学生的学习热情,让学生愿意参与到口语交际训练当中。只要学生敢说、愿意说,就是口语交际训练成功的希望。激励性评价不仅能促进学生在本次口语交际训练中全身心投入,更能增强学生在生活实践中交际的信心,其口语交际能力在平时的点滴积累中必然会逐渐得到提升。

(3) 即时性评价与终结性评价相结合

① 即时性评价。即时性评价是一种与教学过程密切黏合的行进性评估,它始终贯穿于课堂学习过程中。教师在教学中通过学生的表现,及时给予评价,以学生为主体、以教师为辅翼,可以对学生在口语交际方面的交际意识、情感态度和参与兴致作出综合性的临场评定。这种评价最大的价值就在于随时评定,随时反馈,可以对学生的学习效果及时掌握,适时地调整教学策略,更有效地发挥教师的指导作用。学生通过这种即时性评价,也可对自己的优势和不足随时了解,及时更正。

② 终结性评价。终结性评价是在一定时间段的口语交际训练结束后,对学生进行总结性的综合评定,可通过对学生进行口语交际评估来协助完成。这种评价方式既可检验学生经过学习训练后的学习效果,也可让学生对自己的口语交际水平有所衡量。在实践教学中,可以将两种评价方式相结合,促进学生口语交际能力的提高。

总之,遵循平时教学过程中的即时性评价与编、章结束时的终结性评价相结合,按比例评定成绩的原则,力求客观公正。

(4) 坚持全面测试,即从听与说、有文字凭借与无文字凭借的表达、静态语境中的说与动态语境的表达等多方面进行综合考核。侧重点放在无文字凭借的静态语境中的适应性表达方面。

（5）对学生进行口语交际能力测评要以实用有效为原则，根据学生专业特点，把对学生口语交际能力的测试与学生所学专业紧密结合。

（6）本测试全部口试，以等级显示成绩。

二、测试内容和方法

（一）口语交际能力测试内容

（1）概要复述。当场向被试者出示一则言语材料，要求三分钟后作概要复述。主要测试被试者的记忆能力、思维能力、瞬间言语组织能力。

（2）朗读。指定朗读一篇文章，重点检测被试者对朗读技能技巧的运用。

（3）备稿演讲。提前出题，要求被试者作有听众的登台演讲。主要检测被试者的思维能力、心理素质、语音表情达意的能力、态势语的运用等方面。

（4）听后评说。当场让被试者听一段录音，听后三分钟对此发表自己的看法。主要测试被试者的听记能力、听话组合能力、听话辨析能力、测试快速语言编码的能力。

（5）辩论反驳。当场让被试者听一段录音，介绍一种错误的说法或一种大多数人公认的正确说法，要求三分钟后反驳错误说法，或将正确说法的逆命题说得能够成立。说过以后，测试者可以作一次性质疑，令其当场答辩。主要测试被试者的听辨能力、思维品质、心理素质和动态语境中表达的应变能力。

（6）话题交际。当场让被试者听一段录音，介绍一个交际语境中的话题情境，请被试者一分钟后说说自己在这种情况下怎么说、怎么做。主要测试被试者口语交际中适应语境的能力。

测试内容，除朗读、备稿演讲外，试题必须当场出示，以增强水平测试的可信度。后附测试样题，供教师出题参照，学生也可运用这些材料自测或互测。

（二）口语交际能力测试方法

（1）测试采用单向表述与双向或多向交际相结合的方式。概要复述、朗读、备稿演讲、评述主要采用单向表述的口语表达方式，而辩论反驳、话题交际主要采用双向或多向的口语交际形式。

（2）考试方式

① 学生按学号考前 5 分钟抽取考题。

② 每位学生的口试时间为 3 分钟。

三、测试评分标准和测试计分表

（一）测试共分六项，每项得分为："态度认真、举止合乎礼仪规范"这一项为 10 分，朗读、复述、演讲、评述、辩论反驳、交际话题讲述各项均为 15 分。

各项评分：A 级：10—15 分；B 级：5—10 分；C 级：5 分以下。

（二）评估标准

（1）普通话表达：用普通话说话，要求发音准确、口齿清楚、语言流畅、有节奏感。

（2）口语表达能力：语言组织能力、语法规则、词汇储备、语音语调语速的配合，语义明确程度，情感的融合程度。

（3）语言领会能力：注意力、语义理解、感悟对方言语情感。

（4）语言应对能力：应对是否得体大方、机智灵活。

（5）临场表现：精神状态、举止谈吐、仪态风貌。

（6）测试项目具体要求：

① 态度认真，举止合乎礼仪规范。

② 对复述、朗读、演讲的具体要求：熟练掌握不同形式的口语表达的基本要求、方法与技巧，做到：语音准确，自然流畅，语速适中，语调亲切、自然，针对不同的口语表达形式，语调应富于变化。

③ 评述的具体要求：语言流畅、观点明确，有理有据，彰显自我个性。

④ 在辩论反驳中，观点要鲜明正确，反驳论证逻辑严密，言语犀利、流畅、简短、有力，尊重对方的质疑，讲究辩论风度。

⑤ 交际话题的应对，能够切合语境，自如地对答，随机应变，言语巧妙而不失礼仪风度。

（三）一般口语交际水平测试评分表

考核项目＼等级评定	A	B	C	得分	总分
概要复述	原材料要点清楚，条理清晰，表意明确，表达流畅	能抓住原材料要点，条理较清晰，表意明确，表达基本流畅	基本能抓住原材料要点，条理不清晰，表意比较含糊，表达不顺畅		
朗读	内容清楚，目的鲜明，言语生动，感情真挚	内容清楚，目的明确，言语较生动，能读出感情	内容较清楚，能听出朗读目的，但言语不生动，感情表达不好		
备稿演讲	内容新颖深刻，言语正确清晰，态势得体，感情真诚	内容尚有新意，表达较清楚，态势基本得体	内容无新意或有错误，言语表达时有"卡壳"，态势不得体		
评述	听得清，记得牢，评说击中要害，表达清楚流畅	听、记尚清楚，评说显示针对性，击中要害，表达比较流畅	听、记模糊，评说离题，表达言不及意		
辩论反驳	观点鲜明正确，逻辑严密，言语犀利、流畅、简短、有力	观点基本正确，能够言之成理，表达简短，比较流畅	观点不明或有错误，不能自圆其说，表达简短，表达不流畅		
交际话题表达	说话切境、得体、有效	较切境、得体，基本有效	不切境、不得体		

以上测评内容只是我们的初步探索，在具体的评分过程中，还会因个人评判标准不同而出现分值差异，但不会对学生整体口语交际能力的评估造成影响。

第三节　口语交际水平测试样题及交际话题分析

一、口语交际水平测试样题

（一）概要复述

语流不畅并不可怕

据文献记载,说话不流畅的著名人物很多,比如作家沈雁冰（茅盾）,历史学家顾颉刚,著名铁路工程师詹天佑,诗人柳亚子甚至光绪皇帝,说话都有些结结巴巴,有些"口吃"。但是,经过训练和努力都矫正过来了。

比如钱厚心先生,现在是一位口吃矫正专家,但是他曾是一个严重的口吃患者。由于不能流畅地说话,不能自如地发表自己的见解,学习、生活、工作中常碰钉子,甚至被人羞辱嘲笑。后来他下了很大的决心,通过持之以恒的刻苦训练,终于摆脱了口吃的苦海。有一次,他作为杭州市贸易代表团的代表在江西南昌市"八一礼堂"面对五六千人发表讲话,他的口才赢得了热烈的掌声。

英国前首相丘吉尔,日本前首相田中角荣,大文豪萧伯纳等原来也不善辞令,说话也有些口吃。但是,经过刻苦训练都成了口才家。田中角荣还用雄辩的口才说服了反对派,顺利实现了中日关系正常化。

1940年春末,当30万溃散的英军挣扎在英吉利海峡正准备撤回英国本土时,又遭到德军的猛烈轰炸,英国处于沦亡的边缘。这时,英国首相丘吉尔通过无线电台发表了慷慨激昂的演说,他大声疾呼"我们永远不投降……"他的言辞激动人心,鼓舞着英军和全国民众以必胜的信念与德军展开殊死的战斗。他的那篇演讲已经永载史册。

这说明,语流不畅不可怕,怕的是没有决心进行持之以恒的训练。

（二）朗读

那时候刚好下着雨,柏油路面湿冷冷的,还闪烁着青、黄、红颜色的灯光。我们就在骑楼下躲雨,看绿色的邮筒孤独地站在街的对面。我白色风衣的大口袋里有一封要寄给在南部的母亲的信。

樱子说,她可以撑伞过去帮我寄信。我默默点头,把信交给她。谁叫我们只带一把小伞哪。她微笑着说,一面撑起伞,准备过马路去帮我寄信。从她伞骨渗下来的小雨点溅在我眼镜玻璃上。

随着一声尖厉的刹车声,樱子的一生轻轻地飞了起来,缓缓地,飘落在冷湿的街面,好像一只夜晚的蝴蝶。

虽然是春天,好像已是深秋了。

她只是过马路去帮我寄信。这样简单的动作,却要叫我终生难忘了。我缓缓睁开眼,茫然站在骑楼下,眼里裹着滚烫的泪水。世上所有的车子都停了下来,人潮涌向马路中央。没有人知道那躺在街面的,就是我的蝴蝶。这时,她只离我五公尺,竟是那么遥远。更大的雨点溅在我的眼镜上,溅到我的生命里。

为什么呢?只带一把伞?

然而我又看到樱子穿着白色的风衣,撑着伞,静静地过马路了。她是要帮我寄信的。那,那是一封写给在南部的母亲的信,我茫然站在骑楼下,我又看到永远的樱子走到街心。其实雨下得并不很大,却是一生一世中最大的一场雨。而那封信是这样写的,年轻的樱子知不知道呢?

妈妈:我打算在下个月和樱子结婚。

(节选自陈启佑《永远的蝴蝶》)

(三)备稿演讲

话题如下,请四选一进行备稿演讲:

1. 五星红旗,你是我的骄傲
2. 难忘"5·12"汶川大地震
3. 让孩子们喝到放心奶吧
4. 学习雷锋没有过时

(四)评述

先阅读下面几则材料,然后择其一进行评述。

1. 《新民晚报》报道,11月29号傍晚,101路新风号公交车驾驶员杜明生驾车从吴淞驶向北站,途中,人们看到一辆外地汽车油箱起火,那位驾驶员急得束手无策,小杜看见后,立即拿起车厢里的灭火器下车,迎着呛人的浓烟,冒着油箱随时会爆炸的危险,快速扑灭了烈火,外地司机拉着小杜的手感激万分,但遗憾的是,当小杜回到车上时,隔车观火的部分乘客指责他擅离岗位,多管闲事,有的人抱怨小杜耽误了他们回家做饭的时间。

2. 据报道:2007年四川"竹之神韵"中国巨星演唱会,演员们被热情的观众追得无路可逃,某著名主持人的嘴被撞肿了;同日,自贡体育场举行大型演唱会,某女歌唱家被歌迷强行拥抱,并发生相互踩踏十几个人受伤住院的惨剧;央视《同一首歌》光临潮州,演员被观众拉扯,差一点被扯下舞台……

3. 即兴评述的话题:"良心是道德的卫士":

(1)上海市女工陈燕飞怀孕5个月时,有一天路过苏州河,见一妇女溺水,她奋不顾身跳下去将那位妇女救上来。别人采访她,她说:"这是做人起码的道德。见死不救,那是没良心……"

(2)广州市一个青年,从急于购买摩托车的农民手里花言巧语骗得2600元。未出24小时,他化名"王平"写了封痛切反省的信,将钱款全部寄给保卫部门。"王平"在信中写道:"……回到家里总觉得周身不自在,饭吃不下,觉睡不好,想到那个农民丢钱的苦脸,当然也想到监狱的铁窗,越想越害怕。良心的谴责使我万分悔恨自己的所作所为……"

4. 请用"直表成篇"的方式说说"我对'五九现象'的看法","从艺有风险,入行须谨慎"这两个话题。参考下面的材料。

话题材料1:《东方时空》报道:原上海总工会主席石胜玉是工人出身的发明家,一直兢兢业业工作,但在59岁退休前接受了两笔贿赂,进了监狱;四川省发改委副主任石仁富,也是59岁开始接受贿赂关进监狱;北京市人大副主任铁英接受贿赂的年龄也是59岁。有个统计数字:2003年前10个月,1600多件有关党政干部违法案件中,59岁上下的占2/3。这就是所谓"五九现象"。

话题材料2:据《深圳特区报》报道:2008年韩国平均两个半月就有一位艺人自杀,2009年飙升为月均一位艺人自杀。去年崔真实自杀轰动一时,今年张紫妍自杀的遗书揭发了"潜规则"黑幕。韩国艺人普遍被迫签下10年的"奴隶合同",公司抽佣金高达七成。艺人恋爱、交友甚至体重都受到控制……据报道,在香港,陈冠希被两粒子弹追杀;郭德纲说,他收到了"20万买命"的恐吓信;在长沙,陈楚生单方面要与"天娱"解约,官司正在审理中,如果败诉则需赔偿数百万元,赔不起就要遭到拘禁。激烈的竞争,残酷的淘汰,"一将功成万骨枯"是演艺圈的现实写照。

(五)辩论反驳

1. 对下面的话题材料进行即席反驳

(1) 有个乘客在车上打破了窗玻璃,乘务员找到他,说:"你损坏了人民的财产,请你赔偿!"乘客说:"我是人民中的一员,人民财产有我一份,用不着赔,我的那份就不要了!"

(2) 阿Q偷了人家的萝卜。主人发现了,问他为什么偷他家的萝卜,阿Q说:"这萝卜不是你的,你能叫得它答应你?"

(3) 有人为了证明上帝的存在,就说:"宇宙和钟表都是由许多部件组成的。钟表有一个创造者,那么,宇宙也有一个创造者,那就是上帝。"

2. 对下列论题"据理力争,力排众议",进行辩论

论题1:"女士优先",如今已没有必要,是不是?

论题2:有了"三八妇女节",是否需要"男人节"?

论题3:女儿在外有谈恋爱的迹象。母亲考虑女儿尚在高中读书,绝对不能谈恋爱,就拆了某同学的一封来信。见信里并未写有关恋爱的内容,母亲就把信交给了女儿。女儿对此大为不满,同母亲发生了激烈的争论。

正方:做父母的看儿女的信,并没有什么过错

反方:父母不能拆看儿女的来信

论题4:某记者"守株待兔",拍摄到一骑车人在大雨中摔倒在马路边大水坑的全过程,他将这组照片放上互联网,迅速引起网民们的热议。

正方:记者太自私,太不人道

反方:记者不自私,很人道

论题5:人们都说"开卷有益",即只要翻开书卷读书,就一定有收获。你觉得这一说法对吗?请说说自己的看法。

（六）交际话题表达

1. 试说说下面表述的言外之意

（1）某商店为配合夜市，准备让职工晚间在路边设摊推销商品，开会请大家发表意见，献计献策。一位中年女职工这样说："我建议，这个活儿我们干不了，可以到寺院里请一批和尚来担任夜市营业员。"

（2）里根担任美国总统时，提出削减预算的方案。议员议论纷纷。里根笑着说："有人告诉我紫色的软糖都是有毒的。"然后拿起一粒紫色的软糖塞进嘴里。

（3）阿凡提与皇帝一起洗澡。皇帝问："凭我这模样到奴隶市场能卖几个元宝？"阿凡提说："10个元宝。"皇帝火了："胡说！光我那条绣花围巾就值10个元宝！"阿凡提说："正是呀，高贵的陛下！"

（4）甲：你看看，小李一当上先进就……

乙：——啊，今晚有个音乐会，你去吗？

甲：音乐会？那不是对牛弹琴吗？

2. 请用"变通顺承，机敏转移"方式回应

（1）"唉，我觉得自己很平庸，见人矮三分，什么也不行。"于是你劝他增强信心……

（2）天已很晚，你的朋友还在你家闲聊，你碍于情面不好意思下逐客令。这时你看看表，打了个哈欠，说……

（3）"我最近不是表现好点了吗？班长，这个月不会再扣我的奖金了吧？"（其实仍表现不好）班长说……

（4）某青年在学校时担任过学生会宣传部长。毕业后他到一家大公司递上求职报告，想应聘推销部经理。经理说："从您的简历看，担任过学生干部，择业方向最好是行政工作，当推销经理合适吗？"

青年觉得经理的说法欠妥，于是说……

3. 请对下列话题作迂回应对

（1）在公共汽车上，有人不慎碰到一位姑娘，她娇气地骂道："流氓！"

这个人笑笑说："小姐，……"

（2）孩子成绩不好，家长问教师："他现在成绩不好吧？"

教师没有直说，而是说……

（3）火车就要开了，有人赶到车站售票处购票，售票员正在里面说笑，这人喊起来，售票员说："你喊什么！不能等一会儿！"

这人说："……"

二、交际话题解答技巧分析

（一）对大学生口语交际能力的考查，主要包括听、说两个方面。在这两个方面上，学生存在的问题主要有：

1. 听话抓不住中心和要点。

2. 听话听不出弦外之音。

3. 说话时不尊重对方,不注意对象和场合。

4. 说话不讲究方式,使对方不易接受。

5. 说话不注意措辞用语,不切合语境。

(二)口语交际试题的解答技巧

口语交际试题的解答,关键是说话要符合"简明、连贯、得体"的要求。具体说来要做到:

1. 言之有"礼"。说话要注意人物身份、说话对象和交谈场合,要做到文明得体。

2. 言之有"物"。我们说话时要紧扣话题,清楚地表达自己的观点,不说不切合实际的空话、套话,要做到清楚、明白、简洁。

3. 言之有"序"。说话要注意条理性和逻辑性,注意前后语句的内在联系,力求意明句畅。

据此,说话应着重把握五个因素:一是语境场合、情境;二是话题的针对性;三是交际对象的年龄、身份、职业、文化以及与对方的关系;四是角色,即自己充当怎样的人物;五是说话的目的、意图。

(三)口语交际能力题的不同题型

1. 劝告型

(1)例题分析

例:今年6月5日世界环境日的主题是"海洋兴亡,匹夫有责"。假如你看见一位老人往京杭运河里倾倒污水,请结合主题,用恰当的语气对老人进行一番劝说。(京杭运河往北流入长江,长江往东流入东海)。

此题是应对对话中的介绍劝告型,就是根据语境介绍某一事物,转述某人的话语,复述事物经过等。解答时要抓住事物的特征、方位,提取话语要点。紧扣话语中的关键词语组合言语,做到简洁、通畅、清晰。另外,要注意用语得体简明。

答案提示:老大爷,我们要保护好海洋。您倒的这污水会流入海洋的。我们这条河的水往北流入长江,长江往东流入东海。

(2)训练题

小兰的家长反对她阅读文学名著,说"那都是闲书,没什么用"。小兰请求你帮助说服家长。你会怎么说?(要求:语言得体,有理有据)

2. 辩论反驳型

(1)例题分析

湘西山高林密,森林资源丰富。某中学组织了有关"湘西的明天"的辩论赛,读后回答问题。

甲:我们湘西拥有丰富的森林资源,我们应该充分利用这富有特色的地方资源,拉动地方经济的发展。

乙:那可不行。我们应努力保护好这一资源,限制无节制的开发,否则生态环境遭受严重破坏,我们将受到大自然的惩罚。

甲:别管那么多,最实惠的是搞好经济。拥有这么好的资源却不利用,这不是一种资源浪费吗?

针对甲后面的发言,请你替乙写一段话反驳甲。注意语言简洁,有针对性。

解析:

这是一道设置情境,进行辩论反驳的口语交际考查题,此类题要求的是口语表达的交锋性,对参与者的口才和思辨要求较高。辩驳时,既可以驳对方论点荒谬,亦可以驳对方论据虚假,还可以驳对方论证缺乏逻辑。需要提醒的是,论辩不是"攻击",所以说话时要有理有据,有进有退。学生在具体解答时,必须从自己的身份出发,明确自己欲立的"观点",并抓住对方的话语,进行阐述反驳,可以"攻击"敌论点,也可辩证阐述敌论点,力求"脱口"击中要害,"秀"出精彩。

参考答案:

示例:俗话说:"前人栽树,后人乘凉。"我们怎能只管"乘凉",而让后人"栽树"呢!何况破坏了这些资源也是对自己不负责任!(答案不唯一,言之有理即可)

(2)训练题

一次辩论会上,两名同学就乞丐乞讨现象展开了辩论,一名学生说:"乞丐是弱势群体,值得同情。"另一名学生说:"乞丐以乞讨为生,不劳而获,甚至出现了乞丐骗子、乞丐富翁,根本不值得我们同情。"针对两名学生的观点,不知你会倾向哪一方,请你反驳对方。(注意语言简洁,有针对性)

3. 采访他人型

(1)例题分析

5月31日是"世界无烟日"。国家卫生部下发文件规定,从2011年5月1日起,在公共场所禁止吸烟。如果你作为我校的一名记者,为宣传这项活动,需要采访定西市的市长和卫生局局长,你将分别向他们提出什么问题?

采访市长:

采访局长:

解析:

做此类题首先要明确:采访不同的人物对象,提问应有所不同。对市长和局长的提问要根据各自的身份有所侧重。一般遵循的格式为:称呼+问候语+有针对性的提问。

答案示例:

采访市长:尊敬的市长,您好!我市在公共场所禁止吸烟有什么具体措施?(或尊敬的市长,您好!请问在公共场所全面禁烟,对我们定西的经济发展有什么影响?)

采访局长:尊敬的局长,您好!请问吸烟对我们的身体有什么危害?(或尊敬的局长,您好!在公共场所开展禁烟有什么意义?)

(2)训练题

有人把生活垃圾倒入河里,河水被严重污染。为此,某大学决定组织一次社会调查,呼吁大家保护环境。假如你是这所大学的学生,准备采访一位正在河边晨练的老人,向他了解对这一污染现象的看法,你会怎么说?

(提示:注意称呼得体、采访身份和采访内容)

4. 情景设计型

(1) 例题分析

根据情境,按要求表达。

自全国全面启动"亿万学生阳光体育运动"工程后,许多学校积极响应并认真落实。但面对升学的压力,一些学生因忙于学业,疏于体育锻炼;同时仍有些学校的体育课存在缩水现象,特别是对毕业班的学生来说,体育课往往只是一种回忆……

① 体育课上,你如何邀请不爱运动的小强参加体育运动?

② 假如有机会代表同学与校长面对面提出两点建议,你会怎样说?

解析:

这类试题是设置一个特定的情境,考查考生能否针对不同对象进行口语交际。第①小题是一道邀请他人做某事的口语交际题,只要在语言中讲清目的、发出邀请,同时注意委婉,称呼得当即可。第②小题是一道提建议题,只要称谓恰当、建议合理、理由充分、切实可行即可。

参考答案:

① 示例:小强,我们一起出去活动吧,这样可以使你的大脑得到放松,学习效率也可以大大提高。② 示例:校长,您好!我代表同学向您提出两条建议:第一,每周安排两节体育活动课;第二,定期举办一些趣味性体育活动。如果这样的话,我校学生的身体素质和学业成绩都会提高。

(2) 训练题

如果你是皮埃尔先生,在下面情景中,你将怎样幽默得体地要回自己的大衣?

饭厅内,皮埃尔先生发现一个客人错穿了他的大衣,于是异常谦恭地碰了碰这位顾客:"对不起,请问您是不是皮埃尔先生?"

"不,我不是。"那人回答。

"啊,"皮埃尔先生舒了一口气,说……

二人相视一笑,客人愉快地脱下了大衣。

(提示:幽默、得体、通顺即可)

5. 言外之意型

(1) 例题分析

根据下面提供的情境回答问题。

顾客:厂长,贵厂生产的毛巾,那上面的蝴蝶可是栩栩如生呐!

厂长(惊喜的):是吗?

顾客:我洗脸时,那蝴蝶竟扑到我脸上来了!

该顾客的言外之意是什么?

解析:

这是一道揣摩言外之意的口语交际题,要正确解答,首先就必须读透情境提示语言,抓住情境提示语中的关键语句"毛巾上的蝴蝶"栩栩如生(表面上"褒扬"实则"贬责"),"我洗脸时,毛巾上的蝴蝶竟扑到我脸上来了"(委婉指出毛巾质量有问题)。然后把这些信息加以整合,清楚连贯地表达出来即可。

参考答案:

贵厂生产的毛巾脱色,质量有问题。

(2) 训练题

有时,做父母的往往喜欢这样抱怨自家的孩子:"你看,人家的孩子……"这句话说得节省又含蓄,不过,个中滋味只好由那"自家的孩子"慢慢去体会。如果你是"自家的孩子",定会知道父母要说的是……如果你不是"自家的孩子",听到别人父母说出这样的话来,他的言外之意是什么?

6. 严词拒绝型

(1) 例题分析

伟华是位诚实而优秀的中学生。一次他到某某装有监视器的大商场购物,付完款要走时,保安过来对他说:"我们怀疑你偷了本商场的东西,请跟我们到值班室,我们要对你搜身。"请站在伟华的角度,替他严词拒绝保安搜身的无理要求。

解析:

这是一道严词拒绝型口语交际题,拒绝得体,回答委婉,你所表现出来的则不仅仅是对别人的关心和尊重,同时也是对自己的关心和尊重。所以,解答此题首先要站在伟华的角度维护自己的尊严,挽回被怀疑的侮辱,其次就是要委婉言明自己拒绝搜身的理由,最后要义正辞严地反驳对方搜身的行为是违法的。

参考答案:

① 你们不是执法人员,你们没有资格搜身。② 如果你们要强行对我搜身,我将诉诸法律。③ 商场不是装了监视器吗?你们能拿出我偷东西的证据吗?

(2) 训练题

一天,小明在马路上发现一位同学在草坪上玩耍,他去劝那位学生,那个学生却说:"踩的人多了,少我一个不少,多我一个不多,有什么关系?"小明该怎么说?

(提示:如果每个人都这么想,那这有生命的小草早就死在我们的脚下了,多你一个会很多! 少你一个会很少!)

(四) 口语交际能力训练题分析

1. 识别委婉得体的说法

例:下面的场合,如果班长既想达到批评的目的,又想把话说得委婉些,表达恰当的一项是(　　)

小李和小杨,为了一点小事,两个人在自习课上大声地争吵起来。这时,班长说:

A. 你们这样大声争吵,影响很坏。

B. 你们这样大声争吵,难道不感到羞耻吗?

C. 你们这样大声争吵,影响不大好吧。

D. 你们这样大声争吵,真是"太了不起"了。

（提示:此题实际是据同一情境判断说话的正误。解答时须注意场合、对象,要尊重对方,语气要委婉。）

2. 订正欠妥的话语

例:下面是某校九年级一个班的班长杨林主持家长会时讲的一段话:

"家长同志们,大家好!感谢大家在百忙之中来参加今天的会议。下面,由我们的班主任刘老师向大家汇报班级工作,敬请诸位不吝赐教。"

这段话有两处表达欠妥当,请指出来并改正。

（提示:此类题要注意人物身份、对象、场合等。题中"家长同志们"与说话者身份不相符,应改为"各位家长","敬请诸位不吝赐教"是书面语,应用口语"恳请大家多多指教"。）

3. 根据单一情境应对说话

单一情境应对说话是设计一种情境,自己成为情境"你"或代表一个人说话。

例:根据下面提供的情境,写出符合题意要求的话。

毕业前夕,父母对你百般呵护。作为家里的一员,你很想替他们分担些家务,却常被拒绝,为此,你十分苦恼。你既不想让父母伤心,又想让他们明白你的想法。这时你应该怎样对他们说?

（此题是应对说话中的表白见解式,就是据情境阐述自己见解、看法,或宽慰别人,或劝解别人,或说服别人,或解释误会、或阐述观点等。一般说话表述都有规律,如致歉:称呼——道歉——原因——表态;鼓励:称呼——鼓励——帮对方想办法等。要理解父母的苦心,又要表白自己的观点。）

答案提示:(称呼)爸爸妈妈,(理解宽慰)我理解你们的心情。知道你们也是为我好。(表见解)其实,劳逸结合,我会学得更好。再说,我已经长大了,也应该替你们分担家务了。

4. 根据多重角色、对象说话

此类题就是自己扮演特定情境中不同类型的人物说话或跟不同对象说话。要素有三个:角色、对象、情境。

例如,说话要注意身份和对象,才能产生好的效果。根据下面的语境回答问题。

一位同学期末考试考砸了,作为他的老师,你会怎样说?作为他的同学,你会怎样说?作为他的家长,你会怎样说?

（答案提示:说话要注意自己的身份。作为他的老师:"加油!加把劲!你能行!"作为他的同学:"有压力才有动力,我们一起努力。"作为他的家长:"孩子,继续努力,落后是暂时的……"）

5. 口语交际训练题

(1) 根据要求回答问题

小王要参加市里举办的歌手大奖赛,为此每晚都练习到很晚。一天,邻居李伯伯对她说:"小王啊,你学习可真刻苦,晚上都那么晚了,你还大声唱呢!"小王谦虚地说:"李伯伯过奖了,我还差得远呢,还需要努力。"

① 李伯伯说话要强调的意思:

② 小王理解的意思：

③ 如果你是小王，得体的回答应该是：

（2）上课铃声响了，某一同学还慢悠悠地往教室走，进教室后，依然不紧不慢地走到座位上，此时，老师笑着对大家说："××同学真是一个听话的好学生，上次他在楼道里乱追乱窜，老师批评了他，你看他现在稳重多了，连听到上课铃都沉得住气，不快走两步。"话音刚落，教室里顿时爆发出大声的哄笑。

读了这段文字，你认为老师的言外之意是什么？如果你是老师，你会怎么说？

① 言外之意：

② 你说的话：

（提示：你说的话要亲切平和，讲清事理，避免讽刺挖苦。）

（3）阅读下面的文字，按要求答题。

"江西红歌"比赛，某些"恶俗"的点评招致很多非议，如，别人唱歌是偶然跑调，你唱歌是偶尔不跑调；你要想唱歌，死路一条；你这声音怎么像卡碟了啊！假如你是其中一位选手，面对评委这些似乎带有"人身攻击"的言论，你将如何应答，既能委婉地提示对方，不伤害对方的感情，又能维护自己的尊严！

（提示答案：很感谢您指出我在歌唱方面的不足，尽管在我听来有些"苛刻"。我会继续努力，扬长避短，今后再来参加这项活动。）

（注：以上训练题来自莲山课件：www.5ykj.com）

第五编
基于普通话水平测试(PSC)的口语交际能力训练

第一章 普通话水平测试的内容与失误分析

第一节 普通话水平测试的内容及试卷构成

一、普通话水平测试的内容

普通话水平测试主要测查应试人的普通话口语运用能力,因而测试一律采用口试。测试分为凭借文字和不凭借文字两种方式进行。凭借文字的测试包括读单音节字词、读双音节词语和朗读,而不凭借文字的测试是说话。

二、普通话水平测试试卷的构成

测试试卷的构成有以下四个部分:

(一)读单音节字词100个

这一测试题主要考查应试人在一个音节的声母、韵母、声调三方面的发音。一个音节由声母、韵母、声调三部分构成,要读对一个音节,必须做到声母、韵母、声调三部分的正确无误,如果这三者中一项出现错误或失误,整个音节判为错误或缺陷。测试所用100个单音节字词均从《大纲》中"普通话常用词语"部分选取。

(二)读双音节词语50个

这一题除了考查应试人对音节的声母、韵母、声调的掌握外,还要考查上声的变调、轻声和儿化等音变现象。测试所用50个双音节词语均从《大纲》中"普通话常用词语"部分选取。

(三)朗读

这一测试题主要考查应试人在运用普通话朗读文章的水平。测试所用朗读材料是《大纲》确定的60篇篇目,测试时由电脑显示朗读篇目。

(四)说话

这一测试题主要考查应试人在没有文字凭借的情况下,说普通话的能力和所达到的规范程度。测试所用30则话题均由《大纲》所列出。应试人测试时根据电脑屏幕显示的两个题目进行二选一确定话题。

第二节　普通话水平测试中出现的失误分析与指导

针对应试者在普通话水平测试中的种种失误,下面将逐项进行简略分析。朗读和说话是两项失分较大的测试题,关于朗读测试和说话测试的指导,后面的"第二章"将有较为详细的专项讲解,请参阅。

一、读单音节字词指导

(一)声母、韵母、声调的发音要准确

判断一个音节的读音是否正确,要求其声韵调三者必须准确无误,缺一不可。否则,判为错误或缺陷。对于声母、韵母、声调的发音,学习时一定要对照自己的方言,纠正重难点读音。

【训练题】

读下列单音节字词,注意发准自己方言的难点音。

插	雨	颇	而	槛	略	鸣	拔	兄	司	短	挠	日
骨	滑	冰	恩	辞	欧	敬	溜	火	止	用	娶	仇
掐	闷	刻	秦	萧	笙	拜	垒	裁	瓜			

(二)调值要到位

调值的到位,是指阴平调(55)要读成高平调,即"起音高高一路平",阳平调(35)要上扬,即"由中到高往上升",上声(214)是降升调,即"先降后升曲折起",只降不升,或升不高,去声(51)是全降调,即"高起猛降到底层"。尤其是阳平字和上声字的调值,需要特别注意其到位。

【训练题】

读下列汉字,注意声韵调要标准。

子	肺	旺	别	翻	荀	两	税	挤	屯	兼	慌	裹
聂	哑	伪	润	筛	饶	逮	族	癣	邹	窜	砣	蜇
尼	瞟	俊	宋	行	钻	层	判	撒	约			

(三)多音字要读准

多音字出现在单音节字词中,可按照字后括号里限定的语境确定正确的读音,没有限定语境的任选一种读音。如"揣",念"chuāi"或"chuǎi"都对,但在"(怀)揣"中,就要读作"chuāi"而不是"chuǎi"。

【训练题】

根据语境判断下列字的读音。

晕(车)　　着(陆)　　(咱)俩　　还(是)　　角(色)
(提)供　　处(理)　　揣(摩)　　挣(钱)　　大(夫)

（四）形近字要区分清楚

由于汉字的形体相似或相近,测试中单个来念,容易出错。如,把"赅"念成"骇",把"拨"念成"拔"等。

【训练题】

读下面的形近字,看看每一组字的声韵调有何差异。

拔——拨　橙——澄　踹——揣　端——湍
滔——蹈　擅——颤　卞——卡　绕——侥

（五）语速要适中

【训练题】

下面是一份关于单音节字词的模拟试卷,在3分钟时间内读完,指出语音错误,并加以纠正。

播	坠	配	迟	美	湿	烽	乳	叠	暂	疼	刺	拟
私	芦	翁	龟	咔	黑	即	牵	絮	病	纸	捧	禅
膜	闪	否	惹	盗	怎	佟	醋	凝	扫	聊	而	够
槛	挥	茎	且	胸	准	剖	喘	民	刷	纺	人	兑
灾	炭	擦	挠	撒	绿	锅	肯	耗	窘	瘸	绣	章
镖	沉	眯	硕	润	色	测	脓	苔	俩	逛	慨	滑
夹	圈	陷	谱	揣	帅	若	霜	凑	扭	嘎	暖	捐
囊	浸	酿	绝	抢	宣	军	薛	熏				

可能出现的失误分析:

1. 受方言影响读错音。如韵母方面,如,把"配(pèi)、美(měi)、龟(guī)、熏(xūn)、剖(pōu)"的韵母分别读成"pài、mǎi、guāi、xiōng、pū",声母方面,如,把"暂(zàn)、凑(còu)、暖(nuǎn)、浸(jìn)"的声母分别读成"zhàn、zòu、luǎn、qìn"。

2. 识字认字有限,对一些常用字不认识。如,瘸(qué)、浸(jìn)、兑(duì)、揣(chuāi或chuǎi)等。

3. 形声字声旁类推读音错误。如,把"佟"错误类推为"dōng","槛"错误类推为"jiān","酿"错误类推为"liáng",认字只认半边。

4. 紧张心理导致读错字音。如把"拟"读成"似","捧"读成"棒"。

5. 对一个音节的声韵调的重难点音没有掌握,导致发音不到位。

二、读双音节词语指导

读双音节词语50个,除了考查应试者声母、韵母、声调的发音外,还要考查应试者的轻声词、儿化词的读音以及变调(包括上声、"一"、"不"的变调)。轻声词、儿化词一般不少于4个,其他词语若干个。

（一）词语要连读

读双音节词语时要注意按词连读,不能一字一顿,还要注意词语末尾音节的韵尾和声调的完整性。

【训练题】

读下列词语,区分几组并列在一起的难点音。

1. 平翘相间的音

z、zh	组织	杂志	再植	赞助
zh、z	振作	装载	种族	制造
c、ch	蚕虫	操场	财产	擦车
ch、c	炒菜	冲刺	尺寸	陈词
s、sh	桑树	算术	宿舍	松鼠
sh、s	神色	失散	深思	哨所

2. 鼻音和边音相间的音

| n、l | 尼龙 | 脑力 | 能量 | 暖流 |
| l、n | 烂泥 | 辽宁 | 老年 | 留念 |

3. 前后鼻韵母相间的音

en、eng	深层	奔腾	本能	纷争
in、ing	银杏	心灵	阴影	民警
un、ong	尊重	滚动	昆虫	尊崇

这里只列举几例,可针对本地方言实际对比练习。

(二)变调要注意

变调,不论是上声的变调和"一"、"不"的变调,都要求规范自然。上声的变调和"一"、"不"的变调的具体情况,请参照第三编普通话训练相关内容。

【训练题】

| 草稿 | 女兵 | 小组长 | 不来 | 五一 | 等等 |
| 一个 | 偏不 | 一致 | 里头 | 语言 | 不会 |

(三)轻声词

读轻声词,要把后一音节读得又短又轻。有关轻声词的具体内容,可参照第三编普通话训练相关内容。

【训练题】

人家	神气	神仙	时候	石榴	俗气	抬举	头发
徒弟	王爷	行李	学生	学问	累赘	严实	折磨
琢磨	比方	扁担	补丁	打量	打算	胳膊	别扭

(四)儿化词

读儿化词时,儿化词的后缀"儿"要音化在它前一音节的韵母中,不要把"儿"当作第三个音节读完整。读儿化音时卷舌音色要求既明显又不能读得过于生硬。

【训练题】

锅贴儿	藕节儿	爷儿们	旦角儿	没事儿	顶事儿	走神儿
墨水儿	一会儿	烟嘴儿	那会儿	跑腿儿	打盹儿	胖墩儿
蒲墩儿	围嘴儿	心眼儿	这会儿	照片儿	差点儿	烟卷儿

（五）异读词

异读词是指同一个词有几个不同的读音。如"发酵"的"酵"，有的人念"jiào"，有的人念"xiào"；"质量"的"质"，有的人念"zhǐ"，有的人念"zhì"。同一个词有几个不同的读音，给学习普通话的人增加了负担，所以，国家有关部门组织人员对这些异读词的读音加以审定，确定了规范读音，排除了其他读音。现举例如下：

"谬论"的"谬"：现读"miù"，不读"niù"

"机械"的"械"：现读"xiè"，不读"jiè"

"熟悉"的"熟"：现读"shú"，不读"shóu"

"教诲"的"诲"：现读"huì"，不读"huǐ"

【训练题】

成熟	呆板	围绕	确凿	奇数	古迹	比较
友谊	亚洲	暂时	暴露	挺括	剽窃	

（六）多音字

双音节词语中的多音字要据词定音，即"音随义转、按义定音"。如"处"作动词义时读"处chǔ理"，作名词义时读"处chù所"。

【训练题】

纤细	纤绳	相似	似的	背带	违背	方便	便宜	苏打
打毛衣	和面	热和	和解	附和	济南	救济	家畜	畜养
搭腔	答谢	乘客	千乘之国					

下面是一份关于双音节词语的模拟试卷，在3分钟时间内读完，指出语音错误，并加以纠正。

钻研	准确	爽直	乐意	撒娇	而且	鬼子	笼统
仁爱	工夫	挫折	古老	吹牛	大伙儿	代替	瓦解
窗户	窘迫	随后	曾经	军阀	金鱼儿	运输	夸张
淮海	元气	不适	森林	饼干	响声	取暖	学问
反抗	贫困	钢笔	虚名	邮票	饱满	一圈儿	喷射
非常	慈悲	两手	岔道儿	灭亡	聊天儿	阳光	否则
妥当	早年						

可能出现的失误分析：

（1）未找准轻声词。该读轻声的未读，如"妥当"、"窗户"，不该读的读成了轻声。

（2）儿化词语读音错误。几个汉字就读成几个音节或儿化韵没有卷舌、卷舌生硬、不自然。如"一圈儿"、"聊天儿"等。

(3) 除了可能出现上声变调错误外,还可能出现上声字原调不到位的情况。如:"淮海"、"钢笔"等。

(4) 相对应的难点音的同化。如"n"与"l"的同化,"en"与"eng"的同化,"un"与"ong"的同化等。

三、朗读指导

朗读作品的测试,重点考查语音,即声母、韵母、声调的发音,连续音变,包括上声变调、"一""不"变调,还有轻声、儿化、语气词"啊"的音变以及语调等方面。

(一) 避免方言语调的出现

方音是学习普通话的一大障碍。如,某一类声母或韵母有系统性缺陷,在语流中某一类声调有系统性缺陷,或是语气词有明显的方言痕迹,等等。当然,声调和语气在语调中是主要因素,语调是由声调的连续和语气配合而成的,因此,在平时的训练中要特别注意语调的训练。

(二) 语音要准确

朗读中的语音要求同单、双音节字词一样,即一个音节的声韵调都要准确无误,音变要规范自然。

(三) 表达要流畅自然

朗读过程中,不要随意进行停连,或者由于不熟悉作品而磕磕绊绊、结结巴巴,使得句子的意思支离破碎,而且朗读的语调要自然、平实、真切,不夸张、不矫饰、不虚情假意。

(四) 语速适中

语速的快慢要依据表情达意的需要来确定。该快则快,该慢则慢。一般情形下,对于一篇作品而言,语速应适中,既不能太快,也不能太慢。

(五) 要忠实于原文

即指朗读时不随意增减字词或颠倒原文的语序,不要按照自己的表达习惯去处理朗读作品。

【训练题】

朗读下面的文章,要求语音准确明晰,自然流畅,语速适中,4分钟之内读完。然后请他人说说朗读中有哪些错误和需要注意的问题。

安详,优良的生命质地

安详是一种优良的生命质地,是一块智慧的美玉。它与豁达宽容结伴,同宁静慈怀为伍,以成熟丰富为内涵。一个人能以安详的心态,从容地看天空云卷云舒,看地上花开花落,看世间人聚人散,这便是一种平和安详,也是一种永恒。如果用一句话作赞语,我以为人生最好的境界是:丰富的安详。人们喜欢用怡然、笃定、包容、恬淡、清明、平和等词汇来形容安详。的确,一个人假如拥有安详平静的气质,表明他具有丰富的人生阅历,洞悉人生的真相,明了自然法则及运动规律,深谙事物的因果缘由和内在联系。因此,安详显示着一种成熟,一种智慧。修为练达的人,经历了风雨坎坷之后,为人处世有了万事随缘的感悟,不再如少年那般张狂,也不像青年那么浮躁,更不容易大喜大悲。他们言谈文雅有序,举止从容淡定,活得自在快乐,本色自然。面对生死得失进退取舍持恒守泰,理性地总结成败荣辱是非得失,作出明智选择。

真正的安详来自于内心。试想一颗浮泛躁动的心,哪怕幽居于深山,隐没于大刹,都无法安静下来,正如一棵飘摇的树,红尘中极细的风,都会引起枝柯颤动迷乱。反之,一个对翡翠珠宝毫无兴趣的人,纵使置身贪慕虚荣环境中,也无伤自身的尊严;醉心于读书学问的智者,不曾想与百万富翁交换钻戒股票;满足于田园生活的人,不会艳羡高官厚禄或耀眼头衔。面对变化万千、永无宁日的外在世界,唯有在内在的追求中才能得到解脱,经过内省养心的修行功夫,达到自得其乐的安详境地。

事实上,一个安详强大的生命,会逐步向精神化的方向发展,因此安详是精神丰富的安详,好比湖水的深邃才使得湖面寂静如镜。这安详泛指创造的成就,精神的富有,博大的爱心,超越俗世争斗,永远和谐安宁。这境界不正是丰富安详之极致么!

我赞美安详,一辈子努力追求安详,始终视安详为心灵甜美的果实,智慧绽开的花朵,更把安详看作一种永久珍藏的人生品位,难能可贵的生命素质,高洁大气的人生境界。

(2009年4月5日《广州日报》张廷春文)

可能出现的失误分析:

(1)测试前的准备不充分,对作品不熟悉,导致出现错读、误读、漏读、重复、节奏过快或过慢以及顿连不当等情况,建议应试者在测试前一定要熟读作品,突破重难点字音,深入领会作品的意义,做到胸有成竹。

(2)掌握一定的朗读技巧,不能一字一顿的"念"字,而要分词按句地朗读,并注意语调、重音、顿连、节奏的把握,这样,才能准确突显语义,达到朗读的效果。

(3)正确掌握轻声规律和方法,避免出现普通话语调音高变化的不协调。

(4)对作品中出现的外国人名和地点的读法,要按汉字读音去念,如"彼得·弗雷特"。

四、说话指导

说话测试是最能反映应试者普通话实际运用水平的一项测试题。测试的话题范围是《大纲》第五部分所列出的说话题目。计算机上会显示2个题目,要求从中任选一个话题,说话时间不少于3分钟。

(一) 说话腔调纯正,无方言色彩

说话测试重在检测语音。这是从语音面貌方面来说的,即语音是否标准,音变是否规范,主要指方音的轻重、明显与否,具体在字词上,是指完全用方音或略带方音去读词语而出现语音不标准,音变不规范的情况。要求应试者的说话要语音标准、音变规范。

(二) 词汇语法要规范

语言是语音、词汇、语法三者的统一体。测试中除检测应试者的语音情况外,通过"说话"项来检测词汇、语法是否规范,词汇、语法规范即说话中无方言词、方言语法。在此,建议应试者在测试中避免用方言词语或方言句式说普通话。如"你去不?"这样的句式带有浓厚

的方言特征,在测试中会扣分。

(三) 不要朗读文本

计算机辅助测试中,背诵或念稿子的现象比较突出。这种做法是不恰当的。说话是不凭借文字材料的口语表达,要求现想现说,不能以任何形式的书面文字为蓝本。说话测试重在一个"说"字,即应试人用普通话进行说话的过程,在规定的时间内自然流畅地说一番意思相对完整的话,即"知而能言,言之能顺"即可。这项测试的最终目的并不是考查话语的立意是否新颖,中心是否很突出,语句是否优美,是否有较高的艺术性,而是主要考查语音是否标准,用词是否丰富得当,语法是否规范,语流是否自然通畅。

(四) 避免无效语料

说话测试中,偶有口头禅、语句重复等无效语料出现,造成没必要的失分。记忆式地冥思苦想原来的句子,不断重复语句;或平时的说话习惯、思维方式等而出现口头禅,由于"口头禅"是言语的累赘和痈疽,"口头禅"不表达任何有意义的主观信息,所以,口头禅、语句频繁出现,会导致话语不干净利落,拖泥带水,在无效语料方面就要扣分。

(五) 表达要自然流畅

说话测试中大部分应试人的语调生硬、不自然。语调生硬主要表现为拿腔拿调、唱调或念调等。所以,在自然、流畅方面要扣分。

(六) 不能离题

现在面对计算机测试,大多数应试者都有所准备,出现离题的情况不多。只有极少数应试者在说话过程中,有偏离题旨的现象。一方面由于语速太快,准备的话题材料已说完,就会出现现想现说、偏离题旨的现象;另一方面,由于作说话测试时提前未做扎实的准备工作,临场发挥效果不佳,常出现离题万里的情况。所以,出现离题情况也要扣分。

(七) 不要缺时

说话测试中,由于缺时导致失分的情况也较多。要么由于对原先准备的说话稿说或念得太快,导致说话时间不足三分钟,要么在说的过程中,一时语塞,而无话可说,导致缺时。

(八) 语速过快或过慢

急于求成,一气呵成把稿子念完,不讲究语流中的停顿、重音、节奏等技巧,而导致语速过快;要么刻意控制语速,显得太慢,叫人着急;所以,测试中需要把握适中的语速,在准确确定说话基调的前提下,不急不躁,有条不紊地说话,才能少出错。

(九) 说话不具有"口语化"特点

(1) 书面语色彩很浓。话语缺乏生活化的语言,文绉绉的书面语词较多,显得词采富丽。句式上,使用的长句多,短句少;修辞手法,如排比、比拟等运用较多,所以,这样的"说话",更像是写文章,而不是真正意义上的"说话"。

(2) 以朗读语调来"说话"。朗读语调不等同于说话语调。朗读是介于念读和诵读之间的一种以书面语言为蓝本的单向口语表达形式,要求以清晰响亮、准确生动的有声语言再现作品的思想内容,或再创造文学作品的艺术形象,使听众得到更加清晰的信息和艺术享受。

所以,朗读的语调比自然口语更响亮、更生动、更具美感,更有艺术性,可以略带朗诵适度的夸张和些许戏剧化色彩。而说话的语调应追求亲切、自然、平实的语用效果。

(十) 其他问题

(1) 选择相同的说话材料。应试者不进行精心的说话准备,不说自己想说的话,不愿表达自己的真情实感,而是完全照搬他人的作品,实行"拿来主义",这样的说话稿子使测试员的耳朵听得起茧子了。

(2) 计算机测试系统开始计分了,仍金口难开,造成不必要的缺时。

(3) 心理素质不佳,说话时声音颤抖,音量太小,发音不准,方音语调无形中暴露。

【模拟测试】

普通话水平测试样卷

一、读单音节字词100个

麻	辈	特	废	办	否	盼	奔	黑	绑	敢	嫩	瞪
批	灭	撇	致	屏	免	品	炕	恨	斋	赦	丢	挑
劣	热	妞	炒	则	擦	烧	灾	次	撒	佛	酿	邻
加	骑	饶	衬	宁	下	赛	草	乘	而	哀	生	让
搜	案	亲	呕	浆	古	挂	推	段	挎	国	姓	吨
铸	怀	穷	吞	栋	款	悔	刷	滚	拽	作	踹	拢
框	女	军	嘴	涮	红	略	穗	撞	锯	存	躯	捐
瘫	穴	全	殉	熊	扁	渺	复	愁				

二、读双音节词语50个

方程	喷射	搜索	扰乱	使劲	撒谎	辽阔	捐赠
穷人	平和	询问	掠夺	女性	旷课	拐弯	灵魂
两旁	强迫	贬低	准予	纽扣儿	假如	军队	创造
痛苦	公路	需要	轮船	暖和	陶器	坏处	差点儿
民族	流利	解答	夏天	背后	小孩儿	虐待	植苗
犬马	心胸	脚印	鸡爪儿	挂彩	写生	蒙蔽	湛蓝
板擦儿	肥壮						

三、朗读

不知是因为什么缘故,我如此地爱夏天,如此地与荷花厮熟,而又如此地爱欣赏水,又如此地迷恋夏天的早晨。

总觉每一个夏日清晨那将醒未醒的朦胧令我沉醉,令我欢欣。好像我就是那凉凉的、从夜的林子里饮饱了露珠的每一枚叶子,带着月的照临、星的低语和夜风悄悄的拂掠,睡醒来,迎接宇宙的曙色与轻轻转了一个调子的晨风。夜从浓浓的蓝黑逐渐浅淡,终于变成带点银灰的乳色。阳光还在远处,这银灰色调的凌晨,是一首静静的序奏。在序奏的结尾处,才听到双簧管清越的牧歌。于是,羊群与牛就在草坡上出现了。

　　时常,夏日清晨的鸟唱是最轻悄的,像是不忍吵醒那将睡的夜,像是牵挂着那将要隐入林后的夜风。也像是要悄悄地啄食几枚露珠,作为夜的留念,又怕把它们从酣眠的叶子上震落。倒是檐前的鸽子,一起来就嘀咕着,整理内务。一拍、两拍、不疾不徐地推展着清晨的引子,等待其他鸟儿们的高音与中音旋律的加入。

　　清晨的林素有醉人的清香。那么醇,那么厚,使你不由自主地深深呼吸、闻嗅吸饮那如酒的甘冽。落叶在欢迎早起者的脚步,要他们快来欣赏树梢头那更多的新叶,与它们身边初放的晨花。

(节选自罗兰《夏晨》)

四、说话(任选一个题目说 3—4 分钟)

1. 沙尘暴的警示
2. 我最尊敬的人

第二章　PSC新大纲朗读专项指导

第一节　朗读测试技巧指导

朗读,是把文字作品转化为有声语言的创作活动,也就是朗读者在理解作品的基础上用自己的语音塑造形象,反映生活,说明道理,再现作者思想感情的再创造过程。

在"普通话水平测试"中,朗读是对应试者普通话运用能力的一种综合检测形式。关于测试中的朗读,语言学家徐世荣先生在《普通话朗读辅导》一文中说得很到位:"严格要求发音正确,念字务'实'——即表情达意的语势有一定的限度,自然地适当地读出轻重、疾徐、抑扬、顿挫等等语调语气,却不过多地作艺术夸张,是质朴平正,字字落实的朗读,而非意气纵横,声情跌宕的表演。"所以,普通话水平测试中的朗读与一般意义上的朗读略微有所不同。

日常朗读活动中,决定朗读者朗读水平高低、朗读效果优劣的因素是多方面的。下面就普通话水平测试中影响应试者成绩的几个主要因素,谈谈朗读的几个基本要求和应该注意的事项,目的是帮助应试人把握难点,在测试中减少失误,更好地发挥水平。

一、朗读的基本要求

(一) 用普通话语音朗读

用普通话朗读是一门学问。它除了要求应试者忠于作品原貌,不添字、漏字、改字外,还要求朗读时在声母、韵母、声调、轻声、儿化、音变以及语句的表达方式等方面都符合普通话语音的规范。朗读一篇作品,如果连普通话都读不准确,甚至读错了,那就会影响听众对原文的理解,甚至会闹笑话。要使自己的朗读符合普通话的语音规范,必须在以下几方面下功夫:

(1) 注意普通话和自己的方言在语音上的差异。普通话和方言在语音上的差异,大多数的情况是有规律的。这种规律又有大的规律和小的规律,规律之中往往又包含一些例外,这些都要靠自己去总结。单是总结还不够,要多查字典和词典,要加强记忆,反复练习。在练习中,不仅要注意声韵调方面的差异,还要注意轻声词和儿化韵的学习。

(2) 注意多音字的读音。一字多音是容易产生误读的重要原因之一,我们必须十分注意。多音字可以从两个方面去注意学习。第一类是意义不相同的多音字,要着重弄清它的各个不同的意义,从各个不同的意义去记住它的不同的读音。第二类是意义相同的多音字,要着重弄清它不同的使用场合。这类多音字大多数情况是一个音使用场合"宽",一个音使用场合"窄",只要记住"窄"的就行。

(3)注意由字形相近或由偏旁类推引起的误读。由于字形相近而甲字张冠李戴地读成乙字,这种误读十分常见。由偏旁本身的读音或者由偏旁组成的较常用的字的读音,去类推一个生字的读音而引起的误读,也很常见。所谓"秀才认字读半边",闹出笑话,就是指的这种误读。

(4)注意异读词的读音。普通话词汇中,有一部分词(或词中的语素),意义相同或基本相同,但在习惯上有两个或几个不同的读法,这些被称为"异读词"。为了使这些读音规范,国家于二十世纪五十年代就组织了"普通话审音委员会"对普通话异读词的读音进行了审定。历经几十年,几易其稿。1985年,国家公布了《普通话异读词审音表》,要求全国文教、出版、广播及其他部门、行业所涉及的普通话异读词的读音、标音,均以这个新的审音表为准。在使用《审音表》的时候,最好是对照着工具书(如《新华字典》、《现代汉语词典》等)来看。先看某个字的全部读音、义项和用例,然后再看审音表中的读音和用例。比较以后,如发现两者有不合之处,一律以审音表为准。这样就达到了读音规范的目的。

(二)把握作品的基调

基调是指作品的基本情调,即作品的总的态度感情,总的色彩和份量。任何一篇作品,都会有一个统一完整的基调。朗读作品必须把握住作品的基调,因为作品的基调是一个整体概念,是层次、段落、语句中具体思想感情的综合表露。要把握好基调,必须深入分析、理解作品的思想内容,力求从作品的体裁、作品的主题、作品的结构、作品的语言,以及综合各种要素而形成的风格等方面入手,进行认真、充分和有效的解析,在此基础上,朗读者才能产生出真实的感情,鲜明的态度,产生出内在的、急于要表达的律动。只有经历这样一个复杂的过程,作品的思想才能成为朗读者的思想,作品的感情才能成为朗读者的感情,作品的语言表达才能成为朗读者要说的话。也只有经历这样一个复杂的过程,朗读者才能以作品思想内容出发,把握住基调。无论读什么作品,这"案上的工作"都不能少。

(三)掌握朗读的基本技巧

1. 停顿

朗读时,有些句子较短,按书面标点停顿就可以。有些句子较长,结构也较复杂,句中虽没有标点符号,但为了表达清楚意思,中途也可以作些短暂的停顿。但如果停顿不当就会破坏句子的结构,这就叫读破句。朗读测试中忌读破句,应试者要格外注意。正确的停顿有以下几种类型:

(1)标点符号停顿。标点符号是书面语言的停顿符号,也是朗读作品时语言停顿的重要依据。标点符号的停顿规律一般是:句号、问号、感叹号、省略号停顿略长于分号、破折号、连接号;分号、破折号、连接号的停顿时间又长于逗号、冒号;逗号、冒号的停顿时间又长于顿号、间隔号。另外,在作品上的段落之间,停顿的时间要比一般的句号时间长些。以上停顿,也不是绝对的。有时为表达感情的需要,在没有标点的地方也可以停顿,在有标点的地方也可以不停顿。

（2）语法停顿。语法停顿是句子中间的自然停顿。它往往是为了强调、突出句子中主语、谓语、宾语、定语、状语或补语而做的短暂停顿。学习语法有助于我们在朗读中正确地停顿断句，不读破句，正确地表达作品的思想内容。

（3）感情停顿。感情停顿不受书面标点和句子语法关系的制约，完全是根据感情或心理的需要而做的停顿处理，它受感情支配，根据感情的需要决定停与不停。它的特点是声断而情不断，也就是声断情连。

2. 重音

重音是指那些在表情达意上起重要作用的字、词或短语在朗读时要加以强调的技巧。重音是通过声音的强调来突出意义的，能给色彩鲜明、形象生动的词增加份量。重音有以下几种情况：

（1）语法重音。语法重音是按语言习惯自然重读的音节。这些重读的音节大多是按照平时的语言规律确定的。一般说，语法重音不带特别强调的色彩。

（2）强调重音。强调重音不受语法制约，它是根据语句所要表达的重点决定的，它受应试者的意愿制约，在句子中的位置是不固定的。强调重音的作用在于揭示语言的内在涵意。由于表达目的的不同，强调重音就会落在不同的词语上，所揭示的涵意也就不相同，表达的效果也不一样。

（3）感情重音。感情重音可以使朗读的作品色彩丰富，充满生气，有较强的感染力。感情重音大部分出现在表现内心节奏强烈，情绪激动的情况。

3. 语速

应试者在朗读时，适当掌握朗读的快慢，可以造成作品的情绪和气氛，增强语言的表达效果。朗读的速度决定于作品的内容和体裁，其中内容是主要的。

（1）根据内容掌握语速。朗读时的语速须与作品的情境相适应，根据作品的思想内容、故事情节、人物个性、环境背景、感情语气、语言特色来处理。当然，语速的快慢在一篇作品中并不是一成不变的，它要根据具体的内容有所变化。

（2）根据体裁掌握语速。国家《普通话水平测试大纲》在选编朗读测试材料时，为了保证作品难易程度和评分标准的一致性，所选的60篇作品，几乎都是记叙文。记叙文有记事、记言。一般说，记事要读得快些，记言要读得慢些。

4. 语调

语调指语句里声音高低升降的变化，其中以结尾的升降变化最为重要，一般是和句子的语气紧密结合的。应试者在朗读时，如能注意语调的升降变化，语音就有了动听的腔调，听起来便具有音乐美，也就能够更细致地表达不同的思想感情。语调变化多端，主要有以下几种：

（1）高升调。高升调多在疑问句、反诘句、短促的命令句，或者是表示愤怒、紧张、警告、号召的句子里使用。朗读时，注意前低后高、语气上扬。

当年毛委员和朱军长带领队伍下山去挑粮食，不就是用这样的扁担吗？（上扬调，表示

疑问)

(2) 降抑调。降抑调一般用在感叹句、祈使句或表示坚决、自信、赞扬、祝愿等感情的句子里。表达沉痛、悲愤的感情，一般也用这种语调。朗读时，注意调子逐渐由高降低，末字低而短。如：

盼望着，盼望着，东风来了，春天的脚步近了。(降抑调，表示肯定)

(3) 平直调。平直调一般多用在叙述、说明或表示迟疑、思索、冷淡、追忆、悼念等的句子里。朗读时始终平直舒缓，没有显著的高低变化。如：

我家的后面有一个很大的花园，相传叫百草园。(平直调，叙述、说明)

(4) 曲折调。曲折调用于表示特殊的感情，如讽刺、讥笑、夸张、强调、双关、特别惊异等句子里。朗读时由高而低后又高，把句子中某些特殊的音节特别加重加高或拖长，形成一种升降曲折的变化。

天冷极了，下着雪，又快黑了。这是一年中的最后一天，大年夜……(曲折调，强调语气)

二、朗读测试应注意的事项

(一) 朗读测试前应做好以下准备

(1) 分析作品：指从语音、语速、停连、节奏、结构层次、感情基调等方面对作品进行细致分析，做到心中有数。另外，应试人应针对自己的实际，确定练习的重点和难点，突破这些障碍。比如，经常念不对的读音，语速把握不当，节奏的快慢等，调整好自己的训练点，进行全面准备。

(2) 熟读作品：熟读每一篇作品是达到"自然流畅"要求的前提。对作品进行反复朗读，一方面掌握作品的基本意思，另一方面通过朗读，培养形象思维能力，"熟能生巧"，而且能够锻炼发音，丰富语汇，培养普通话语感。这是普通话水平测试前必要的准备。所谓"书读百遍，其义自见。"正是这个道理。

(3) 模仿训练：是指对照标准录音磁带进行朗读训练。模仿别人的语音语调和语速节奏进行练习，以增强语感，培养语感，帮助朗读。

(二) 朗读测试时的必要准备

(1) 确定朗读的基调和语气：首先迅速浏览作品，判断其体裁，进而确定朗读的基调和语气。

(2) 了解作品结构层次：作品无论长短，都有一定的结构或层次，要分清语意，读出层次，才能读得自然流畅。

(3) 找准和突破难点音：朗读时要找到自己的语音难点，予以突破。对于轻声、儿化词，由于它们隐含其中，要尽快找准，做到心中有数。

(4) 快速默读作品：在明确了以上几点后，应迅速扫读全文，使自己思路清晰，读得顺畅。

第二节　PSC 60 篇朗读篇目重难点指导

朗读作品的测试,重点考查语音,即声母、韵母、声调的发音,连续音变,包括上声变调、"一"、"不"的变调,还有轻声、儿化、语气词"啊"的音变以及语调等方面。

下面结合普通话水平测试中的易错语音难点(包括习惯误读、异读、多音字、变调等),对普通话水平测试新大纲规定的 60 篇朗读篇目进行朗读注音指导。

说明:

(1) 这 60 篇朗读作品转引自国家《普通话水平测试实施纲要》。

(2) 为方便学习者,对文中出现的生僻词、较难的书面词语、某些多音字及容易读错的字词进行了标注。

(3) 在注音时,考虑到实际需要,凡涉及"一"、"不"、"啊"和轻声的注音均按照实际读音标注。

(4) 每篇作品在第 400 个音节后加"//"提示。

【作品 1 号】

那(nà)是力争上游的一种树,笔直的干(gàn),笔直的枝。它的干呢,通常是丈把高,像是加以人工似的(shì de),一丈以内(nèi),绝无旁枝;它所有的丫枝(yā zhī)呢,一律向上,而且紧紧靠拢,也像是加以人工似的,成为一束,绝无横斜逸出;它的宽大的叶子也是片片(piàn)向上,几乎(jī hū)没有斜生的,更不用说倒垂了;它的皮,光滑而有银色的晕圈(yùn quān),微微泛出淡青色。这是虽在北方的风雪的压迫(yā pò)下却保持着倔强(jué jiàng)挺立的一种树!哪怕只有碗来粗细罢,它却努力向上发展,高到丈许,两丈,参天耸立,不折不挠(náo),对抗着西北风。

这就是白杨树,西北极普通的一种树,然而决不是平凡的树!

它没有婆娑(pó suō)的姿态,没有屈曲盘旋的虬(qiú)枝,也许你要说它不美丽,——如果美是专指"婆娑"或"横斜逸出"之类而言,那么,白杨树算不得树中的好女子;但是它却是伟岸,正直,朴质,严肃,也不缺乏温和,更不用提它的坚强不屈与挺拔,它是树中的伟丈夫(zhàng fu)!当你在积雪初融的高原上走过,看见平坦的大地上傲然挺立这么一株或一排白杨树,难道你就只觉得(jué de)树只是树,难道你就不想到它的朴质,严肃,坚强不屈,至少也象征了北方的农民(nóng mín);难道你竟一点儿(yì diǎnr)也不联想到,在敌后的广大土//地上,到处有坚强不屈,就像这白杨树一样傲然挺立的守卫他们家乡的哨兵!难道你又不更远一点想到这样枝枝叶叶靠紧团结,力求上进的白杨树,宛然象征了今天在华北平原纵横决荡用血(xuè)写出新中国历史的那种精神(jīng shén)和意志。

(节选自茅盾《白杨礼赞》)

【朗读提示】

1. 朗读技巧

这篇散文写于1941年3月,作者用象征手法,通过对白杨树的赞美,歌颂了正在坚持抗日战争的北方农民,以及整个中华民族紧密团结、力求上进、坚强不屈的革命精神和斗争意志。

整篇文章的基调是热情洋溢、高亢激扬的,因此朗读时要用高昂的语调,坚定的语气。尤其是文章结尾的四个反问句,点明了文章的主旨,语义上层层推进,在朗读时,语调要节节上升,读出作品的气势。

2. 语流音变

本文中涉及的语流音变比较多,主要有:"一"的变调,如"一种"、"一丈"、"一律"、"一束"、"一株"、"一排"、"一点儿"等;还出现了"不"的变调,如"不用"、"不是"等;另外,文章中出现的轻声也比较多,如"似的"、"叶子"、"觉得"、"那么"、"丈夫"、"这么"等,朗读时都要引起注意。

【作品2号】

两个同龄的年轻人同时受雇于一家店铺,并且拿(ná)同样的薪水(xīn shuǐ)。可是一段时间后,叫阿诺(nuò)德的那个小伙子青云直上,而那个叫布鲁诺的小伙子却仍(réng)在原地踏步。布鲁诺很不满意老板的不公正待遇。终于有一天他到老板那儿(nàr)发牢骚(láo sāo)了。老板一边耐心(nài xīn)地听着他的抱怨,一边在心里盘算(pán suan)着怎样向他解释清楚他和阿诺德之间的差别(chā bié)。

"布鲁诺先生,"老板开口说话了,"您(nín)现在到集市上去一下,看看今天早上(zǎo shang)有什么卖的。"

布鲁诺从集市上回来向老板汇报说,今早集市上只有一个农民拉了一车土豆在卖。

"有多少?"老板问。

布鲁诺赶快戴上帽子又跑到集上,然后回来告诉老板一共四十袋土豆。

"价格是多少?"布鲁诺又第三次跑到集上问来了价格。

"好吧,"老板对他说,"现在请您坐到这把椅子上一句话也不要说,看看阿诺德怎么说。"

阿诺德很快就从集市上回来了。向老板汇报说到现在为止只有一个农民在卖土豆,一共四十口袋(kǒu dai),价格是多少多少;土豆质量很不错,他带回来一个让老板看看。这个农民一个钟头以后还会弄来(nòng lái)几箱西红柿,据他看价格非常公道(gōng dào)。昨天他们铺子的西红柿卖(mài)得很快,库存已经不//多了。他想这么便宜(pián yi)的西红柿,老板肯定会要进一些的,所以他不仅带回了一个西红柿做样品,而且把那个农民也带来了,他现在正在外面等回话呢。

此时老板转向了布鲁诺,说:"现在您肯定知道为什么阿诺德的薪水比您高了吧!"

(节选自张健鹏,胡足青主编《故事时代》中《差别》)

【朗读提示】

1. 朗读技巧

这篇文章运用对比的手法,讲述了一个意味深长的小故事,凸显了两个年轻人不同的性格特征和办事风格,他们之间的差别形成了鲜明的对比。所以,我们在朗读时应该态度鲜明,并注意使用不同的语气。在朗读描述布鲁诺的语句时,可适当重读、并略带讽刺的口吻,以表现布鲁诺的愚钝;在朗读阿诺德回复的话语时,语速可略微加快,语气中充满肯定,以显出阿诺德的聪敏与机灵;另外,文中多处引用老板的话,朗读时语气应比较严肃、沉稳,语速可稍慢,以显示出老板的耐心和智慧。

2. 语流音变

本文中涉及的语流音变比较多,主要有"一"的变调,如"一段"、"一家"、"一天"、"一边"、"一下"、"一个"、"一车"、"一共"、"一句话"等;还有"不"的变调,如"不要"、"不错"等,朗读时应该注意;文中还有较多的轻声词语,如"小伙子"、"盘算"、"清楚"、"先生"、"早上"、"什么"、"帽子"、"告诉"、"椅子"、"怎么"、"口袋"、"这个"、"他们"等,也要加以重视。

【作品3号】

我常常遗憾我家门前那块丑石:它黑黝黝(hēi yǒu yǒu 或 hēi yōu yōu)地卧在那里,牛似的模样(mú yàng);谁也不知道是什么时候留在这里的,谁也不去理会它。只是麦(mài)收时节,门前摊了麦子,奶奶总是说:这块丑石,多占地面呀,抽空把它搬走吧。

它不像汉白玉那样的细腻(xì nì),可以刻字雕花,也不像大青石那样的光滑,可以供(gōng)来浣纱(huàn shā)捶布。它静静地卧在那里,院边的槐荫没有庇覆(bì fù)它,花儿(huā'ér)也不再在它身边生长。荒草便繁衍(fán yǎn)出来,枝蔓(zhī màn)上下,慢慢地,它竟锈上了绿苔(tái)、黑斑。我们这些做孩子的,也讨厌起它来,曾合伙要搬走它,但力气(lì qi)又不足;虽时时咒骂它,嫌弃(xián qì)它,也无可奈何(nài hé),只好任它留在那里了。

终有一日,村子里来了一个天文学家。他在我家门前路过,突然发现了这块石头,眼光立即(lì jí)就拉直了。他再没有离开,就住了下来;以后又来了好些人,都说这是一块陨石(yǔn shí),从天上落下来已经有二三百年了,是一件了不起(liǎo bu qǐ)的东西(dōng xi)。不久便来了车,小心翼翼地将它运(yùn)走了。

这使我们都很惊奇。这又怪又丑的石头,原来是天上的啊(ya)!它补过天,在天上发过热、闪过光,我们的先祖或许仰望过它,它给了他们光明、向往、憧憬(chōng jǐng);而它落下来了,在污土里,荒草里,一躺就//是几百年了!

我感到自己的无知,也感到了丑石的伟大,我甚至怨恨它这么多年竟会默默地忍受着这一切!而我又立即(lì jí)深深地感到它那种不屈于误解、寂寞的生存(shēng cún)的伟大。

(节选自贾平凹《丑石》)

【朗读提示】

1. 朗读技巧

这是一篇借物说理的散文,作者用欲扬先抑的手法,描述了人们对丑石态度的变化,从不喜欢、甚至厌恶,到惊奇和赞叹,赞扬了丑石不屈于误解、寂寞生存的伟大。

在朗读这篇作品时,应该随着作者感情的变化而正确处理每一部分的语速和语气。朗读第一、二自然段时声音平缓,语气略显无奈和厌恶。在第三自然段,文章的感情色彩开始转变,所以在朗读"突然"、"立即"、"了不起"时适当重读,表达作者的惊讶之情。朗读第四自然段时应饱含赞叹之情,语调逐渐高昂,语气坚定,"光明、向往、愤恨"三个词要用重音加以强调,达到高潮。之后"而它落下来了……"这一部分时则声音低缓,前后形成鲜明对比。文章的结尾部分揭示了作品的主题,含义深刻,耐人寻味,朗读时要用舒缓的节奏和肯定的语气。

2. 语流音变

本文中涉及的语流音变比较多,主要有"一"的变调,如"一日"、"一个"、"一块"、"一件"、"一躺"等;"不"的变调,如"不去"、"不像"、"不再"等,朗读时要注意声调的变化;轻声在文中出现的次数也比较多,如"似的"、"什么"、"时候"、"麦子"、"奶奶"、"我们"、"孩子"、"力气"、"村子"、"石头"、"他们"等;此外,还有"啊"的音变,朗读时也应该加以注意。

【作品4号】

在达瑞八岁的时候,有一天他想去看电影。因为(yīn wèi)没有钱,他想是向爸妈要钱,还是自己挣钱(zhèng qián)。最后他选择了后者。他自己调制(tiáo zhì)了一种汽水,向过路的行人出售。可那时正是寒冷的冬天,没有人买,只有两个人例外——他的爸爸和妈妈。

他偶然有一个和非常成功的商人谈话的机会。当他对商人讲述了自己的"破产史"后,商人给了他两个重要的建议:一是尝试为别人解决一个难题;二是把精力集中在你知道的、你会的和你拥有的东西上。

这两个建议很关键。因为对于一个八岁的孩子而言,他不会做的事情很多。于是他穿过大街小巷,不停地思考:人们会有什么难题,他又如何利用这个机会?

一天,吃早饭时父亲让达瑞去取报纸。美国的送报员总是把报纸从花园篱笆(lí ba)的一个特制的管子里塞(sāi)进来。假如你想穿着睡衣舒舒服服(shū shū fú fú 或 shū shū fū fū)地吃早饭和看报纸,就必须离开温暖的房间,冒着寒风,到花园去取。虽然路短,但十分麻烦(má fan)。

当达瑞为父亲取报纸的时候,一个主意(zhǔ yi 或 zhú yi)诞生了。当天(dàng tiān)他就按响邻居的门铃,对他们说,每个月只需付给他一美元,他就每天早上把报纸塞到他们的房门底下。大多数人都同意了,很快他有//了七十多个顾客。一个月后,当他拿到自己赚(zhuàn)的钱时,觉得自己简直是飞上了天。

很快他又有了新的机会,他让他的顾客每天把垃圾袋放在门前,然后由他早上运到垃圾桶里,每个月加一美元。之后他还想出了许多孩子赚钱的办法,并把它集结(jí jié)成书,书名为《儿童挣钱的二百五十个主意》。为此,达瑞十二岁时就成了畅销书作家,十五岁有了自己的谈话节目,十七岁就拥有了几百万美元。

(节选自[德]博多·舍费尔《达瑞的故事》,刘志明译)

【朗读提示】

1. 朗读技巧

这篇文章讲述了一个聪明的孩子寻找商机并获得巨大成功的故事。朗读时语调要平实,娓娓动听。第一至第四自然段讲达瑞不断思索并寻找商机,语速可以稍慢,其中商人的建议非常关键,应该放慢语速并运用重音来加以强调。从第五自然段开始讲达瑞不断地取得的成功,朗读时应适当加快语速,用欢快、惊喜的语气,语调上扬,以表现达瑞成功的喜悦。在文章末尾用惊讶、赞叹的语气,语调逐渐上升,形成高潮,以凸显达瑞的非凡成就。

2. 语流音变

本文中涉及的语流音变主要有:"一"的变调,如"一天"、"一种"、"一个"、"不会"、"时候"等;大量的轻声词语,如"时候"、"爸爸"、"妈妈"、"东西"、"孩子"、"事情"、"人们"、"什么"、"这个"、"篱笆"、"麻烦"、"时候"、"早上"、"他们"等,朗读时应该注意;另外,根据语言习惯,"汽水"在朗读时要儿化。

【作品5号】

这是入冬以来,胶东半岛上第一场雪。

雪纷(fēn)纷扬扬,下得很大。开始还伴着一阵儿(yī zhènr)小雨,不久就只见大片大片的雪花,从彤云(tóng yún)密布的天空中飘落下来。地面上一会儿(yī huìr)就白了。冬天的山村,到了夜里就万籁俱寂(wàn lài jù jì),只听得雪花簌簌地(sù sù de)不断往下落,树木的枯枝被雪压断了,偶尔咯吱(gē zhī)一声响。

大雪整整下了一夜。今天早晨,天放晴了,太阳出来了。推开门一看,嗬!好大的雪啊(ya)!山川、河流、树木、房屋,全都罩上了一层厚厚的雪,万里江山,变成了粉妆玉砌的世界。落光了叶子的柳树上挂满了毛茸茸(máo róng róng 或 máo rōng rōng)亮晶晶的银条儿(yín tiáor);而那些冬夏常青的松树和柏树(bǎi shù)上,则挂满了蓬松松沉甸甸(chén diàn diàn 或 chén diān diān)的雪球儿。一阵风吹来,树枝轻轻地摇晃,美丽的银条儿和雪球儿簌(sù)簌地落下来,玉屑(yù xiè)似的雪末儿(xuě mòr)随风飘扬,映着清晨的阳光,显出一道道五光十色的彩虹。

大街上的积雪足有一尺多深,人踩上去,脚底下发出咯吱咯吱的响声。一群群孩子在雪地里堆雪人,掷(zhì)雪球,那欢乐的叫喊声,把树枝上的雪都震落下来了。

俗话说,"瑞雪兆丰年"。这个话有充分的科学根据,并不是一句迷信的成语。寒冬大雪,可以冻死一部分越冬的害虫;融化了的水渗(shèn)进土层深处,又能供应//(gōng yìng)庄稼(zhuāng jia)生长的需要。我相信这一场十分及时的大雪,一定会促进明年春季作物,尤其是小麦的丰收。有经验的老农把雪比作是"麦子的棉被"。冬天"棉被"盖得越厚,明春麦子就长得越好,所以又有这样一句谚语:"冬天麦盖三层被,来年枕着馒头(mán tou)睡。"

我想,这就是人们为什么把及时的大雪称为"瑞雪"的道理吧。

(节选自峻青《第一场雪》)

【朗读提示】

1. 朗读技巧

该作品写于1960至1962年间,正是我们遭受严重自然灾害时期,棉粮歉收,人们盼望来年有个好收成。当作者在胶东半岛看到入冬以来第一场大雪时,联想到"瑞雪兆丰年",感到无比喜悦,写下这篇散文。文章描写和赞美了这场及时的瑞雪,表达了作者无比喜悦的心情。

对于描写雪景的部分,在朗读时要用轻快的节奏和明亮的声音,以表现出作者初见雪景时的惊喜。而文章的结尾是议论性的,朗读时则要使用沉稳、舒缓的语调和节奏。

2. 语流音变

应该特别注意的是,本文中有大量的儿化音,如"一阵儿"、"一会儿"、"银条儿"、"雪球儿"、"雪末儿"等,朗读时一定要读准确;还有"一"、"不"的变调,如"一会儿"、"一声"、"一夜"、"一看"、"一层"、"一句"、"一部分"、"不是"、"不断"等;文中出现的轻声也比较多,如"早晨"、"叶子"、"似的"、"孩子"、"这个"、"部分"、"庄稼"、"馒头"等;另外,文中"啊"的音变也要引起注意。

【作品6号】

我常想读书人是世间幸福人,因为他除了拥有现实的世界之外,还拥有另一个更为(gèng wéi)浩瀚(hào hàn)也更为丰富的世界。现实的世界是人人都有的,而后一个世界却为(wéi)读书人所独有。由此我想,那些失去或不能阅读的人是多么的不幸(xìng),他们的丧失是不可补偿的。世间有诸多(zhū duō)的不平等,财富的不平等,权力的不平等,而阅读能力的拥有或丧失却体现为精神的不平等。

一个人的一生,只能经历自己拥有的那一份欣悦,那一份苦难,也许再加上他亲自闻知的那一些关于自身以外的经历和经验。然而,人们通过阅读,却能进入不同时空的诸多他人的世界。这样,具有阅读能力的人,无形间获得了超越有限生命的无限可能性。阅读不仅使他多识了草木虫鱼之名,而且可以上溯(shàng sù)远古下及未来,饱览存在的与非存在的奇风异俗。

更为重要的是,读书加惠于人们的不仅是知识(zhī shi)的增广,而且还在于精神的感化与陶冶(táo yě)。人们从读书学做人,从那些往哲先贤以及当代才俊的著述中学得(xué dé)他们的人格。人们从《论语》(Lún yǔ)中学得智慧的思考,从《史记》中学得严肃的历史精神,从《正气歌》中学得人格的刚烈,从马克思学得人世//的激情,从鲁迅学得批判精神,从托尔斯泰学得道德的执着(zhí zhuó)。歌德的诗句刻写着睿智(ruì zhì)的人生,拜伦的诗句呼唤着奋斗的热情。一个读书人,一个有机会拥有超乎个人生命体验的幸运人。

(节选自谢冕《读书人是幸福人》)

【朗读提示】

1. 朗读技巧

这是一篇议论文,文章围绕"读书人是世间幸福人"的论点展开论证,论点鲜明,论据有力。朗读时语气要肯定,声音要明亮清晰。第三自然段的排比句气势连贯,可适当加快语速,以显示无可辩驳的力量,给人以深刻的印象。

2. 语流音变

本文中出现的语流音变现象主要是:"一"的变调,如"一生"、"一份"、"一些"等;还有轻声,如"除了"、"多么"、"他们"、"人们"、"知识"、"精神"等,朗读时需要注意调值的变化。

【作品7号】

一天,爸爸下班回到家已经很晚了,他很累也有点儿(yǒu diǎnr)烦,他发现五岁的儿子靠在门旁正等着他。

"爸,我可以问您一个问题吗?"

"什么问题?""爸,您一小时可以赚多少钱?""这与你无关,你为什么问这个问题?"父亲生气地说。

"我只是想知道,请告诉我,您一小时赚(zhuàn)多少钱?"小孩儿(xiǎo háir)哀求道。"假如你一定要知道的话,我一小时赚二十美金。"

"哦,"小孩儿低下了头,接着又说,"爸,可以借我十美金吗?"父亲发怒了:"如果你只是要借钱去买毫无意义的玩具的话,给我回到你的房间睡觉去。好好(hǎo hǎo 或 hǎo hāor)想想为什么你会那么自私。我每天辛苦工作,没时间和你玩儿(wán r)小孩子的游戏。"

小孩儿默默地回到自己的房间关上门。

父亲坐下来还在生气。后来,他平静下来了。心想他可能对孩子太凶了——或许孩子真的很想买什么东西,再说他平时很少要过钱。

父亲走进孩子的房间:"你睡了吗?""爸,还没有,我还醒着。"孩子回答。

"我刚才可能对你太凶了,"父亲说,"我不应该(yīng gāi)发那么大的火儿(huǒr)——这是你要的十美金。""爸,谢谢您。"孩子高兴地从枕头下拿出一些被弄皱的钞票,慢慢地数着。

"为什么你已经有钱了还要?"父亲不解地问。

"因为原来不够,但现在凑够了。"孩子回答,"爸,我现在有//二十美金了,我可以向您买一个小时的时间吗? 明天请早一点儿回家——我想和您一起吃晚餐。"

(节选自唐继柳编译《二十美金的价值》)

【朗读提示】

1. 朗读技巧

这篇小小说以人物对白的方式,讲述了一个曲折感人的父与子的故事。故事中父亲的烦躁、愤怒与孩子的耐心、平静形成了鲜明的对比,给人深刻的印象。因此,在朗读时要注意区分不同角色的语气。

前五个自然段中,在朗读父亲的话时,语气应充满厌烦、愤怒,节奏较快;而孩子的问话则小心谨慎,语气中带着祈求和迫切的意味,要用较高且上扬的语调。之后的段落,因为父亲态度的转变,朗读时感情也要相应地变化,父亲的话语是略带歉疚的,语调应变得平和舒缓;此时孩子的语气是充满喜悦的,节奏应较为轻快。

故事的结尾是整篇文章的高潮,悬念在此揭开,所以朗读孩子的最后一句话时,语速稍微放缓,语气中带着祈求,以表现孩子对父爱的渴求。

2. 语流音变

本文中出现的语流音变现象主要有:大量的轻声,如"爸爸"、"儿子"、"什么"、"这个"、"那么"、"孩子"、"什么"、"东西"、"告诉"、"那么"、"谢谢"、"枕头"等;"一"的变调,如"一天"、"一个"、"一小时"、"一定"等;此外,文中出现的儿化音也比较多,如"有点儿"、"小孩儿"、"火儿"、"一点儿"等,朗读时都要加以注意。

【作品8号】

我爱月夜,但我也爱星天。从前在家乡七八月的夜晚在庭院(tíng yuàn)里纳凉(nà liáng)的时候,我最爱看天上密密麻麻的繁星。望着星天,我就会忘记一切,仿佛(fǎng fú)回到了母亲的怀里似的。

三年前在南京我住的地方(dì fang)有一道后门,每晚我打开后门,便看见一个静寂(jìng jì)的夜。下面是一片菜园,上面是星群密布的蓝天。星光在我们的肉眼里虽然微小,然而它使我们觉得(jué de)光明无处不在。那时候我正在读一些天文学的书,也认得一些星星(xīng xing),好像它们就是我的朋友,它们常常在和我谈话一样。

如今在海上,每晚和繁星相对,我把它们认得(rèn de)很熟了。我躺在舱面上,仰望(yǎng wàng)天空。深蓝色的天空里悬着无数半明半昧(mèi)的星。船在动,星也在动,它们是这样低,真是摇摇欲坠(zhuì)呢!渐渐地我的眼睛模糊(mó hu)了,我好像看见无数萤火虫在我的周围飞舞。海上的夜是柔和的,是静寂的,是梦幻的。我望着许多认识的星,我仿佛看见它们在对我眨眼,我仿佛听见它们在小声说话。这时我忘记了一切。在星的怀抱中我微笑着,我沉睡着。我觉得自己是一个小孩子,现在睡在母亲的怀里了。

有一夜,那个在哥伦波上船的英国人指给我看天上的巨人。他用手指着://那四颗明亮的星是头,下面的几颗是身子(shēn zi),这几颗是手,那几颗是腿和脚,还有三颗星算是腰带。经他这一番指点,我果然看清楚(qīng chu)了那个天上的巨人。看,那个巨人还在跑呢!

(节选自巴金《繁星》)

【朗读提示】

1. 朗读技巧

这是一篇抒情散文,作者通过四个片段抒发了对繁星的喜爱之情,作品中蕴含着对大自然的热爱和亲近,对美好生活的向往,以及淡淡的乡愁。文章感情真挚,语言朴实,营造了一种深远而动人的意境,给人以亲切和温馨的感觉。

本文的感情基调是平和、亲切、朴实的,因此,朗读时语调要平实自然,节奏要舒缓,感情内敛而深沉。对母亲的思念是这篇文章的潜在感情脉络,所以在朗读"望着星天,我就会忘记一切,仿佛回到了母亲的怀里似的。"时声音要低缓而柔和,表现出重回母亲怀抱般的幸福与温暖的感觉。

2. 语流音变

本文中出现的语流音变现象主要是:"一"的变调,如"一切"、"一道"、"一个"、"一片"等;大量的轻声,如"时候"、"似的"、"地方"、"我们"、"星星"、"它们"、"朋友"、"眼睛"、"模糊"、"认识"等,朗读时要注意读正确;还有上上相连时的变调,如"眨眼",朗读时要加以注意。

【作品9号】

假日到河滩上转转,看见许多孩子在放风筝(fēng zheng)。一根根长长的引线,一头(yī tóur)系(jì)在天上,一头系在地上,孩子同风筝都在天与地之间悠荡,连心也被悠荡得恍恍惚惚了,好像又回到了童年。

儿时放的风筝,大多是自己的长辈或家人编扎(biān zā)的,几根削(xiāo)得很薄(báo)的篾(miè),用细纱线扎成各种鸟兽的造型,糊(hú)上雪白的纸片,再用彩笔勾勒(gōu lè)出面孔与翅膀的图案。通常扎得最多的是"老雕""美人儿""花蝴蝶"等。

我们家前院就有位叔叔,擅扎风筝,远近闻名。他扎的风筝不只体型(xíng)好看,色彩艳丽,放飞得高远,还在风筝上绷(bēng)一叶用蒲苇(pú wěi)削成的膜片,经风一吹,发出"嗡嗡"(wēng wēng)的声响,仿佛是风筝的歌唱,在蓝天下播扬,给开阔的天地增添了无尽的韵味,给驰荡的童心带来几分疯狂。

我们那条胡同(hú tòngr)的左邻右舍的孩子们放的风筝几乎(jī hū)都是叔叔编扎的。他的风筝不卖钱,谁上门去要,就给谁,他乐意自己贴钱买材料。

后来,这位叔叔去了海外,放风筝也渐与孩子们远离了。不过年年叔叔给家乡写信,总不忘提起儿时的放风筝。香港回归之后,他在家信中说到,他这只被故乡放飞到海外的风筝,尽管飘荡游弋(yóu yì),经沐(jīng mù)风雨,可那线头儿(xiàn tóur)一直在故乡和∥亲人手中牵着,如今飘得太累了,也该要回归到家乡和亲人身边来了。

是的。我想,不光是叔叔,我们每个人都是风筝,在妈妈手中牵着,从小放到大,再从家乡放到祖国最需要的地方去啊(ya)!

(节选自李恒瑞《风筝畅想曲》)

【朗读提示】

1. 朗读技巧

作者主要回忆了童年时一位擅扎风筝的叔叔。他身居海外,却时时念着故乡。文章的节奏是平缓的,没有太大的起伏,朗读时要用中等的语速、柔和的音色来表现。

第一自然段中,作者的思绪随着风筝的悠荡慢慢地回到童年,在朗读时语速应该逐渐放缓。第二至四自然段描写作者童年的回忆,在朗读时语速应适当加快,语气中要带着几分喜悦与怀念,并显得欢快。文章最后两个自然段充满对人生的感悟,语速则应逐渐放缓,并用深沉的语调朗读,以表现出游子在海外长期漂泊的艰辛以及对家乡深深的眷念。最后一句是文章的主旨句,朗读时语气坚定,"最需要"应该重读。

2. 语流音变

本文中出现的语流音变现象主要是:大量的轻声,如"孩子"、"叔叔"、"我们"、"风筝"、"妈妈"等;"一"的变调,如"一头"、"一叶"、"一吹"、"一直"等;"不"的变调,如"不过"、"不忘"、"不卖钱"等,朗读时要注意调值的变化。

【作品10号】

爸不懂得怎样表达爱,使我们一家人融洽(róng qià)相处(xiāng chǔ)的是我妈。他只是每天上班下班,而妈则把我们做过的错事开列清单,然后由他来责骂我们。

有一次我偷了一块糖果,他要我把它送回去,告诉(gào su)卖糖的说是我偷来的,说我愿意替他拆箱卸货作为赔偿。但妈妈却明白(míng bai)我只是个孩子。

我在运动场打秋千跌断了腿,在前往医院途中一直抱着我的,是我妈。爸把汽车停在急诊室门口,他们叫他驶开,说那空位(kòng wèi)是留给紧急车辆停放的。爸听了便叫嚷道:

"你以为这是什么车？旅游车？"

在我生日会上，爸总是显得有些不大相称(xiāng chèn)。他只是忙于吹气球，布置餐桌，做杂务。把插着蜡烛的蛋糕推过来让我吹的，是我妈。

我翻阅照相册时，人们总是问："你爸爸是什么样子的？"天晓得！他老是忙着替别人拍照。妈和我笑容可掬(jū)地一起拍的照片(zhào piàn)，多得不可胜数(bù kě shèng shǔ)。

我记得妈有一次叫他教我骑自行车。我叫他别放手，但他却说是应该放手的时候了。我摔倒之后，妈跑过来扶我，爸却挥手要她走开。我当时生气极了，决心要给他点儿(diǎnr)颜色看。于是我马上爬上自行车，而且自己骑给他看。他只是微笑。

我念大学时，所有的家信都是妈写的。他//除了寄支票外，还寄过一封短柬(duǎn jiǎn)给我，说因为我不在草坪上踢足球了，所以他的草坪长得很美。

每次我打电话回家，他似乎都想跟我说话，但结果总是说："我叫你妈来接。"

我结婚(jié hūn)时，掉眼泪的是我妈。他只是大声擤(xǐng)了一下鼻子，便走出房间。

我从小到大都听他说："你到哪里去？什么时候回家？汽车有没有汽油？不，不准去。"爸完全不知道怎样表达爱。除非……

会不会是他已经表达了而我却未能察觉？

(节选自[美]艾尔玛·邦贝克《父亲的爱》)

【朗读提示】

1. 朗读技巧

短文通过对一系列生活小事的叙述，表现了作者对父亲的爱从不理解到理解、领悟的过程。

文中描述的母爱温暖、外露，而父爱则是深沉、含蓄的。因此，朗读时可运用对比的方式来读，用温柔的、赞美的语气来读母爱，用"埋怨"的口气来读父爱。在读"叫嚷道"一句时，要用强调性重音来表现父亲的气愤、急切；在读"你到哪里去？什么时候回家？汽车有没有汽油？不，不准去。"时，语气要威严、坚定，这样，可以表现出父亲深沉而强烈的爱及他爱的独特方式。最后两个自然段表现作者思考和顿悟的过程，因此在"除非……"处要有较长的停顿和拖腔，最后用低缓、深沉的语气来朗读。

2. 语流音变

本文中出现的语流音变现象主要是："一"的变调，如"一家人"、"一次"、"一块"、"一直"、"一起"等；文中出现的轻声词语也比较多，如"我们"、"告诉"、"妈妈"、"明白"、"孩子"、"他们"、"什么"、"人们"、"爸爸"、"样子"、"多得"、"记得"、"时候"等，朗读时要注意。

【作品11号】

一个大问题一直盘踞在我脑袋(nǎo dai)里：

世界杯怎么会有如此巨大的吸引力？除去足球本身的魅力之外，还有什么超乎其上而更伟大的东西？

近来观看世界杯，忽然从中得到了答案：是由于一种无上崇高的精神(jīng shén)情感——国家荣誉感！

地球上的人都会有国家的概念,但未必时时都有国家的感情。往往人到异国,思念家乡,心怀故国,这国家概念就变得有血(xiě)有肉,爱国之情来得非常具体。而现代社会,科技昌达,信息快捷,事事上网,世界真是太小太小,国家的界限似乎(sì hū)也不那么清晰了。再说足球正在快速世界化,平日里各国球员频繁(pín fán)转会,往来随意,致使越来越多的国家联赛都具有国际的因素。球员们不论国籍,只效力于自己的俱乐部,他们比赛时的激情中完全没有爱国主义的因子(yīn zǐ)。

然而,到了世界杯大赛,天下大变。各国球员都回国效力,穿上与光荣的国旗同样色彩的服装。在每一场比赛前,还高唱国歌以宣誓对自己祖国的挚爱(zhì'ài)与忠诚。一种血缘(xuè yuán)情感开始在全身的血管里燃烧起来,而且立刻热血(rè xuè)沸腾。

在历史时代,国家间经常发生对抗,好男儿(nán'ér)戎装(róng zhuāng)卫国。国家的荣誉往往需要以自己的生命去//换取。但在和平时代,唯有这种国家之间大规模对抗性的大赛,才可以唤起那种遥远而神圣的情感,那就是:为祖国而战!

(节选自冯骥才《国家荣誉感》)

【朗读提示】

1. 朗读技巧

作者结合古今事实进行比较,说明世界杯所唤起的爱国情正是其魅力所在,观点鲜明,论证有力。因此在朗读时声音要坚定有力,并适当运用重音。尤其是第二自然段中的"精神情感"适当重读,以突出本文中心论点。第四自然段是说平日的足球联赛没有爱国主义的因子,与第五自然段"世界杯"比赛中的激昂的爱国情怀进行对比,因而在朗读时,第四自然段语气可稍缓,第五、六自然段中体现球员爱国之情的关键词语,如"高唱国歌"、"祖国"、"挚爱"、"忠诚"、"血缘情感"等都可加上重音并适当延长。文章末尾"为祖国而战"点明主题,朗读时语气要坚定、昂扬,富有号召力。

2. 语流音变

本文中出现的语流音变现象主要是:轻声,如"脑袋"、"怎么"、"什么"、"东西"、"精神"、"那么"、"他们"等;"一"的变调,如"一直"、"一个"、"一种"等;"不"的变调,如"不那么"、"不论"等,朗读时需要注意。

3. 多音现象

多音字"血"在文章中共出现了四次,要清楚每一处的正确读音。

【作品12号】

夕阳落山不久,西方的天空,还燃烧着一片橘红色的晚霞。大海,也被这霞光染成了红色,而且比天空的景色更要壮观。因为(yīn wèi)它是活动的,每当一排排波浪涌起的时候(shí hou),那映照在浪峰上的霞光,又红又亮,简直就像一片片霍霍(huò huò)燃烧着的火焰,闪烁着,消失了。而后面的一排,又闪烁着,滚动着,涌了过来。

天空的霞光渐渐地淡下去了,深红的颜色变成了绯红(fēi hóng),绯红又变为浅红。最后,当这一切红光都消失了的时候,那突然显得高而远了的天空,则呈现(chéng xiàn)出一片肃穆的神色。最早出现的启明星,在这蓝色的天幕上闪烁起来了。它是那么大,那么亮,整个广漠的天幕上只有它在那里放射着令人注目的光辉,活像一盏悬挂在高空的明灯。

夜色加浓,苍空中的"明灯"越来越多了。而城市各处的真的灯火也次第亮了起来,尤其是围绕(wéi rào)在海港周围山坡上的那一片灯光,从半空倒映(dào yìng)在乌蓝的海面上,随着波浪,晃动着,闪烁着,像一串流动着的珍珠,和那一片片密布在苍穹(cāng qióng)里的星斗互相辉映,煞(shà)是好看。

在这幽美的夜色中,我踏着软绵绵(ruǎn mián mián 或 ruǎn miān miān)的沙滩,沿着海边,慢慢地向前走去。海水,轻轻地抚摸着细软的沙滩,发出温柔的//刷刷声。晚来的海风,清新而又凉爽。我的心里,有着说不出的兴奋(xīng fèn)和愉快。

夜风轻飘飘地吹拂着,空气中飘荡着一种大海和田禾相混合(hùn hé)的香味儿,柔软的沙滩上还残留着白天太阳炙晒(zhì shài)的余温。那些在各个工作岗位上劳动了一天的人们,三三两两地来到这软绵绵的沙滩上,他们浴着凉爽的海风,望着那缀满了星星的夜空,尽情地说笑,尽情地休憩(xiū qì)。

(节选自峻青《海滨仲夏夜》)

【朗读提示】

1. 朗读技巧

这篇散文描绘了优美而宁静的海滨仲夏夜之景,因此在朗读时声音要柔和,节奏要舒缓,还要根据文章描写的不同景物,相应地调整语速的快慢、语气的强弱,并合理地把握感情的表现。

第一自然段写日落前海面上壮观、神奇的景象,应用充满惊喜和赞美的语气来朗读,语速可稍快。第二、三自然段从夕阳落山写至夜色加浓,要尽量表现出色彩、光亮的变化过程,在读到晚霞逐渐暗淡消失的过程及夜色降临后天空的高远、肃穆时,语速要放缓,声音柔和、低沉;接下来读到星光和灯光时,可用明亮、欢快的声音配合稍快的语速来表现。而最后一个自然段应该以舒缓的语调读出人们在沙滩上休息的惬意。

2. 语流音变

本文中出现的语流音变现象主要是:"一"的变调,如"一排排"、"一切"、"一盏"、"一串"等,朗读时要注意声调的变化;反复出现的轻声词语,如"时候"、"那么"、"星星"等,也要引起注意。

【作品 13 号】

生命在海洋里诞生绝不是偶然的,海洋的物理和化学性质,使它成为孕育(yùn yù)原始生命的摇篮。

我们知道,水是生物的重要组成部分,许多动物组织的含水量在百分之八十以上,而一些海洋生物的含水量高达百分之九十五。水是新陈代谢(xīn chén dài xiè)的重要媒介(méi jiè),没有它,体内的一系列生理和生物化学反应就无法进行,生命也就停止。因此,在短时期内动物缺水要比缺少食物更加危险。水对今天的生命是如此重要,它对脆弱的原始生命,更是举足轻重(jǔ zú qīng zhòng)了。生命在海洋里诞生,就不会有缺水之忧。

水是一种良好的溶剂。海洋中含有许多生命所必需的无机盐,如氯化钠(lǜ huà nà)、氯化钾、碳酸盐、磷酸盐(lín suān yán),还有溶解氧,原始生命可以毫不费力地从中吸取它所需要的元素。

水具有很高的热容量,加之海洋浩大,任凭夏季烈日曝晒(pù shài),冬季寒风扫荡,它的温度变化却比较(bǐ jiào)小。因此,巨大的海洋就像是天然的"温箱"。是孕育原始生命的温床。

阳光虽然为(wéi)生命所必需,但是阳光中的紫外线却有扼杀(è shā)原始生命的危险。水能有效地吸收紫外线,因而(yīn'ér)又为(wèi)原始生命提供(tí gōng)了天然的"屏障"(píng zhàng)。

这一切都是原始生命得以产生和发展的必要条件。//

(节选自童裳亮《海洋与生命》)

【朗读提示】

1. 朗读技巧

短文采用"总—分—总"的结构说明海洋是生命的摇篮,结构完整、条理清晰。这是一篇说明性的文章,朗读时应该语调平实,语速适中。

第一自然段总领全文,朗读时一定要清晰明确地表达出来。第二至第五自然段分别从几个角度来说明海洋是孕育原始生命的摇篮,每个自然段的末句都是该段的中心,因此朗读时可运用重音、语调的抑扬等技巧加以强调。最后一段总结全文,说明生命在海洋里诞生是必然的,朗读时应该用坚定的语气,"必要条件"要重读。

2. 语流音变

本文中出现的语流音变现象主要是:"一"的变调,如"一些"、"一系列"、"一种"等;"不"的变调,如"不是"、"不会"、"毫不费力"等,朗读时要注意声调;此外,上声的变调也要注意,如"溶解氧"中,后两个音节都是上声,前一个上声就需要变调。

3. 多音现象

本文中多音字"为"出现的次数较多,也要引起重视。

【作品14号】

读小学的时候(shí hou),我的外祖母去世了。外祖母生前最疼爱我,我无法排除自己的忧伤,每天在学校的操场上一圈儿(quānr)又一圈儿地跑着,跑得累倒在地上,扑在草坪上痛哭。

那哀痛的日子(rì zi),断断续续地持续了很久,爸爸妈妈也不知道如何安慰我。他们知道与其骗我说外祖母睡着(shuì zháo)了,还不如对我说实话:外祖母永远不会回来了。

"什么是永远不会回来呢?"我问着。

"所有时间里的事物,都永远不会回来。你的昨天过去,它就永远变成昨天,你不能再回到昨天。爸爸以前也和你一样小,现在也不能回到你这么小的童年了;有一天你会长大,你会像外祖母一样老;有一天你度过了你的时间,就永远不会回来了。"爸爸说。

爸爸等于给我一个谜语,这谜语比课本上的"日历挂在墙壁,一天撕去一页,使我心里着急(zháo jí)"和"一寸光阴一寸金,寸金难买寸光阴"还让我感到可怕;也比作本上的"光阴似箭,日月如梭"更让我觉得有一种说不出的滋味。

时间过得那么(nà me)飞快,使我的小心眼儿里不只是着急,还有悲伤。有一天我放学回家,看到太阳快落山了,就下决心说:"我要比太阳更快地回家。"我狂奔回去,站在庭院前喘气的时候,看到太阳//还露着(lòu zhe)半边脸,我高兴地跳跃(tiào yuè)起来,那一天我跑赢了太阳。以后我就时常做那样的游戏,有时和太阳赛跑,有时和西北风比快,有时一个暑假才能做完的作业,我十天就做完了;那时我三年级,常常把哥哥五年级的作业拿来做。每一次比赛胜过时间,我就快乐得不知道怎么形容。

如果将来我有什么要教给我的孩子,我会告诉(gào su)他:假若你一直和时间比赛,你就可以成功!

(节选自(台湾)林清玄《和时间赛跑》)

【朗读提示】

1. 朗读技巧

作品中,作者通过自己童年时的生活经历,告诉人们一个人生哲理:假如一直和时间比赛,你就可以成功。

朗读文章开头的两个自然段时,要用低沉的声音,缓慢的节奏和语调来表达失去亲人后的忧伤。

文中有两段是"我"与爸爸的对话,在朗读时这两个角色应该有所区别:读"我"的问题时,应该用应较高、上扬的语调,表现出儿童的天真和疑惑;爸爸的回答则要用较为低沉、缓慢的语调来朗读,显得语重心长。

从第六自然段开始,作者的感情由"悲哀"逐渐转向"喜悦",朗读时应该突出这种感情的转变。所以在朗读第六自然段第一句时,语气沉重,语速较慢,而后面的句子则应该读得轻快而明亮。结尾处充满哲理的思考使文章达到高潮,朗读时应该用肯定的语气并用升调。

2. 语流音变

本文中出现了大量的语流音变现象,主要是"一"的变调,如"一样"、"一天"、"一个"、"一页"、"一种"、"一次"等;"不"的变调,如"不会"、"说不出"等;轻声,如"时候"、"日子"、"爸爸"、"妈妈"、"什么"、"这么"、"告诉"等,朗读时需要引起注意。

【作品15号】

三十年代初,胡适在北京大学任教授。讲课时他常常对白话文大加称赞,引起一些只喜欢文言文而不喜欢白话文的学生的不满。

一次,胡适正讲得得意的时候,一位姓魏的学生(xué sheng)突然站了起来,生气地问:"胡先生,难道说白话文就毫无缺点吗?"胡适微笑着回答说:"没有。"那位学生更加激动了:"肯定有!白话文废话太多,打电报用字多,花钱多。"胡适的目光顿时变亮了。轻声地解释说:"不一定吧!前几天有位朋友(péng you)给我打来电报,请我去政府部门工作,我决定不去,就回电拒绝了。复电是用白话写的,看来也很省字。请同学们根据我这个意思(yì si),用文言文写一个回电,看看究竟是白话文省字,还是文言文省字?"胡教授刚说完,同学们立刻认真地写了起来。

十五分钟过去,胡适让同学举手,报告用字的数目,然后挑了一份用字最少的文言电报稿,电文是这样写的:

"才疏学浅,恐难胜任(shèng rèn),不堪(bù kān)从命。"白话文的意思是:学问(xué wen)不深,恐怕很难担任这个工作,不能服从安排。

胡适说,这份写得确实不错,仅用了十二个字。但我的白话电报却只用了五个字:

"干不了(gàn bu liǎo),谢谢(xiè xie)!"

胡适又解释说:"干不了"就有才疏学浅、恐难胜任的意思;"谢谢"既//对朋友的介绍表示感谢,又有拒绝的意思。所以,废话多不多,并不看它是文言文还是白话文,只要注意选用字词,白话文是可以比文言文更省字的。

(节选自陈灼主编《实用汉语中级教程》(上)中《胡适的白话电报》)

【朗读提示】

1. 朗读技巧

该作品讲述了胡适在上课时发生的一个小故事。文章内容以胡适和学生的对话为主,在朗读人物之间的对话时,应该读出感情色彩,符合人物的身份;而叙述部分则用平实的语调朗读,要同人物的语言有所区别。具体说来,第二自然段开头的人物说明可用稍强的、自然的中音来读;学生生气的问话应该用较高、较强硬的声音来读,语速也应较快,表现出学生生气、不满的态度以及咄咄逼人的气势;在读胡适的话语时,应该用沉稳的语气和较慢的语速来表现出其对学生的耐心及循循善诱的教导。

2. 语流音变

本文中出现的语流音变现象主要是:"不"的变调,如"不去"、"干不了"、"不错"、"不过"、"不忘"、"不卖钱"等,要注意调值的变化;轻声,如"喜欢"、"学生"、"时候"、"先生"、"朋友"、"这个"、"学问"、"意思"、"谢谢"等,朗读时也需要注意。

【作品16号】

很久以前,在一个漆黑的秋天的夜晚,我泛舟在西伯利亚一条阴森森(yīn sēn sēn)的河上。船到一个转弯处,只见前面黑魆魆(hēi qū qū)的山峰下面一星火光蓦地(mò dì)一闪。

火光又明又亮,好像就在眼前……

"好啦,谢天谢地!"我高兴地说,"马上就到过夜的地方(dì fang)啦!"

船夫扭头朝身后的火光望了一眼,又不以为然地划起桨来。

"远着呢!"

我不相信他的话,因为(yīn wèi)火光冲破朦胧(méng lóng)的夜色,明明就在那儿(nàr)闪烁(shǎn shuò)。不过船夫是对的,事实上,火光的确(dí què)还远着呢。

这些黑夜的火光的特点是:驱散黑暗,闪闪发亮,近在眼前,令人神往。乍一看,再划几下就到了……其实却还远着呢!……

我们在漆黑如墨的河上又划了很久。一个个峡谷和悬崖,迎面驶来,又向后移去,仿佛(fǎng fú)消失在茫茫的远方,而火光却依然停在前头(qián tou),闪闪发亮,令人神往——依然是这么近,又依然是那么远……

现在,无论是这条被悬崖峭壁(qiào bì)的阴影(yīn yǐng)笼罩的漆黑的河流,还是那一星明亮的火光,都经常浮现在我的脑际,在这以前和在这以后,曾有许多火光,似乎近在咫尺(zhǐ chǐ),不止使我一人心驰神往。可是生活之河却仍然在那阴森森的两岸之间流着,而火光也依旧非常遥远。因此,必须加劲划桨……

然而,火光啊(nga)……毕竟……毕竟就//在前头!

(节选自[俄]柯罗连科《火光》,张铁夫译)

【朗读提示】

1. 朗读技巧

这篇散文描写了作者黑夜泛舟追寻火光的情景,反映了在沙皇黑暗统治下,人们对光明的热切向往和追求。总的来看,文章的节奏比较舒缓而又富于变化,在朗读时要处理好节奏的变化,以便正确地表现出作者思想感情的发展变化。

朗读第二自然段"我"发现火光时所说的话,要用较快的、紧张的节奏来表现欣慰与喜悦;船老大的话应该用较慢的语速并略带拖音,与作者的欣喜形成对比。朗读第六自然段"我"仍然深信火光就在不远处时节奏较快,而发现火光实际很远时,又转入舒缓的节奏。最后一个自然段是文章的重点,省略号处停顿应稍长,朗读第一个"毕竟"时语速要慢,显得意味深长,朗读第二个"毕竟"时则节奏加快,"就"、"前头"重读,表现出积极乐观的人生态度。

2. 语流音变

本文中出现较多的语流音变现象是:"一"的变调,如"一条"、"一星"、"一闪"、"乍一看"、"一人"等;轻声,如"地方"、"我们"、"前头"等,朗读时要注意声调的变化;上声的变调,如"咫尺",朗读时要注意调值的变化;另外,还要注意文章末段中"啊"的音变。

【作品17号】

对于一个在北平住惯的人,像我,冬天要是不刮风,便觉得(jué de)是奇迹;济南(Jǐ nán)的冬天是没有风声的。对于一个刚由伦敦(lún dūn)回来的人,像我,冬天要能看得见日光,便觉得是怪事;济南的冬天是响晴(xiǎng qíng)的。自然,在热带的地方,日光永远是那么毒,响亮的天气,反有点儿(yǒu diǎn r)叫人害怕。可是,在北方的冬天,而能有温晴的天气,济南真得(děi)算个宝地。

设若单单是有阳光,那也算不了(suàn bu liǎo)出奇。请闭上眼睛(yǎn jing)想:一个老城,有山有水,全在天底下晒着阳光,暖和(nuǎn huo)安适地睡着,只等春风来把它们唤醒,这是不是理想的境界?小山整把济南围了个圈儿(quānr),只有北边缺着点口儿(kǒur)。这一圈小山在冬天特别可爱,好像是把济南放在一个小摇篮里,它们安静不动地低声地说:"你们放心吧,这儿(zhèr)准保暖和。"真的,济南的人们在冬天面上含笑。他们一看那些小山,心中便觉得有了着落(zhuó luò),有了依靠。他们由天上看到山上,便不知不觉地想起:"明天也许就是春天了吧?这样的温暖,今天夜里山草也许就绿起来了吧?"就是这点儿幻想不能一时实现,他们也并不着急(zháo jí),因为(yīn wèi)这样慈善的冬天,干什么还希望别的呢!

最妙的是下点儿小雪呀。看吧,山上的矮松越发的青黑,树尖儿(jiānr)上顶//着一髻儿(yī jìr)白花,好像日本看护妇(kān hù fù)。山尖儿全白了,给蓝天镶上一道银边(yín biānr)。山坡上,有的地方雪厚点儿,有的地方草色还露着(lòu zhe);这样,一道儿白,一道儿暗黄,给山们穿上一件带水纹儿的花衣;看着看着,这件花衣好像被风儿(fēng'ér)吹动,叫你希望看见一点儿更美的山的肌肤。等到快日落的时候,微黄的阳光斜射在山腰上,那点儿薄(báo)雪好像忽然害羞,微微露出点儿粉色。就是下小雪吧,济南是受不住大雪的,那些小山太秀气(xiù qi)。

(节选自老舍《济南的冬天》)

【朗读提示】

1. 朗读技巧

这篇优美的散文以清新、淡雅的文字写出了对济南冬天的喜爱,朗读时节奏应比较舒缓。第二自然段描写济南冬天带给人的安逸与舒适,朗读时应该语气轻柔,语速稍慢。第三自然段抒发作者对雪中济南的喜爱之情,朗读时应该用欢快的语气,语速也要适当加快。

2. 语流音变

这篇文章最大的特点是儿化音非常多,如"有点儿"、"圈儿"、"口儿"、"这儿"、"尖儿"、"髻儿"、"水纹儿"等,读起来有一定的难度,要引起注意;轻声词语也比较多,如"觉得"、"地方"、"那么"、"眼睛"、"暖和"、"时候"、"秀气"等;还有"一"的音变,如"一个"、"一圈"、"一看"、"一时"、"一髻"、"一道儿"、"一点儿"等,朗读时要注意调值的变化。

【作品18号】

纯朴的家乡村边有一条河,曲曲弯弯,河中架一弯石桥,弓样的小桥横跨两岸。

每天,不管是鸡鸣晓月、日丽中天,还是月华泻地,小桥都印下串串足迹,洒落串串汗珠。那是乡亲(xiāng qīn)为了追求多棱(duō léng)的希望,兑现(duì xiàn)美好的遐想。弯弯小桥,不时荡过轻吟低唱,不时露出(lù chū)舒心的笑容。

因而,我稚小(zhì xiǎo)的心灵,曾将心声献给小桥:你是一弯银色的新月,给人间普照光辉;你是一把闪亮的镰刀,割刈(gē yì)着欢笑的花果;你是一根晃悠悠的扁担(biǎn dan),挑起了彩色的明天! 哦,小桥走进我的梦中。

我在飘泊(piāo bó)他乡的岁月,心中总涌动着故乡的河水,梦中总看到弓样的小桥。当我访南疆探北国,眼帘闯进座座雄伟的长桥时,我的梦变得丰满了,增添了赤橙黄绿青蓝紫。

三十多年过去,我带着满头霜花回到故乡,第一紧要的便是去看望小桥。

啊! 小桥呢? 它躲起来了? 河中一道长虹,浴着朝霞熠熠(yì yì)闪光。哦,雄浑的大桥敞开胸怀,汽车的呼啸、摩托(mó tuō)的笛音、自行车的叮铃,合奏着进行交响乐;南来的钢筋、花布,北往的柑橙(gān chéng)、家禽,绘出交流欢跃图……

啊! 蜕变(tuì biàn)的桥,传递了家乡进步的消息(xiāo xi),透露了家乡富裕的声音。时代的春风,美好的追求,我蓦地(mò dì)记起儿时唱//给小桥的歌,哦,明艳艳的太阳照耀了,芳香甜蜜的花果捧来了,五彩斑斓(bān lán)的岁月拉开了!

我心中涌动的河水,激荡起甜美的浪花。我仰望一碧蓝天,心底轻声呼喊:家乡的桥啊(wa),我梦中的桥!

(节选自郑莹《家乡的桥》)

【朗读提示】

1. 朗读技巧

这篇散文通过描写家乡桥的今昔变化,歌颂了家乡的桥,并表达了对家乡的热爱和赞美。文章语言优美、感情真挚,总体来说,朗读时声音要舒缓而柔和,还要根据作者感情的起伏有所变化。

在朗读第三自然段排比句时,要用浓厚的感情,欢快的语调,展现出儿时的纯真情感;朗读第六自然段时则要用明亮的音色、稍快的语速来表现大桥上热闹繁忙的景象;而在朗读第七自然段时感情逐渐强烈,在"照耀"、"捧来"、"拉开"处重读,语调较高,抒发作者的喜悦与赞美之情。最后一句是全文的高潮,朗读时要充满深情,用缓慢的语速来表达出无限的感慨。

2. 语流音变

本文中出现的语流音变现象主要是:"一"的变调,如"一把"、"一根"、"一道"、"一条"、"一弯"等;轻声,如"为了"、"扁担"、"消息"等,朗读时需要注意;另外,文章末段中"啊"的音变也要注意读正确。

【作品19号】

三百多年前,建筑设计师莱伊恩受命设计了英国温泽市政府大厅。他运用工程力学的知识(zhī shi),依据自己多年的实践,巧妙地设计了只用一根柱子支撑的大厅天花板。一年以后,市政府权威人士进行工程验收时,却说只用一根柱子支撑天花板太危险,要求莱伊恩再多加几根柱子。

莱伊恩自信只要一根坚固的柱子足以保证大厅安全,他的"固执(gù zhí)"惹恼了市政官员,险些被送上法庭。他非常苦恼,坚持自己原先的主张吧,市政官员肯定会另找人修改设计;不坚持吧,又有悖(yǒu bèi)自己为人的准则。矛盾了很长一段时间,莱伊恩终于想出了一条妙计,他在大厅里增加了四根柱子,不过这些柱子并未与天花板接触,只不过是装装样子。

三百多年过去了,这个秘密始终没有被人发现。直到前两年,市政府准备修缮(xiū shàn)大厅的天花板,才发现莱伊恩当年的"弄虚作假"。消息传出后,世界各国的建筑专家和游客云集,当地政府对此也不加掩饰,在新世纪到来之际,特意将大厅作为一个旅游景点对外开放,旨(zhǐ)在引导人们崇尚(chóng shàng)和相信科学。

作为一名建筑师,莱伊恩并不是最出色的。但作为一个人,他无疑非常伟大,这种∥伟大表现在他始终恪守(kè shǒu)着自己的原则,给高贵的心灵一个美丽的住所:哪怕是遭遇到最大的阻力,也要想办法抵达胜利。

(节选自游宇明《坚守你的高贵》)

【朗读提示】

1. 朗读技巧

作品讲述了建筑设计师莱伊恩如何坚持自己的主张建造市政府大厅的故事,赞扬了莱伊恩不畏压力、相信科学、恪守原则的精神。朗读作品时可以用中速,语气和语调的起伏不必太大。

在读到莱伊恩的自信和"固执",可适当运用重音体现他恪守原则的精神;读到他的苦恼和矛盾时要放慢语速,放低声音,并适当运用停连来表现他的犹豫和为难的心情;读到他想出妙计时,用明亮的音色来读,并略带诙谐。在读到如今的市政府对莱伊恩设计的肯定与推崇时,应该用赞扬的语气。文章的结尾揭示了主题,表达了对莱伊恩的肯定和赞扬,要用坚定有力的声音来朗读。

2. 语流音变

文中出现的语流音变现象主要是:"一"的变调,如"一根"、"一条"、"一段"、"一年"等;轻声,如"知识"、"柱子"、"样子"、"这个"、"消息"等,朗读时要注意调值的变化。

【作品20号】

自从传言有人在萨文河畔(hé pàn)散步时无意发现了金子(jīn zi)后,这里便常有来自四面八方的淘金者。他们都想成为富翁,于是寻遍了整个河床,还在河床上挖出很多大坑,希望借助它们找到更多的金子。的确,有一些人找到了,但另外一些人因为(yīn wèi)一无所得而只好扫兴归去。

也有不甘心落空的,便驻扎(zhù zhā)在这里,继续寻找。彼得·弗雷特就是其中一员。他在河床附近买了一块没人要的土地,一个人默默地工作。他为了找金子,已把所有的钱都押在这块土地上。他埋头苦干了几个月,直到土地全变成了坑坑洼洼,他失望了——他翻遍了整块土地,但连一丁点儿(yì dīng diǎnr)金子都没看见。

六个月后,他连买面包的钱都没有了。于是他准备离开这儿(zhèr)到别处去谋生。

就在他即将(jí jiāng)离去的前一个晚上,天下起了倾盆(qīng pén)大雨,并且一下就是三天三夜。雨终于停了,彼得走出小木屋,发现眼前的土地看上去好像和以前不一样:坑坑洼洼已被大水冲刷平整,松软的土地上长出一层绿茸茸(lǜ róng róng 或 lǜ rōng rōng)的小草。

"这里没找到金子,"彼得忽有所悟地说,"但这土地很肥沃,我可以用来种花,并且拿到镇上去卖给那些富人,他们一定会买些花装扮他们华丽的//客厅。如果真是这样的话,那么我一定会赚(zhuàn)许多钱。有朝一日我也会成为富人……"

于是他留了下来。彼得花了不少精力培育花苗,不久田地里长满了美丽娇艳的各色鲜花。

五年以后,彼得终于实现了他的梦想——成了一个富翁。"我是唯一的一个找到真金的人!"他时常不无骄傲地告诉(gào su)别人,"别人在这儿找不到金子后便远远地离开,而我的'金子'是在这块土地里,只有诚实的人用勤劳才能采集到。"

(节选自陶猛译《金子》)

【朗读提示】

1. 朗读技巧

这篇文章讲述了彼得淘金的故事。总体而言,这篇文章在朗读时应该语气平实,语速适中,娓娓道来,但要注意表达彼得心情的变化。

第二自然段写彼得付出一切但一无所获,朗读时声音要低沉,其中"所省的钱"、"整块"、"一丁点儿"等词语要用重音;第四自然段叙述了彼得惊喜地发现了土地的变化,朗读时声音要明朗、轻快,语速应适当加快,以表现出他的惊喜;第五自然段中彼得悟出了赚钱的方法,朗读时语气要显得自信而得意,展现出一种豁然开朗的心境。文章的结尾部分彼得如愿以偿,在朗读彼得的话时,应该用坚定而自豪的语气,并且,"唯一"、"真金"、"诚实"、"勤劳"最好用加重并延长的重音加以强调。

2. 语流音变

本文中出现的语流音变现象主要是:"一"的变调,如"一员"、"一块"、"一个人"、"一下"、"不一样"、"一定"、"一层"等;轻声也较多,如"金子"、"他们"、"它们"、"为了"、"晚上"等,朗读时要注意声调的变化;还有一些儿化音,如"一丁点儿"、"这儿"等,朗读时也要引起注意。

【作品21号】

我在加拿大学习期间遇到过两次募捐,那情景(qíng jǐng)至今使我难以忘怀。

一天,我在渥太华(Wò tài huá)的街上被两个男孩子拦住去路,他们十来岁,穿得整整齐齐,每人头上戴着个做工精巧、色彩鲜艳的纸帽,上面写着"为帮助患小儿麻痹(má bì)的伙伴募捐"。其中的一个,不由分说就坐在小凳上给我擦起皮鞋来,另一个则彬彬有礼地发问:"小姐,您是哪国人?喜欢渥太华吗?""小姐,在你们国家有没有小孩儿(xiǎo háir)患小儿麻痹?谁给他们医疗费?"一连串的问题,使我这个有生以来头一次在众目睽睽(kuí kuí)之下让别人擦鞋的异乡人,从近乎狼狈的窘态(jiǒng tài)中解脱出来。我们像朋友(péng you)一样聊起天(tiānr)来⋯⋯

几个月之后,也是在街上。一些十字路口处或车站坐着几位老人。他们满头银发(yín fà),身穿各种老式军装,上面布满了大大小小形形色色的徽章、奖章,每人手捧一大束鲜花,有水仙、石竹、玫瑰(méi guī)及叫不出名字的,一色雪白。匆匆过往的行人纷纷止步,把钱投进这些老人身旁的白色木箱内,然后向他们微微鞠躬,从他们手中接过一朵花。我看了一会儿(yí huìr),有人投一两元,有人投几百元,还有人掏出支票填好后投进木箱。那些老军人毫不注意人们捐多少钱,一直不//停地向人们低声道谢。同行(tóng xíng)的朋友告诉我,这是为纪念二次大战中参战的勇士,募捐救济残废军人和烈士遗孀(yí shuāng),每年一次;认捐的人可谓踊跃,而且秩序井然,气氛(qì fēn)庄严。有些地方(dì fang),人们还耐心地排着队。我想,这是因为他们都知道(zhī dào):正是这些老人们的流血(liú xuè)牺牲换来了包括他们信仰自由在内的许许多多。

我两次把那微不足道的一点儿钱捧给他们,只想对他们说声"谢谢"。

(节选自青白《捐诚》)

【朗读提示】

1. 朗读技巧

这篇文章回忆了"我"在加拿大学习期间遇到过的两次募捐活动。文章叙述平实,感情基调是肯定、赞扬的,因此朗读时语调应平实自然,用中等语速,娓娓道来。在需要强调的地方可以用放慢语速、延长声音的方法来表现,有些句子的语调也要根据需要而有所变化,如第一次募捐时小男孩的问话,就可以用较高的语调来模仿小男孩发问,且用升调,语速应适当加快。第三自然段朗读老军人的募捐活动时,应该用庄重的语气,较慢的语速。最后一个自然段,是表达作者对募捐者无私奉献的感激,在朗读"谢谢"时要充满深情。

2. 语流音变

本文中出现的语流音变现象主要是:大量的"一"的变调,如"一天"、"一个"、"一连串"、"一次"、"一样"、"一些"、"一大束"、"一串"、"一朵"、"一会儿"、"一直"、"一点儿"等;较多的轻声,如"他们"、"喜欢"、"你们"、"这个"、"名字"、"朋友"、"地方"、"人们"、"谢谢"等,朗读时都要引起注意。

【作品22号】

没有一片绿叶,没有一缕炊烟,没有一粒泥土,没有一丝花香,只有水的世界,云的海洋。

一阵台风袭(xí)过,一只孤单的小鸟无家可归,落到被卷到洋里的木板上,乘(chéng)流而下,姗姗(shān shān)而来,近了,近了!……

忽然,小鸟张开翅膀,在人们头顶盘旋了几圈儿(quānr),"噗啦(pū lā)"一声落到了船上。许是累了?还是发现了"新大陆"?水手撵(niǎn)它它不走,抓它,它乖乖地落在掌心。可爱的小鸟和善良的水手结成(jié chéng)了朋友(péng you)。

瞧,它多美丽,娇巧的小嘴,啄理(zhuó lǐ)着绿色的羽毛,鸭子样的扁脚,呈现(chéng xiàn)出春草的鹅黄。水手们把它带到舱里,给它"搭铺",让它在船上安家落户,每天,把分到的一塑料(sù liào)桶淡水匀给它喝,把从祖国带来的鲜美的鱼肉分给它吃,天长日久,小鸟和水手的感情日趋笃厚(dǔ hòu)。清晨,当第一束(shù)阳光射进舷窗(xián chuāng)时,它便敞开美丽的歌喉,唱啊(nga)唱,嘤嘤有韵,宛如春水淙淙(cóng cóng)。人类给它以生命,它毫不悭吝(qiān lìn)地把自己的艺术青春(qīng chūn)奉献给了哺育(bǔ yù)它的人。可能都是这样?艺术家们的青春只会献给尊敬(zūn jìng)他们的人。

小鸟给远航生活蒙上了一层浪漫色调,返航时,人们爱不释手,恋恋不舍地想把它带到异乡。可小鸟憔悴(qiáo cuì)了,给水,不喝!喂肉,不吃!油亮的羽毛失去了光泽。是啊(ra),我//们有自己的祖国,小鸟也有它的归宿,人和动物都是一样啊(nga),哪儿(nǎr)也不如故乡好!

慈爱的水手们决定放开它,让它回到大海的摇篮去,回到蓝色的故乡去。离别前,这个大自然的朋友与水手们留影纪念。它站在许多人的头上、肩上、掌上、胳膊(gē bo)上,与喂养过它的人们,一起融进那蓝色的画面……

(节选自王文杰《可爱的小鸟》)

【朗读提示】

1. 朗读技巧

这篇散文通过讲述水手与小鸟之间充满温情的动人故事,借小鸟对故乡的依恋表达了水手们对故土、对祖国的热爱。文章抒情性很强,朗读时应在平淡的叙述中蕴含深情,用舒缓的节奏来抒发作者的感情。

第二自然段中朗读"近了,近了"时放缓语速,表现出人们观察的过程。第四自然段描写小鸟与水手们融洽相处的情景,朗读时,语气应轻松活泼,节奏轻快,表现出喜爱和愉悦之情。第五自然段描写小鸟因离开故乡而精神憔悴,朗读时语气比较沉重且略带哀愁。"哪儿也不如故乡好!"这一句是全文的中心思想,应该重读,表现出作者强烈的感慨。

2. 语流音变

在文章中出现频率比较高的语流音变现象是:"一"的变调,主要集中在第一、第二自然段,如"一片"、"一缕"、"一粒"、"一丝"、"一阵"、"一只"、"一塑料桶"、"第一束"、"一层"、"一样"等;轻声,如"人们"、"朋友"、"鸭子"、"他们"、"人们"、"水手们"等,朗读时要引起注意;另外,还要特别注意文中出现的两次"啊"的变读。

【作品 23 号】

纽约的冬天常有大风雪,扑面的雪花不但令人难以睁开眼睛(yǎn jing),甚至呼吸都会吸入冰冷的雪花。有时前一天晚上还是一片晴朗,第二天拉开窗帘,却已经积雪盈(yíng)尺,连门都推不开了。

遇到这样的情况,公司、商店常会停止上班,学校也通过广播,宣布停课。但令人不解的是,唯有公立小学,仍然开放。只见黄色的校车,艰难地在路边接孩子,老师则一大早就口中喷着热气,铲去车子前后的积雪,小心翼翼(xiǎo xīn yì yì)地开车去学校。

据统计,十年来纽约的公立小学只因为(yīn wèi)超级暴风雪停过七次课。这是多么令人惊讶的事。犯得着(fàn de zháo)在大人都无须上班的时候让孩子去学校吗?小学的老师也太倒霉了吧?

于是,每逢大雪而小学不停课时,都有家长打电话去骂。妙的是,每个打电话的人,反应全一样——先是怒气冲冲地责问,然后满口道歉,最后笑容满面地挂上电话。原因是,学校告诉家长:

在纽约有许多百万富翁,但也有不少贫困(pín kùn)的家庭。后者白天开不起暖气,供不起(gōng bù qǐ)午餐,孩子的营养全靠学校里免费的中饭,甚至可以多拿些回家当(dàng)晚餐。学校停课一天,穷孩子就受一天冻,挨(ái)一天饿,所以老师们宁愿(nìng yuàn)自己苦一点儿,也不能停课。//

或许有家长会说:何不让富裕的孩子在家里,让贫穷的孩子去学校享受暖气和营养(yíng yǎng)午餐呢?

学校的答复是:我们不愿让那些穷苦的孩子感到他们是在接受救济,因为施舍的最高原则是保持受施者的尊严。

(节选自(台湾)刘墉《课不能停》)

【朗读提示】

1. 朗读技巧

作品讲述了纽约的公立学校为了救济贫困学生而坚持在大雪天开课的故事,读来十分感人,总体上要用平和的语气来表现学校的良苦用心。

朗读第二自然段"但令人不解的是,唯有公立小学,仍然开放"一句时,语气充满疑惑,语调上升。后面几句需要强调的地方,如"艰难"、"一大早"、"小心翼翼"等词可放慢语速、延长声音,以表现司机和老师们冒雪工作的辛苦。第三自然段对学校做法的不解和疑问,要用较高的语调、较慢的语速来表现。学校的答复要用坦诚而庄重的语气来读,话语中充满对穷孩子的怜悯、同情与爱护;尤其是最后一句,这是文章的主旨句,朗读时语气要深沉、坚定而有力,语速较缓慢,要传达出震撼人心的力量。

2. 语流音变

本文中出现的语流音变现象主要是:"一"的变调,如"一片"、"一大早"、"一样"、"一点儿"等;轻声,如"眼睛"、"晚上"、"孩子"、"多么"、"告诉"等,朗读时要注意声调的变化;另外,文章第五段中的儿化音也要引起注意。

【作品 24 号】

十年,在历史上不过是一瞬间(shùn jiān)。只要稍加注意,人们就会发现:在这一瞬间里,各种事物都悄悄经历了自己的千变万化。

这次重新访日,我处处感到亲切和熟悉(shú xī),也在许多方面发觉了日本的变化。就拿奈良(nài liáng)的一个角落来说吧,我重游了为(wèi)之感受很深的唐招提寺,在寺内各处匆匆走了一遍,庭院依旧,但意想不到还看到了一些新的东西(dōng xi)。其中之一,就是近几年从中国移植来的"友谊(yǒu yì)之莲"。

在存放鉴真(jiàn zhēn)遗像的那个院子(yuàn zi)里,几株中国莲昂然挺立,翠绿的宽大荷叶正迎风而舞,显得十分愉快(yú kuài)。开花的季节已过,荷花朵朵已变为莲蓬(lián péng)累累(léi léi)。莲子(lián zǐ)的颜色正在由青转紫,看来已经成熟了。

我禁不住(jīn bu zhù)想:"因"已转化为"果"。

中国的莲花开在日本,日本的樱花开在中国,这不是偶然。我希望这样一种盛况延续不衰。可能有人不欣赏花,但决不会有人欣赏落在自己面前的炮弹。

在这些日子(rì zi)里,我看到了不少多年不见的老朋友,又结识(jié shí)了一些新朋友。大家喜欢涉及的话题之一,就是古长安和古奈良。那还用得(yòng de zháo)问吗,朋友们缅怀(miǎn huái)过去,正是瞩望(zhǔ wàng)未来。瞩目于未来的人们必将获得未来。

我不例外,也希望一个美好的未来。

为//了(wèi le)中日人民之间的友谊,我将不浪费今后生命的每一瞬间。

(节选自严文井《莲花和樱花》)

【朗读提示】

1. 朗读技巧

这篇文章记叙了作者十年之后重新访日时的见闻和感受,尤其是看到象征中日友谊的中国莲,使作者感到欣喜。

朗读第一句时,"十年"可适当拖长读音,表示时间之久,而读"一瞬间"则加快语速,以突出时间的飞逝。朗读第二段末尾"友谊之莲"这个短语时,语气应轻柔而舒缓。第二自然段描写开在日本的莲花硕果累累的景象,要用轻快明亮的声音来读,以表达作者的喜悦之情。第四自然段"我禁不住想"之后要作适当的停顿,以表现作者思考的过程,其中的"因"、"果"要重读。朗读第六自然段末句时声音要坚实有力,语速中等,并运用适当的停顿和重音。文章的结尾表示作者的决心和希望,朗读时感情要充沛,用肯定的语气和上扬的语调。

2. 语流音变

本文中出现的语流音变现象主要是:"不"的变调,如"不过"、"不到"、"禁不住"、"不是"、"不会"、"不见"、"不例外"等;还有较多的轻声,如"人们"、"东西"、"院子"、"朋友"、"喜欢"、"朋友们"等,朗读时需要注意。

【作品 25 号】

梅雨潭闪闪的绿色招引着我们,我们开始追捉她那离合的神光了。揪着草,攀着乱石,小心探身下去,又鞠躬过了一个石穹门(shí qióng mén),便到了汪汪一碧的潭边了。

瀑布(pù bù)在襟袖(jīn xiù)之间,但是我的心中已没有瀑布了。我的心随潭水的绿而摇荡。那醉人的绿呀!仿佛一张极大极大的荷叶铺(pū)着,满是奇异的绿呀。我想张开两臂抱住她,但这是怎样一个妄想啊。

站在水边,望到那面,居然觉着有些远呢!这平铺着,厚积着的绿,着实(zhuó shí)可爱。她松松地皱缬(zhòu xié)着,像少妇拖着的裙幅;她滑滑的明亮着,像涂了"明油"一般,有鸡蛋清那样软,那样嫩(nèn);她又不杂些尘滓(chén zǐ),宛然一块温润的碧玉,只清清的一色——但你却看不透她!

我曾见过北京什刹海(Shí chà hǎi)拂地(fú dì)的绿杨,脱不了鹅黄的底子,似乎太淡了。我又曾见过杭州虎跑寺近旁高峻而深密的"绿壁",丛叠着无穷的碧草与绿叶的,那又似乎太浓了。其余呢,西湖的波太明了,秦淮河的也太暗了。可爱的,我将什么来比拟(bǐ nǐ)你呢?我怎么比拟得出呢?大约潭是很深的,故能蕴蓄(yùn xù)着这样奇异的绿;仿佛蔚蓝的天融了一块在里面似的,这才这般的鲜润啊(na)。

那醉人的绿呀!我若能裁你以为带,我将赠给那轻盈的//舞女,她必能临风飘举了。我若能挹(yì)你以为眼,我将赠给那善歌的盲妹,她必明眸善睐(míng móu shàn lài)了。我舍不得(shě bu dé)你;我怎舍得你呢?我用手拍着你,抚摩(fǔ mó)着你,如同一个十二三岁的小姑娘。我又掬(jū)你入口,便是吻着她了。我送你一个名字(míng zi),我从此叫你"女儿绿",好吗?

第二次到仙岩的时候,我不禁(bù jīn)惊诧(jīng chà)于梅雨潭的绿了。

(节选自朱自清《绿》)

【朗读提示】

1. 朗读技巧

这篇抒情散文以清新优美的文字形象地描写了梅雨潭的绿。文章的感情基调是深切喜爱、热情赞美的,因此在朗读时要展开联想和想象,进入作品的意境,表达出作者的感情,在叙述作者的行踪时声音要明亮轻快,抒情处则节奏舒缓,声音轻柔,表现出作者的陶醉和喜爱。

文中大量运用比喻、排比等修辞手法,使得文章节奏感很强,要通过语调、节奏的变化及停连、重音的使用来显现这种节奏美和韵律美,如第二自然段中"醉人的绿"、"奇异的绿"、"妄想"等处可以重读,以表达出作者对潭水的绿的炽热情感。第三自然段中的三个排比句,语调逐渐上扬。至第三句又有所转折,语调稍平,破折号后节奏要放慢。第四自然段中将潭水与别处的风景作对比,"太谈了"、"太浓了"、"太明了"、"太暗了"可运用加重并延长的重音,以突出潭水独特的魅力。朗读第五自然段时感情要充沛,声音可轻缓,但感情浓烈,如同对自己的女儿倾诉一般。

2. 语流音变

本文中出现的语流音变现象主要是:"一"的变调,如"一个"、"一张"、"一般"、"一块"、"一色"等,朗读时要注意;"不"的变调,如"不过"、"不到"、"不是"、"不会"、"不见"、"不例外"等;文章中出现的轻声也比较多,如"我们"、"什么"、"怎么"、"似的"等,朗读时要注意调值的变化;另外,还有"啊"的音变,共出现了两次,也要引起注意。

【作品 26 号】

我们家的后园有半亩空地(kòng dì),母亲说:"让它荒着怪可惜的,你们那么爱吃花生,就开辟出来种花生吧。"我们姐弟几个都很高兴,买种(mǎi zhǒng),翻地,播种(bō zhǒng),浇水,没过几个月,居然收获了。

母亲说:"今晚我们过一个收获节,请你们父亲也来尝尝我们的新花生,好不好(hǎo bu hǎo)?"我们都说好。母亲把花生做成了好几样食品,还吩咐(fēn fù)就在后园的茅亭里过这个节。

晚上天色不太好,可是父亲也来了,实在很难得(nán dé)。

父亲说:"你们爱吃花生吗?"

我们争着答应(dā ying):"爱!"

"谁能把花生的好处(hǎo chù)说出来?"

姐姐说:"花生的味(wèir)美。"

哥哥说:"花生可以榨油。"

我说:"花生的价钱(jià qián)便宜(pián yi),谁都可以买来吃,都喜欢吃。这就是它的好处。"

父亲说:"花生的好处很多,有一样最可贵:它的果实埋在地里,不像桃子、石榴(shí liu)、苹果那样,把鲜红嫩绿的果实高高地挂在枝头上,使人一见就生爱慕之心。你们看它矮矮地长在地上,等到成熟了,也不能立刻分辨出来它有没有果实,必须挖出来才知道。"

我们都说是,母亲也点点头。

父亲接下去说:"所以你们要像花生,它虽然不好看,可是很有用,不是外表好看而没有实用的东西(dōng xi)。"

我说:"那么,人要做有用的人,不要做只讲体面(tǐ miàn),而对别人没有好处的人了。"//

父亲说:"对。这是我对你们的希望。"

我们谈到夜深才散。花生做的食品都吃完了,父亲的话却深深地印在我的心上。

(节选自许地山《落花生》)

【朗读提示】

1. 朗读技巧

作品描写了一个家庭的花生收获节。整篇文章以对话为主,朗读时应该将不同人物的话语用不同的语气和节奏区分开来;母亲和蔼可亲,语气应该温柔且缓慢;父亲语重心长,平实中带着严肃,语速不急不缓;姐姐讲话可以用跳跃的节奏;哥哥讲话的语气要平实一些;"我"说话要体现单纯天真,话速可稍快。当然也可以用音色来区分角色,但不必故意模仿不同人物的腔调,以自然音色为主。文中的"它虽然不好看,可是很有用"和"人要做有用的人"两句体现了本文的中心思想,因此,其中的"有用"应该重读。

2. 语流音变

本文中出现的语流音变现象主要是:大量的轻声,如"我们"、"你们"、"晚上"、"答应"、"姐姐"、"哥哥"、"父亲"、"便宜"、"喜欢"、"桃子"、"石榴"、"东西"等;"一"的变调,如"一个"、"一样"、"一见"等;"不"的变调,如"不是"、"不要"、"不太好"、"好不好"等,朗读时一定要注意调值的变化;另外,还需要注意的是上声的变调,如"买种"、"矮矮"中第一个音节的变调。

3. 多音现象

文中出现了多音字"种",在不同的语境下有不同的读音,需要引起注意。

【作品 27 号】

我打猎归来,沿着花园的林荫路(lín yīn lù)走着。狗跑在我前边。

突然,狗放慢脚步,蹑足潜行(niè zú qián xíng),好像嗅(xiù)到了前边有什么野物。

我顺着林荫路望去,看见了一只嘴边还带黄色、头上生着柔毛的小麻雀(má què)。风猛烈地吹打着林荫路上的白桦树(bái huà shù),麻雀从巢(cháo)里跌落下来,呆呆地伏在地上,孤立无援地张开两只羽毛还未丰满的小翅膀。

我的狗慢慢向它靠近。忽然,从附近一棵树上飞下一只黑胸脯(xiōng pú)的老麻雀,像一颗石子(shí zǐ)似的(shì de)落到狗的跟前。老麻雀全身倒竖(dào shù)着羽毛,惊慌万状,发出绝望、凄惨(qī cǎn)的叫声,接着向露出(lòu chū)牙齿、大张着的狗嘴扑去。

老麻雀是猛扑下来救护幼雀的。它用身体掩护着自己的幼儿……但它整个小小的身体因恐怖而战栗(zhàn lì)着,它小小的声音也变得粗暴嘶哑,它在牺牲自己!

在它看来,狗该是多么庞大的怪物啊(wa)!然而它还是不能站在自己高高的、安全的树枝上……一种比它的理智更强烈的力量,使它从那儿(nàr)扑下身来。

我的狗站住了,向后退了退……看来,它也感到了这种力量。

我赶紧唤住惊慌失措(jīng huāng shī cuò)的狗,然后我怀着崇敬(chóng jìng)的心情,走开了。

是啊(ra),请不要见笑。我崇敬那只小小的、英勇的鸟儿(niǎo'ér),我崇敬它那种爱的冲动和力量。

爱,我想,比//死和死的恐惧更强大。只有依靠它,依靠这种爱,生命才能维持下去,发展下去。

(节选自[俄]屠格涅夫《麻雀》,巴金译)

【朗读提示】

1. 朗读技巧

作品讲述了一只老麻雀奋勇救护幼雀的故事,表达了作者对这只老麻雀的赞美和崇敬之情。作品的故事性很强,朗读时要用节奏和语调的变化来表现情节的发展和气氛的变化。

朗读时,文章开头可用中速来叙述背景,"突然"一词语速要加快,表示情况有变,然后放慢语速来表现狗的举动,以引起听者注意。第四自然段中描写狗慢慢向幼雀靠近,朗读时语速应较慢,营造出紧张的气氛。读到老麻雀奋不顾身救护的行为时,语速要加快,语调应较高,以显现老麻雀勇敢而又惊惧的状态。第五自然段中"猛扑"、"战栗"、"牺牲"等几个词可重读,突出老麻雀英勇牺牲的精神。文章结尾点明了文章的主旨,也是作者的抒情,朗读时应感情饱满,语气舒缓有力度。"爱,我想,比死和死的恐惧更强大"一句中"爱"要重读,并可适当延长停顿时间,"更强大"也加上重音,以显出作者对"母爱"的崇敬。

2. 语流音变

本文中出现的语流音变现象主要是:"一"的变调,如"一只"、"一棵"、"一颗"、"一种"等;轻声,如"前边"、"似的"、"多么"、"怪物"等,朗读时要注意变调;还有"啊"在文中出现了两次,朗读时要注意音变。

【作品28号】

那年我六岁。离我家仅一箭之遥的小山坡旁,有一个早已被废弃的采石场,双亲从来不准我去那儿(nàr),其实那儿风景十分迷人。

一个夏季的下午,我随着一群小伙伴偷偷上那儿去了。就在我们穿越了一条孤寂的小路后,他们却把我一个人留在原地,然后奔(bēn)向"更危险的地带"了。

等他们走后,我惊慌失措地发现,再也找不到要回家的那条孤寂的小道了。像只无头的苍蝇(cāng ying),我到处乱钻,衣裤上挂满了芒刺。太阳已经落山,而此时此刻,家里一定开始吃晚餐了,双亲正盼着我回家……想着想着,我不由得(bù yóu de)背靠着一棵树,伤心地呜呜大哭起来……

突然,不远处传来了声声柳笛。我像找到了救星,急忙循声(xún shēng)走去。一条小道边的树桩上坐着一位吹笛人,手里还正削(xiāo)着什么。走近细看,他不就是被大家称为"乡巴佬儿(xiāng ba lǎor)"的卡廷(Kǎ tíng)吗?

"你好,小家伙儿(xiǎo jiā huor),"卡廷说,"看天气多美,你是出来散步的吧?"

我怯生生地点点头,答道:"我要回家了。"

"请耐心等上几分钟,"卡廷说,"瞧,我正在削一支柳笛,差不多就要做好了,完工后就送给你吧!"

卡廷边削边不时把尚未成形的柳笛放在嘴里试吹一下。没过多久,一支柳笛便递到我手中。我俩在一阵阵清脆悦耳的笛音//中,踏上了归途……

当时,我心中只充满感激,而今天,当我自己也成了祖父时,却突然领悟到他用心之良苦!那天当他听到我的哭声时,便判定我一定迷了路,但他并不想在孩子面前扮演"救星"的角色(jué sè),于是吹响柳笛以便让我能发现他,并跟着他走出困境!就这样,卡廷先生

(xiān sheng)以乡下人(xiāng xia rén)的纯朴,保护了一个小男孩儿(xiǎo nán háir)强烈的自尊。

(节选自唐若水译《迷途笛音》)

【朗读提示】

1. 朗读技巧

这篇散文回忆了"我"童年时的一次迷路经历。朗读时应该用自然的语气和语调,中等语速,而在结尾的抒情部分则要充满感情。

第三自然段写"我"迷路时的惊慌失措,朗读时语速可稍快,表现出内心的焦急和惶恐;而朗读想象家中情景的部分时,则要放慢语速,用低沉的语调来表现伤心和无奈的情绪。第四自然段描写听到笛声的反应,朗读时应该用明亮的音色,加快节奏,语气中充满希望。朗读"我"认出吹笛人一句时,语气应充满惊讶和欣喜,以表现出被人瞧不起的"乡巴佬儿"就是自己的"救星"。

作品中出现了两个人物的对话,朗读时要注意表现出不同角色的语言特点,如卡廷的语气是轻松愉快的,而"我"的回答语音低沉,语速较慢,表现出迷路后的胆怯和失落。

2. 语流音变

本文中出现的语流音变现象主要是:"一"的变调,如"一箭"、"一个"、"一位"、"一定"、"一下"、"一支"、"一阵阵"等;"不"的变调,如"找不到"、"不就是"、"差不多"等;轻声,如"我们"、"他们"、"苍蝇"、"不由得"、"什么"、"先生"、"乡巴佬儿"、"小家伙"等,朗读时要注意调值的变化;此外,文中出现的三处儿化音也要引起注意。

【作品29号】

在浩瀚无垠(wú yín)的沙漠里,有一片美丽的绿洲,绿洲里藏着一颗闪光的珍珠。这颗珍珠就是敦煌(dūn huáng)莫高窟。它坐落在我国甘肃省敦煌市三危山和鸣沙山的怀抱中。

鸣沙山东麓(dōng lù)是平均高度为十七米的崖壁。在一千六百多米长的崖壁上,凿(záo)有大小洞窟七百余个,形成了规模宏伟的石窟群。其中四百九十二个洞窟中,共有彩色塑像(sù xiàng)两千一百余尊,各种壁画共四万五千多平方米。莫高窟是我国古代无数艺术匠师留给人类的珍贵文化遗产。

莫高窟的彩塑,每一尊都是一件精美的艺术品。最大的有九层楼那么高,最小的还不如一个手掌大。这些彩塑个性鲜明,神态各异。有慈眉善目的菩萨(pú sà),有威风凛凛(lǐn lǐn)的天王,还有强壮勇猛的力士……

莫高窟壁画的内容丰富多彩,有的是描绘古代劳动人民打猎、捕鱼、耕田、收割的情景,有的是描绘人们奏乐、舞蹈、演杂技的场面,还有的是描绘大自然的美丽风光。其中最引人注目的是飞天。壁画上的飞天,有的臂挎花篮,采摘鲜花;有的反弹琵琶(pí pá 或 pí pa),轻拨银弦(xián);有的倒悬身子,自天而降;有的彩带飘拂,漫天遨游(áo yóu);有的舒展着双臂,翩翩(piān piān)起舞。看着这些精美动人的壁画,就像走进了//灿烂辉煌的艺术殿堂。

莫高窟里还有一个面积不大的洞窟——藏经洞。洞里曾藏有我国古代的各种经卷(jīng juàn)、文书、帛画(bó huà)、刺绣、铜像等共六万多件。由于清朝政府腐败无能,大量珍贵的文物被外国强盗掠走。仅存的部分经卷,现在陈列于北京故宫等处。

莫高窟是举世闻名的艺术宝库。这里的每一尊彩塑、每一幅壁画、每一件文物,都是中国古代人民智慧的结晶。

(节选自小学《语文》第六册中《莫高窟》)

【朗读提示】

1. 朗读技巧

文章全面地介绍了敦煌莫高窟,表达了作者对中国古代劳动人民智慧的赞美。文章语言简洁而生动,富有节奏感。朗读时要吐字清晰,适当运用重音、停连等方法。

第一自然段中"这颗珍珠就是敦煌莫高窟"中"敦煌莫高窟"应该重读,并在它前面适当停顿,以强调文章的描写对象。朗读第二自然段中列举的数据时语速可放缓,以突出莫高窟的规模宏伟。第四自然段用大量的排比句介绍壁画的内容,朗读时各分句间要有适当的停顿,以体现不同的逻辑层次;语调也不能过于呆板,应采用逐句上升的语势。文章末段点明主题,朗读时声音应该坚实有力,以表达喜爱和赞美之情。

2. 语流音变

本文中出现的语流音变现象主要是:"一"的变调,如"一片"、"一尊"、"一件"、"一个"、"一幅"等;还有一些轻声,如"那么"、"人们"、"身子"等,朗读时要注意声调的变化。

【作品30号】

其实你在很久以前并不喜欢牡丹(mǔ dān),因为它总被人作为富贵膜拜。后来你目睹了一次牡丹的落花,你相信所有的人都会为(wéi)之感动:一阵清风徐来,娇艳鲜嫩的盛期牡丹忽然整朵整朵地坠落(zhuì luò),铺撒(pū sǎ)一地绚丽(xuàn lì)的花瓣。那花瓣落地时依然鲜艳夺目,如同一只奉上祭坛的大鸟脱落的羽毛,低吟(dī yín)着壮烈的悲歌离去。

牡丹没有花谢花败之时,要么烁于(shuò yú)枝头,要么归于泥土,它跨越萎顿(wěi dùn)和衰老,由青春而死亡、由美丽而消遁(xiāo dùn)。它虽美却不吝惜(lìn xī)生命,即使(jí shǐ)告别也要展示给人最后一次的惊心动魄。

所以在这阴冷的四月里,奇迹不会发生。任凭游人扫兴和诅咒(zǔ zhòu),牡丹依然安之若素(ān zhī ruò sù)。它不苟且(gǒu qiě)、不俯就、不妥协、不媚俗,甘愿自己冷落自己。它遵循(zūn xún)自己的花期自己的规律,它有权利为自己选择每年一度的盛大节日。它为什么不拒绝寒冷?

天南海北的看花人,依然络绎不绝(luò yì bù jué)地涌入洛阳城。人们不会因牡丹的拒绝而拒绝它的美。如果它再被贬谪(biǎn zhé)十次,也许它就会繁衍(fán yǎn)出十个洛阳牡丹城。

于是你在无言的遗憾中感悟到,富贵与高贵只是一字之差(chā)。同人一样,花儿(huā'ér)也是有灵性的,更有品位之高低。品位这东西为(wéi)气为魂为//筋骨为神韵,只可意会。你叹服牡丹卓尔不群(zhuó'ěr bù qún)之姿,方知品位是多么(duō me)容易被世人忽略或是漠视的美。

(节选自张抗抗《牡丹的拒绝》)

【朗读提示】

1. 朗读技巧

这篇文章如同跟朋友对话般,用清新流畅的语言写出了牡丹的高贵,表达了对牡丹独特品位的欣赏与赞美。

文章的节奏总体上来说比较舒缓。前两个自然段蕴含的感情强烈而真挚,朗读时要用较慢的语速、深沉而坚实的语气体现出牡丹落花时的悲壮和惊心动魄,两段末句中"壮烈的"、"惊心动魄"可适当重读。第三自然段写牡丹的不媚俗,四个带"不"字的短语可用抑扬交错的语调来读,最后的问句带有反诘语气。朗读最后一个自然段"品位这东西为气为魂为筋骨为神韵"一句时要作适当的停顿,第一个停顿在主语、谓语之间,相对较长,谓语中几个并列的"为"字短语间则停顿较短。

2. 语流音变

本文中出现的语流音变现象主要是:"一"的变调,如"一次"、"一地"、"一阵"、"一只"、"一度"等;"不"的变调,如"不吝惜"、"不会"、"不媚俗"等,朗读时要注意声调;还有轻声,如"喜欢"、"什么"、"人们"、"东西"等,也要引起注意。

【作品 31 号】

森林涵养(hán yǎng)水源,保持水土,防止水旱灾害的作用非常大。据专家测算,一片十万亩面积的森林,相当于一个两百万立方米的水库,这正如农谚(nóng yàn)所说的:"山上多栽树,等于修水库。雨多它能吞(tūn),雨少它能吐(tǔ)。"

说起森林的功劳,那还多得很。它除了为人类提供(tí gōng)木材及许多种生产、生活的原料之外,在维护生态环境方面也是功劳卓著(zhuó zhù),它用另一种"能吞能吐"的特殊功能孕育了人类。因为地球在形成之初,大气中的二氧化碳(èr yǎng huà tàn)含量很高,氧气很少,气温也高,生物是难以生存的。大约在四亿年之前,陆地才产生了森林。森林慢慢将大气中的二氧化碳吸收,同时吐出新鲜氧气,调节气温:这才具备了人类生存的条件,地球上才最终有了人类。

森林,是地球生态系统的主体,是大自然的总调度室(diào dù shì),是地球的绿色之肺。森林维护地球生态环境的这种"能吞能吐"的特殊功能是其他任何物体都不能取代的。然而,由于地球上的燃烧物增多,二氧化碳的排放量急剧增加,使得地球生态环境急剧恶化,主要表现为全球气候(qì hòu)变暖,水分蒸发加快,改变了气流的循环,使气候变化加剧,从而引发热浪、飓风(jù fēng)、暴雨、洪涝及干旱。

为了//使地球的这个"能吞能吐"的绿色之肺恢复健壮,以改善生态环境,抑制全球变暖,减少水旱等自然灾害,我们应该大力造林、护林,使每一座荒山都绿起来。

(节选自《中考语文课外阅读试题精选》中《"能吞能吐"的森林》)

【朗读提示】

1. 朗读技巧

这篇文章形象生动地说明森林的作用和独特的"吞吐"功能,号召人们造林、护林。朗读时应该用中等语速,并注意停连、重音的运用及语调的变化。

第一自然段中"一片十万亩"和"两百万立方米"加上重音,"两百万"前面还可作强调性的停顿,并稍微放慢语速,语调升高,带上惊讶的语气,以突出森林在涵养水源方面的巨大作用。第三自然段共三句话,前两句强调了森林的作用,读时语调可逐渐升高,"主体"、"总调度室"、"绿色之肺"可适当重读,以示强调;第三句则描述了地球环境恶化引发的后果,朗读时可将"急剧"重读,"主要表现为"后面的语句用较快的语速,缩短分句间的停顿,体现出对环境问题的担忧和焦虑。文章的末段是发出号召,因此朗读时应该用坚定有力、充满期望的语气,其中"每一座"、"绿起来"要重读,整个句子语速稍缓,句末用升调。

2. 语流音变

本文中出现的语流音变现象主要是:"一"的变调,如"一头"、"一个"等,朗读时要注意。

3. 多音现象

本文中反复出现的多音字"吐",其读音均为上声,朗读时需要注意。

【作品32号】

朋友即将(jí jiāng)远行。

暮春时节,又邀了几位朋友在家小聚,虽然都是极熟的朋友,却是终年难得一见,偶尔电话里相遇,也无非是几句寻常话。一锅小米稀饭,一碟大头菜,一盘自家酿制(niàng zhì)的泡菜,一只巷口(xiàng kǒu)买回的烤鸭,简简单单,不像请客,倒像家人团聚。

其实,友情也好,爱情也好,久而久之都会转化为亲情。

说也奇怪,和新朋友会谈文学、谈哲学、谈人生道理等等,和老朋友却只话家常,柴米油盐,细细碎碎,种种琐事。很多时候(shí hou),心灵的契合(qì hé)已经不需要太多的言语来表达。

朋友新烫了个头,不敢回家见母亲,恐怕惊骇(jīng hài)了老人家(lǎo rén jiā),却欢天喜地来见我们,老朋友颇能以一种趣味性的眼光欣赏这个改变。

年少的时候,我们差不多(chà bu duō)都在为别人而活,为苦口婆心的父母活,为循循善诱(xún xún shàn yòu)的师长活,为许多观念、许多传统的约束力而活。年岁逐增,渐渐挣脱(zhèng tuō)外在的限制与束缚(shù fù),开始懂得为自己活,照自己的方式做一些自己喜欢的事,不在乎(zài hu)别人的批评意见,不在乎别人的诋毁(dǐ huǐ)流言,只在乎那一分随心所欲的舒坦(shū tan)自然。偶尔,也能够纵容自己放浪一下,并且有一种恶作剧的窃喜。

就让生命顺其自然,水到渠成吧,犹如窗前的 // 乌桕(wū jiù),自生自落之间,自有一份圆融丰满的喜悦。春雨轻轻落着,没有诗,没有酒,有的只是一份相知相属(xiāng zhǔ)的自在(zì zài)自得。

夜色在笑语中渐渐沉落,朋友起身告辞,没有挽留,没有送别,甚至也没有问归期。

已经过了大喜大悲的岁月,已经过了伤感流泪的年华,知道了聚散原来是这样的自然和顺理成章,懂得这点,便懂得珍惜每一次相聚的温馨,离别便也欢喜。

(节选自(台湾)杏林子《朋友和其他》)

【朗读提示】

1. 朗读技巧

这篇作品以朴实的语言叙述了作者与几位朋友的相聚过程,在朴实的语言中传达了作者对人生的感悟。整篇文章如同与老友倾诉般娓娓道来,所以在朗读时要用**平和**、**舒缓**而亲切的语调。文中叙议结合,议论部分表达了作者对人生的感悟,朗读语速应该稍慢。

在读第一自然段时语调应稍显低沉,语速较缓,表现出对即将远行的朋友的各种情愫。在读到与新老朋友谈话方式的区别时,在语速和语气上应有所体现:与新朋友谈天说地时语速可稍快,显得滔滔不绝;与老朋友话家常时,语速放缓,显得亲切自然。第六、七自然段是作者对生活的感悟,第六段在朗读时应该根据义群适当运用重音和停连等技巧;第七自然段第一句表现了对生命自在自得的喜悦,朗读时语调逐渐上升;第二句表现闲适与自得,朗读时语调应轻缓、低沉。最后一段,应该用深沉而舒缓的语调来读出作者的感悟,读出作者的成熟与豁达。

2. 语流音变

本文中出现的语流音变现象主要是:"一"的变调,如"一见"、"一锅"、"一碟"、"一盘"、"一只"、"一种"、"一份"、"一下"等;"不"的变调,如"不像"、"不在乎"、"差不多";轻声出现的次数也比较多,如"朋友"、"时候"、"我们"、"喜欢"、"在乎"、"舒坦"等,朗读时应该加以注意,读准声调。

【作品33号】

我们在田野散步:我,我的母亲,我的妻子和儿子。

母亲本不愿出来的。她老了,身体不好,走远一点儿就觉得很累。我说,正因为(yīn wèi)如此,才应该多走走。母亲信服地点点头,便去拿外套。她现在很听我的话,就像我小时候很听她的话一样。

这南方初春的田野,大块小块的新绿随意地铺(pū)着,有的浓,有的淡,树上的嫩芽也密了,田里的冬水也咕咕地起着水泡。这一切都使人想着一样东西——生命。

我和母亲走在前面,我的妻子和儿子走在后面。小家伙突然叫起来:"前面是妈妈和儿子,后面也是妈妈和儿子。"我们都笑了。

后来发生了分歧(fēn qí):母亲要走大路,大路平顺;我的儿子要走小路,小路有意思。不过,一切都取决于我。我的母亲老了,她早已习惯听从她强壮的儿子;我的儿子还小,他还习惯听从他高大的父亲;妻子呢,在外面,她总是听我的。一霎时(shà shí)我感到了责任的重大。我想找一个两全的办法,找不出;我想拆散(chāi sàn)一家人,分成两路,各得其所,终不愿意。我决定委屈(wěi qu)儿子,因为我伴同他的时日还长。我说:"走大路。"

但是母亲摸摸孙儿的小脑瓜,变了主意(zhǔ yi 或 zhú yi):"还是走小路吧。"她的眼随小路望去:那里有金色的菜花,两行整齐的桑树,//尽头一口水波粼粼(lín lín)的鱼塘。"我走不过去的地方,你就背(bēi)着我。"母亲对我说。

这样,我们在阳光下,向着那菜花、桑树和鱼塘走去。到了一处,我蹲下来,背起了母亲;妻子也蹲下来,背起了儿子。我和妻子都是慢慢地,稳稳地,走得很仔细,好像我背(bèi)上的同她背上的加起来,就是整个世界。

(节选自莫怀戚《散步》)

【朗读提示】

1. 朗读技巧

这篇散文描述了在初春时节一家人外出散步的情景,并表达了作者对生命的感悟和挚爱。这两对母子享受着自然、阳光和生命的乐趣,整篇文章给人温暖、和谐的感觉,朗读中要注意体会和表达出作者的感情。

第三自然段中的"生命"应该重读,以突出文章的主旨。文中出现了三个人的话,朗读时应该有所区别:读儿子的话要用欢快的语气,升高语调;读母亲的话语速稍缓,语气平和,要显出对孙子的慈爱;读作者的话要用坚定的语气,语速适中。在朗读最后一个自然段时,语速要逐渐减缓,用轻柔的语气描述两对母子在一起的温馨场面,表现出一家人的和睦、幸福。

2. 语流音变

本文中出现的语流音变现象主要是:"一"的变调,如"一点"、"一样"、"一个"、"一霎时"、"一家人"、"一处"等;"不"的变调,如"不愿"、"不过"、"不愿意"等;文章中出现的轻声也比较多,如"我们"、"儿子"、"时候"、"家伙"、"儿子"、"妈妈"、"意思"、"委屈"等,朗读时要加以注意。

3. 多音现象

本文中出现的多音字"背",作动词用时读阴平,作名词用时读去声,朗读时要注音正确的读音。

【作品 34 号】

地球上是否真的存在"无底洞"? 按说地球是圆的,由地壳(dì qiào)、地幔(dì màn)和地核三层组成,真正的"无底洞"是不应(bù yīng)存在的,我们所看到的各种山洞,裂口,裂缝,甚至火山口也都只是地壳浅部的一种现象。然而中国一些古籍(gǔ jí)却多次提到海外有个深奥莫测的无底洞。事实上地球上确实有这样一个"无底洞"。

它位于希腊亚各斯古城的海滨(hǎi bīn)。由于濒临(bīn lín)大海,大涨潮(zhǎng cháo)时,汹涌(xiōng yǒng)的海水便会排山倒海般地涌入洞中,形成一股湍(tuān)湍的急流。据测,每天流入洞内的海水量达三万多吨(dūn)。奇怪的是,如此大量的海水灌入洞中,却从来没有把洞灌满。曾有人怀疑,这个"无底洞",会不会就像石灰岩地区的漏斗,竖井,落水洞一类的地形。然而从二十世纪三十年代以来,人们就做了多种努力企图寻找它的出口,却都是枉费心机(wǎng fèi xīn jī)。

为了揭开这个秘密,一九五八年美国地理学会派出一支考察队,他们把一种经久不变的带色染料溶解在海水中,观察染料是如何随着海水一起沉下去。接着又察看了附近海面以及岛上的各条河、湖,满怀希望地寻找这种带颜色的水,结果令人失望。难道是海水量太大把有色水稀释(xī shì)得太淡,以致无法发现? //

至今谁也不知道为什么(wèi shén me)这里的海水会没完没了(liǎo)地"漏"下去,这个"无底洞"的出口又在哪里,每天大量的海水究竟都流到哪里去了?

(节选自罗伯特·罗威尔《神秘的"无底洞"》)

【朗读提示】

1. 朗读技巧

本文介绍了地球上神秘的"无底洞",以及人们对其进行的思考和探索。朗读时应该做到节奏舒缓,吐字清晰,使听者能够准确地把握文章的内容。

本文描写的对象是"无底洞",因此文章开头的这个词应该重读。文章第一自然段是对地球上"无底洞"的存在提出疑问,并作出肯定回答,因此本段末句中的"确实"应该重读,与开头的设问句相呼应。第二自然段叙述人类寻找"无底洞"的出口而不得,因此该段末句中的"枉费心机"应适当放慢语速,以表明人类探索失败的失望和无奈。最后两个自然段是叙述人们继续探索并最终失败,其中出现的问句都表示人类对未知现象的猜测和疑问,朗读时要用升调和较高的语调,要表现出人们的疑惑,以引起听者的思考。

2. 语流音变

本文中出现的语流音变现象主要是:"一"的变调,如"一种"、"一些"、"一个"、"一股"、"一支"、"一类"、"一起"等;还有一些轻声,如"我们"、"会不会"、"人们"、"为了"、"这个"、"他们"等,朗读时要注意声调。

【作品 35 号】

我在俄国见到的景物再没有比托尔斯泰墓更宏伟、更感人的。

完全按照托尔斯泰的愿望,他的坟墓成了世间最美的,给人印象最深刻的坟墓。它只是树林中的一个小小的长方形土丘,上面开满鲜花——没有十字架,没有墓碑,没有墓志铭(mù zhì míng),连托尔斯泰这个名字也没有。

这位比谁都感到受自己的声名所累(lèi)的伟人,却像偶尔被发现的流浪汉,不为(wéi)人知的士兵,不留名姓地被人埋葬了。谁都可以踏进他最后的安息地,围在四周稀疏(xī shū)的木栅栏是不关闭的——保护列夫·托尔斯泰得以安息的没有任何别的东西,唯有人们的敬意;而通常,人们却总是怀着好奇,去破坏伟人墓地的宁静。

这里,逼人的朴素禁锢(jìn gù)住任何一种观赏的闲情,并且不容许你大声说话。风儿(fēngér)俯临(fǔ lín),在这座无名者之墓的树木之间飒飒(sà sà)响着,和暖(hé nuǎn)的阳光在坟头(fén tóu)嬉戏;冬天,白雪温柔地覆盖这片幽暗的圭(guī)土地。无论你在夏天或冬天经过这儿(zhèr),你都想象不到,这个小小的,隆起(lóng qǐ)的长方体里安放着一位当代最伟大的人物。

然而,恰恰是这座不留姓名的坟墓,比所有挖空心思用大理石和奢华(shē huá)装饰建造的坟墓更扣人心弦(xīn xián)。在今天这个特殊的日子//里,到他的安息地(ān xī dì)来的成百上千人中间,没有一个有勇气,哪怕仅仅从这幽暗的土丘上摘下一朵花留作纪念。人们重新感到,世界上再没有比托尔斯泰最后留下的,这座纪念碑式的朴素坟墓,更打动人心的了。

(节选自[奥]茨威格《世间最美的坟墓》,张厚仁译)

【朗读提示】

1. 朗读技巧

文章描写了托尔斯泰朴素的、连姓名都没有的坟墓,饱含着作者的崇敬和赞美之情。朗读时声音要舒缓、深沉而庄重,并运用重音、停顿的方法表达出作者对伟人的敬意。

文章第一段中的"更宏伟"、"更感人"要加上重音,以突出文章主题。第二自然段第一句中"最美"与"最深刻"重读,语调较高,以强调坟墓的与众不同;第二句点明伟人的坟墓极其简陋、出人意料,朗读时语调降低,带着失望和痛心的语气,破折号后的语句感情尤为强烈,三个"没有"开头的排比句语调低沉,最后一个分句语调较高,话速较慢,"名字"应适当停顿,"也没有"语调降低,充满悲伤与敬意。朗读第三自然段"唯有人们的敬意"中"敬意"适当重读。第四自然段语气舒缓、轻柔,表现出坟墓的幽静与朴素。第五自然段充满赞扬之情,语调较高。

2. 语流音变

本文中出现的语流音变现象主要是轻声,如"这个"、"名字"、"栅栏"、"东西"、"人们"、"这个"、"心思"、"日子"等;还有一些"一"的变调,如"一个"、"一朵"、"一种"等,朗读时需要注意。

【作品36号】

我国的建筑,从古代的宫殿到近代的一般住房,绝大部分是对称(duì chèn)的,左边怎么样,右边怎么样。苏州园林可绝不讲究对称,好像故意避免似的(shì de)。东边有了一个亭子或者一道回廊,西边决不会来一个同样的亭子或者一道同样的回廊。这是为什么(wèi shén me)? 我想,用图画来比方,对称的建筑是图案画,不是美术画,而园林是美术画,美术画要求自然之趣,是不讲究对称的。

苏州园林里都有假山和池沼(chí zhǎo)。

假山的堆叠(duī dié),可以说是一项艺术而不仅是技术。或者是重峦叠嶂(chóng luán dié zhàng),或者是几座小山配合着竹子花木,全在乎(zài hu)设计者和匠师们生平多阅历,胸中有丘壑(qiū hè),才能使游览者攀登的时候忘却苏州城市,只觉得身在山间。

至于池沼,大多引用活水。有些园林池沼宽敞。就把池沼作为全园的中心,其他景物配合着布置。水面假如成河道模样(mú yàng),往往安排桥梁。假如安排两座以上的桥梁,那就一座一个样,决不雷同。

池沼或河道的边沿很少砌齐整的石岸,总是高低屈曲(qū qū)任其自然。还在那儿布置几块玲珑(líng lóng)的石头,或者种些花草。这也是为了取得从各个角度看都成一幅画的效果。池沼里养着金鱼或各色鲤鱼,夏秋季节荷花或睡莲开//放,游览者看"鱼戏莲叶间",又是入画的一景。

(节选自叶圣陶《苏州园林》)

【朗读提示】

1. 朗读技巧

本文主要介绍了苏州园林里假山和池沼的特点,突出了它们的自然之趣,表达了作者对苏州园林的喜爱,赞美了设计者和匠师们的精湛技艺。文章的语言简明流畅,在朗读时,语调应该比较平实,语速适中。对于文中的重点内容,应该适当运用重音来表示强调,如第一自然段主要是讲苏州园林的与众不同,因此第二句中的"绝不"、"故意"应该重读;又如第三自然段是赞扬设计者和匠师们的精湛水平,因此第一句中的"艺术"和"技术"都要重读,以示对比。

2. 语流音变

本文中出现的语流音变现象主要有:大量的轻声,如"部分"、"怎么"、"似的"、"亭子"、"比方"、"竹子"、"时候"、"觉得"、"石头"、"为了"等;还有"一"的变调,如"一个"、"一项"、"一座"、"一道"、"一幅"等,朗读时要注意变调。

【作品 37 号】

一位访美中国女作家,在纽约遇到一位卖花的老太太。老太太穿着(chuān zhuó)破旧,身体虚弱,但脸上的神情却是那样祥和兴奋(xīng fèn)。女作家挑了一朵花说:"看起来,你很高兴。"老太太面带微笑地说:"是的,一切都这么美好,我为什么(wèi shén me)不高兴呢?""对烦恼,你倒(dào)真能看得开。"女作家又说了一句。没料到,老太太的回答更令女作家大吃一惊:"耶稣(yē sū)在星期五被钉上十字架时,是全世界最糟糕的一天,可三天后就是复活节。所以,当我遇到不幸时,就会等待三天,这样一切就恢复正常了。"

"等待三天",多么富于哲理的话语,多么乐观的生活方式。它把烦恼和痛苦抛下,全力去收获快乐。

沈从文在"文革"期间,陷入了非人的境地。可他毫不在意,他在咸宁时给他的表侄,画家黄永玉写信说:"这里的荷花真好,你若来……"身陷苦难却仍为荷花的盛开欣喜赞叹不已,这是一种趋于澄明(chéng míng)的境界,一种旷达洒脱的胸襟(xiōng jīn),一种面临磨难(mó nàn)坦荡从容的气度,一种对生活童子(tóng zǐ)般的热爱和对美好事物无限向往的生命情感。

由此可见,影响一个人快乐的,有时并不是困境及磨难,而是一个人的心态。如果把自己浸泡(jìn pào)在积极、乐观、向上的心态中,快乐必然会//占据你的每一天。

(节选自《态度创造快乐》)

【朗读提示】

1. 朗读技巧

作品通过两个具有典型性的故事,说明了这样的人生哲理:一个人只要具有积极、乐观、向上的心态,即便是遭遇困境和磨难,也一样能拥有快乐。在讲述故事时,应该用平和、舒缓的语气和中等语速。

故事中出现了两个人物的对话,朗读时要注意角色的区分:女作家的话用平淡的语气和中速来读,而卖花老太太的话应该用明亮的声音、稍快的节奏来表现积极乐观的心态。

具体来说,第一自然段末尾老太太的回答是讲如何在逆境中成功改变心境的,所以前半段语速可稍缓,语调低沉,表现出"最糟糕的一天"中的低落情绪,后半部分语速逐渐加快,语调上扬,显示出对生活的信心;第二自然段开头的"等待三天"可以放慢语速,拖长读音,后面的议论语句朗读时声音要响亮,吐字要饱满有力,态度要积极肯定;对于第三自然段的排比句,则要用稍快的语速和节节上升的语调,表现出一气呵成的气势;在最后一个自然段,语速应该稍慢一点,末句的朗读要语调上扬,充满信心,令人振奋。

2. 语流音变

本文中出现的语流音变现象主要是："一"和"不"的变调，如"一位"、"一切"、"一句"、"一个"、"毫不在意"、"不是"、"不幸"等，朗读时要注意声调；另外，文中多次出现的"老太太"最后一个音节应该读轻声，也需要注意。

【作品 38 号】

泰山极顶看日出，历来被描绘成十分壮观的奇景。有人说：登泰山而看不到日出，就像一出大戏没有戏眼，味儿(wèir)终究有点寡淡(guǎ dàn)。

我去爬山那天，正赶上个难得的好天，万里长空，云彩丝儿(yún cai sīr)都不见。素常烟雾腾腾的山头，显得眉目分明。同伴们都欣喜地说："明天早晨准可以看见日出了。"我也是抱着这种想头(xiǎng tou)，爬上山去。

一路从山脚往上爬，细看山景，我觉得挂在眼前的不是五岳独尊的泰山，却像一幅规模惊人的青绿山水画，从下面倒展开来。在画卷中最先露出的是山根底那座明朝建筑岱宗坊(Dài zōng fāng)，慢慢地便现出王母池、斗(dǒu)母宫、经石峪(yù)。山是一层比一层深，一叠比一叠奇，层层叠叠，不知还会有多深多奇。万山丛中，时而点染着极其工细的人物。王母池旁的吕祖殿里有不少尊明塑，塑着吕洞宾(bīn)等一些人，姿态神情是那样有生气，你看了，不禁(bù jīn)会脱口赞叹说："活啦。"

画卷继续展开，绿荫森森的柏洞(bǎi dòng)露面(lòu miàn)不太久，便来到对松山。两面奇峰对峙(duì zhì)着，满山峰都是奇形怪状的老松，年纪怕都有上千岁了，颜色竟那么浓，浓得好像要流下来似的。来到这儿(zhèr)，你不妨权当一次画里的写意人物，坐在路旁的对松亭里，看看山色，听听流//水和松涛。

一时间，我又觉得自己不仅是在看画卷(juàn)，却又像是在零零乱乱翻着一卷历史稿本。

（节选自杨朔《泰山极顶》）

【朗读提示】

1. 朗读技巧

散文选段以作者的行踪为序，描写了泰山的美丽景色，同时表达了作者对自然、对祖国山河的热爱。在朗读时应该用轻快的语气，中等偏快的语速来表达作者游览泰山时的喜悦之情。

第一自然段末尾是作者引用的话，为下文做铺垫，因此可以放慢语速，显得意味深长；第二自然段使用口语化的语言，短句比较多，要用稍快的节奏来表现作者愉快的心情，尤其是读同伴的话时要表现出欣喜和希望；第三自然段出现了很多景点的名称，要清晰而明确地进行表达，可用停顿或放慢语速的方法来凸显景点的转换，末尾的"活啦"应提高语调，语气中带有赞叹和喜悦；第四自然段末尾、第五自然段都是作者观看美景时的感受，朗读时语速应稍缓，以表现出回归自然、享受自然的闲适和乐趣。

2. 语流音变

本文中出现的语流音变现象主要是："一"的变调，如"一路"、"一幅"、"一层"、"一些"、

"一出"、"一叠"等;"不"的变调,如"不太久"、"不见"、"不是"等;还有一些轻声,如"云彩"、"早晨"、"想头"、"那么"、"似的"、"看看"、"听听"等;另外,文中也出现了几处儿化音,如"味儿"、"云彩丝儿"、"山根"、"这儿"等,朗读时都要加以注意。

【作品39号】

育才小学校长陶行知在校园看到学生王友用泥块砸自己班上的同学,陶行知当即(dāng jí)喝止(hè zhǐ)了他,并令他放学后到校长室去。无疑,陶行知是要好好教育这个"顽皮"的学生(xué sheng)。那么他是如何教育的呢?

放学后,陶行知来到校长室,王友已经等在门口准备挨(ái)训了。可一见面,陶行知却掏出一块糖果送给王友,并说:"这是奖给你的,因为(yīn wèi)你按时来到这里,而我却迟到了。"王友惊疑(jīng yí)地接过糖果。

随后,陶行知又掏出一块糖果放到他手里,说:"这第二块糖果也是奖给你的,因为当我不让你再打人时,你立即就住手了,这说明你很尊重我,我应该奖你。"王友更惊疑了,他眼睛睁得大大的。

陶行知又掏出第三块糖果塞(sāi)到王友手里,说:"我调查过了,你用泥块砸那些男生,是因为他们不守游戏规则,欺负女生;你砸他们,说明你很正直善良,且有批评不良行为的勇气,应该奖励你啊(ya)!"王友感动极了,他流着眼泪后悔地喊道:"陶……陶校长,你打我两下吧!我砸的不是坏人,而是自己的同学啊(ya)……"

陶行知满意地笑了,他随即掏出第四块糖果递给王友,说:"为(wèi)你正确地认识错误,我再奖给你一块糖果,只可惜我只有这一块糖了。我的糖果//没有了,我看我们的谈话也该结束了吧!"说完,就走出了校长室。

(节选自《教师博览·百期精华》中《陶行知的"四块糖果"》)

【朗读提示】

1. 朗读技巧

本文通过讲述陶行知教育学生的故事,体现了陶行知的教育艺术及对学生的热爱。朗读时要用中等语速和朴实的语气娓娓道来。

文章主要描述了陶行知出人意料的教育方式,朗读时要体现出这一点:在朗读第一自然段"好好教育"时加上重音,语调可适当上扬、使听者误以为陶行知要严厉批评教育这个学生;朗读陶行知四次掏出糖果的语句也要用重音加以强调,但要避免单调的重复,因此可分别给"糖果"、"又"、"第三块"、"第四块"加上重音来突出重点,同时语调上扬,惊讶的语气也要逐渐加强;学生王友的一系列反应,也需用重音加以强调,如"惊疑"、"睁得大大的"、"后悔"等词语重读,以体现教育的效果。

还有,文章中出现了两个人的对话,朗读时应该注意区分:朗读陶行知的话时,语气要亲切肯定,声音要明朗有力,体现出校长的平易近人;而朗读王友的话时,语气应充满乞求和悔恨,语速应稍快,以表现其态度的诚恳。

2. 语流音变

本文中出现的语流音变现象主要是:多次出现的轻声,如"这个"、"学生"、"欺负"、"眼睛"、"他们"、"认识"等;还有"啊"在文中出现了两次,朗读时要注意音变。

【作品 40 号】

　　享受幸福是需要学习的,当它即将(jí jiāng)来临的时刻需要提醒。人可以自然而然地学会感官的享乐,却无法天生地掌握幸福(xìng fú)的韵律(yùn lǜ)。灵魂的快意同器官的舒适像一对孪生(luán shēng)兄弟,时而相傍(bàng)相依,时而南辕北辙。

　　幸福是一种心灵的震颤(zhèn chàn)。它像会倾听音乐的耳朵一样,需要不断地训练。

　　简而言之,幸福就是没有痛苦的时刻。它出现的频率并不像我们想象的那样少。人们常常只是在幸福的金马车已经驶过去很远时,才拣起地上的金鬃毛(jīn zōng máo)说,原来我见过它。

　　人们喜爱回味幸福的标本,却忽略它披着露水散发(sàn fā)清香的时刻。那时候我们往往步履(bù lǚ)匆匆,瞻前顾后(zhān qián gù hòu)不知在忙着什么。

　　世上有预报台风的,有预报蝗灾的,有预报瘟疫(wēn yì)的,有预报地震的。没有人预报幸福。

　　其实幸福和世界万物一样,有它的征兆(zhēng zhào)。

　　幸福常常是朦胧的,很有节制地向我们喷洒甘霖(gān lín)。你不要总希望轰轰烈烈的幸福,它多半只是悄悄地扑面而来。你也不要企图把水龙头(lóng tóu)拧(nǐng)得更大,那样它会很快地流失。你需要静静地以平和之心,体验它的真谛(zhēn dì)。

　　幸福绝大多数是朴素的。它不会像信号弹似的,在很高的天际闪烁(shǎn shuò)红色的光芒。它披着本色的外衣,亲//切温暖地包裹起我们。

　　幸福不喜欢喧嚣(xuān xiāo)浮华,它常常在暗淡中降临。贫困中相濡以沫(xiāng rú yǐ mò)的一块糕饼,患难中心心相印的一个眼神,父亲一次粗糙(cū cāo)的抚摸(fǔ mō),女友一张温馨(wēn xīn)的字条……这都是千金难买的幸福啊(wa)。像一粒粒缀在旧绸子上的红宝石,在凄凉中愈发熠熠(yì yì)夺目。

(节选自毕淑敏《提醒幸福》)

【朗读提示】

1. 朗读技巧

　　这是一篇优美的哲理散文,雅致隽永而又蕴含着理趣,把幸福描述得形象而透彻,给人以亲切感。在朗读时要保持亲切自然的风格,语速中等,语气舒缓,读出作者在说理中蕴含的感情。

　　第三自然段末句在朗读时语速放慢,"原来"后略作停顿,带有恍然大悟的语气;第五自然段的排比句时读时可加快语速,缩短分句间的停顿,末句语意出现转折,读时分句前面停顿稍长,语速放缓,"幸福"加上重音;第七至第九自然段描写幸福的各种征兆,朗读时语速稍缓,语气柔和,其中"轰轰烈烈"、"更大"、"闪烁"、"红色"等词语应适当重读,而"悄悄地"、"静静地"、"朴素"、"本色"则应适当轻读,用音量的对比来表明幸福来临时的自然与平静;最后一个自然段中的排比句可以用抑扬相间的语调来朗读。

2. 语流音变

　　本文中出现的语流音变现象主要是:"一"的变调,如"一对"、"一种、"一样"等;"不"的变调,如"不断"、"不要"、"不会"等;还有一些轻声词语,如"耳朵"、"我们"、"人们"、"时候"、"什么"、"似的"等,朗读时要注意声调的变化。

【作品 41 号】

在里约热内卢的一个贫民窟(pín mín kū)里,有一个男孩子,他非常喜欢足球,可是又买不起,于是就踢塑料盒,踢汽水瓶,踢从垃圾箱里拣来的椰子壳(kér)。他在胡同(hú tòngr)里踢,在能找到的任何一片空地上踢。

有一天,当他在一处干涸(gān hé)的水塘里猛踢一个猪膀胱(páng guāng)时,被一位足球教练看见了。他发现这个男孩儿踢得很像是那么回事,就主动提出要送给他一个足球。小男孩儿得到足球后踢得更卖劲(mài jìnr)了。不久,他就能准确地把球踢进远处随意摆放的一个水桶里。

圣诞节到了,孩子的妈妈说:"我们没有钱买圣诞礼物送给我们的恩人,就让我们为他祈祷(qí dǎo)吧。"

小男孩儿跟随妈妈祈祷完毕,向妈妈要了一把铲子便跑了出去。他来到一座别墅前的花园里,开始挖坑。

就在他快要挖好坑的时候,从别墅(bié shù)里走出一个人来,问小孩儿在干什么,孩子抬起满是汗珠的脸蛋儿(liǎn dànr),说:"教练,圣诞节到了,我没有礼物送给您,我愿给您的圣诞树挖一个树坑。"

教练把小男孩儿(nán háir)从树坑里拉上来,说,我今天得到了世界上最好的礼物。明天你就到我的训练场去吧。

三年后,这位十七岁的男孩儿在第六届足球锦标赛上独进二十一球,为巴西第一次捧回了金杯。一个原来不//为(bù wéi)世人所知的名字——贝利,随之传遍世界。

(节选自刘燕敏《天才的造就》)

【朗读提示】

1. 朗读技巧

作品以"礼物"为线索,讲述了天才球星贝利的成长故事。作品语言朴实,以叙述为主,因此朗读时应用平实的语调、适中的语速娓娓道来。

作品中涉及三个人物的语言,朗读时也要注意表现出来:贝利母亲的话,语气应该是柔和舒缓,充满感激的;孩子的话语速中等,语调较平,但要充满率真和坦诚;教练的话语气应肯定而充满喜悦,声音明朗而轻快。

最后一个自然段要突出贝利在赛场上取得的优异成绩,因此,"独进"、"第一次"、"金杯"应该适当重读;"名字"应适当拖长,"贝利"应该重读,而且要响亮,给听者留下深刻的印象。

2. 语流音变

本文中出现的语流音变现象主要是:"一"的变调,如"一个"、"一片"、"一天"、"一处"、"一位"、"一把"、"一座"等,朗读时要注意声调;文中的儿化音也比较多,如"椰子壳"、"胡同"、"卖劲"、"男孩儿"、"脸蛋儿"等,要读正确。

【作品 42 号】

记得我十三岁时,和母亲住在法国东南部的耐斯城。母亲没有丈夫(zhàng fu),也没有亲戚(qīn qi),够清苦的,但她经常能拿出令人吃惊的东西,摆在我面前。她从来不吃肉,一再说自己是素食者。然而有一天,我发现母亲正仔细地用一小块碎面包擦那给我煎牛排用的油锅。我明白了她称(chēng)自己为(wéi)素食者的真正原因。

我十六岁时,母亲成了耐斯市美蒙旅馆的女经理。这时,她更忙碌了。一天,她瘫在椅子上,脸色苍白,嘴唇发灰。马上找来医生,做出诊断:她摄取了过多的胰岛素。直到这时我才知道母亲多年一直对我隐瞒(yǐn mán)的疾痛(jí tòng)——糖尿病。

她的头歪向枕头一边,痛苦地用手抓挠(zhuā nao)胸口。床架上方,则挂着一枚我一九三二年赢得(yíng dé)耐斯市少年乒乓球冠军的银质奖章。

啊,是对我的美好前途的憧憬(chōng jǐng)支撑着她活下去,为了给她那荒唐的梦至少加一点真实的色彩,我只能继续努力,与时间竞争,直至一九三八年我被征入空军。巴黎很快失陷,我辗转(zhǎn zhuǎn)调到英国皇家空军。刚到英国就接到了母亲的来信。这些信是由在瑞士的一个朋友秘密地转(zhuǎn)到伦敦,送到我手中的。

现在我要回家了,胸前佩带着醒目的绿黑两色的解放十字绶//带(shòu dài),上面挂着五六枚我终身难忘的勋章,肩上还佩带着军官肩章。到达旅馆时,没有一个人跟我打招呼(zhāo hu)。原来,我母亲在三年半以前就已经离开人间了。

在她死前的几天中,她写了近二百五十封信,把这些信交给她在瑞士的朋友,请这个朋友定时寄给我。就这样,在母亲死后的三年半的时间里,我一直从她身上吸取着力量和勇气——这使我能够继续战斗到胜利那一天。

(节选自[法]罗曼·加里《我的母亲独一无二》)

【朗读提示】

1. 朗读技巧

这篇作品讲述了一位母亲为了儿子隐瞒病痛,在困境中勇敢而坚强地生活,甚至在离世后用特别的方式给儿子鼓励,可以说是一首伟大母爱的赞歌。文章是以回忆的方式来写的,语言朴实而又感人至深,字里行间饱含着"我"对母亲的崇敬与挚爱之情。朗读时语速中等,语气要舒缓平和。

文中写了母亲对儿子的三次隐瞒,"我"每一次了解真相时的情景,在朗读时语速要放慢,体现出思索和感动,让人感觉到震撼。朗读第一自然段时,"从来"、"一再"、"真正原因"等词语适当重读,表现出"我"对母亲的话信以为真以及发现真相后的惊讶与感动;朗读第四自然段第一句时,感情尤其要充沛,表达"我"对母爱的理解与回报;朗读第五自然段最后一句发现母亲已经离世时,语速要缓慢,用低沉的语调,来表达得知噩耗后的悲痛;文章末句语气则应该坚定有力,"力量"、"勇气"、"胜利"应重读,以表现出母亲用特殊的方式给儿子巨大的精神动力,表现出主人公继续生活和战斗的信心与勇气。

2. 语流音变

本文中出现的语流音变现象主要是:"一"的变调,如"一天"、"一再"、"一小块儿"、"一边"、"一枚"、"一点儿"、"一个"等;文中出现的轻声也比较多,如"丈夫"、"亲戚"、"东西"、"明白"、"椅子"、"枕头"、"朋友"、"招呼"等,朗读时要注意。

【作品43号】

生活对于任何人都非易事,我们必须有坚韧不拔的精神。最要紧的,还是我们自己要有信心。我们必须相信,我们对每一件事情(shì qing)都具有天赋(tiān fù)的才能,并且,无论付出任何代价,都要把这件事完成。当事情结束的时候,你要能问心无愧地说:"我已经尽我所能了。"

有一年的春天,我因病被迫在家里休息数(shù)周。我注视着我的女儿们所养的蚕正在结茧(jié jiǎn),这使我很感兴趣。望着这些蚕执着(zhí zhuó)地、勤奋地工作,我感到我和它们非常相似(xiāng sì)。像它们一样,我总是耐心地把自己的努力集中在一个目标上。我之所以如此,或许是因为(yīn wèi)有某种力量在鞭策着我——正如蚕被鞭策着去结茧一般。

近五十年来,我致力于科学研究,而研究,就是对真理的探讨。我有许多美好快乐的记忆。少女时期我在巴黎大学,孤独地过着求学的岁月;在后来献身科学的整个时期,我丈夫和我专心致志,像在梦幻中一般,坐在简陋(jiǎn lòu)的书房里艰辛地研究,后来我们就在那里发现了镭(léi)。

我永远追求安静的工作和简单的家庭生活。为了实现这个理想,我竭力(jié lì)保持宁静的环境,以免受人事的干扰和盛名的拖累(tuō lěi)。

我深信,在科学方面我们有对事业而不是//对财富的兴趣。我的唯一奢望(shē wàng)是在一个自由国家中,以一个自由学者的身份从事研究工作。

我一直沉醉于世界的优美之中,我所热爱的科学也不断增加它崭新(zhǎn xīn)的远景。我认定科学本身就具有伟大的美。

(节选自[波兰]玛丽·居里《我的信念》,剑捷译)

【朗读提示】

1. 朗读技巧

本文的作者是伟大的物理学家玛丽·居里,她以自己的生活实际和经历阐明了自己对工作、对生活的态度,表达了她对科学研究事业的执着与热爱。文章语言自然质朴,富有哲理性,所以朗读时要用平实的语调,肯定的语气来叙述,以表现居里夫人对信念的执着和对科学的热爱。尤其是文章最后一句"科学"、"伟大的美"应该重读,以点明文章的主旨。

2. 语流音变

本文中出现的语流音变现象主要是:"一"的变调,如"每一件"、"一年"、"一样"、"一个"、"一般"等;文中出现的轻声也比较多,如"我们"、"精神"、"事情"、"时候"、"休息"、"它们"、"这个"等,朗读时要加以注意。

【作品44号】

我为什么非要教书(jiāo shū)不可?是因为(yīn wèi)我喜欢当教师的时间安排表和生活节奏。七、八、九三个月给我提供了进行回顾、研究、写作的良机,并将三者有机融合,而善于回顾、研究和总结正是优秀教师素质中不可缺少的成分。

干这行(háng)给了我多种多样的"甘泉"去品尝,找优秀的书籍去研读,到"象牙塔"和实际世界里去发现。教学工作给我提供(tí gōng)了继续学习的时间保证,以及多种途径(tú jìng)、机遇和挑战。

然而,我爱这一行的真正原因,是爱我的学生。学生们在我的眼前成长、变化。当教师意味着亲历"创造"过程的发生——恰似(qià sì)亲手赋予(fù yǔ)一团泥土以生命,没有什么比目睹它开始呼吸更激动人心的了。

权利我也有了:我有权利去启发诱导,去激发智慧的火花,去问费心思考的问题,去赞扬回答的尝试,去推荐书籍,去指点迷津。还有什么别的权利能与之相比呢?

而且,教书还给我金钱和权利之外的东西,那就是爱心。不仅有对学生的爱,对书籍的爱,对知识的爱,还有教师才能感受到的对"特别"学生的爱。这些学生,有如冥顽不灵(míng wán bù líng)的泥块,由于接受了老师的炽爱(chì'ài)才勃发了生机。

所以,我爱教书,还因为,在那些勃发生机的"特别"学 // 生身上,我有时发现自己和他们呼吸相通,忧乐与(yǔ)共。

(节选自[美]彼得·基·贝得勒《我为什么当教师》)

【朗读提示】

1. 朗读技巧

这篇文章用自然流畅的语言阐述了"我"选择教书的理由,表明了作者对教师这一职业的热爱和对学生的热爱。文章具有一定的抒情性,所以朗读时语速不能过快。

第一、二自然段总体上节奏平稳而舒缓,开篇的设问在朗读时语调稍稍上升,句末的停顿稍长,引起听者的猜想。第三自然段末尾句表现了"创造"的快乐,其中的"生命"、"开始呼吸"、"激动人心"应该重读,以表现出教书育人的快乐与满足。第四自然段中的排比句,充分说明了教师所拥有的权力和满足感,朗读时可稍稍加快节奏,来表现作者强烈的感情;段末的反问句语气强烈,应该用升调。之后的内容读时语速可以放慢,语气也应该较为舒缓。

2. 语流音变

本文中出现了较多的轻声,如"什么"、"喜欢"、"东西"、"知识"、"学生"等,尤其是"学生们"中的后两个音节都要读轻声,朗读时要引起注意;此外,文中还有两处"一"的变调,也应该加以注意,如"一切"、"一团"。

【作品45号】

中国西部我们通常是指黄河与秦岭(qín lǐng)相连一线以西,包括西北和西南的十二个省、市、自治区。这块广袤(guǎng mào)的土地面积为五百四十六万平方公里,占国土总面积的百分之五十七;人口二点八亿,占全国总人口的百分之二十三。

西部是华夏文明的源头(yuán tóu)。华夏祖先的脚步是顺着水边走的:长江上游出土过元谋人(Yuán móu rén)牙齿化石,距今约一百七十万年;黄河中游出土过蓝田人头盖骨,距今约七十万年。这两处古人类都比距今约五十万年的北京猿人资格更老。

西部地区是华夏文明的重要发源地。秦皇汉武以后,东西方文化在这里交汇融合,从而有了丝绸之路的驼铃声声,佛院深寺的暮鼓晨钟。敦煌莫高窟(Mò gāo kū)是世界文化史上的一个奇迹(qí jì),它在继承汉晋艺术传统的基础上,形成了自己兼收并蓄的恢宏(huī hóng)气度,展现出精美绝伦的艺术形式和博大精深的文化内涵。秦始皇兵马俑(Bīng mǎ yǒng)、西夏王陵、楼兰古国、布达拉宫、三星堆、大足石刻等历史文化遗产,同样为(wéi)世界所瞩目(zhǔ mù),成为中华文化重要的象征。

西部地区又是少数民族及其文化的集萃(jí cuì)地,几乎(jī hū)包括了我国所有的少数民族。在一些偏远的少数民族地区,仍保留//了一些久远时代的艺术品种,成为珍贵的"活化石",如纳西(Nà xī)古乐、戏曲、剪纸、刺绣、岩画等民间艺术和宗教艺术。特色鲜明、丰富多彩,犹如一个巨大的民族民间文化艺术宝库。

我们要充分重视和利用这些得天独厚的资源优势,建立良好的民族民间文化生态环境,为西部大开发做出贡献。

(节选自《中考语文课外阅读试题精选》中《西部文化和西部开发》)

【朗读提示】

1. 朗读技巧

这篇作品主要介绍了中国西部地区的文化,内容丰富,语言准确生动。朗读时要用中等语速,陈述性的语气,吐字清晰,并适当运用重音和停连的技巧突出重点,使表述清楚而准确。如在朗读文中的数据时,数字前要进行必要的停顿,使人听得更清楚。第二、三、四自然段的首句作为每一段的中心句,朗读时语速应稍缓,"源头"、"发源地"、"集萃地"应适当重读,以突出本段的主要内容。文章末段是全文的总结,朗读时应该语气坚定,并充满号召力。

2. 语流音变

本文中出现的语流音变现象主要是:"一"的变调,如"一些"、"一线"、"一个"等,朗读时要注意声调的变化。

【作品46号】

高兴,这是一种具体的被看得到摸得着的事物所唤起的情绪。它是心理的,更是生理的。它容易来也容易去,谁也不应该对它视而不见失之交臂,谁也不应该(bù yīng gāi)总是做那些使自己不高兴也使旁人不高兴的事。让我们说一件最容易做也最令人高兴的事吧,尊重(zūn zhòng)你自己,也尊重别人,这是每一个人的权利,我还要说这是每一个人的义务。

快乐,它是一种富有概括性的生存状态、工作状态。它几乎是先验的,它来自生命本身的活力,来自宇宙、地球和人间的吸引,它是世界的丰富、绚丽(xuàn lì)、阔大、悠久的体现。快乐还是一种力量,是埋在地下的根脉(gēn mài)。消灭一个人的快乐比挖掘(wā jué)掉一棵大树的根要难得多。

欢欣,这是一种青春的、诗意的情感。它来自面向着未来伸开双臂奔跑的冲力,它来自一种轻松而又神秘,朦胧而又隐秘(yǐn mì)的激动,它是激情即将(jí jiāng)到来的预兆,它又是大雨过后的比下雨还要美妙得多也久远得多的回味……

喜悦,它是一种带有形而上(xíng ér shàng)色彩的修养和境界。与其(yǔ qí)说它是一种情绪,不如说它是一种智慧,一种超拔、一种悲天悯人(bēi tiān mǐn rén)的宽容和理解,一种饱经沧桑的充实和自信,一种光明的理性,一种坚定//的成熟,一种战胜了烦恼和庸俗的清明澄澈(chéng chè)。它是一潭清水,它是一抹朝霞,它是无边的平原,它是沉默的地平线。多一点儿、再多一点儿喜悦吧,它是翅膀,也是归巢(guī cháo)。它是一杯美酒,也是一朵永远开不败的莲花。

(节选自王蒙《喜悦》)

【朗读提示】

1. 朗读技巧

作者以优美的文字、简练的语言形象地表达了对"高兴"等四种积极情感的肯定与赞美,感情真挚而强烈。全文的基调是热情赞扬的,在朗读时应该用明朗的声音,高昂的语调,中等偏快的语速,要读出热情。朗读过程中,还要根据感情表达的需要对语气和语速做适当的变化。

每个自然段开头的词语都表明了每段论述的重点,因此这些词语都应该重读。第一自然段每一句的后半句都比前半句在立意上要递进一层,所以朗读这些地方时语气更为坚定,语调更为高昂、"生理的"、"尊重别人"、"义务"等应重读;第三、第四自然段的排比句,要根据表达的内容采用语调高低、语速快慢交替的方法来形成朗读的层次,以避免单调的重复。

2. 语流音变

本文中出现的语流音变现象主要是:"一"的变调,如"一种"、"一件"、"一个"、"一棵"等,朗读时需要注意;另外还要注意"视而不见"中"不"的变调。

【作品47号】

在湾仔(Wān zǎi),香港最热闹(rè nao)的地方,有一棵榕树,它是最贵的一棵树,不光在香港,在全世界,都(dōu)是最贵的。

树,活的树,又不卖何言其贵?只因它老,它粗,是香港百年沧桑的活见证,香港人不忍看着它被砍伐,或者被移走,便跟要占用这片山坡的建筑者谈条件:可以在这儿(zhèr)建大楼盖商厦,但一不准砍树,二不准挪(nuó)树,必须把它原地精心养起来,成为香港闹市中的一景。太古大厦的建设者最后签了合同(hé tong),占用这个大山坡建豪华商厦的先决条件是同意保护这棵老树。

树长在半山坡上,计划将树下面的成千上万吨山石全部掏空取走,腾出地方来盖楼,把树架在大楼上面,仿佛它原本是长在楼顶上似的。建设者就地造了一个直径(zhí jìng)十八米,深十米的大花盆,先固定好这棵老树,再在大花盆底下盖楼。光这一项就花了两千三百八十九万港币,堪称(kān chēng)是最昂贵的保护措施了。

太古大厦落成之后,人们可以乘(chéng)滚动扶梯一次到位,来到太古大厦的顶层,出后门,那儿(nàr)是一片自然景色。一棵大树出现在人们面前,树干(shù gàn)有一米半粗,树冠(shù guān)直径足有二十多米,独木成林,非常壮观,形成一座以它为中心的小公园,取名叫"榕圃(róng pǔ)"。树//前面插着铜牌,说明原由。此情此景,如不看铜牌的说明,绝对想不到巨树根底下还有一座宏伟的现代大楼。

(节选自舒乙《香港:最贵的一棵树》)

【朗读提示】

1. 朗读技巧

文章讲述了香港人不惜重金保护闹市区中一棵古树的故事,体现了香港人保护生态环境、重视可持续发展的精神。文章语言朴实简洁,以叙述、说明为主,故朗读时应该用中等语速、平实的语气,并适当运用停顿、重音等突出重点。

第一自然段突出古树的价值,因此两处"最贵"应重读,以引起听者的注意。第二自然段句首的设问句"树,活的树,又不卖何言其贵"中"卖"后可稍作停顿;朗读句末时语调上升,停顿稍长,以引起读者的思考。香港人与大厦建筑者所谈的条件则要用坚定有力、不容置疑的语气读出。朗读第三自然段"两千三百八十九万港币"时吐字要清楚,并适当重读,显示出建造者为保护古树花费之巨大。第四自然段第二句描写榕树的壮观,朗读数字时要用重音强调,语调升高,并用惊讶的语气来表现。

2. 语流音变

本文中出现的语流音变现象主要是:"一"的变调,如"一棵"、"一景"、"一个"、"一项"、"一次"、"一片"、"一座"等;轻声现象,如"热闹"、"地方"、"合同"、"似的"等,朗读时要注意变调;还有两处儿化,如"这儿"、"那儿"等,朗读时一定要注意。

【作品48号】

我们的船渐渐(jiàn jiàn)地逼近榕树了。我有机会看清它的真面目(miàn mù):是一棵大树,有数不清的丫枝(yā zhī),枝上又生根,有许多根一直垂到地上,伸进泥土里。一部分(bù fen)树枝垂到水面,从远处看,就像一棵大树斜躺在水面上一样。

现在正是枝繁叶茂的时节。这棵榕树好像在把它的全部生命力展示给我们看。那么多的绿叶,一簇(cù)堆在另一簇的上面,不留一点儿缝隙(fèng xì)。翠绿的颜色明亮地在我们的眼前闪耀,似乎每一片树叶上都有一个新的生命在颤动(chàn dòng),这美丽的南国的树!

船在树下泊了片刻,岸上很湿,我们没有上去。朋友说这里是"鸟的天堂",有许多鸟在这棵树上做窝,农民不许人去捉它们。我仿佛(fǎng fú)听见几只鸟扑翅的声音,但是等到我的眼睛注意地看那里时,我却看不见一只鸟的影子,只有无数的树根立在地上,像许多根木桩。地是湿的,大概涨潮(zhǎng cháo)时河水常常冲上岸去。"鸟的天堂"里没有一只鸟,我这样想到。船开了,一个朋友拨着船,缓缓地流到河中间去。

第二天,我们划着船到一个朋友的家乡去,就是那个有山有塔的地方(dì fang)。从学校出发,我们又经过那"鸟的天堂"。

这一次是在早晨。阳光照在水面上,也照在树梢上。一切都//显得非常光明。我们的船也在树下泊(bó)了片刻。

起初四周围非常清静。后来忽然起了一声鸟叫。我们把手一拍,便看见一只大鸟飞了起来,接着又看见第二只,第三只。我们继续拍掌,很快地这个树林就变得很热闹了。到处都是鸟声,到处都是鸟影。大的,小的,花的,黑的,有的站在枝上叫,有的飞起来,在扑翅膀。

(节选自巴金《小鸟的天堂》)

【朗读提示】

1. 朗读技巧

　　文章记叙了作者划船参观"鸟的天堂"的经过。第一、二自然段是对榕树的描写,要用舒缓的语气,其中"全部生命力"、"新的生命"、"颤动"应当重读,表现出榕树旺盛的生命力,朗读"这美丽的南国的树"时,语气中应充满喜悦和赞美。第三自然段描写周围的环境,所以朗读时要保持一种神秘的色彩,声音轻柔,语速中等可稍慢,还要表现出没有找到鸟的失望和诧异。第五自然段描写了"鸟的天堂"早晨的景色,朗读时语调升高,充满活力。最后一段描写了鸟儿们现身的热闹场面,朗读时,开头声音轻缓,衬托出环境的"清净",从第二句开始可用轻快的节奏,明亮的音色和兴奋的语气来表现热闹的情景和作者的心情。

2. 语流音变

　　本文中出现的语流音变现象主要是:"一"的变调,如"一棵"、"一直"、"一样"、"一簇"、"一点儿"、"一片"、"一个"、"一只"、"一次"等;大量的轻声,如"我们"、"那么"、"朋友"、"它们"、"影子"、"眼睛"、"地方"、"早晨"、"热闹"、"部分"等;还要注意的是"数不清"、"看不见"中的"不"也要读轻声。

【作品49号】

　　有这样一个故事。

　　有人问:世界上什么东西的气力最大?回答纷纭(fēn yún)得很,有的说"象",有的说"狮",有人开玩笑似的说:是"金刚",金刚有多少气力,当然大家全不知道。

　　结果,这一切答案完全不对,世界上气力最大的,是植物的种子(zhǒng zi)。一粒种子所可以显现出来的力,简直是超越一切。

　　人的头盖骨,结合(jié hé)得非常致密与坚固,生理学家和解剖(jiě pōu)学者用尽了一切的方法,要把它完整地分出来,都没有这种力气。后来忽然有人发明了一个方法,就是把一些植物的种子放在要剖析(pōu xī)的头盖骨里,给它以温度与湿度,使它发芽。一发芽,这些种子便以可怕的力量,将一切机械(jī xiè)力所不能分开的骨骼(gǔ gé),完整地分开了。植物种子的力量之大,如此如此。

　　这,也许特殊了(tè shū)一点儿,常人不容易理解。那么,你看见过笋的成长吗?你看见过被压在瓦砾(wǎ lì)和石块下面的一棵小草的生长吗?它为着向往阳光,为着达成它的生之意志,不管上面的石块如何重,石与石之间如何狭,它必定要曲曲折折(qū qū zhé zhé)地,但是顽强不屈地透到地面上来。它的根往土壤钻,它的芽往地面挺,这是一种不可抗拒的力,阻止它的石块,结果(jié guǒ)也被它掀翻(xiān fān),一粒种子的力量之大,∥如此如此。

　　没有一个人将小草叫作"大力士",但是它的力量之大,的确(dí què)是世界无比。这种力是一般人看不见的生命力。只要生命存在,这种力就要显现。上面的石块,丝毫不足以阻挡。因为(yīn wèi)它是一种"长期抗战"的力;有弹性,能屈能伸的力;有韧性(rèn xìng),不达目的不止的力。

(节选自夏衍《野草》)

【朗读提示】

1. 朗读技巧

这篇散文写于抗战中期,寓意深刻、哲理性很强,文章借种子和小草顽强的生命力,说明民众的力量是不可战胜的,以此鼓舞人民坚定抗战胜利的信心。文章的基调是平实亲切、坚定赞扬的。

文章开头的两个故事朗读时可以用轻快、活泼的语气;第三自然段中"植物的种子"、"超越一切"应重读,体现作者对种子力量的赞美。最后一个自然段是文章主题的升华,首句中的"力量之大"、"世界无比"在朗读时要运用重音加以强调;末句朗读时语调应逐渐上扬,语气坚定,"长期抗战"、"能屈能伸"、"不达目的不止"要重读,以表明作者的写作意图。

2. 语流音变

本文中出现的语流音变现象主要是:"一"的变调,如"一个"、"一切"、"一发芽"、"一点儿"、"一颗"、"一种"等,朗读时要注意声调;大量的轻声,如"故事"、"什么"、"东西"、"似的"、"种子"、"力气"、"那么";还要注意上声连读时的变调,如"土壤"、"阻挡"、"阻止"等。

【作品50号】

著名教育家班杰明曾经接到一个青年人的求救电话,并与那个向往成功,渴望指点的青年人约好了见面的时间和地点。

待那个青年如约而至时,班杰明的房门敞开(chǎng kāi),眼前的景象却令青年人颇感意外——班杰明的房间里乱七八糟,狼藉(láng jí)一片。

没等青年人开口,班杰明就招呼(zhāo hu)道:"你看我这房间,太不整洁了,请你在门外等候一分钟,我收拾(shōu shi)一下,你再进来吧。"一边说着,班杰明就轻轻地关上了房门。

不到一分钟的时间,班杰明就又打开了房门并热情地把青年人让进客厅。这时,青年人的眼前展现出另一番景象——房间内的一切已变得井然有序,而且有两杯刚刚倒(dào)好的红酒,在淡淡的香水气息里还漾(yàng)着微波(wēi bō)。

可是,没等青年人把满腹的有关人生和事业的疑难问题向班杰明讲出来,班杰明就非常客气地说道:"干杯。你可以走了。"

青年人手持酒杯一下子愣住了,既尴尬(gān gà)又非常遗憾地说:"可是,我……我还没向您请教呢……"

"这些……难道还不够吗?"班杰明一边微笑着,一边扫视着自己的房间,轻言细语地说,"你进来又有一分钟了。"

"一分钟……一分钟……"青年人若有所思地说,"我懂了,您让我明白了一分钟的时间可以做许//多事情,可以改变许多事情(shì qing)的深刻道理。"

班杰明舒心地笑了。青年人把杯里的红酒一饮而尽,向班杰明连连道谢后,开心地走了。

其实,只要把握好生命的每一分钟,也就把握了理想的人生。

(节选自纪广洋《一分钟》)

【朗读提示】

1. 朗读技巧

这则故事讲述了班杰明用一分钟时间对一位青年进行"身教"的故事,说明了"时间可以改变一切,要把握生命每一分钟"的道理。

文章风格平实而含蓄,所以朗读时总体上应该节奏舒缓而平稳,语势变化较小;但随着故事的发展,朗读时应该注意语速和语气的变化。如在读第二自然段中青年人"颇感意外"时应放缓语速,用较长的停顿来引起听者的注意;朗读"乱七八槽、狼藉一片"时加上重音,带有不满的语气;而第四自然段中"另一番景象"后的内容要用柔和的声音来表现,"井然有序"要加上重音,强调一分钟前后房间内的变化。

文中两个人物的对话需要用语气、语速的变化表现出来:班杰明的话总体应平缓深沉,第三自然段中见面打招呼时语速应稍快,语调应稍高,态度热情而又带有请求对方包涵的口气;青年的话语,语气是急切企盼而又充满疑惑的,所以朗读第六自然段中他的话时语速应先快后慢,要表现出尴尬和不解,第八自然段是他思考和领悟的过程,朗读时语速应先慢后快,语调先低后高,表现出他"恍然大悟"的兴奋。

最后一个自然段点明了全文的主旨,其中"每一分钟"、"理想的人生"应该重读,以示强调。

2. 语流音变

本文中出现的语流音变现象主要是:"一"的变调,如"一个"、"一片"、"一分钟"、"一下"、"一边"、"一番"、"一切"、"一下子"等;"不"的变调,如"不到"、"不够"等,朗读时要注意声调;还有轻声在文章中出现的次数也比较多,如"招呼"、"收拾"、"客气"、"明白"、"事情"等;此外,上声连读时的变调也要注意,如"指点"、"井然有序"、"可以"、"理想"等。

【作品 51 号】

有个塌鼻子的小男孩儿,因为(yīn wèi)两岁时得过脑炎,智力受损,学习起来很吃力。打个比方(bǐ fang),别人写作文能写二三百字,他却只能写三五行。但即便(jí biàn)这样的作文,他同样能写得很动人。

那是一次作文课,题目是《愿望》。他极其认真地想了半天,然后极认真地写,那作文极短。只有三句话:我有两个愿望,第一个是,妈妈天天笑眯眯地看着我说:"你真聪明。"第二个是,老师天天笑眯眯地看着我说:"你一点儿也不笨。"

于是,就是这篇作文,深深地打动了他的老师,那位妈妈式的老师不仅给了他最高分,在班上带感情地朗读了这篇作文,还一笔一画地批道:你很聪明,你的作文写得非常感人,请放心,妈妈肯定会格外喜欢你的,老师肯定会格外喜欢你的,大家肯定会格外喜欢你的。

捧着作文本,他笑了,蹦蹦跳跳地回家了,像只喜鹊(xǐ què)。但他并没有把作文本拿给妈妈看,他是在等待,等待着一个美好的时刻。

那个时刻终于到了,是妈妈的生日——一个阳光灿烂(càn làn)的星期天:那天,他起得特别早,把作文本装在一个亲手做的美丽的大信封里,等着妈妈醒来。妈妈刚刚睁眼醒来,他就笑眯眯地走到妈妈跟前说:"妈妈,今天是您的生日,我要//送给您一件礼物。"

果然,看着这篇作文,妈妈甜甜地涌出了两行(háng)热泪,一把搂住小男孩儿,搂得很紧很紧。

是的,智力可以受损,但爱永远不会。

(节选自张玉庭《一个美丽的故事》)

【朗读提示】

1. 朗读技巧

这篇作品讲述了一个智力受损的小男孩儿用纯真而美丽的愿望感动他的老师和妈妈的故事。文章语言朴实简洁,但人物表现出的爱心却十分感人,很能打动读者。朗读时语气要平和、亲切,用娓娓动听的声音将听者带进作品中。

第二自然段中"极其认真"、"极认真"、"极短"三处"极"都应重读,并适当拖长读音,以形成对比。

文章中有两个人的话,一个是小男孩的话,一个是老师的评语,朗读时要体现出来:小男孩的作文要用认真、天真的语气表现出他的真诚,他对妈妈说的话则可用甜美、喜悦的语气和较高的语调来表现;老师的批语要用温柔的、充满喜爱和鼓励的语气,语调偏高,三处"格外"要重读。

朗读文章结尾时,"爱"要重读且稍作停顿,以点明文章的中心,语气应该舒缓而沉稳,充满感情。

2. 语流音变

本文中出现的语流音变现象主要是:"一"的变调,如"第一次"、"一个"、"一笔一画"等;重复出现的轻声,如"鼻子"、"比方"、"妈妈"、"喜欢"等,朗读时要注意声调的变化;文中还有一些儿化音,如"小男孩儿"、"一点儿"等,朗读时也需要注意。

【作品 52 号】

小学的时候,有一次我们去海边远足,妈妈没有做便饭,给了我十块钱买午餐。好像走了很久、很久,终于到海边了,大家坐下来便吃饭,荒凉的海边没有商店,我一个人跑到防风林外面去,级任老师要大家把吃剩的饭菜分给我一点儿。有两三个男生留下一点儿给我,还有一个女生,她的米饭拌了酱油,很香。我吃完的时候,她笑眯眯(xiào mī mī)地看着我,短头发(tóu fa),脸圆圆的。

她的名字叫翁香玉。

每天放学的时候,她走的是经过我们家的一条小路,带着一位比她小的男孩儿,可能是弟弟。小路边是一条清澈(qīng chè)见底的小溪,两旁竹荫覆盖,我总是远远地跟在她后面,夏日的午后特别炎热,走到半路她会停下来,拿手帕(shǒu pà)在溪水里浸湿,为小男孩儿擦脸。我也在后面停下来,把肮脏(āng zāng)的手帕弄湿了擦脸,再一路远远跟着她回家。

后来我们家搬到镇上去了,过几年我也上了中学。有一天放学回家,在火车上,看见斜对面一位短头发、圆圆脸的女孩儿,一身素净(sù jìng)的白衣黑裙。我想她一定不认识(rèn shi)我了。火车很快到站了,我随着人群挤向门口,她也走近了,叫我的名字。这是她第一次和我说话。

她笑眯眯的,和我一起走过月台。以后就没有再见过//她了。

这篇文章收在我出版的《少年心事》这本书里。

书出版后半年,有一天我忽然收到出版社转来的一封信,信封上是陌生(mò shēng)的字迹(zì jì),但清楚地写着我的本名。

信里面说她看到了这篇文章心里非常激动,没想到在离开家乡,漂泊(piāo bó)异地这么久之后,会看见自己仍然(réng rán)在一个人的记忆里,她自己也深深记得这其中的每一幕,只是没想到越过遥远的时空,竟然另一个人也深深记得。

(节选自苦伶《永远的记忆》)

【朗读提示】

1. 朗读技巧

这是一篇回忆性的文章,叙述了作者和一个女孩儿之间的几件小事。文字平淡朴实,却让人感受到这段记忆的深刻与美好,因此在朗读时要用柔和的语气、舒缓的节奏,娓娓道来。

文中描写女孩儿的形象特征的词语"笑眯眯"、"短头发"、"脸圆圆的"、"圆圆脸"要重读,既能前后呼应,又能强调其特点;第二自然段中女孩儿的名字可用重音加以强调,并在前面稍作停顿,给听者留下深刻的印象;结尾处"深深记得"中的"深深",可以用延长、放慢语速的方法来表达记忆的深刻和永恒,以突出文章的主题。

2. 语流音变

本文中出现的语流音变现象主要是:"一"的变调,如"一次"、"一个"、"一条"、"一点儿"、"一位"、"一路"、"一天"、"一定"、"一身"、"一起"等,朗读时要注意声调的变化;文中出现的轻声也较多,如"时候"、"我们"、"妈妈"、"头发"、"名字"、"弟弟"、"素净"、"认识"、"这么"等,要加以注意。

【作品53号】

在繁华的巴黎大街的路旁,站着一个衣衫褴褛(lán lǚ),头发斑白,双目失明的老人。他不像其他乞丐(qǐ gài)那样伸手向过路行人乞讨,而是在身旁立一块木牌,上面写着:"我什么也看不见!"街上过往的行人很多,看了木牌上的字都无动于衷,有的还淡淡一笑,便姗姗(shān shān)而去了。

这天中午,法国著名诗人让·彼浩勒也经过这里。他看看木牌上的字,问盲老人:"老人家,今天上午有人给你钱吗?"

盲老人叹息着回答:"我,我什么也没有得到。"说着,脸上的神情非常悲伤。

让·彼浩勒听了,拿起笔悄悄地在那行字的前面添上了"春天到了,可是"几个字,就匆匆地离开了。

晚上,让·彼浩勒又经过这里,问那个盲老人下午的情况。盲老人笑着回答说:"先生,不知为什么,下午给我钱的人多极了!"让·彼浩勒听了,摸着胡子满意地笑了。

"春天到了,可是我什么也看不见!"这富有诗意的语言,产生这么大的作用,就在于它有非常浓厚的感情色彩。是的,春天是美好的,那蓝天白云,那绿树红花,那莺歌燕舞,那流水人家(rén jiā),怎么不叫人陶醉呢?但这良辰美景,对于一个双目失明的人来说,只是一片漆黑。当人们想到这个盲老人,一生中竟连万紫千红的春天//都不曾看到,怎能不对他产生同情之心呢?

(节选自小学《语文》第六册中《语言的魅力》)

【朗读提示】

1. 朗读技巧

作品通过一个生动有趣的故事来说明语言的神奇魅力,朗读时应该用舒缓的节奏和中等的语速。

在诗人与盲老人的对话中,诗人的语气是友善而关切的,表现出诗人的同情心。盲老人的两次回答情绪上完全相反,第一次声音低沉而缓慢,表现出他的悲伤和失望;第二次则声音明亮轻快,充满喜悦。朗读文章末段"春天到了,可是我什么也看不见"一句时,感情真挚而饱满,语速放缓,语调先高后低,语气由喜悦转为悲伤。

在朗读后面几句描写春天的语句时,节奏欢快,感情愉悦;而描写老人无法看到美景时,语速稍缓,语气沉重,以形成鲜明对比。末句是充满抒情性的议论,朗读时语气坚定,语调应逐渐升高。

2. 语流音变

本文中出现的语流音变现象主要是:"一"的变调,如"一个"、"一块"、"一笑"、"一片"、"一生"等;文中出现的轻声也比较多,如"头发"、"什么"、"老人家"、"晚上"、"先生"、"这么"、"怎么"、"人们"等,朗读时要注意声调的变化。

【作品54号】

有一次,苏东坡的朋友张鹗(è)拿着一张宣纸来求他写一幅字,而且希望他写一点儿关于养生方面的内容。苏东坡思索了一会儿,点点头说:"我得到了一个养生长寿古方,药只有四味,今天就赠给你吧。"于是,东坡的狼毫在纸上挥洒起来,上面写着:"一曰(yuē)无事以当(dàng)贵,二曰早寝(qǐn)以当富,三曰安步以当车,四曰晚食以当肉。"

这哪里有药?张鹗一脸茫然地问。苏东坡笑着解释说,养生长寿的要诀,全在这四句里面。

所谓"无事以当贵",是指人不要把功名利禄(lì lù),荣辱过失考虑得太多,如能在情志上潇洒大度,随遇而安,无事以求,这比富贵更能使人终其天年。

"早寝以当富",指吃好穿好,财货充足,并非就能使你长寿。对老年人来说,养成良好的起居习惯,尤其是早睡早起,比获得(huò dé)任何财富更加宝贵。

"安步以当车",指人不要过于讲求安逸(ān yì),肢体不劳,而应多以步行来替代骑马乘(chéng)车,多运动才可以强健体魄,通畅气血(qì xuè)。

"晚食以当肉",意思是人应该用已饥方食,未饱先止代替对美味佳肴(yáo)的贪吃无厌。他进一步解释,饿了以后才进食,虽然是粗茶淡饭,但其香甜可口会胜过山珍;如果饱了还要勉强吃,即使美味佳肴摆在眼前也难以//下咽(xià yàn)。

苏东坡的四味"长寿药",实际上是强调了情志、睡眠、运动、饮食四个方面对养生长寿的重要性,这种养生观点即使(jí shǐ)在今天仍然值得借鉴。

(节选自蒲昭和《赠你四味长寿药》)

【朗读提示】

1. 朗读技巧

这则历史故事讲述了苏东坡的四味"长寿药":情志、睡眠、运动、饮食四个方面的养生要诀。文中有较多的文言词句,书面色彩很浓,而且四字短语较多,使文章有很强的节奏感。朗读时要注意语速不能过快,语调要平稳。

第一自然段中介绍长寿古方的内容"一曰无事以当贵……"中"曰"可适当延长声音,后面稍作停顿,以引起听者注意,"无事以当贵"则要用稍慢的语速来读;第二自然段开头的"所谓"一词也可适当延长读音,后面引用的内容加上重音;最后一段是总结全文,突出养生应该注重的四个方面,因此在读"情志、睡眠、运动、饮食"这几个词语时应该重读加以强调,中间要有较长的停顿。

2. 语流音变

本文中出现的语流音变现象主要是:"一"的变调,如"一次"、"一张"、"一幅"、"一个"、"一脸"、"一点儿"、"一会儿"、"进一步"等,朗读时要注意声调;其中的"一点儿"、"一会儿"又是儿化音,朗读时要注意。

【作品 55 号】

人活着,最要紧的是寻觅(xún mì)到那片代表着生命绿色和人类希望的丛林,然后选一高高的枝头(zhī tóu)站在那里观览人生,消化痛苦,孕育(yùn yù)歌声,愉悦世界!

这可真是一种潇洒(xiāo sǎ)的人生态度,这可真是一种心境爽朗的情感风貌。

站在历史的枝头微笑,可以减免许多烦恼。在那里,你可以从众生相(zhòng shēng xiàng)所包含的甜酸苦辣,百味人生中寻找你自己;你境遇中的那点儿(diǎnr)苦痛,也许相比之下,再也难以占据(zhàn jù)一席之地;你会较(jiào)容易地获得(huò dé)从不悦中解脱灵魂的力量,使之不致变得灰色。

人站得高些,不但能有幸早些领略到希望的曙光(shǔ guāng),还能有幸发现生命的立体的诗篇。每一个人的人生,都是这诗篇中的一个词、一个句子或者一个标点。你可能没有成为一个美丽的词,一个引人注目的句子,一个惊叹号,但你依然是这生命的立体诗篇中的一个音节、一个停顿、一个必不可少的组成部分(bù fen)。这足以使你放弃前嫌,萌生(méng shēng)为人类孕育新的歌声的兴致,为世界带来更多的诗意。

最可怕的人生见解,是把多维的生存图景看成平面。因为那平面上刻下的大多是凝固了的历史——过去的遗迹(yí jì);但活着的人们(rén men),活得却是充满着新生智慧的,由//不断逝去(shì qù)的"现在"组成的未来。人生不能像某些鱼类躺着游,人生也不能像某些兽类爬着走,而应该站着向前行,这才是人类应有的生存姿态。

(节选自[美]本杰明·拉什《站在历史的枝头微笑》)

【朗读提示】

1. 朗读技巧

这篇作品用"站在历史的枝头微笑"这个形象的比喻表达了一种乐观豁达的人生态度。文章富于哲理性,朗读时应节奏明快,语速中等,声音明亮,并适当运用重音、停连等技巧。

第一自然段是表明全文论述的观点,所以"最要紧"、"生命绿色"、"人类希望"等词语应该重读;朗读段末四字短语"观览人生,消化痛苦,孕育歌声,愉悦世界"时,语调可先适当上扬、再降低、再次上扬、恢复平稳,通过抑扬相间的语调突出重点。朗读第二自然段中两处"真是一种"时可适当拖长读音,表达作者的感叹。朗读第四自然段中"你可能没有成为……"一句,开始语气要缓和,语调较低,至转折处语调上升,并给"音节"、"停顿"、"必不可少的组成部分"加上延长的重音来强调。最后一个自然段首句中"最可怕"适当重读,予以强调;末句感情强烈,语调逐渐上扬,"站着向前行"、"应有"、"生存姿态"要加上重音,表明作者对人生的态度。

2. 语流音变

本文中出现的语流音变现象主要是:"一"的变调,如"一种"、"一席"、"一个"等;"不"的变调,如"不悦"、"不但"、"不致"等;另外,还有轻声,如"部分"、"人们"等,朗读时要注意声调。

【作品56号】

中国的第一大岛,台湾省的主岛台湾,位于中国大陆架的东南方,地处(dì chǔ)东海和南海之间,隔(gé)着台湾海峡和大陆相望。天气晴朗的时候(shí hou),站在福建沿海较(jiào)高的地方(dì fang),就可以隐隐约约地望见岛上的高山和云朵。

台湾岛形状狭长(xiá cháng),从东到西,最宽处只有一百四十多公里;由南至北,最长的地方约有三百九十多公里。地形像一个纺织用的梭子(suō zi)。

台湾岛上的山脉(shān mài)纵贯南北,中间的中央山脉犹如(yóu rú)全岛的脊梁(jǐ liang)。西部为海拔近四千米的玉山山脉,是中国东部的最高峰。全岛约有三分之一的地方是平地,其余为(wéi)山地。岛内有缎带般的瀑布(pù bù),蓝宝石似的(shì de)湖泊(hú pō),四季常青的森林和果园,自然景色十分优美。西南部的阿里山和日月潭,台北市郊的大屯山风景区,都是闻名世界的游览胜地。

台湾岛地处(dì chǔ)热带和温带之间,四面环海,雨水充足,气温受到海洋的调剂(tiáo jì),冬暖夏凉,四季如春,这给水稻和果木生长提供了优越的条件。水稻、甘蔗(gān zhe)、樟脑是台湾的"三宝"。岛上还盛产(shèng chǎn)鲜果和鱼虾。

台湾岛还是一个闻名世界的"蝴蝶王国"。岛上的蝴蝶共有四百多个品种,其中有不少是世界稀有的珍贵品种。岛上还有不少鸟语花香的蝴//蝶谷,岛上居民利用蝴蝶制作的标本和艺术品,远销许多国家。

(节选自《中国的宝岛——台湾》)

【朗读提示】

1. 朗读技巧

文章详细介绍了台湾岛的自然地理环境及丰富的物产,语言简洁、形象而又准确。朗读时可用平实而舒缓的语气,语速中等,而且应有一定的节奏感。第二自然段是介绍台湾岛的地形,其中有几处数字说明,朗读时这些数字之前要有必要的停顿,留给听者思考和比较的时间。文中介绍台湾岛的风土人情的词语都应当重读,以示强调,如"阿里山"、"日月潭"、

"大屯山风景区",第四自然段的"水稻"、"甘蔗"、"樟脑"、"三宝"、"蝴蝶王国"等。

2. 语流音变

本文中出现的语流音变现象主要是:轻声,如"时候"、"地方"、"似的"、"甘蔗";还有几处"一"的变调,如"一个"、"一百"等,朗读时要注意声调。

【作品57号】

对于中国的牛,我有着一种特别尊敬的感情。

留给我印象最深的,要算在田垄(tián lǒng)上的一次"相遇"。

一群朋友(péng you)郊游,我领头在狭窄(xiá zhǎi)的阡陌(qiān mò)上走,怎料迎面来了几头耕牛,狭道容不下人和牛,终有一方要让路。它们(tā men)还没有(méi yǒu)走近,我们已经预计斗不过畜牲(chù sheng),恐怕难免踩到田地泥水里,弄(nòng)得鞋袜又泥又湿了。正踟蹰(chí chú)的时候(shí hou),带头的一头牛,在离我们不远的地方(dì fang)停下来,抬起头看看(kàn kan),稍迟疑一下,就自动走下田去。一队耕牛,全跟着它离开阡陌,从我们身边经过。

我们都呆(dāi)了,回过头来,看着深褐色(hè sè)的牛队,在路的尽头(jìn tóu)消失,忽然觉得自己受了很大的恩惠。中国的牛,永远默默地为人做着沉重的工作。在大地上,在晨光或烈日下,它拖着沉重的犁,低头一步又一步,拖出了身后一列又一列松土,好让人们(rén men)下种(xià zhǒng)。等到满地金黄或农闲时候,它可能还得(děi)担当搬运负重的工作;或终日绕(rào)着石磨(shí mò),朝同一方向,走不计程的路。

在它沉默的劳动中,人便得到应得的收成(shōu cheng)。

那时候,也许,它可以松一肩重担,站在树下,吃几口嫩草。偶尔(ǒu'ěr)摇摇尾巴(wěi ba),摆摆耳朵(ěr duo),赶走飞附身上的苍蝇(cāng ying),已经算是它最闲适(xián shì)的生活了。

中国的牛,没有成群奔跑的习//惯,永远沉沉实实的,默默地工作,平心静气。这就是中国的牛!

(节选自小思《中国的牛》)

【朗读提示】

1. 朗读技巧

这篇散文以托物言志的手法,赞美了中国的牛不为名利、任劳任怨、沉沉实实的优良品格,也借此赞扬了中国劳动人民所具有的坚韧、勤劳、稳重、踏实的精神和品格。朗读时要用中等语速和舒缓的语气,并要随着作者感情的变化而有所调整。

具体来说,文章第一自然段中"中国的牛"应当重读,突出全文描写的对象;第二至四自然段讲述作者与牛相遇的经历,情节出人意料,因此朗读时要把握作者感情的变化:从犹豫到惊讶,从惊讶到感激;其他段落集中表达了作者对中国牛的品质的赞美,在朗读时语气要坚实而肯定;朗读末尾句时语调要高昂,"中国的牛"要重读并延长读音,以示强调。

2. 语流音变

本文中出现的语流音变现象主要是:"一"的变调,如"一种"、"一次"、"一方"、"一头"、

"一下"、"一队"、"一步"、"一列"、"一肩"等;文中还有大量的轻声,如"朋友"、"他们"、"我们"、"畜牲"、"时候"、"地方"、"看看"、"人们"、"收成"、"尾巴"、"耳朵"、"苍蝇"等;另外,还有"容不下"、"斗不过"中的"不"也应该读轻声,朗读时要注意。

【作品58号】

不管我的梦想能否成为事实,说出来总是好玩儿(hǎo wánr)的:

春天,我将要住在杭州。二十年前,旧历的二月初,在西湖我看见了嫩柳与菜花,碧浪与翠竹。由我看到的那点儿(diǎnr)春光,已经可以断定,杭州的春天必定会教(jiào)人整天生活在诗与图画之中。所以,春天我的家应当是在杭州。

夏天,我想青城山应当算作最理想的地方(dì fang)。在那里,我虽然只住过十天,可是它的幽静已拴住了我的心灵。在我所看见过的山水中,只有这里没有使我失望。到处都是绿,目之所及,那片淡而光润的绿色都在轻轻地颤动(chàn dòng),仿佛(fǎng fú)要流入空中与心中似的(shì de)。这个绿色会像音乐,涤(dí)清了心中的万虑。

秋天一定要住北平。天堂是什么(shén me)样子(yàng zi),我不知道,但是从我的生活经验去判断,北平之秋便是天堂。论天气,不冷不热。论吃的,苹果、梨、柿子(shì zi)、枣儿(zǎor)、葡萄,每样都有若干种。论花草,菊花种类之多,花式之奇,可以甲天下。西山有红叶可见,北海可以划船——虽然荷花已残,荷叶可还有一片清香。衣食住行,在北平的秋天,是没有一项不使人满意的。

冬天,我还没有打好主意(zhǔ yi),成都或者相当的合适,虽然并不怎样(zěn yàng)和暖,可是为了水仙,素心腊梅,各色的茶花,仿佛就受一点儿(yì diǎnr)寒//冷,也颇值得去了。昆明(Kūn míng)的花也多,而且天气比成都好,可是旧书铺(shū pù)与精美而便宜(pián yi)的小吃远不及成都那么(nà me)多。好吧,就暂(zàn)这么(zhè me)规定:冬天不住成都便住昆明吧。

在抗战中,我没能发国难(guó nàn)财。我想,抗战胜利以后,我必能阔起来。那时候,假若飞机减价,一二百元就能买一架的话,我就自备一架,择黄道吉日慢慢地飞行。

(节选自老舍《住的梦》)

【朗读提示】

1. 朗读技巧

这篇文章发表于1945年,老舍在抗战中居住条件非常艰苦,故而"做"了一个关于住的梦。文章语言雅致而优美,随意而风趣,充满了奇思妙想和对未来生活的憧憬,态度积极而乐观,所以朗读时语气应该轻松愉快。

第二至第五自然段的开头"春天"、"夏天"、"秋天"、"冬天"以及适合居住的五处地点应适当重读,以表明作者对这些地方的向往。第三自然段对青城山的描写带有回忆性和抒情性,朗读时节奏要舒缓,声音要柔和,以表现其寂静和优美;而第四自然段中介绍北平时的排比句,则可用较快的语速、一气呵成的气势,表明住在北平的好处;最后一段朗读时语气要轻快而幽默,以显示出作者的乐观主义精神。

2. 语流音变

本文中出现的语流音变现象主要是:"一"的变调,如"一定"、"一项"、"一片"、"一点儿"

等;文中还有大量的轻声,如"地方"、"似的"、"这个"、"什么"、"样子"、"柿子"、"主意"、"为了"等,朗读时要注意。

【作品59号】

我不由得(bù yóu de)停住了脚步。

从未见过开得这样盛(shèng)的藤萝,只见一片辉煌的淡紫色,像一条瀑布(pù bù),从空中垂下,不见其发端(fā duān),也不见其终极,只是深深浅浅的紫,仿佛在流动,在欢笑,在不停地生长。紫色的大条幅上,泛着点点银光,就像迸溅(bèng jiàn)的水花。仔细看时,才知那是每一朵紫花中的最浅淡的部分(bù fen),在和阳光互相挑逗(tiǎo dòu)。

这里除了光彩,还有淡淡的芳香。香气似乎(sì hū)也是浅紫色的,梦幻一般轻轻地笼罩(lǒng zhào)着我。忽然记起十多年前,家门外也曾有过一大株紫藤萝,它依傍(yī bàng)一株枯槐爬得很高,但花朵从来都稀落,东一穗西一串伶仃(líng dīng)地挂在树梢,好像在察言观色,试探什么(shén me)。后来索性(suǒ xìng)连那稀零的花串也没有了。园中别的紫藤花架也都拆掉,改种了果树。那时的说法(shuō fǎ)是,花和生活腐化有什么必然关系。我曾遗憾地想:这里再看不见藤萝花了。

过了这么(zhè me)多年,藤萝又开花了,而且开得这样盛,这样密,紫色的瀑布遮住了粗壮的盘虬(pán qiú)卧龙般的枝干(zhī gàn),不断地流着,流着,流向人的心底。

花和人都会遇到各种各样的不幸,但是生命的长河是无止境的。我抚摸(fǔ mō)了一下那小小的紫色的花舱,那里满装了生命的酒酿(jiǔ niàng),它张满了帆,在这//闪光的花的河流上航行。它是万花中的一朵,也正是由每一个一朵,组成了万花灿烂(càn làn)的流动的瀑布。

在这浅紫色的光辉和浅紫色的芳香中,我不觉(bù jué)加快了脚步。

(节选自宗璞《紫藤萝瀑布》)

【朗读提示】

1. 朗读技巧

本文是一篇优美的写景抒情散文。写于1982年5月,作者一家在文化大革命中深受迫害,又因小弟弟身患绝症,焦虑和悲痛一直压在作者的心头,在庭院中偶见一树盛开的紫藤萝花,从花儿由衰到盛的过程感悟到生命之美好和永恒,作品表达了热爱生命、珍惜生命的思想感情。朗读文章时要体会作者感情的几次起伏,语调也应随着感情色彩的变化而有所变化。

第二、四两个自然段写紫藤萝花的色彩,朗读第二自然段时语速可稍快,表现出作者的喜悦和赞美之情;朗读第四自然段时语速要适当放慢,以表现作者的感慨。朗读第三自然段回忆部分时语气应低沉而悲伤。第五、六自然段表现作者睹物释怀,重新振作,朗读时语速加快,语气坚定,语调上扬;尤其是末段的朗读要坚定有力,充满信心。

2. 语流音变

本文中出现的语流音变现象主要是:"一"的变调,如"一片"、"一条"、"一朵"、"一般"、"一大株"、"一穗"、"一串"、"一下"等;"不"的变调,如"不见"、"不断"、"不幸"等,朗读时要注意声调的变化;还有轻声,如"不由得"、"部分"、"除了"、"什么"、"关系"、"过了"等,也要注意。

【作品 60 号】

在一次名人访问中,被问及上个世纪最重要的发明是什么(shén me)时,有人说是电脑,有人说是汽车,等等。但新加坡的一位知名人士却说是冷气机。他解释,如果没有(méi yǒu)冷气,热带地区如东南亚国家,就不可能有很高的生产力,就不可能达到今天的生活水准。他的回答实事求是,有理有据。

看了上述报道,我突发奇想:为什么没有记者问:"二十世纪最糟糕的发明是什么?"其实二〇〇二年十月中旬,英国的一家报纸就评出了"人类最糟糕的发明"。获此"殊荣"(shū róng)的,就是人们每天大量使用的塑料袋。

诞生于上个世纪三十年代的塑料袋,其家族包括用塑料制成的快餐饭盒、包装纸、餐用杯盘、饮料瓶、酸奶杯、雪糕杯等等。这些废弃物形成的垃圾(lā jī),数量多、体积大、重量轻、不降解(jiàng jiě),给治理工作带来很多技术难题和社会问题。

比如,散落(sàn luò)在田间、路边及草丛中的塑料餐盒,一旦被牲畜(shēng chù)吞食,就会危及健康甚至导致死亡。填埋废弃塑料袋、塑料餐盒的土地,不能生长庄稼(zhuāng jia)和树木,造成土地板结(bǎn jié),而焚烧(fén shāo)处理这些塑料垃圾,则会释放出多种化学有毒气体,其中一种称为(chēng wéi)二噁英(èr'è yīng)的化合物,毒性极大。

此外,在生产塑料袋,塑料餐盒的//过程中使用的氟利昂(fú lì'áng),对人体免疫(miǎn yì)系统和生态环境造成的破坏也极为严重。

(节选自林光如《最糟糕的发明》)

【朗读提示】

1. 朗读技巧

这篇作品主要介绍了塑料袋的各种危害,作品具有知识性和科学性,在朗读时要用平实、客观而严肃的语气进行说明。

作品中提出了两个截然相反的问题,因此在朗读"最重要"、"最糟糕"时都要加上重音。第一个问题的答案出人意料,所以在朗读时,可用较高的语调表现出惊讶,并引起听者注意;第二个问题的答案"塑料袋"也应重读,表示强调。第四自然段说明塑料袋的危害,因此在读"二噁英"时要加上重音,来强调这种极具毒性的化合物,以引起听者的注意,并留下深刻的印象。

2. 语流音变

本文中出现的语流音变现象主要是:"一"的变调,如"一次"、"一位"、"一家"、"一旦"、"一种"等,朗读时要注意声调的变化;还有轻声,如"什么"、"人们"、"庄稼"等,朗读时也要加以注意。

第三章　PSC 新大纲说话专项指导

第一节　说话测试技巧指导

普通话水平测试第五项为"命题说话",要求被测试者在脱离文字材料的前提下,围绕给定话题,完整地说一段话,限时三分钟。这项考试的目的是测查应试人在无文字凭借的情况下说普通话的水平,重点测查语音标准程度、词汇语法规范程度和自然流畅程度。

作为普通话水平测试的考项之一,命题说话在整个考试中权重最高,占 40 分。因此,考生应高度重视说话项考试。

一、命题说话的要求

（一）语音标准

具体是指每个音节的声母、韵母和声调都要符合普通话的规范;注意轻声、儿化的正确使用;"一"、"不"、"啊"和上声的变读必须符合普通话规范;无方音出现,无各种错误和缺陷。

（二）词汇语法规范

具体是指遣词造句完全符合普通话规范,没有明显病句;少用书面词语,不使用典型的方言词汇、典型的方言语法格式。

（三）自然流畅

具体是指语言表达符合口语习惯;表达连贯,停顿恰当,没有长时间的停顿或无意义的重复;没有口头禅;语调自然,没有装腔作势、矫揉造作的毛病。

二、命题说话的方法与步骤

（一）选定话题

考试时,先从两个给定的话题中任选一题。选题的原则当然是自己比较熟悉的、准备比较充分的话题。

（二）分析话题

普通话水平测试用的 30 个话题都是很宽泛的,考生应该有很大的自由发挥余地,只要在说话中把握话题大的方向即可。这 30 个话题可以根据它们的体裁大体分为三类：叙述类、论述类、描述类，而每一类话题又可以按照不同方法来述说。因此，选定话题后，我们要迅速确定话题的述说方式，只要我们把握好说话的方法，就不至于无话可说。

（三）理清思路

确定方法后就要理清说话的思路。也就是理清楚从何说起，说哪些内容，如何结束。有了清晰的思路，确定了说话的方法，我们才能将话题有条不紊地展开。考试时，最好不要有固定的稿件，否则会影响我们说话的自然度。就用平常的心态、平常的话语来说就行了。

（四）充实内容

给定的话题都只是一个大致的范围，正是宽泛的题目给我们充足的空间自由选择说话内容。只要在这个话题范围内，说什么都是符合要求的。因此，没有必要去网上或书上找现成的材料去读去背，只要是说自己或自己身边的事情，用自己的语言流畅地表述下来就成功了。

（五）自然表述

说话项考试要求按照普通话口语应有的语调来表述，尽量减少方言语调以及其他不良语言习惯对说话语调的影响。另外，说话时除了注意语音标准，语调自然，还要注意语法和词汇的规范性，避免使用方言词。

（六）说够时间

说话必须说满三分钟，而且也只需要说三分钟。一般在组织说话内容时，适当把话题拉长一点，不要过早地结尾。否则话说完了，时间还没到，出现这种情况是要扣分的。

三、常见问题分析与对策

（一）说话不满限定时间

按规定，命题说话限时三分钟，不足三分钟者要酌情扣分，说话时间少于或等于 30 秒，本项测试按 0 分计。一些应试者该开始时却说不出话，一些应试者说话中长时间停顿，一些应试者往往不满三分钟就无话可说。

如果是事先经过了准备，由于心理素质的原因，一到测试现场就把预先准备的东西忘得一干二净。这时可以先说些别的，一般能自然镇静下来再进入正题；即使稍微游离一点正题也比闭口不说强。在说话的过程中，还要注意屏幕下方的及时滚动条，把握好时间，可以适当把话题拉长一点，不要过早地结尾。

（二）书面化与表演化

有些应试者预先写好 30 个话题的讲稿，并背得滚瓜烂熟，考场上口若悬河，滔滔不绝，书面语、长句、各种修辞一拥而上，结果不是出现"背书"现象，就是表演的成分过多，把说话变成了朗诵或演讲。

但命题说话主要考核的是应试者的"说"，即要求说话者按照日常生活中口语交谈的语音语调进行表述，强调自然流畅，即语音、语调、语气、语态等都呈自然流畅的日常说话状态，不能有背书的痕迹。因此,考生在事先准备命题说话时只要写好并记住提纲,到时随机组织语言效果会比较好。如果担心自己临场发挥不好,可以在准备稿子时进行口语化的写作,即多用短句、简单句,尽量少用长句和复杂的句型,并避免使用文言及书面词语。在进行测试时,调整好状态,给自己心理暗示,假设是跟自己的朋友进行面对面的谈话,用适当的语调、语气将准备好的内容娓娓道来。

(三) 不断纠错与简单重复

有些应试者在考试时过于小心,一旦出现发音错误或用词不当立即纠正,有些应试者因为紧张,出现的错误较多,致使说话过程变成了纠错练习,严重地影响了水平的发挥。正确的做法是:将错就错,既往不咎,就这么过去,认真说好下面的内容就行了。如果太在意小的失误,会使自己处于内疚和紧张当中,造成更多的失误,得不偿失。

有些应试者经常简单地重复某一句话。如果是平时有这样的习惯就要及时纠正,不然等到"习惯成自然",上了考场再想改就来不及了。还有一种情况是由于应试者情绪紧张、语速过快造成的。语言的组织是需要时间和过程的,如果语速过快,来不及组织下面的语言,就会造成紧张和"空白",为了填补"空白",就会不由自主地进行重复。如果遇到这种情况,应试者不妨深呼吸一下,调整一下情绪,放慢语速,在句末适当地停顿,给自己思考的时间。

(四) 反复暴露致命弱点

有些应试者在说话过程中,反复地犯同样的错误,如前后鼻音不分,或平翘难辨,或尖音难掩……可以说,大多数应试人员都有自己的致命的弱点,而测试员的职责正是尽量发现考生的这些问题并适度扣分。

所以,在准备说话内容时,千万要注意到自己的这些弱点,遣词造句时应该尽量回避有关音节,而选用同义词或近义词来代替,或换种说法也可以,若是非说不可的一定要仔细斟酌。事实证明,除前后鼻音不分与平翘难辨外,其他缺陷都有掩饰的可能。当然,在平常的学习和训练中真正解决这些问题才是根本。

(五) 内容空洞乏味

有些应试者在面对议论类的话题时往往会手足无措,架空议论,致使空洞乏味,说着说着就会"理屈词穷",没了下文。其实,无论抽到什么样的话题,都可以将事例的叙述或分析作为主体,也就是说,无论是什么命题,都可以穿插一个故事,而且这个故事最好是曲折动人,能够吸听者注意力的。当然,这个故事必须得紧扣题目,若是离题万里,不但无法支撑自己的论点,还会被扣分。

(六) 套用"朗读短文"中的作品

有时会遇到一些自作聪明的应试者,为了说得顺溜,会套用普通话测试的第三项——"朗读短文"中的某一作品,以此作为命题说话的主要内容。若是出现这种情况,会被作为"离题、内容雷同"来处理。而且扣分严重,实在是得不偿失。

第二节 PSC 30 个说话题目指导

1. 我的愿望

应该说这是个比较好说的话题,因为每个人都有过很多的愿望(或理想),而且会随着年龄的不断增长和阅历的不断丰富而有所变化。

第一种方法是可以先从小的时候的愿望(或理想)说起,接着说说随着年龄的增长,学习、生活环境的变化,愿望(或理想)发生了哪些改变,有没有实现;然后再说说现在的愿望(或理想),以及为目标的实现而正在付出的努力。

第二种方法是开门见山地表达出"我"的愿望(或理想),接着讲讲这一愿望(或理想)产生的缘由——一个完整的感人故事,然后憧憬一下实现这一愿望(或理想)的美好时刻,换言之,实现了这一愿望(或理想)后,你将怎样做。这个话题,可以说大的、远期的愿望(或理想),也可以说近期的、小的愿望或期盼。

注意事项:切忌说"每个人都有自己的愿望(或理想)"之类的给人感觉千篇一律的、俗套的话。

2. 我的学习生活

对每个人来说,学习生活都应该有很多内容可以说。可以按照时间顺序,分阶段介绍自己从小学、中学到大学的学习经历,也可以说对自己影响比较大的,或给自己留下深刻印象的某一阶段、某一方面(如某类专业知识或专业技能)的学习经历。这些都可以从学习的环境、学习的内容、学习的方式、学习的体会和收获等方面去说。

也可以先概括性地介绍一下自己学习生活的特点,然后讲述一两个自己学习中发生的故事,或者回顾几个学习生活的片段:可以是在教室里上课或自习的,也可以是在图书馆看书的,还可以是在宿舍里就某一问题与同学们发生的争论等。

注意事项:材料安排的顺序可以是时间的,也可以是空间的,在讲述中要特别注意详略得当。

3. 我尊敬的人

值得尊敬的人可以是一个群体,如教师、医生、军人、环卫工人等,也可以是某一个人;可以是伟人、英雄、名人;也可以是自己身边普通的人,如父母、老师、邻居、好友等。

说这个话题,首先要对自己尊敬的人有较多的了解,这样才能保证有话可说,"话源"充足。可以直接说明自己最尊敬的人是谁,然后重点说明他(他们)值得尊敬的原因,一般可以从他(他们)的道德素质、学识才艺、为人处世、社会贡献和社会影响等方面去说。

注意事项:尽量说得具体一些,最好是举一两件具体、感人的事例来说。

4. 我喜爱的动物(或植物)

选择一两个自己了解比较多的动物(或植物)来说,这样说起来才会得心应"口"。开头直接指出你所喜爱的动物(或植物),接着用几句话简要介绍一下该动物(或植物)的外形、特点等,然后具体谈谈自己为什么喜爱它。

展开的方式有多种:可以叙述一个与此相关的动人故事,也可以列述喜爱的种种理由。喜爱的原因可以是多方面的。如果是动物,可以从它的外貌外形、生活习性、功能作用或饲养它的经历等方面来说;如果是植物,则可以从它的外形、习性、颜色、香味、果实、对环境的作用或种植的方法等方面来说。

注意事项:无论是说动物还是植物,都可以在结尾升华主题,用托物言志的方法进一步说明它的象征意义,对自己的启示和鼓励。

5. 童年的记忆

每个人都有珍贵而又难忘的童年,所以这个话题的材料应该是谁都能够信手拈来。但是为了使说话更流畅、更自然,最好选样自己最熟悉、印象最深刻的童年经历来说:可以说与小伙伴一起游戏的开心有趣,也可以说在爷爷、奶奶、爸爸、妈妈身边的幸福生活。有些人的童年充满着艰辛的、不愉快的、甚至是痛苦的经历,而这些对于一个人的成长而言很可能是极其宝贵的人生财富,因此也可以作为话题的内容。

最常用的组织方式是先用几个词概括一下童年记忆的特点,然后围绕此特点讲述一两件难忘的事情。

注意事项:所叙述的事件要符合儿童的年龄和心理特点,要能体现出儿童的天真活泼,纯真有趣,给人感觉真实可信。

6. 我喜爱的职业

选择一种自己熟悉或了解较多的职业,说出喜爱它的原因。

这个话题一般可从以下几个方面来表述:首先,说明自己喜欢的职业是什么,可以是教师、医生等一些传统的职业,也可以是软件工程师、人力资源主管等一些新兴的职业;其次,说明喜欢这一职业的原因,或因为它自己的性格、特长、爱好等密切相关,或是出于某个特殊经历或某种特殊原因,自己爱上了这一职业;最后,说说自己对这个职业的理解,这部分应该作为话题的中心加以重点阐述。当然,如果可以讲述一个感人的故事,通过故事来说明自己对这个职业是怎样由不喜欢转变为喜欢的,也不失为一种好的方法。

7. 难忘的旅行

很多人的旅行经历可能不止一次,而让人难忘的一般是比较特殊的旅行经历。人生的"第一次"往往是令人难忘的,因此可以选择自己旅行中经历的各种"第一次"作为说话的材料:第一次出门旅行,第一次独自旅行,第一次坐飞机,第一次看到大海等。

话题开头,可以先交代一下那次难忘的旅行的时间、地点、人物,接着具体讲述旅行的过程及体验。可以说比较特别的见闻,有趣的或令人感动的故事,也可以说旅行中一些不愉快的经历。

以去一座城市为例,可先简要说明你对这座城市的印象,然后介绍具体的路线及浏览的地方,并选择性地举一两个有代表性的或给人深刻印象的地方加以描述。

注意事项:要注意避免"流水账"式的"汇报"方式,尽量做到有详有略,感受特别深的应重点阐述,一般的则可一带而过,让听者感觉到有层次、有重点、不乏味。

8. 我的朋友

自己的朋友可能有很多,学友、网友、驴(旅友)、票友等都可以作为说话的内容,可以说说其中的一个或几个。

开头可引用"朋友看朋友是透明的,他们彼此交换着生命(罗曼·罗兰)"、"人生最美丽的回忆就是他同别人的友谊(林肯)"等关于朋友、友谊的格言,或一两句经典的歌词引出自己的这位朋友;然后介绍朋友的基本情况,如外貌、年龄等。然后重点说说自己与他是如何成为朋友的,如性格、兴趣爱好等方面的共同点,或者因为某次特殊的经历使自己和他成为了朋友;还可以选择与朋友之间所发生的一两件有趣的、有意义的事情作为重点来说;当然,朋友其他方面的情况,如工作学习、成就、家庭等也都可以说。

注意事项:叙述时要注意层次清晰,过渡自然。

9. 我喜爱的文学(或其他)艺术形式

选择这个话题时思路应开阔一些,不要局限在文学上,还可以是其他艺术形式,如音乐、舞蹈、影视、曲艺、戏曲等等。另外,一门艺术还可以再划分,如音乐可分为流行、通俗或美声等。总之,要选择具体的、自己熟悉并喜爱的艺术形式来说,才不会无话可说。

但是,如果泛泛地去谈某一艺术形式,往往会流于空洞,且语言组织较难,尤其是自己对这种艺术形式没有深入的研究或了解时,就会感觉比较困难,如果结合具体的作品,如一部文学作品、一部电影、一件艺术品等,就可以分别从作者、作品内容、艺术特点、自己的感受等几个角度来具体阐述对该艺术形式的喜爱之处,然后再围绕此展开进一步的表述;当然,也可以讲述一个故事,谈谈自己是怎样喜欢上某件作品,进而喜欢上这类艺术形式的。

10. 谈谈卫生与健康

卫生包括很多方面,如环境卫生(包括居住环境、学习环境、工作环境、生活环境)、饮食卫生、个人卫生、心理卫生等;健康则包括身体健康、心理健康等方面。

这个话题要求从卫生与健康的关系这一角度来说。这个话题有两种说法。

第一种方法是,开头先亮出自己的观点,即表述一下卫生与健康的关系,如"讲卫生是健康身体的前提,而要拥有健康就必须讲卫生";接下来,可以从正、反两方面分别阐述卫生与健康的关系。

第二种方法是,先说卫生对健康有重要的影响,然后从不同的侧面说说如何做到讲究卫生、保护健康。

注意事项:在阐述的过程中,力求做到有理有据,也就是说既要摆事实,又要讲道理,切忌浮于表面的说教。如果能讲述一个"因讲卫生而健康"或"因不讲卫生而导致疾病"的故事来证明自己的观点,将是一种十分明智的做法。

11. 我的业余生活

这个话题说满三分钟应该比较容易,只要选择一些自己业余生活中说起来最得心应"口"的材料即可。可以是游泳、爬山、上网、种花养鸟等;也可以是阅读写作、练习书法等;还可以是各种家务琐事。可以是由于自己的业余爱好而参加的各种活动;也可以是因为某种需要而促成的活动,如充电学习、体育运动等。

开头总括一下自己业余生活的特点,然后叙述自己的种种业余生活。也可以是接着挑自己花费时间最多、感受最深的一项活动加以叙述,谈谈在此过程中的体验,并适当生发这项活动给自己的启发。

注意事项:无论怎样讲,穿插一个完整而能给人以深刻印象的故事非常关键,会使整个讲述过程变得生动起来。

12. 我喜爱的季节(或天气)

这个话题有两种说法。

第一种是,首先说自己所处的地域,列举那里的四季(或不同的天气)的特点,并由此引出自己喜欢的某一季节(或某种天气)。接着具体说明喜欢这一季节(或这一天气)的原因,可以是性情的原因,也可以是身体、生活、工作或其他特殊情况造成的原因。

一个人喜欢的季节也可以是随着年龄的增长而变化的。所以,另一种说法是,自己曾经喜欢哪个季节,现在又喜欢哪个季节,再说说变化的原因。在说话的过程中,可引用诗歌加以点缀,使自己的讲述充满诗意;也可以通过一个具体的事例来表明自己喜爱这个季节(或天气)的前因后果。

13. 学习普通话的体会

这个话题乍看起来有点儿难,可若是仔细琢磨还是有多种说法。

可以这样说:首先可以从学习普通话之前对普通话的感性认识说起,比如,原来以为自己的方言与普通话很接近,学说普通话很容易,或者原来以为学普通话很难;接着与学习普通话以后对普通话的认识形成对比,既可以印证以前的看法,也可以否定以前的看法;还可以从学习普通话的方法上来说如怎样练习声、韵、调的准确发音,怎样向他人学习,如何克服困难在实际交往中逐渐熟练运用普通话。

或者可以这样说:首先明确一下普通话的概念;然后举一个因交际场合使用方言而引起误会的例子,说明推广普通话的必要性;还可以结合自己的生活或工作经历,说说在与别人交往中说与不说普通话的不同效果;最后,具体谈谈自己的学习方法及学习体会,可以分条列述,如怎样掌握发音部位,通过多读报刊、勤查字典帮助提高;坚持用普通话进行日常会话等。

14. 谈谈服饰

凡是有关服饰的知识、自己对服饰的看法都可以作为说话的材料。

可以宏观地说。从服饰的功能与作用角度说:服饰可以防晒御寒、蔽体遮羞、饰身悦目,即实用、伦理、美化三方面的作用;从服饰的变迁角度说,如我国从清代到民国到新中国成立到改革开放后的今天,服饰的变化情况;从服饰的穿戴和搭配角度说,如根据性别、年龄、性格、身材、肤色、环境、职业等方面的不同,在服饰穿戴上应注意的事项等。

也可以微观地说。可将话题缩小为对某一具体服饰的介绍,如中国妇女的传统服饰之一旗袍。可以先介绍一下旗袍的演变过程:它原是旗人妇女的服饰,二十世纪三十年代盛行一时,成为当时女子最时髦的服饰;改革开放后,随着人们观念的改变,旗袍重新回到了人们的生活中,经过改造后的旗袍更富有现代气息;接着从审美的角度来评价穿着旗袍的优点,可体现女性的优雅姿态、凸现女性身材等。

当然,讲一两个有关自己或身边发生的关于某一服饰的故事,来说明服饰的作用,或正确选择、搭配服饰的重要性,也是一种很好的方法。

15. 我的假日生活

假日生活无非就是这样几个方面：体育锻炼、娱乐休闲、看书学习、旅游观光、走亲访友、处理家务。

说这个话题时可以把双休日和较长的节庆假日、寒暑假分开来说。可以先说双休日一般是怎样安排的,再讲长假是如何度过的。可以多涉及几个方面,也可以重点说说某一个方面。

也可以以某一较长的假期作为时间对象,简要说说自己参与的各种活动,然后具体讲述某一项给自己留下深刻印象的活动。讲述时,先简要介绍一下组织此项活动的目的、参加的人员等;再具体说明整个活动的过程,重点叙述在此过程中自己的体验与经历;最后作个总括,或抒发感慨,或表达愿望。

注意事项:这个话题可与"难忘的旅行"、"我的业余生活"这两个话题合并,因此可以把有关"难忘的旅行"或"我的业余生活"的内容稍微改动一下搬过来。

16. 我的成长之路

此话题的中心词是"路",因而话题的展开应有个"路",也就是成长过程的体现。有些人的成长过程是平淡的、一帆风顺的,有些人的人生之路却充满了坎坷和磨难,因此可以说成功的艰辛和喜悦,也可以说经历的挫折和不堪、失败的遗憾和教训。

一种方法是：从小到大一路说来,依次介绍各个年龄阶段的大致情况,其中重点说说自己成长过程中某些较为特殊的经历。比如,曾遇到过什么困难,自己是如何战胜困难走出困境的,或不慎走过弯路而留下终生遗憾和深刻教训等。

另一种方法是：先简要说明自己成长过程中所受到的来自各方面的影响；然后举一两个促使自己不断成长的具体事例,也可以说在人生紧要关头曾给予自己帮助和教诲的某些好心人,要突出在这些事件中自己的转变及感受,最后谈谈自己对成长的一些认识。

17. 谈谈科技发展与社会生活

这个话题的实质是科技发展对社会生活的影响。科技发展对人们的生活方式、生活质量起着决定性的作用。

可以从大的方面说,如卫星发射、航天航空、水稻等农作物的增产增收、预测自然灾害或预测天气变化对人类生活的影响;也可以从小的方面说,如直接影响着人们生活状况的交通通信、饮食起居、衣着服饰、休闲娱乐、医疗卫生等。

可以从正面的、积极的方面说科技发展给人类生活带来的便利,如促使人们在生活观念、生活方式上有所改变,极大地提高了效率,发展了生产力;也可以说科技发展给社会生活带来的负面影响、如环境污染、网络对青少年的不利影响等。

比较全面的说法是：先说明科技发展正悄然地改变着人们的社会生活,接着应从正、反两方面具体谈谈科技发展对社会生活产生的影响。

注意事项：最好是用具体的、真实的事例来证明自己的观点，以增强说服力。

18. 我知道的风俗

风俗包含的内容很广泛，如年节风俗、婚丧寿诞风俗、日常生活风俗等。每个地方都有其自己的风俗，每个人都会对自己居住地的风俗有所了解，因而这个话题说起来应该比较容易。

可以介绍自己比较熟悉的几种风俗，可以根据情况自由灵活地安排，了解多的说得详细一点，了解少的就说得简略一些。

也可以就某一具体的风俗加以叙述。具体可以从这一风俗的由来、演变过程、现在的状态等几方面逐一说明。如端午节吃粽子的风俗，先讲述伟大的爱国主义诗人屈原的动人传说，然后介绍各地不同的粽子，最后说明一下，现在人们会更多地将端午节作为一个家人聚会的节日。

注意事项：有些考生在考试时为了求新求异，不说自己熟悉的风俗，而去说一些从书本或网络上得知的异国他乡的风俗，因为内容不熟，往往会给人不流畅、背稿子的感觉，以致于影响测试成绩。这种做法无疑是弄巧成拙，舍本逐末，很不可取。

19. 我和体育

每个人和体育都不无关系。有些人喜欢体育，也有些人不喜欢，但不管是否喜欢，应该都有话可说。

如果喜爱体育运动、有体育专长，可以说的就更多了，因为体育不仅可以强身健体，也充实丰富了自己的生活；假若不太喜爱，也不擅长体育运动，但回顾从小学到大学经历的体育课、体育考试，一定有不少的充满"恩怨"和"曲折"的故事可以说。另外，观赏体育赛事及电视体育节目的经历和感受也可以作为说话内容。

还可以以"我对体育认识的转变"为话题来组织说话内容，说说自己喜欢上（或逐渐不喜欢）某一体育运动的相关故事。如起初自己不喜欢体育，但由于看到某个亚运会、奥运会上体育健儿勇夺奖牌的情景，或是自己身边的同学通过拼搏勇夺佳绩，为集体争得荣誉，在无形之中受到了感染，便主动积极地参与到体育活动中去；然后进一步谈谈参加体育活动给自己身心方面发展带来的益处。

20. 我的家乡（或熟悉的地方）

无论是说家乡还是说熟悉的地方，都可以从这几方面去说：首先说说它的地理位置、自然风貌、资源物产、风土人情、人文历史等；其次，说说它若干年来发生了哪些变化；另外，还可以说说自己与它的关系，在那里生长、生活、学习或工作的情况。

还可以这样说：开头直接指出"我"的家乡（或熟悉的地方）是哪里；接着描述你那里的美丽景色或风土人情，然后讲述一两件自己在那里发生的故事来说明对此地的某种情结。

注意事项：事件的讲述要有真情实感，给人真实、亲切的感觉。

21. 谈谈美食

美食不一定是专指那些高档的美味大餐，也包括那些可口的、健康的普通菜肴和食品。知道了这一点，就会有很多话可说。可以先从自己对"美食"的理解说起，然后可以介绍中华美食的相关知识,如美食传统、八大菜系等;可以具体说说自己喜欢的特色菜肴、特色食品、风味小吃;也可以说说自己制作美食的方法和经验;还可以说说美食与健康的关系、美食中所蕴含的历史文化等。

当然,介绍一两家本地有名的菜馆和特色菜,或讲一个有关美食的生动故事也是不错的选择。最后,最好作一个概括性的总结。

22. 我喜欢的节日

生活中有很多美好的、有意义的节日:有传统的,如春节、中秋节、重阳节等;有舶来的节日,如圣诞节、情人节、感恩节等。喜欢某个节日的原因也有很多,如热闹、可以与家人团聚、有充足的时间休息、娱乐等,因而这个话题说起来也比较容易。

本话题可分三部分来讲述。第一部分,可以列述一下各种节日,说明自己最喜欢的节日是哪个;第二部分,可以分别从这个节日的起源、或自己喜欢的原因;第三部分,说这个节日是怎样度过的,有哪些有趣的活动。

也可以讲随着年龄的增长自己喜欢的节日有所改变,这几个节日都有什么特点,如何度过。话题中,可以穿插一个在某个节日发生的有趣的故事。

注意事项:普通话水平测试的说话题目里没有"我喜爱的节日"这个话题,但时常有考生在应试时把这个话题误看成"我喜欢的节目",而围绕节目展开话题,这是要按离题扣分的。

23. 我所在的集体(学校、机关、公司等)

集体的范围可大可小。大到一个单位,如学校、机关、公司,小到一个小组、寝室、部门。

说自己所在的集体,可以先做一简要介绍,如名称、位置、性质、规模、职责、经营或服务范围等;然后用几个词来概括一下这个集体的特点,如融洽的、团结互助的、积极向上的等,再分别用一两个较为典型的事例来印证这些特点;最后表达自己身处这样的集体中而感到的自豪或幸福。

如果感到有困难,也可以通过故事介绍这个集体中的一个或几个有特点的人物,说说他们的个性、特长;还可以说说大家是怎样和谐相处、团结协作的。

24. 谈谈社会公德(或职业道德)

社会公德是社会公共道德准则和道德规范,公众视野范围内人们的言行都应该受它的约束、接受它的评判。如果选择这个话题,可以分别从良好社会公德的益处、目前社会公德中存在的不好的现象、应该如何做到遵守社会公德、如何提高人们的公共道德水准等方面展开;也可以列举一些诸如尊老爱幼、扶弱助残、公共卫生、交通秩序等方面的社会现象,分别评说它们是否符合社会公德。

职业道德,是指从事某一职业的人士应该遵守的道德规范。如果选择的是这个话题,则可根据自己的职业和身份,确定话题的立足点。

注意事项:这个话题属论述类话题,乍一看似乎无话可说,或不知从哪儿说起。的确,单纯作理论性的阐述时可能一时确实说不出很多话来,但可以把它具体化,联系一些具体的社会现象、事例来说应该就比较简单了。

25. 谈谈个人修养

个人修养是一个人的文化知识水平和道德水平的综合反映,具体表现为一个人为人处事的态度。这个话题可以用古语"修身、齐家、治国、平天下"中将修身放在第一位作为开头,强调个人修养的重要性:个人修养的高低可能直接影响着一个人的交往、工作、事业等;然后从如何提高个人修养这个角度来说,比如加强文化知识学习、加强自己文学方面的素养、提高艺术修养、增强法治意识、注意言行举止的文明等;也可以联系人们的言谈举止、日常行为来说说其个人修养。

同样,通过一个故事说明加强个人修养的重要性也是个明智的办法。

26. 我喜欢的明星(或其他知名人士)

明星可以是影视明星、歌舞明星、娱乐明星、体育明星,也可以是其他知名人士。

首先,选择好一个自己喜欢的明星(或其他知名人士)作为讲述的对象,适当介绍他(她)的一些情况;然后重点谈谈喜欢他(她)的原因,展开的方式有多种:可以从俊酷靓丽的外表、独特的表演风格、超人的才艺、独具魅力的作品、令人瞩目的成就等方面来说;也可以从更深的层次来说喜欢的原因,如他(她)的人格魅力、对待事业的态度方面来说;还可以讲述一个触动心灵的关于他(她)的故事,如在成长过程中面对磨难和挫折,所表现出的坚强毅力和不屈的精神,或由积极投身社会公益事业、义演义捐等善举而表现出的社会责任感和慈善之心。

27. 我喜爱的书刊

一个人喜爱的书刊可以是一种,也可以是几种,因而不用担心没有充足的说话内容。说话的重点应该是喜爱的理由。这个话题也有不同的说法。

一种是:在话题开头,首先明确一下自己喜爱的具体书刊;接着简单介绍一下这种书刊的相关知识;然后结合书刊本身具体谈喜欢它的原因,可以从不同的角度展开:如内容的丰富、情节的精彩、人物的生动、思想的深邃、语言的优美等,还有像插图的艺术、装帧的精美也可以成为喜爱的理由;如果喜爱的是杂志,还可以结合其栏目、板块的设置来说。

另外一种是:先开门见山地说明自己喜爱的具体书刊,然后介绍自己如何与该书刊结缘:如自己的人生经历与作者或书中的某个人物命运相似,因而同病相怜,相见恨晚;或是在某个特定环境中发现、阅读了它,因而喜爱上了它。

注意事项:有些考生在遇到这个话题时,开头只是简单提一下自己喜爱的书刊是×××,后面一直在讲书中刊登的某个故事。这在测评时是要按离题扣分的。

28. 谈谈对环境保护的认识

日益严重的环境问题已经引起了全世界的关注,很多媒体都有相关问题的报道,因此对这个话题,大家应该不会陌生。

说环境保护可以先从人类生存环境的现状说起,即"提出问题",如工业废气、废水的污染、生活环境的污染或由于滥垦滥伐等造成的环境破坏;接着"分析问题",谈谈环境保护的重要性,针对上述环境问题分析原因;最后"解决问题",如何正确处理好发展经济与保护环境的关系,如何保护环境:如提高环保意识、从身边细节做起、低碳生活等等。在话题的结尾还可以呼吁一下,号召大家从我做起,从小事做起,共同保护我们生长的环境。

29. 我向往的地方

向往的地方可以是风景名胜,也可以是普通的地方,这个话题的关键是要说出"向往"的原因。人们向往风景名胜会有很多理由:怡人的景色、悠久的历史、古老的文化、独特的风俗习惯;而一个普通的地方令人向往就应该有自己独特的原因了:那里可能有思念的亲人,也可能珍藏着美好的童年往事,或者是自己人生的梦想所在。

话题的开头应该开门见山地指出自己向往的是哪个地方;然后叙述向往的原因:可以是因朋友的描述,可以是受一部纪录片的触动等,这些都可以通过具体的故事表述出来;接着具体说说自己所经历的辛酸的期待,付出的艰苦努力,也可以憧憬自己到达那里的情景。

30. 购物(消费)的感受

购物(消费)的经历人人都有,而且应该都有过各种不同的感受。当买到了货真价实、物美价廉的商品,或得到了热情周到的服务,就会感觉开心;而有时会买到假冒伪劣或质次价高的产品,在退换货时遭到冷遇,便会非常郁闷。这些都可以说,如果把它具体化为某一次购物(或消费)的经历,这样就更容易组织语句。此外,还可以就此谈谈自己的看法和感想,说说购物(消费)时防欺诈、识别假冒伪劣产品的方法、经验或注意事项等。

参考文献

[1] 安华林.论现代汉语语法的特点[J].信阳师范学院学报,2008(4):96-102.

[2] 安徽省普通话培训测试中心.计算机辅助普通话测试应试手册[M].合肥:安徽文艺出版社,2010.

[3] 白继忠.普通话水平测试培训教程[M].兰州:甘肃教育出版社,2009.

[4] 白星晶,韩文.普通话水平测试话题说讲技巧及范例[M].长春:吉林文史出版社,2000.

[5] 丁炜.小学语文口语交际教学的研究[D].上海:上海师范大学,2003.

[6] 郭熙.语言教育若干问题之管见[J].语言教学与研究,2003(03):28-33.

[7] 国家教委师范教育司组编.教师口语[M].北京:语文出版社,2001.

[8] 胡壮麟.语言学教程[M].北京:北京大学出版社,2002.

[9] 黄伯荣,廖序东.现代汉语[M].北京:高等教育出版社,2007.

[10] [美]加德纳.多元智能[M].沈致隆,译.北京:新华出版社,1999.

[11] [美]坎贝尔.多元智能教与学的策略[M].第三版.霍力岩,等,译.北京:中国轻工业出版社,2004.

[12] 李春喜.口语交际教学的理论与实践[D].福州:福建师范大学,2003.

[13] 李功连.语文教学中的语言训练研究[D].长沙:湖南师范大学,2013.

[14] 李明洁.口语交际的特质与教学独立性[J].语文学习,2003(4):37-38.

[15] 李明洁.新专题教程:高中语文5.口语交际新视点[M].第三版.上海:华东师范大学出版社,2007.

[16] 李宇明.语言学概论[M].北京:高等教育出版社,2000.

[17] 刘伯奎.教师口语:表达与训练[M].上海:华东师范大学出版社,1994.

[18] 刘晓雨.对外汉语口语教学研究综述[J].语言教学与研究,2001(02):186.

[19] 刘玥.中职语文教学中培养学生口语交际能力的实践研究[D].长春:东北师范大学,2010.

[20] 刘中富.现代汉语词汇特点初探[J].东岳论丛,2002(6):138-143.

[21] 龙彩虹.高师学生口语交际能力的现状调查与分析[J].甘肃高师学报,2010,15(3):102-107.

[22] 龙彩虹.高师学生口语交际能力训练策略探讨[J].读与写,2012,6.

[23] 龙彩虹.口语教学要重视学生思维品质的培养[M].兰州:甘肃教育出版社,2000.

[24] 龙彩虹.中师生口语交际能力的现状调查分析及对策研究[D].兰州:西北师范大学,2004.

[25] 陆湘怀,王家伦.计算机辅助普通话水平测试教程[M].南京:东南大学出版社,2010.

[26] 雒鹏,马亚红,周蓉.洮岷方言与普通话水平测试训练教程[M].兰州:兰州大学出版社,2006.

[27] 孟赟.基于心理科学基础的口语交际教学研究[D].扬州:扬州大学,2011.

[28] 倪文锦,欧阳汝颖.语文教育展望[M].上海:华东师范大学出版社,2002.

[29] 钱梦龙.为"训练"正名[J].中学语文教学,2000(10):3-4.

[30] 钱威,徐越化.中学语文教学法[M].上海:华东师范大学出版社,2000.

[31] 时蓉华.现代社会心理学[M].上海:华东师范大学出版社,1999.

[32] [瑞士]索绪尔.普通语言学教程[M].高明凯,译.北京:商务印书馆,1980.

[33] 万里,张锐.教师口语训练手册[M].北京:首都师范大学出版社,2001.

[34] 王光亚,张淑敏.普通话水平测试培训教程[M].兰州:甘肃教育出版社,2013.

[35] 王桂波.普通话培训与测试教程[M].北京:高等教育出版社,2012.

[36] 王荣生.口语交际教例剖析与教案研制[M].南宁:广西教育出版社,2004.

[37] 王伟鹏.中学语文教育学与语文教学改革[M].长春:东北师范大学出版社,1999.

[38] 魏南江.关于口语交际教学的对话[J].语文建设,2002(11):8-10.

[39] 吴春晫.新时期语文教学改革文选[C].西北师范大学学报,1993(12):8.

[40] 徐世荣.普通话朗读辅导[M].北京:文字改革出版社,1978.

[41] 叶圣陶.叶圣陶语文教育论集[M].北京:科学教育出版社,1980.

[42] 应天常,王婷.主持人即兴口语训练[M].北京:中国传媒大学出版社,2009.

[43] 张鸿苓.中国当代听说理论与听说教学[M].成都:四川教育出版社,2000.

[44] 张隆华,曾仲珊.中国古代语文教育史[M].成都:四川教育出版社,2000.

[45] 张敏.儿童听话和说话能力的因素分析及其测评研究[J].教育研究,1991(6).

[46] 张然.青年说话水平提升教程[M].北京:航空工业出版社,2002.

[47] 张志公.传统语文教育初探[M].上海:上海教育出版社,1962.

[48] 中国社会科学院语言研究所方言研究室资料室.汉语方言词语调查条目表[J].方言,2003(1):6-27.

[49] 周元.小学语文教育学[M].上海:华东师范大学出版社,1992.

[50] 祝新华.语文能力发展心理学[M].杭州:杭州大学出版社,1993.

编 后 记

大学毕业分配至陇西师范学校任教,多年从事"教师口语"课程的教学工作。其间,在西北师范大学读研,为了完成硕士论文写作,我开始关注"口语交际"理论与教学的研究。后来,在调入定西师范高等专科学校任教后,多年承担"普通话"课程的教学与普通话水平测试工作。十年磨一剑,先前从事的语言文字教学工作变成了今天的积淀,加上几位同仁的研究成果,我们终于能够为教师和学生提供一本实用的教学、自学用书,倍感欣慰。

随着我国普通话推广工作的大力推进,甘肃省的普通话水平测试工作于1998年开始。应运而起的各类高校汉语口语教材多数都以普通话水平测试与培训为其基本内容。而普通话水平测试不是普通话系统知识的考试,不是文化水平的考核,也不是口才的评估,而是对应试人运用普通话所达到的标准程度的检测和评定。教学中,我们面对现行的有关普通话水平测试与培训类教材在培养学生的口语能力方面的明显不足,颇感无奈,总觉得少了点什么。

众所周知,口语交际能力是一个人整体而全面的综合素养,因为一个人的口语交际水平代表了他的思想高度、文化修养、心理素质和思维能力等方面的素养。所以,口语交际水平是一个人的语言、思维、心理素质、交际等能力的综合体现。而我国现行的汉语口语教材偏重普通话语音训练,在口语交际训练上缺乏一定的系统性、科学性、趣味性和实用性,不能从整体上提高大学生的口语交际水平。即便有的教师注重学生的口语交际训练,由于没有相应的口语交际理论依托,训练的盲目性、随意性较突出,常常是走形式而没有实质性的收获。比如在口语交际教学中,口语交际的话题或内容对学生思维的局限性很大,如果过多依赖普通话水平测试中规定的话题或内容来展开训练,则口语交际内容的丰富性、趣味性和实时性、交际性会受到较大的限制。

经过与几位同仁的商议,我们决定编写这样一部教材。在适当增删的基础上,保留了现行教材中的普通话水平测试与培训基本内容,又增加了系统的口语交际训练内容,将普通话的训练与口语交际训练紧密结合起来,全面提高学生应用普通话进行口语交际的能力。

本教材的主审是効天庆,主编是龙彩虹,编写者是李政荣、苏建军、司娅英,具体编写分工如下:

龙彩虹(定西师范高等专科学校中文系副教授,硕士):第二编、第三编第一章、第四编、第五编第一章

李政荣(定西师范高等专科学校中文系副教授):第一编